この本の特長と使い方

問題回数ギガ……ドリル!

さんすう　こくご　…

……年間で学習する内容が，この１冊でたっぷり学べます。

キリトリ式プリン……

１回分を１枚ずつ切りとって使える……
学習しやすく，達成感も得られます。

マルつけはスマホでサクッと!

……その場でサクッと，赤字解答入り誌面が見られます。

くわしくはp.2へ

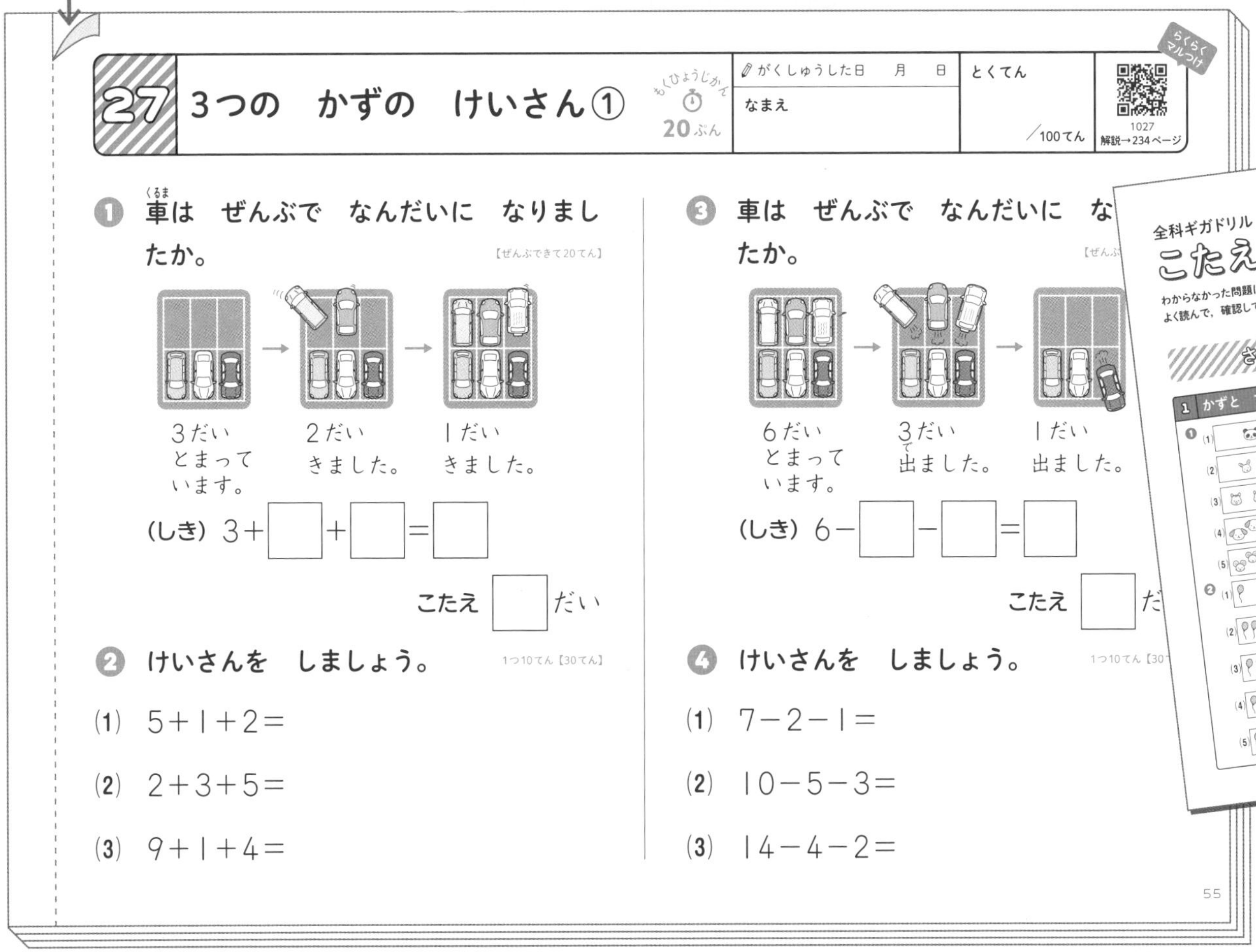
27　3つの　かずの　けいさん①
もくひょうじかん 20ぷん
がくしゅうした日　月　日
なまえ
とくてん
／100てん
1027
解説→234ページ
らくらくマルつけ

❶ 車《くるま》は　ぜんぶで　なんだいに　なりましたか。
【ぜんぶできて20てん】
3だい　とまって　います。
2だい　きました。
１だい　きました。
（しき）3＋□＋□＝□
こたえ　□だい

❷ けいさんを　しましょう。
1つ10てん【30てん】
(1) 5＋1＋2＝
(2) 2＋3＋5＝
(3) 9＋1＋4＝

❸ 車は　ぜんぶで　なんだいに　な……
たか。
【ぜんぶ……
6だい　とまって　います。
3だい　出《で》ました。
１だい　出ました。
（しき）6－□－□＝□
こたえ　□だ……

❹ けいさんを　しましょう。
1つ10てん【30……
(1) 7－2－1＝
(2) 10－5－3＝
(3) 14－4－2＝

55

もう１回チャレンジできる!

裏面には，表面と同じ問題を掲載。
解きなおしや復習がしっかりできます。

裏面

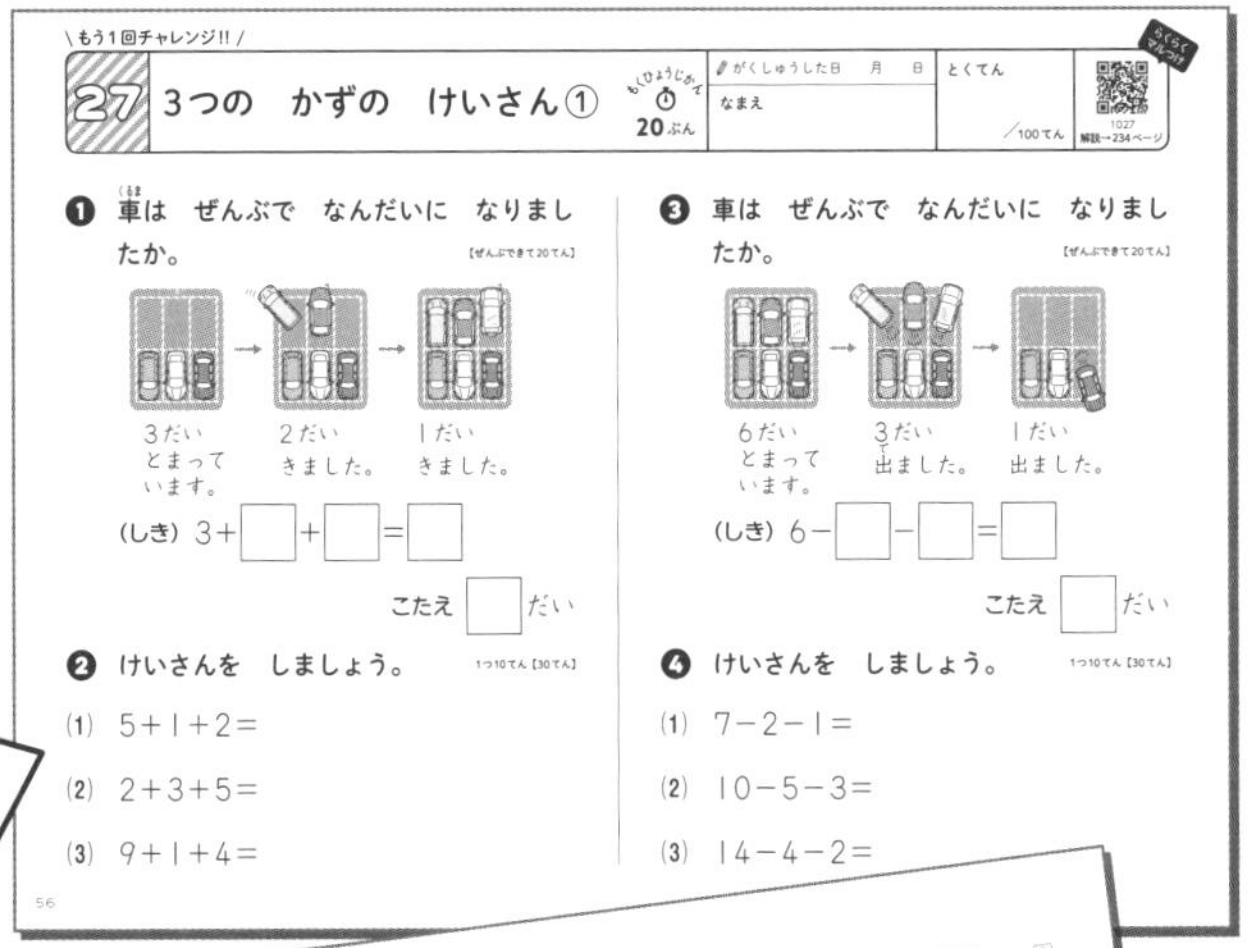

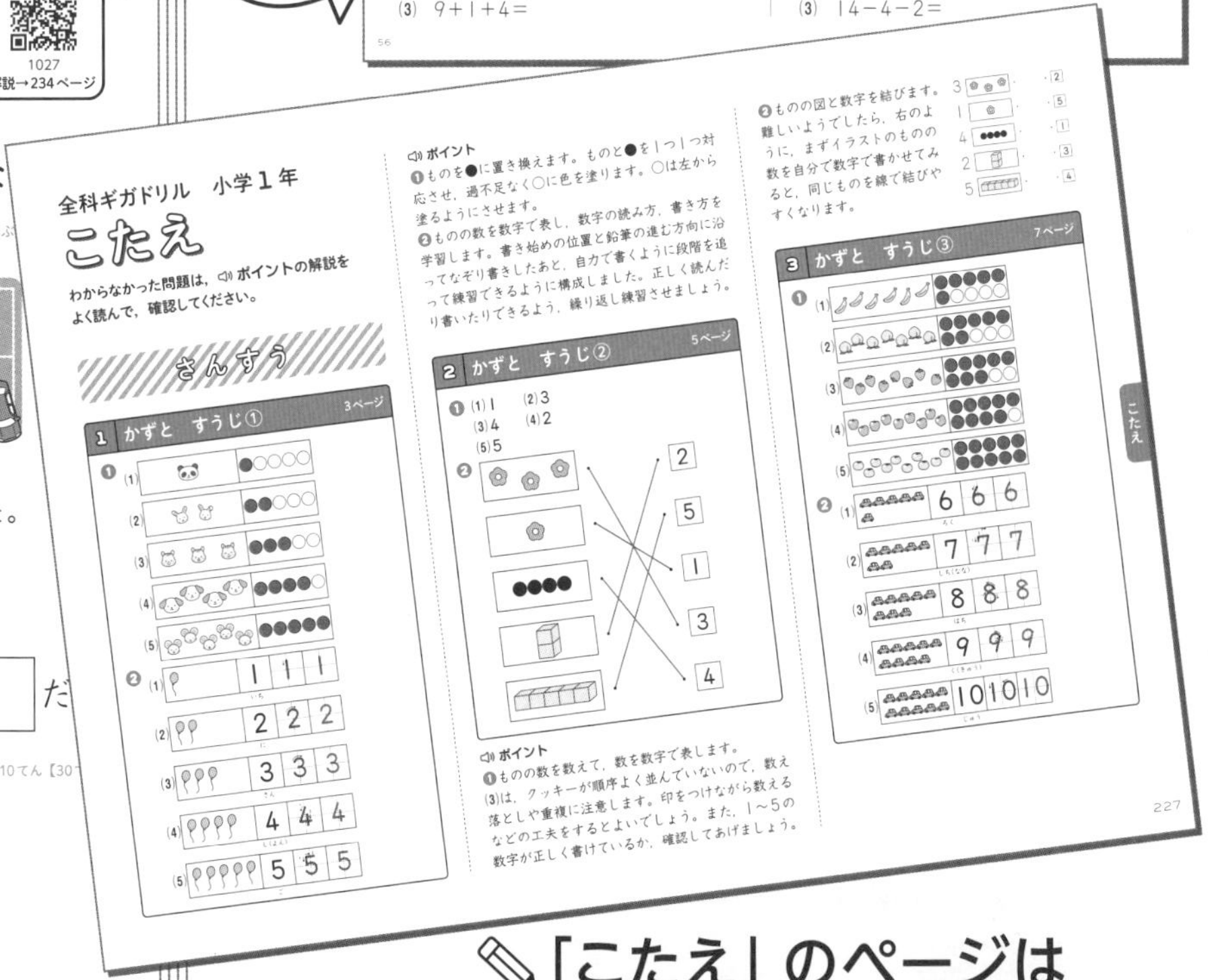
全科ギガドリル　小学１年
こたえ
わからなかった問題は，ポイントの解説をよく読んで，確認してください。

さんすう

1　かずと　すうじ①　3ページ

2　かずと　すうじ②　5ページ
❶ (1) 1　(2) 3　(3) 4　(4) 2　(5) 5

ポイント
❶ものを●に置き換えます。ものと●を１つ１つ対応させ，過不足なく○に色を塗ります。○は左から塗るようにさせます。
❷ものの数を数字で表し，数字の読み方，書き方を学習します。書き始めの位置と鉛筆の進む方向に沿ってなぞり書きしたあと，自力で書くように段階を追って練習できるように構成しました。正しく読んだり書いたりできるよう，繰り返し練習させましょう。

ポイント
数を数えて，数を数字で表します。
❶ものの数を数えて，数を数字で表します。(3)は，クッキーが順序よく並んでいないので，数え落としや重複に注意します。印をつけながら数えるなどの工夫をするとよいでしょう。また，１～５の数字が正しく書けているか，確認してあげましょう。

❷ものの図と数字を結びます。難しいようでしたら，右のように，まずイラストのものの数を自分で数字で書かせてみると，同じものを線で結びやすくなります。

3　かずと　すうじ③　7ページ

こたえ

227

「こたえ」のページはていねいな解説つき!

解き方がわかるポイントがついています。

スマホでサクッと!
らくらくマルつけシステム

「こたえ」のページを
見なくても!
その場でスピーディーに!

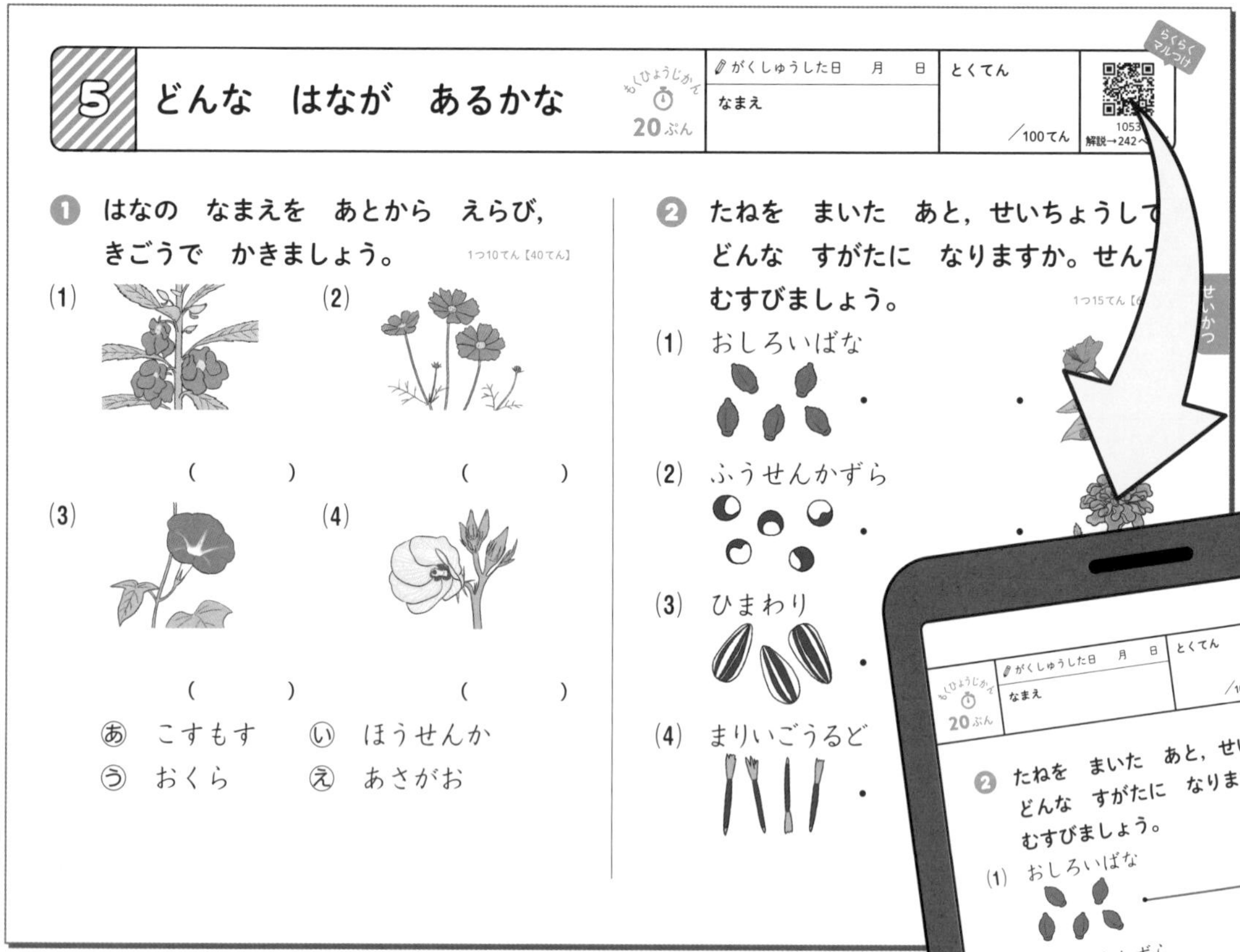

- 問題ページ右上のQRコードを，お手持ちのスマートフォンやタブレットで読みとってください。そのページの解答が印字された状態の誌面が画面上に表示されるので，「こたえ」のページを確認しなくても，その場ですばやくマルつけができます。
- くわしい解説が必要な場合は，「こたえ」のページのポイントをご確認ください。

●「らくらくマルつけシステム」は無料でご利用いただけますが，通信料金はお客様のご負担となります。●すべての機器での動作を保証するものではありません。●やむを得ずサービス内容に予告なく変更が生じる場合があります。●QRコードは㈱デンソーウェーブの登録商標です。

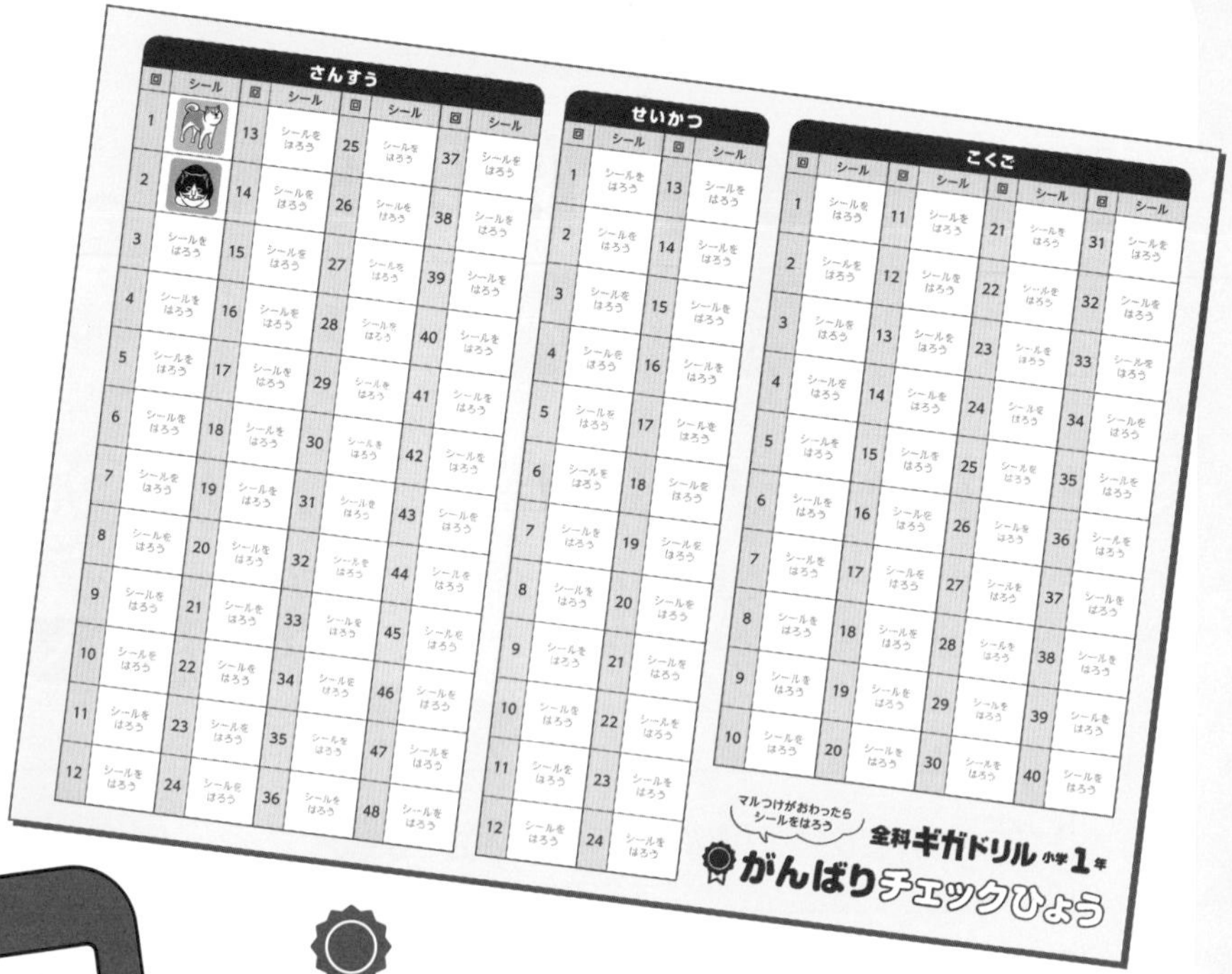

がんばりチェックシールでモチベーションもアップ!

1回分の学習が終わったら，巻末の「がんばりチェックひょう」にごほうびのシールを貼りましょう。

1	# かずと　すうじ①	もくひょうじかん 20ぷん	がくしゅうした日　月　日 なまえ

とくてん　／100てん

1001
解説→227ページ

らくらくマルつけ

1 ひだりの　どうぶつと　おなじ　かずだけ　○に　いろを　ぬりましょう。　1つ10てん【50てん】

(1)		○○○○○
(2)		○○○○○
(3)		○○○○○
(4)		○○○○○
(5)		○○○○○

2 すうじを　かきましょう。　1つ10てん【50てん】

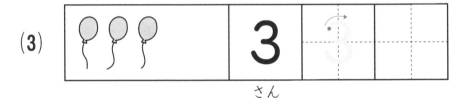

(1)		1 いち		
(2)	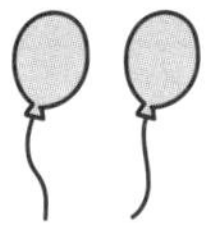	2 に		
(3)	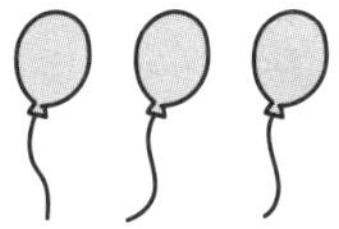	3 さん		
(4)	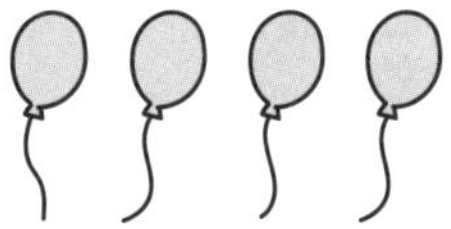	4 し（よん）		
(5)	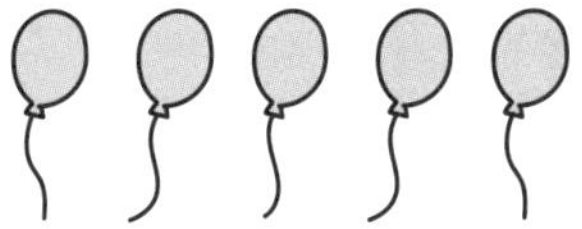	5 ご		

1 かずと　すうじ①

もくひょうじかん 20ぷん

がくしゅうした日　　月　　日

なまえ

とくてん　　／100てん

らくらくマルつけ

1001

解説→227ページ

❶ ひだりの　どうぶつと　おなじ　かずだけ　○に　いろを　ぬりましょう。

1つ10てん【50てん】

(1)  ○○○○○

(2)  ○○○○○

(3)  ○○○○○

(4)  ○○○○○

(5)  ○○○○○

❷ すうじを　かきましょう。

1つ10てん【50てん】

(1)  1 いち

(2) 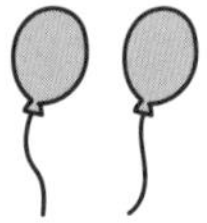 2 に

(3) 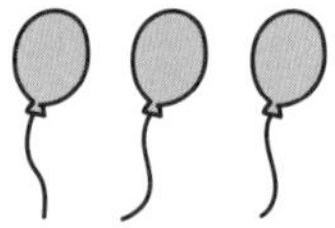 3 さん

(4) 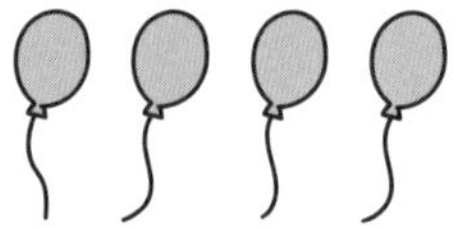 4 し（よん）

(5) 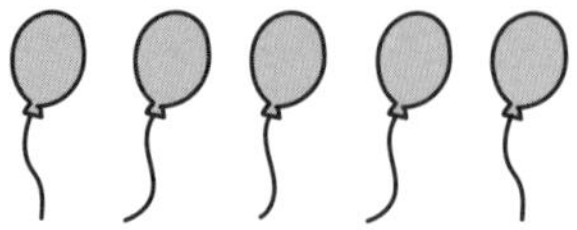 5 ご

2 かずと　すうじ②

もくひょうじかん 20ぷん

がくしゅうした日　月　日

なまえ

とくてん　／100てん

1002
解説→227ページ

1 たべものの　かずを　□に　すうじで　かきましょう。　1つ10てん【50てん】

(1)

□

(2)
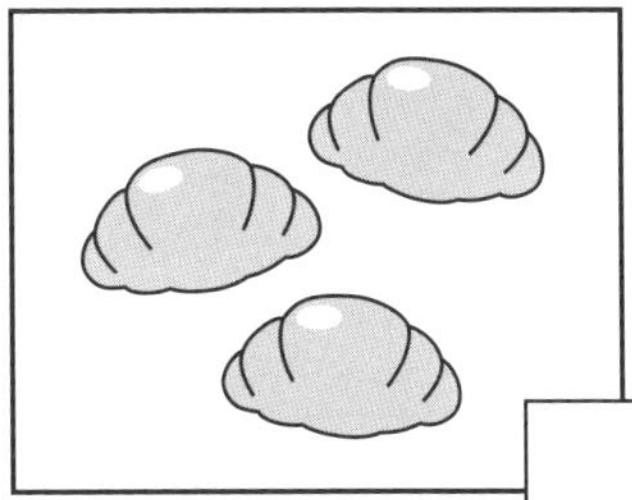
□

(3)
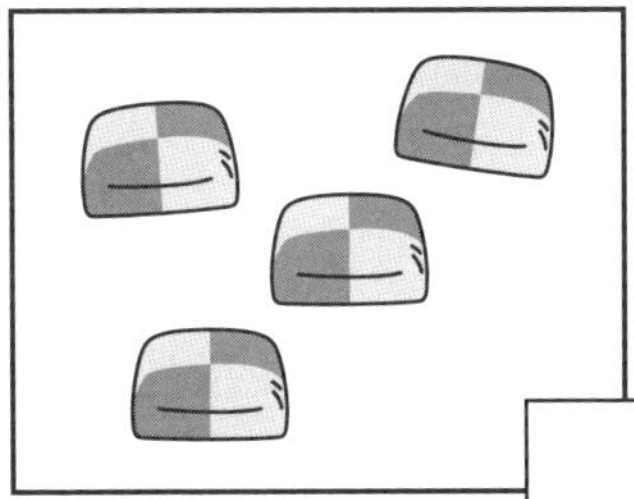
□

(4)
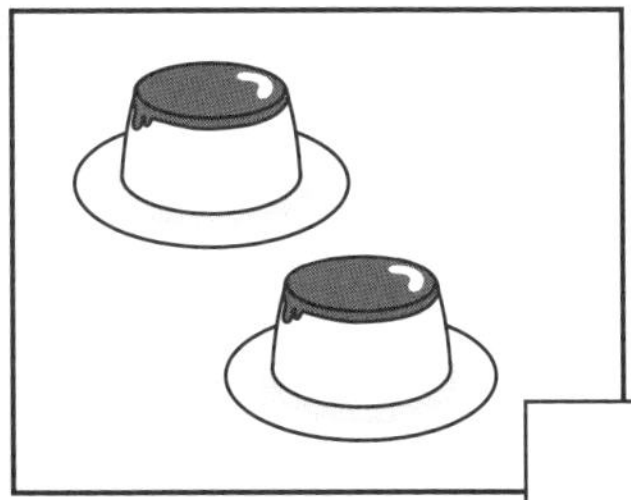
□

(5)

□

2 えと　おなじ　かずを　せんで　むすびましょう。　【ぜんぶできて50てん】

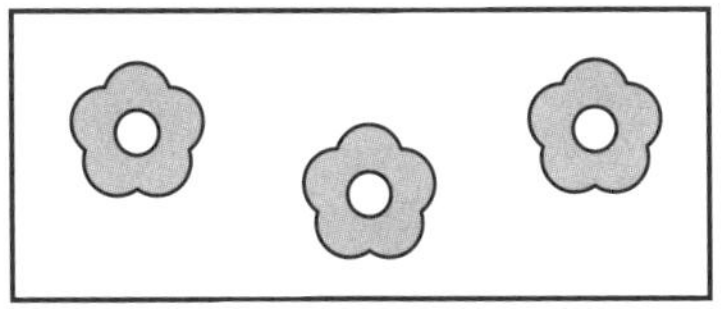 ・　　・ 2

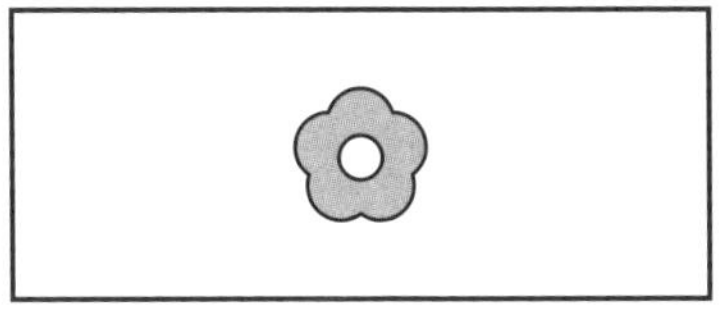 ・　　・ 5

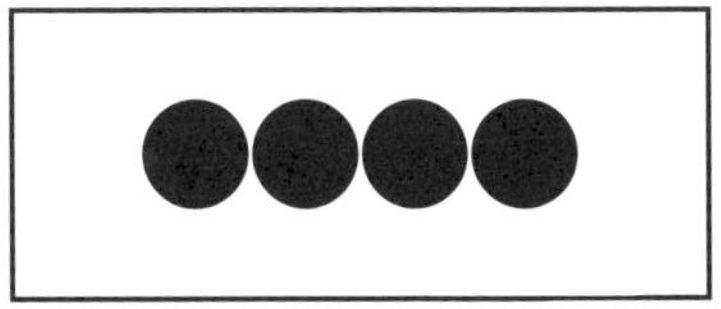 ・　　・ 1

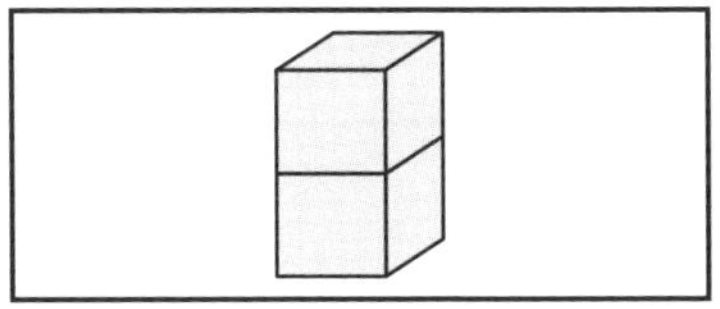 ・　　・ 3

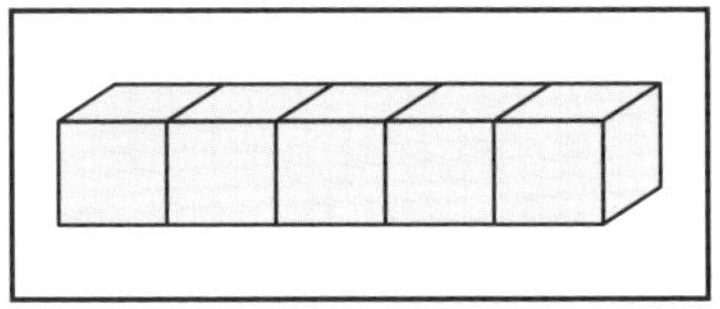 ・　　・ 4

2 かずと　すうじ②

もくひょうじかん 20ぷん

がくしゅうした日　　月　　日

なまえ

とくてん　　／100てん

1002
解説→227ページ

らくらくマルつけ

❶ たべものの　かずを　□に　すうじで　かきましょう。

1つ10てん【50てん】

(1)

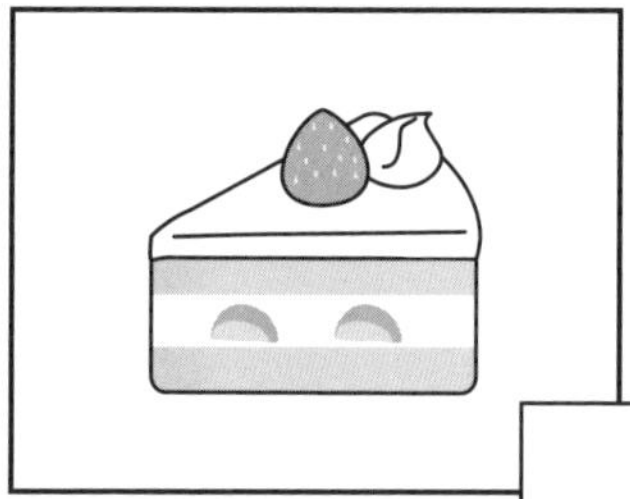

□

(2)

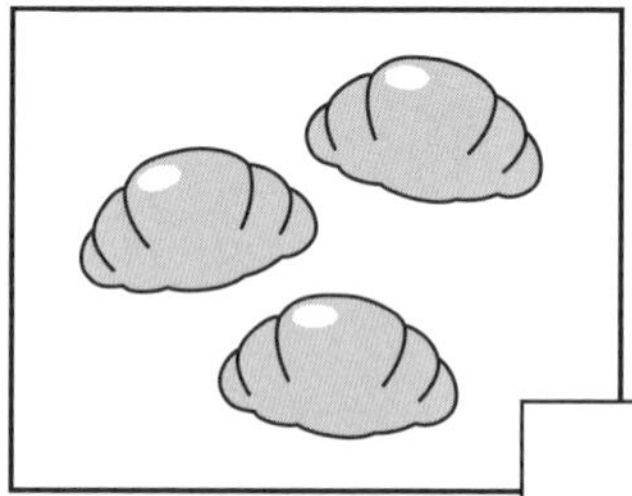

□

(3)

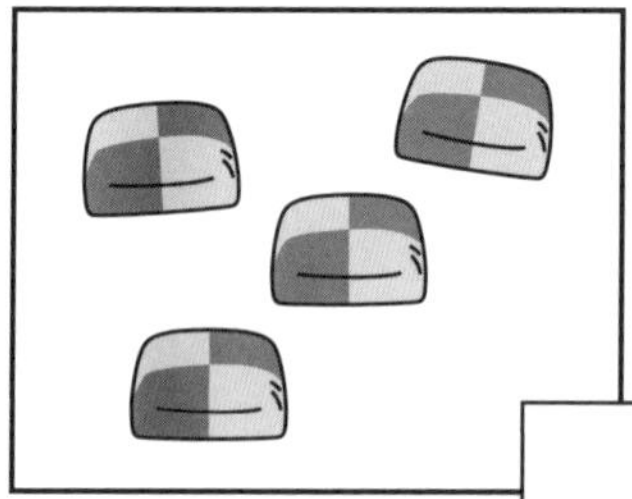

□

(4)

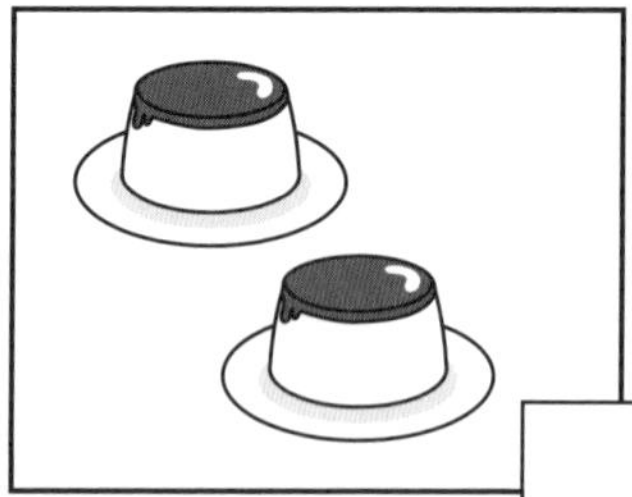

□

(5)

□

❷ えと　おなじ　かずを　せんで　むすびましょう。

【ぜんぶできて50てん】

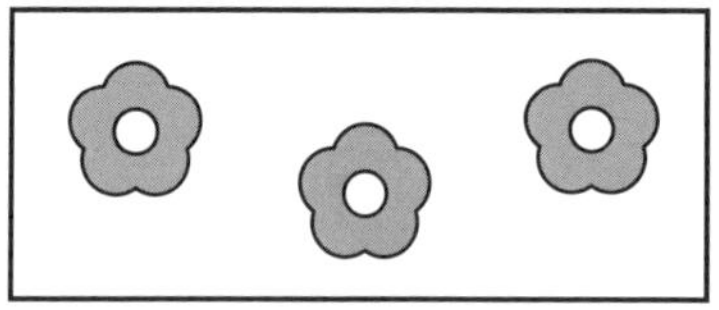 ・　　・ 2

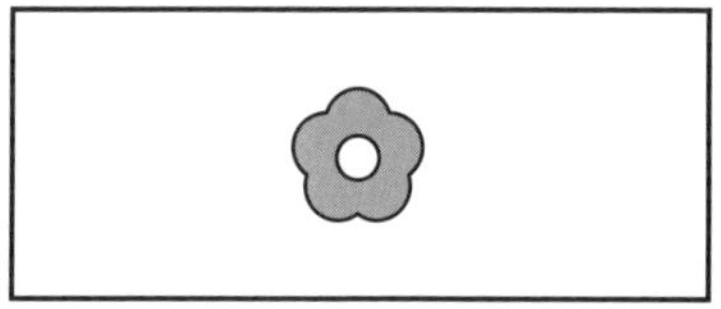 ・　　・ 5

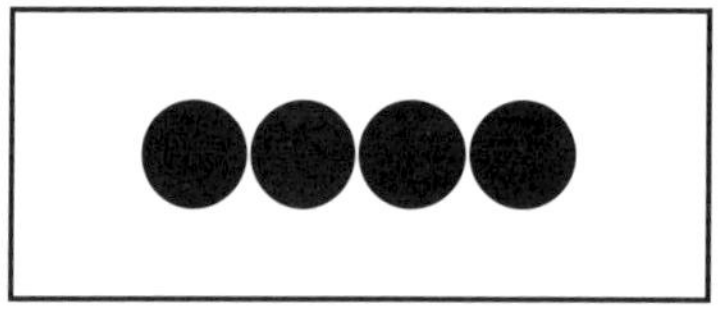 ・　　・ 1

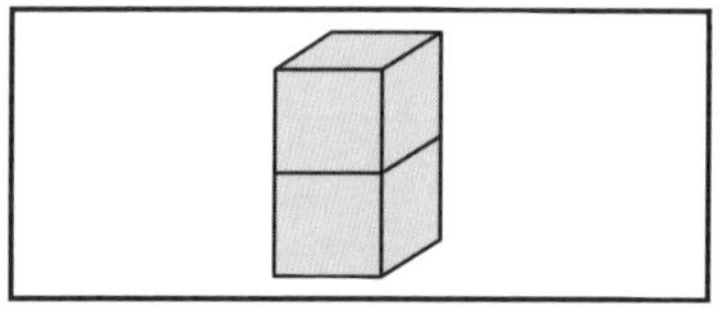 ・　　・ 3

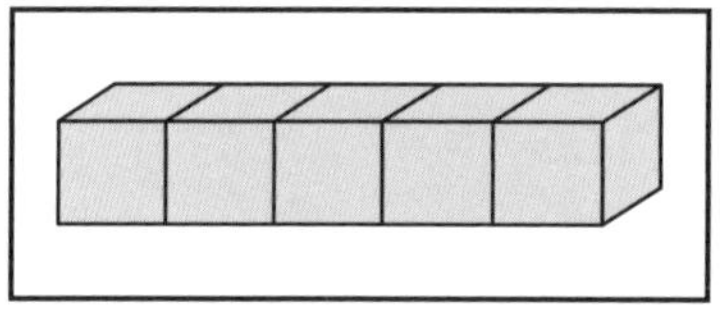 ・　　・ 4

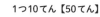

3 かずと　すうじ③

もくひょうじかん 20ぷん

がくしゅうした日　月　日	とくてん	1003
なまえ	／100てん	解説→227ページ

1 ひだりの　たべものと　おなじ　かずだけ ○に　いろを　ぬりましょう。 1つ10てん【50てん】

(1) 

(2) 

(3) 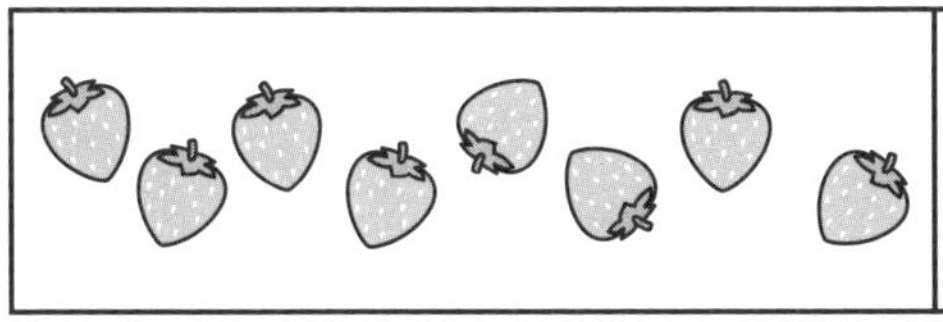

(4) 

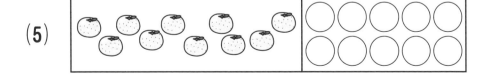

(5) 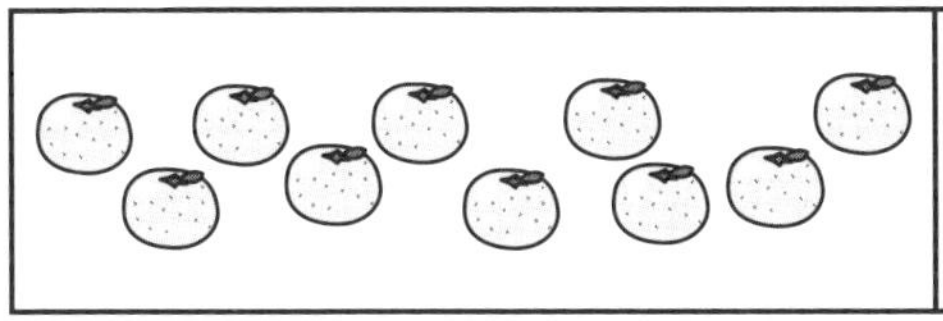

2 すうじを　かきましょう。 1つ10てん【50てん】

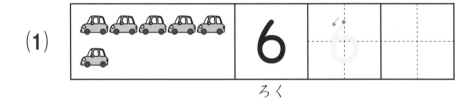

(1)  6 ろく

(2)  7 しち（なな）

(3)  8 はち

(4)  9 く（きゅう）

(5)  10 じゅう

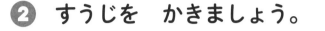

3 かずと　すうじ③

もくひょうじかん 20ぷん

がくしゅうした日　月　日

なまえ

とくてん　／100てん

らくらくマルつけ

1003
解説→227ページ

❶ ひだりの　たべものと　おなじ　かずだけ　○に　いろを　ぬりましょう。

1つ10てん【50てん】

(1)

(2)

(3)

(4)

(5)
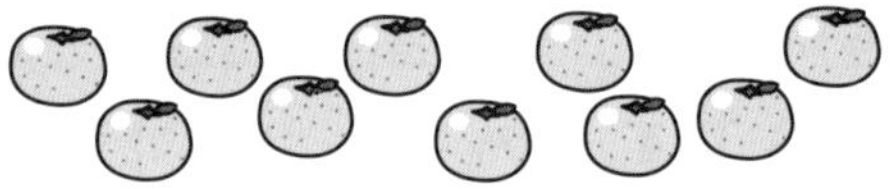

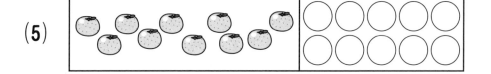

❷ すうじを　かきましょう。

1つ10てん【50てん】

(1)

6
ろく

(2)

7
しち(なな)

(3)

8
はち

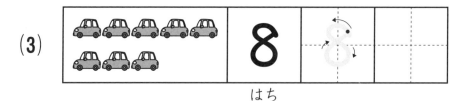

(4)

9
く(きゅう)

(5)

10
じゅう

4 かずと　すうじ④

もくひょうじかん 20ぷん

がくしゅうした日　月　日	とくてん
なまえ	／100てん

らくらくマルつけ
1004
解説→228ページ

❶ やさいの　かずを　□に　すうじで　かきましょう。　1つ10てん【50てん】

(1)

(2)
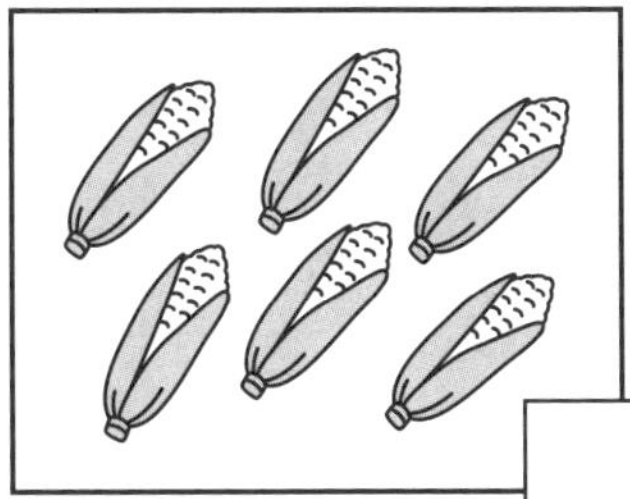

(3)
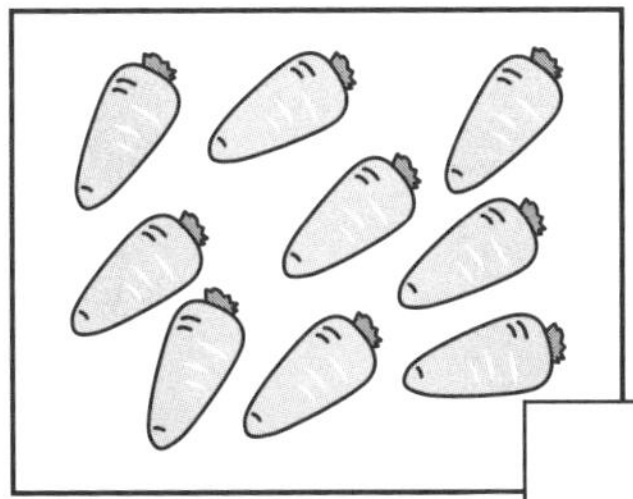

(4)
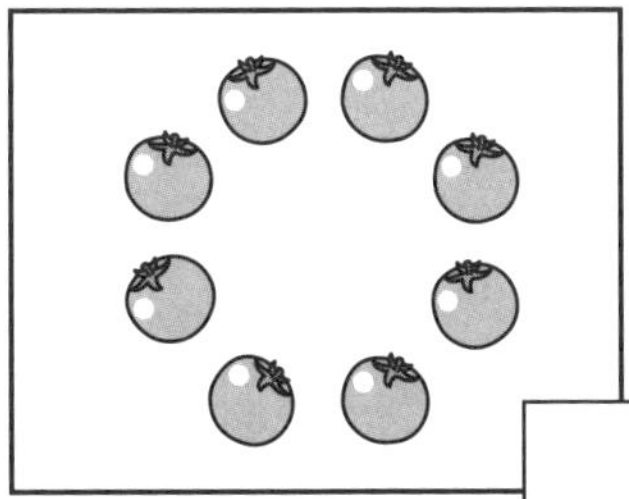

(5)
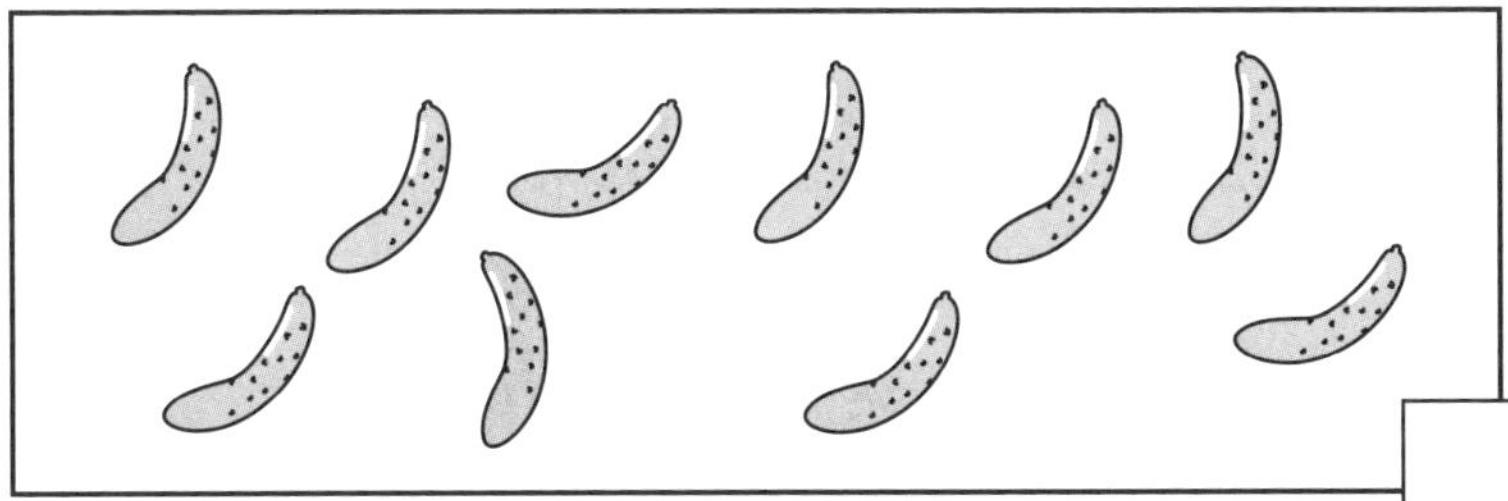

❷ えと　おなじ　かずを　せんで　むすびましょう。　【ぜんぶできて50てん】

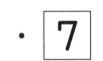

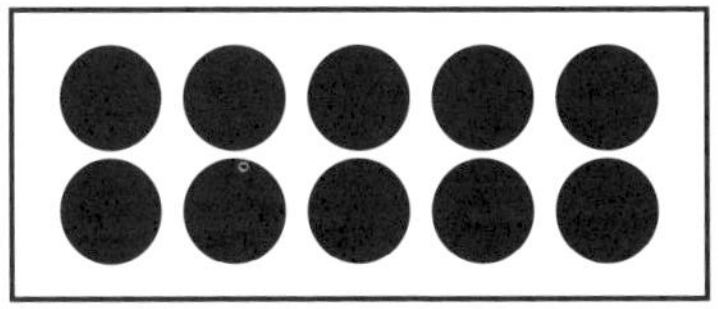
・　・ 8

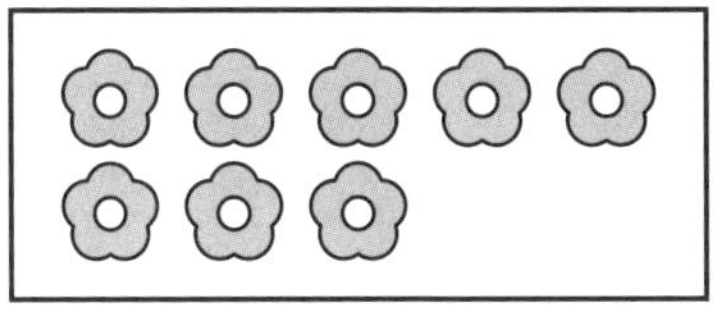
・　・ 6

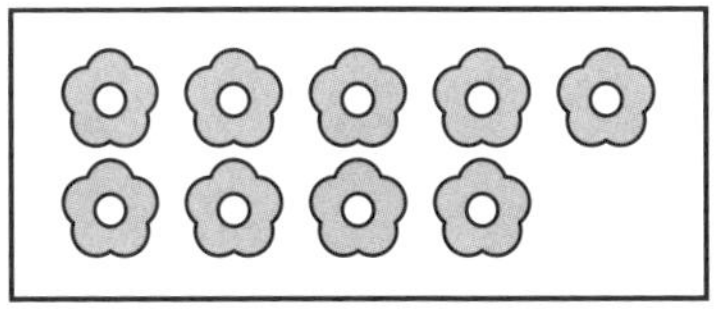
・　・ 7

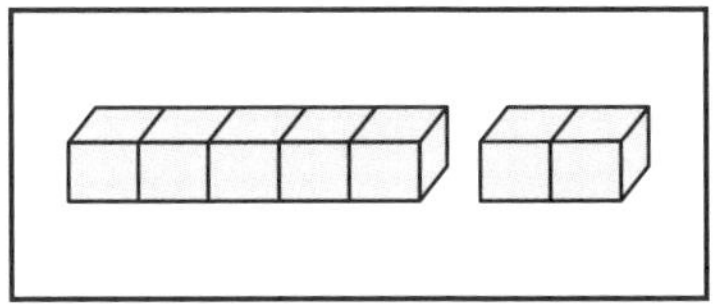
・　・ 10

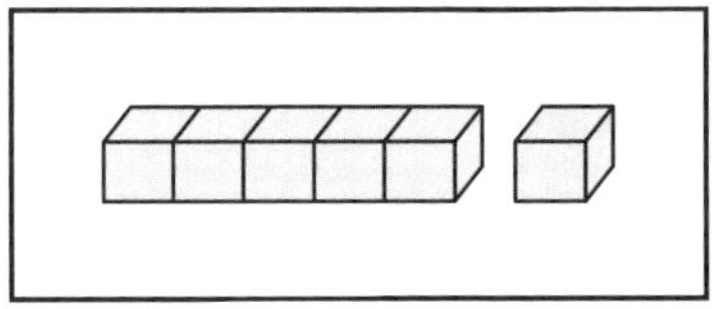
・　・ 9

4 かずと　すうじ④

もくひょうじかん 20ぷん

がくしゅうした日　　月　　日

なまえ

とくてん

／100てん

1004
解説→228ページ

らくらくマルつけ

❶ やさいの　かずを □に　すうじで　かきましょう。

1つ10てん【50てん】

(1)

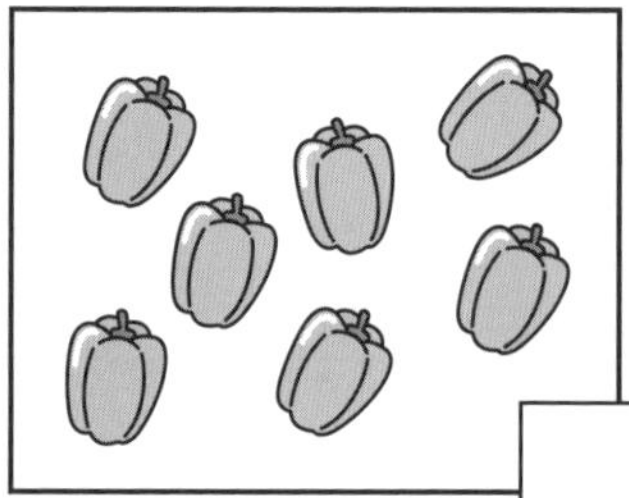

(2)

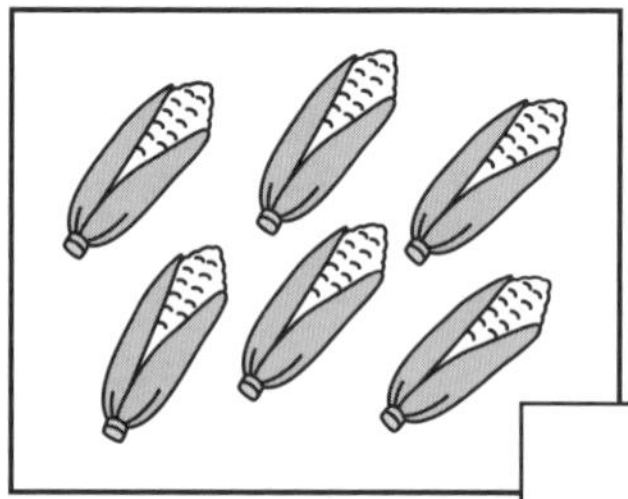

(3)

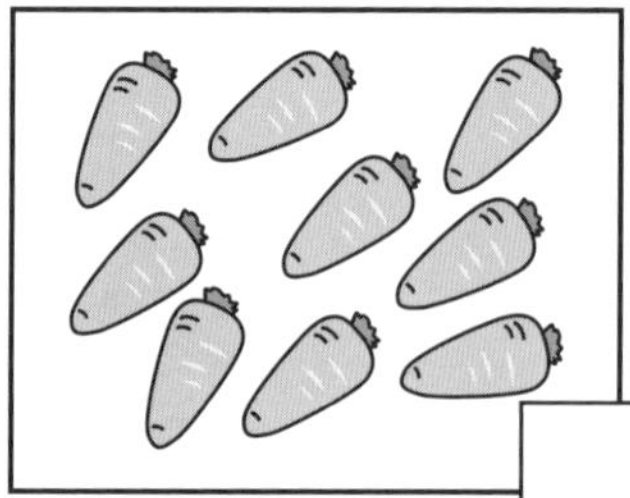

(4)

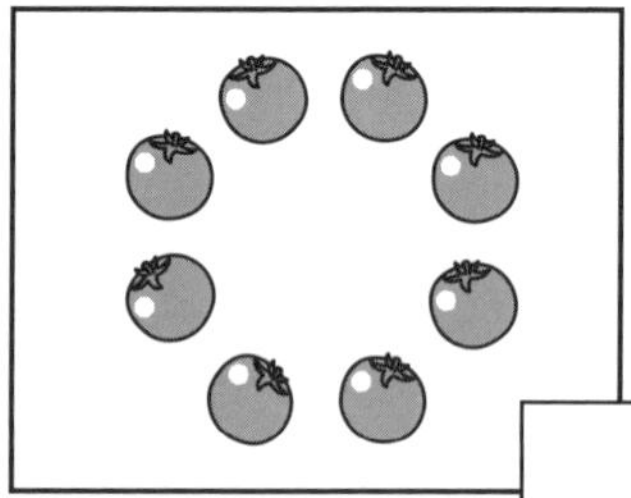

(5)

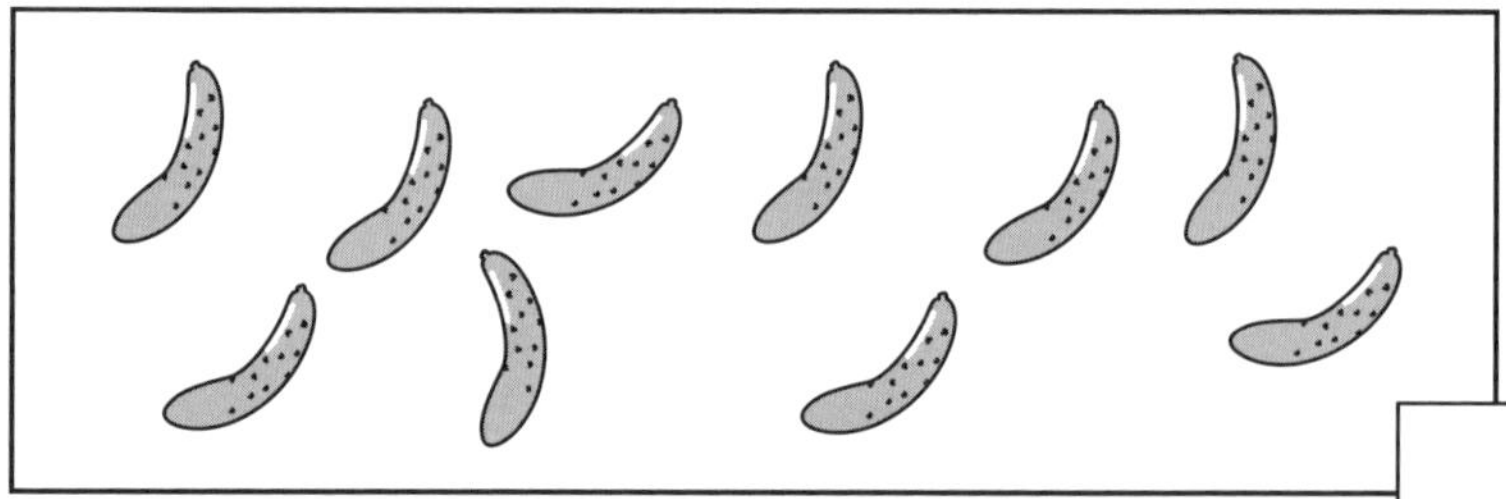

❷ えと　おなじ　かずを　せんで　むすびましょう。

【ぜんぶできて50てん】

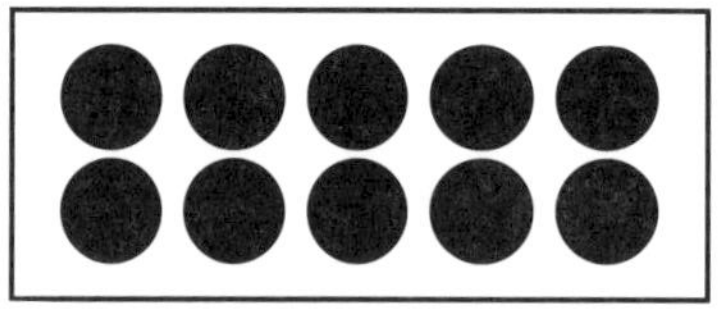
・　　・ 8

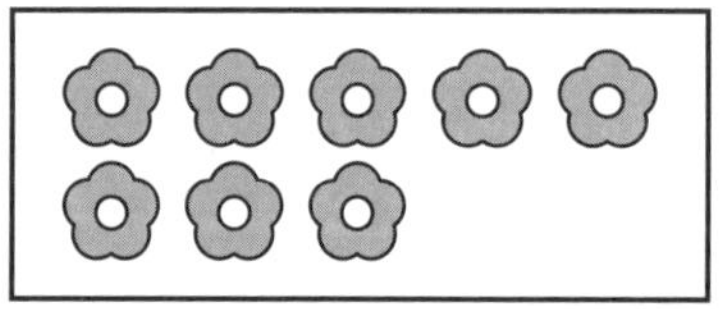
・　　・ 6

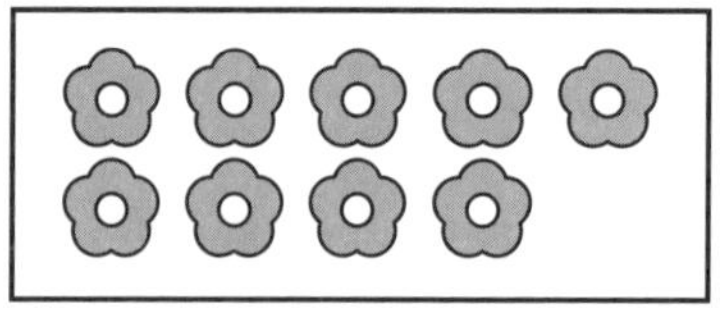
・　　・ 7

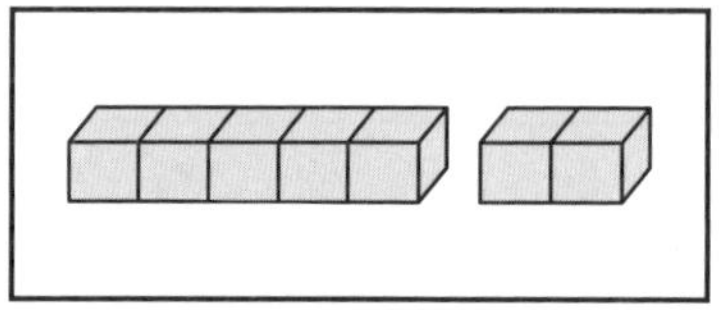
・　　・ 10

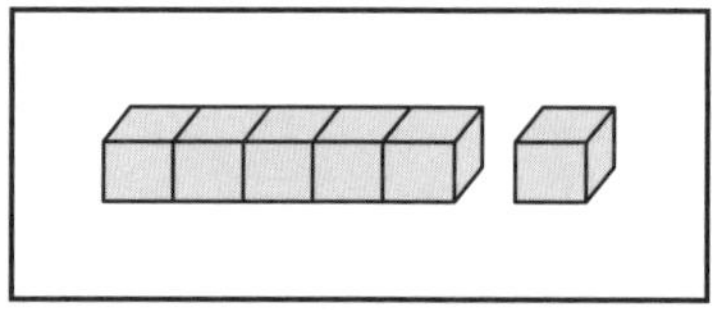
・　　・ 9

5 かずと　すうじ⑤

もくひょうじかん 20ぷん

がくしゅうした日　月　日

なまえ

とくてん　／100てん

1005
解説→228ページ

1 おおい　ほうに　○を　つけましょう。

【10てん】

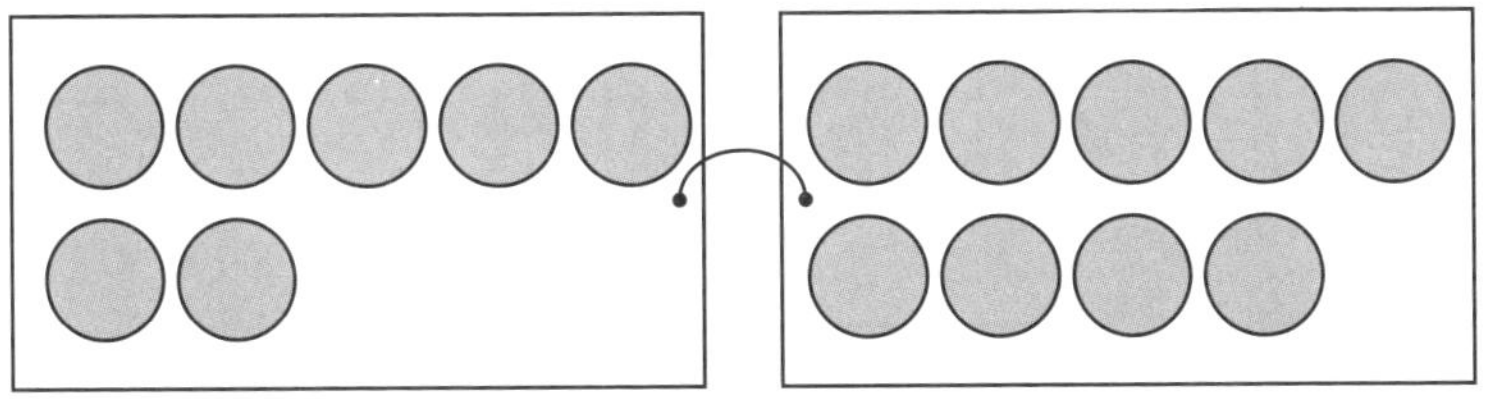

(　　　)　(　　　)

2 かずが　おおきい　ほうに　○を　つけましょう。

1つ10てん【40てん】

(1) 3　1

(　　　)(　　　)

(2) 2　5

(　　　)(　　　)

(3) 6　8

(　　　)(　　　)

(4) 10　7

(　　　)(　　　)

3 □に　はいる　かずを　かきましょう。

【30てん】

(1) 1 — 2 — □ — 4 — □ —

（ぜんぶできて10てん）

(2) 3 — □ — 5 — 6 — □ —

（ぜんぶできて10てん）

(3) □ — 9 — □ — 7 — □ —

（ぜんぶできて10てん）

4 りんごの　かずを　□に　かきましょう。

【ぜんぶできて20てん】

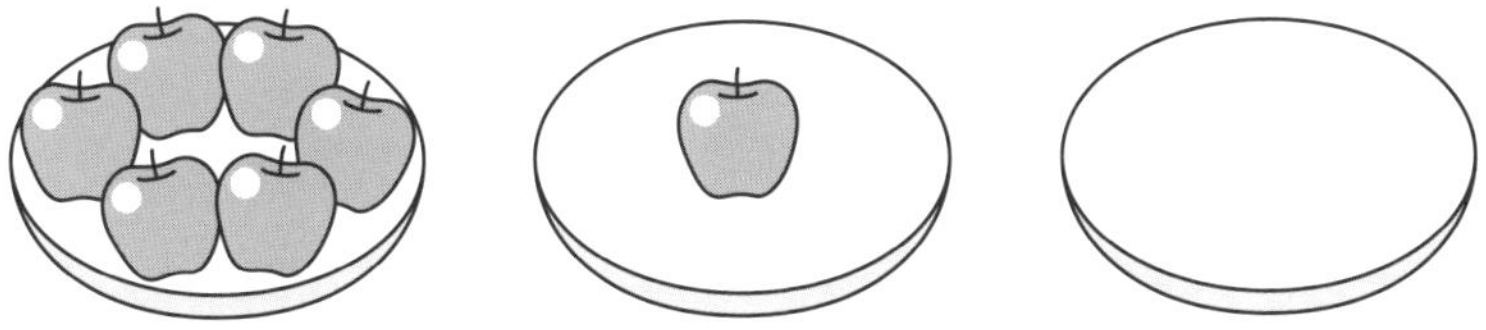

□　□　□

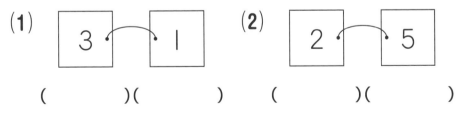

＼もう1回チャレンジ!!／

5 かずと　すうじ⑤

もくひょうじかん 20ぷん

✎がくしゅうした日　月　日	とくてん	らくらくマルつけ
なまえ	／100てん	1005 解説→228ページ

解説→228ページ

❶ おおい　ほうに　○を　つけましょう。

【10てん】

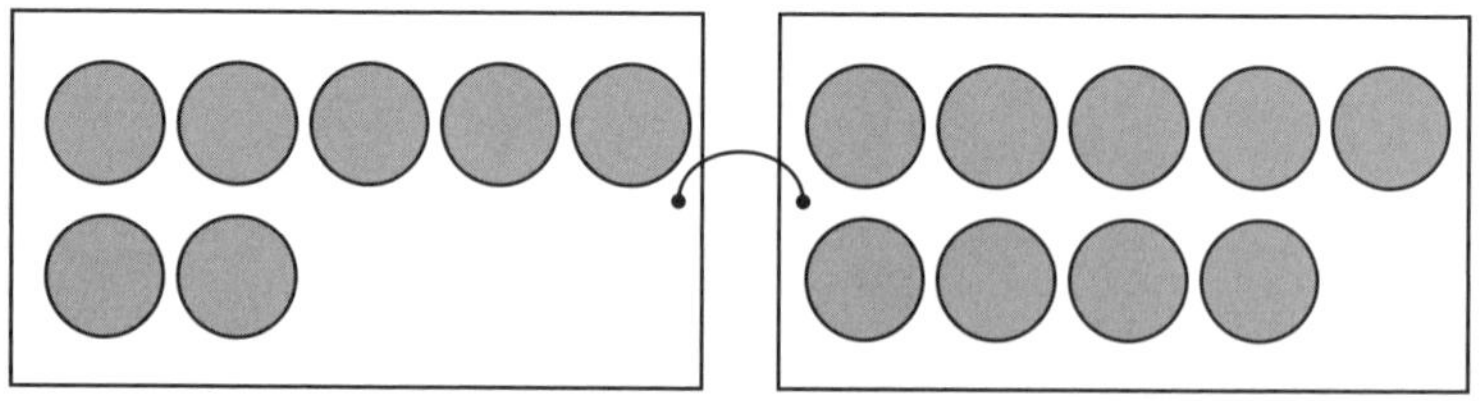

(　　　)　(　　　)

❷ かずが　おおきい　ほうに　○を　つけましょう。

1つ10てん【40てん】

(1) 3　1
(　　)(　　)

(2) 2　5
(　　)(　　)

(3) 6　8
(　　)(　　)

(4) 10　7
(　　)(　　)

❸ □に　はいる　かずを　かきましょう。

【30てん】

(1) 1 ― 2 ― □ ― 4 ― □ ―

（ぜんぶできて10てん）

(2) 3 ― □ ― 5 ― 6 ― □ ―

（ぜんぶできて10てん）

(3) □ ― 9 ― □ ― 7 ― □ ―

（ぜんぶできて10てん）

❹ りんごの　かずを　□に　かきましょう。

【ぜんぶできて20てん】

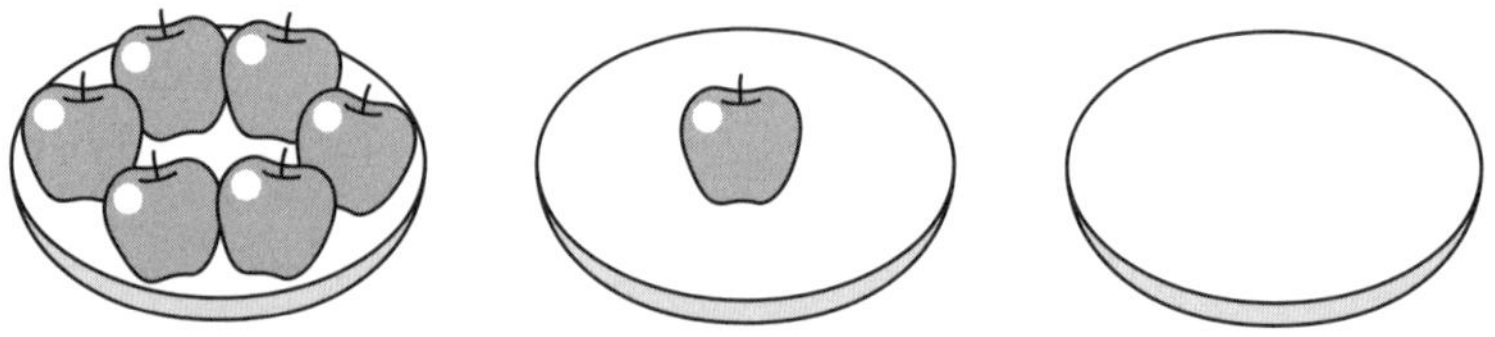

□　□　□

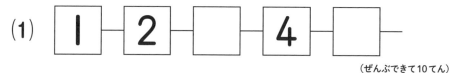

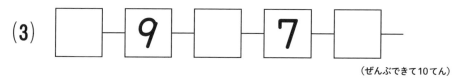

6 なんばんめ①

もくひょうじかん 20ぷん

がくしゅうした日　月　日

なまえ

とくてん　／100てん

らくらくマルつけ

1006

解説→228ページ

❶ いろを　ぬりましょう。

1つ10てん【20てん】

(1) まえから　2わ

まえ  うしろ

(2) まえから　2わめ

まえ  うしろ

❷ せんで　かこみましょう。

1つ10てん【30てん】

(1) まえから　3だい

まえ  うしろ

(2) うしろから　4だい

まえ  うしろ

(3) うしろから　5だいめ

まえ  うしろ

❸ えを　みて，□に　はいる　かずを　かきましょう。

1つ10てん【50てん】

まえ  うしろ

(1)  は　まえから　□ばんめ

(2)  は　うしろから　□ばんめ

(3)  は　まえから　□ばんめ，

うしろから　□ばんめ

(4) まえから　5ばんめの　どうぶつは，

うしろから　□ばんめ

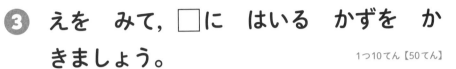

6 なんばんめ①

もくひょうじかん 20ぷん

がくしゅうした日　月　日

なまえ

とくてん

／100てん

らくらくマルつけ

1006

解説→228ページ

❶ いろを　ぬりましょう。

1つ10てん【20てん】

(1) まえから　2わ

(2) まえから　2わめ

❷ せんで　かこみましょう。

1つ10てん【30てん】

(1) まえから　3だい

(2) うしろから　4だい

(3) うしろから　5だいめ

❸ えを　みて，□に　はいる　かずを　かきましょう。

1つ10てん【50てん】

(1) は　まえから　□ばんめ

(2) は　うしろから　□ばんめ

(3) は　まえから　□ばんめ，

うしろから　□ばんめ

(4) まえから　5ばんめの　どうぶつは，

うしろから　□ばんめ

7 なんばんめ②

もくひょうじかん 20ぷん

がくしゅうした日　月　日

なまえ

とくてん

／100てん

1007
解説→229ページ

① いろを　ぬりましょう。 1つ10てん【20てん】

(1) ひだりから　3こ

ひだり ☆☆☆☆☆☆☆☆☆☆ みぎ

(2) みぎから　4こめ

ひだり ○○○○○○○○○○ みぎ

② えを　みて　こたえましょう。 1つ10てん【20てん】

ひだり

みぎ

(1) みおさんは　ひだりから　なんばんめですか。

□ばんめ

(2) みぎから　6ばんめは　だれですか。

□さん

③ えを　みて　こたえましょう。 1つ15てん【60てん】

うえ

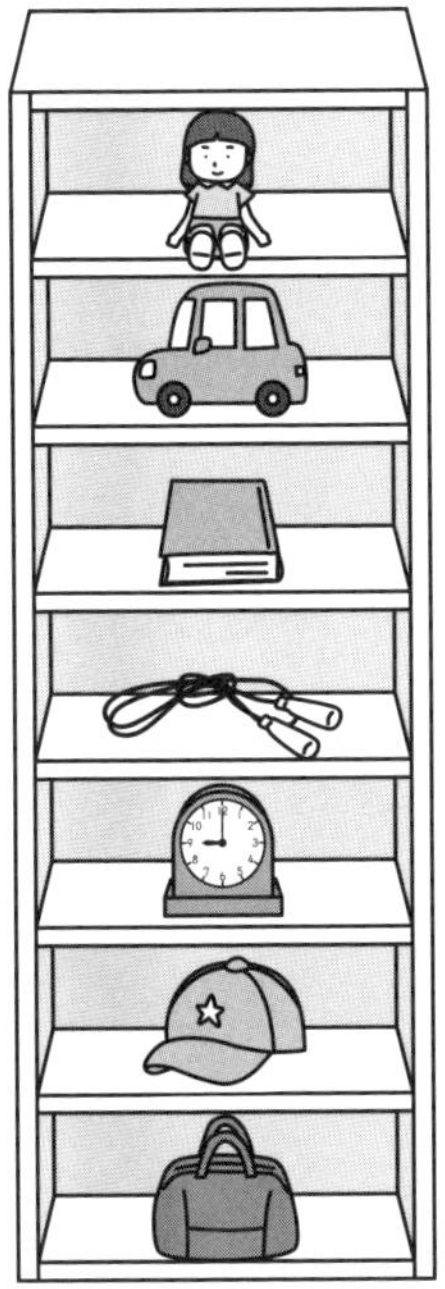

した

(1) は　うえから

□ばんめです。

(2) は　したから

□ばんめです。

(3) は　したから

□ばんめです。

(4) は　どこに　ありますか。

□

7 なんばんめ②

もくひょうじかん 20ぷん

がくしゅうした日　月　日

なまえ

とくてん

／100てん

1007
解説→229ページ

らくらくマルつけ

❶ いろを　ぬりましょう。 1つ10てん【20てん】

(1) ひだりから　3こ

ひだり ☆☆☆☆☆☆☆☆☆☆ みぎ

(2) みぎから　4こめ

ひだり ○○○○○○○○○○ みぎ

❷ えを　みて　こたえましょう。 1つ10てん【20てん】

ひだり  みぎ

(1) みおさんは　ひだりから　なんばんめですか。

□ばんめ

(2) みぎから　6ばんめは　だれですか。

□さん

❸ えを　みて　こたえましょう。 1つ15てん【60てん】

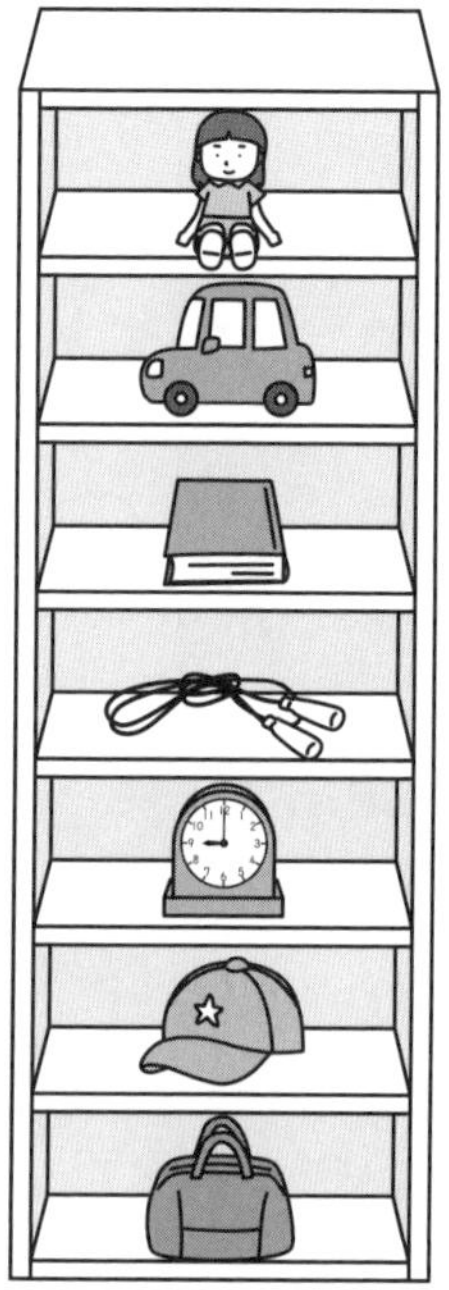

(1) は　うえから

□ばんめです。

(2) は　したから

□ばんめです。

(3) は　したから

□ばんめです。

(4) は　どこに　ありますか。

□

8 なんばんめ③

もくひょうじかん 20ぷん

がくしゅうした日　　月　　日

なまえ

とくてん　／100てん

1008
解説→229ページ

1 えを　みて　こたえましょう。

(1) うえから　3ばんめ，ひだりから　2ばんめの　まどに　○を　かきましょう。(20てん)

(2) したから　5ばんめ，みぎから　4ばんめの　まどに　◎を　かきましょう。(20てん)

(3) が　みえる　まどは，うえから

□ばんめ，みぎから　□ばんめです。

(ぜんぶできて20てん)

(4) が　みえる　まどは，したから

□ばんめ，ひだりから　□ばんめです。

(ぜんぶできて20てん)

(5) が　みえる　まどは，うえから

□ばんめ，みぎから　□ばんめです。

(ぜんぶできて20てん)

＼もう1回チャレンジ!!／

8 なんばんめ③

もくひょうじかん 20ぷん

がくしゅうした日　　月　　日

なまえ

とくてん　　／100てん

らくらくマルつけ

1008
解説→229ページ

❶ えを　みて　こたえましょう。

(1) うえから　3ばんめ，ひだりから　2ばんめの　まどに　○を　かきましょう。(20てん)

(2) したから　5ばんめ，みぎから　4ばんめの　まどに　◎を　かきましょう。(20てん)

(3) が　みえる　まどは，うえから

□ばんめ，みぎから　□ばんめです。

(ぜんぶできて20てん)

(4) が　みえる　まどは，したから

□ばんめ，ひだりから　□ばんめです。

(ぜんぶできて20てん)

(5) が　みえる　まどは，うえから

□ばんめ，みぎから　□ばんめです。

(ぜんぶできて20てん)

9 いくつと　いくつ①

もくひょうじかん 20ぷん

がくしゅうした日　　月　　日

なまえ

とくてん　　／100てん

1009
解説→229ページ

らくらくマルつけ

1 □に　はいる　かずを　かきましょう。

1つ10てん【50てん】

(1)

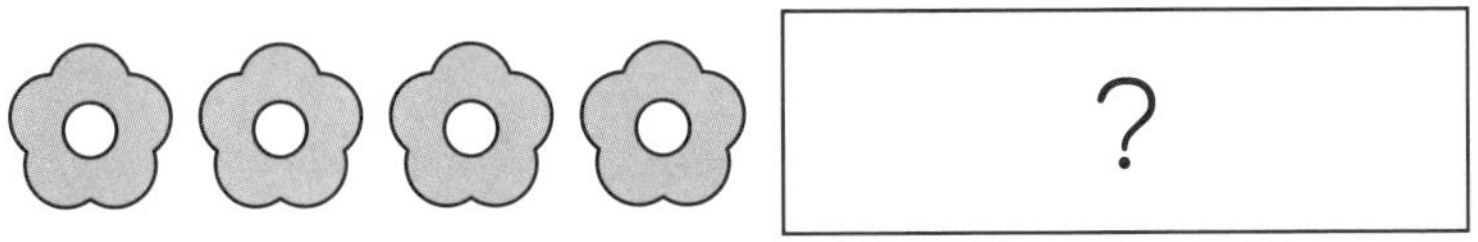

7は　4と　□

(2)

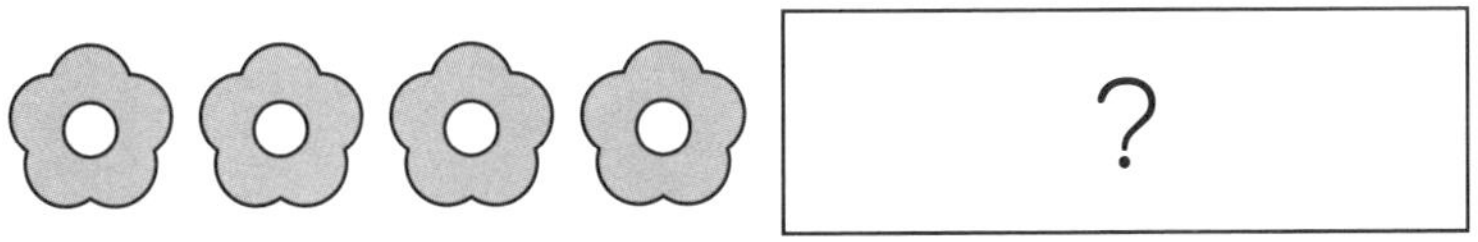

8は　4と　□

(3) 7は　5と　□

(4) 8は　7と　□

(5) 6は　3と　□

2 □に　はいる　かずを　かきましょう。

1つ10てん【50てん】

(1)

5と　1で　□

(2)

3と　5で　□

(3) 4と　2で　□

(4) 1と　6で　□

(5) 3と　4で　□

＼もう1回チャレンジ!!／

9 いくつと　いくつ①

もくひょうじかん 20ぷん

がくしゅうした日　月　日	とくてん
なまえ	／100てん

らくらくマルつけ

1009
解説→229ページ

1 □に　はいる　かずを　かきましょう。

1つ10てん【50てん】

(1) 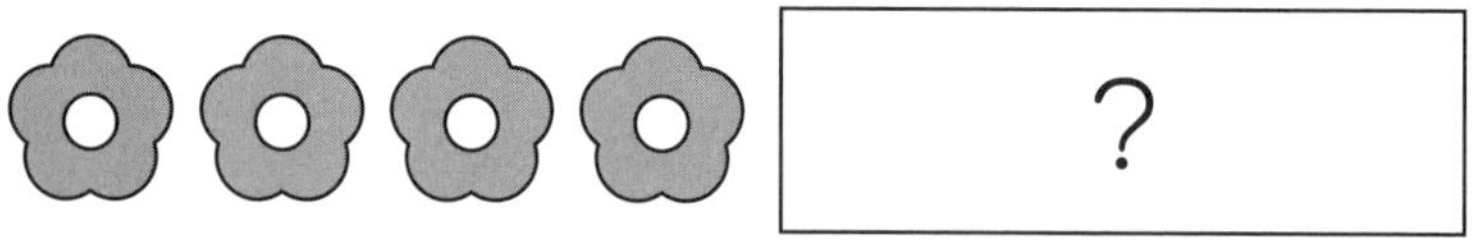

7は　4と　□

(2) 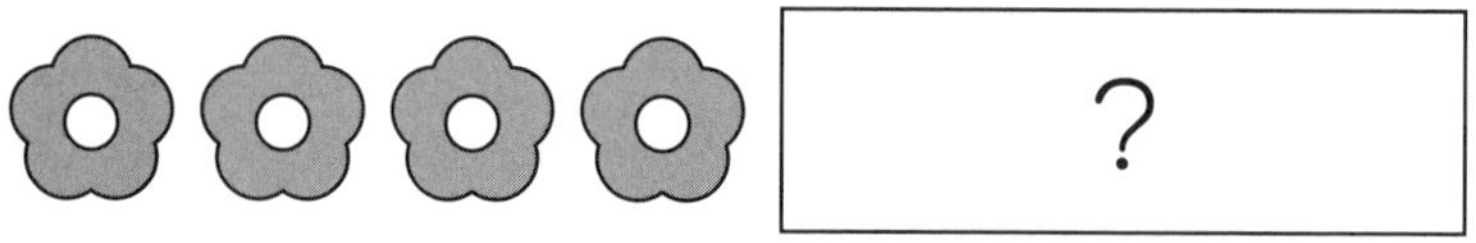

8は　4と　□

(3) 7は　5と　□

(4) 8は　7と　□

(5) 6は　3と　□

2 □に　はいる　かずを　かきましょう。

1つ10てん【50てん】

(1) 

5と　1で　□

(2) 

3と　5で　□

(3) 4と　2で　□

(4) 1と　6で　□

(5) 3と　4で　□

10 いくつと　いくつ②

もくひょうじかん 20ぷん

がくしゅうした日　月　日

なまえ

とくてん　／100てん

1010
解説→229ページ

1 あと　いくつで　10に　なりますか。
□に　はいる　かずを　かきましょう。

1つ5てん【10てん】

(1)

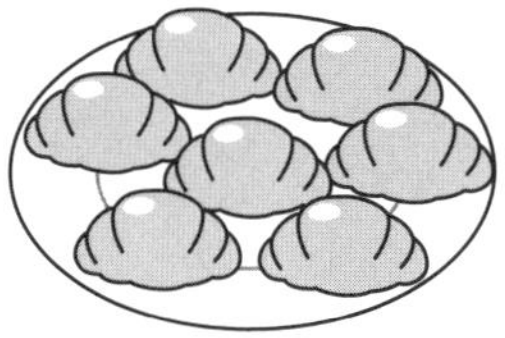

□

(2)

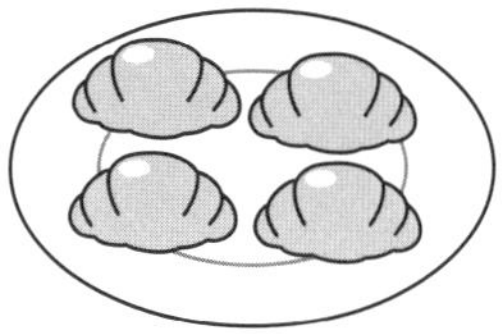

□

2 □に　はいる　かずを　かきましょう。

1つ10てん【70てん】

(1) 5と　4で　□

(2) 8と　2で　□

(3) 9は　6と　□

(4) 10は　3と　□

(5) 2と　□　で　9

(6) □　と　1で　9

(7) 6と　□　で　10

3 たて，よこ，ななめの　2つの　かずで　10を　つくります。ぜんぶ　みつけて　せんで　かこみましょう。

【ぜんぶできて20てん】

れい

9	1	5	7
3	2	5	8
7	4	9	2
5	2	6	5

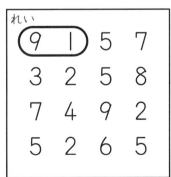

10 いくつと　いくつ②

もくひょうじかん 20ぷん

がくしゅうした日　　月　　日

なまえ

とくてん　　／100てん

らくらくマルつけ

1010
解説→229ページ

1 あと　いくつで　10に　なりますか。
□に　はいる　かずを　かきましょう。

1つ5てん【10てん】

(1)

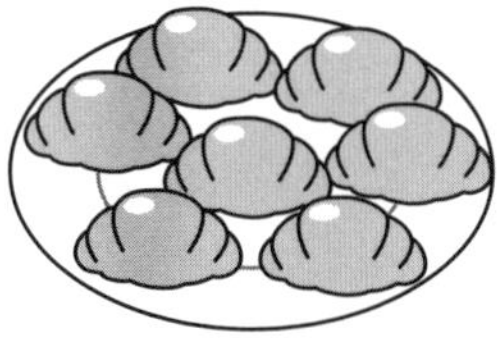

□

(2)

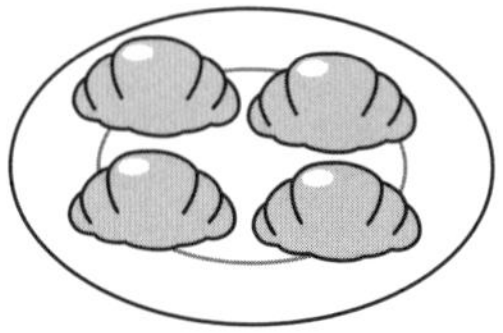

□

2 □に　はいる　かずを　かきましょう。

1つ10てん【70てん】

(1) 5と　4で　□

(2) 8と　2で　□

(3) 9は　6と　□

(4) 10は　3と　□

(5) 2と　□　で　9

(6) □　と　1で　9

(7) 6と　□　で　10

3 たて，よこ，ななめの　2つの　かずで　10を　つくります。ぜんぶ　みつけて　せんで　かこみましょう。

【ぜんぶできて20てん】

れい

9	1	5	7
3	2	5	8
7	4	9	2
5	2	6	5

11 かたち①

もくひょうじかん 20ぷん

がくしゅうした日　　月　　日

なまえ

とくてん　　／100てん

1011
解説→230ページ

らくらくマルつけ

1 あてはまる　かたちは　どれですか。ぜんぶ　えらび，きごうを　かきましょう。

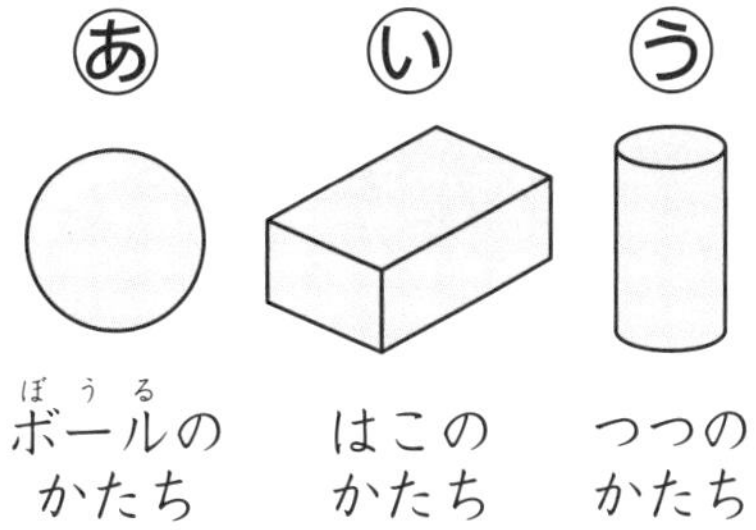

【40てん】

(1) つみかさねる　ことが　できる　かたち

（ぜんぶできて20てん）(　　　　　　　)

(2) ころがる　かたち （ぜんぶできて20てん）(　　　　　　　)

2 かみに かたちを うつしました。あうものを せんで つなぎましょう。

【ぜんぶできて30てん】

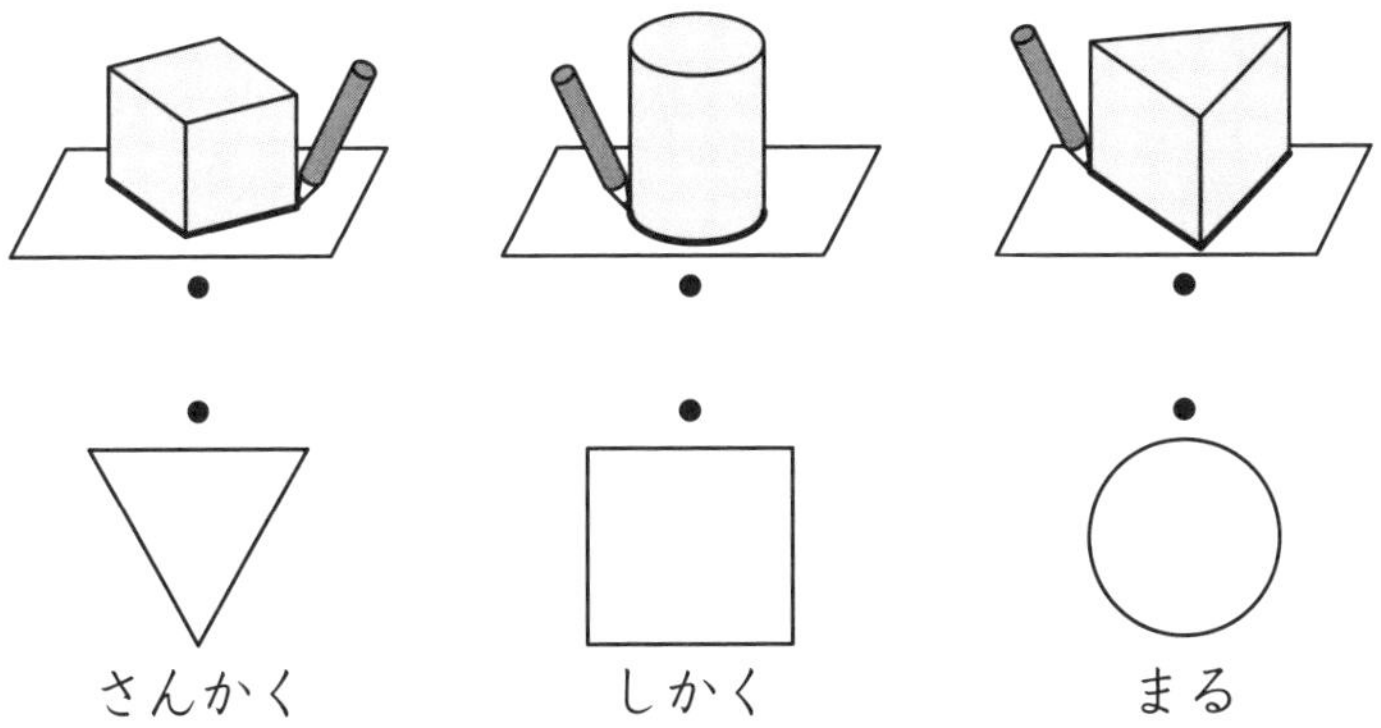

3 つみきを　つかって　つぎの　ようなかたちを　つくりました。つかった　かたちの　かずを　こたえましょう。

1つ10てん【30てん】

(1) 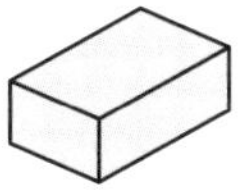 の　かたち　□ こ

(2) 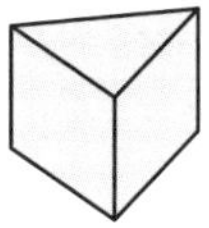 の　かたち　□ こ

(3) 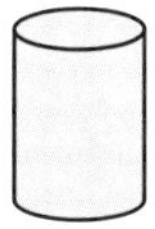 の　かたち　□ こ

11 かたち①

もくひょうじかん 20ぷん

がくしゅうした日　月　日

なまえ

とくてん

／100てん

❶ あてはまる　かたちは　どれですか。ぜんぶ　えらび，きごうを　かきましょう。【40てん】

㋐　㋑　㋒

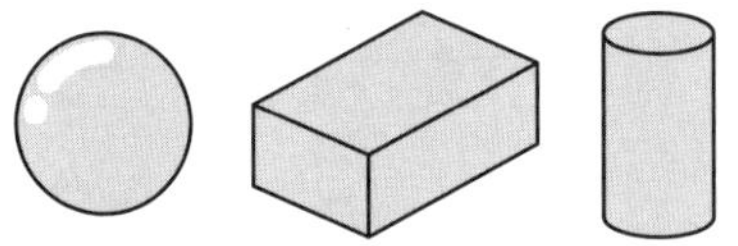

ボール《ぼうる》のかたち　はこのかたち　つつのかたち

(1) つみかさねる　ことが　できる　かたち

(ぜんぶできて20てん)(　　　　　)

(2) ころがる　かたち　(ぜんぶできて20てん)(　　　　　)

❷ かみに かたちを うつしました。あうものを せんで つなぎましょう。【ぜんぶできて30てん】

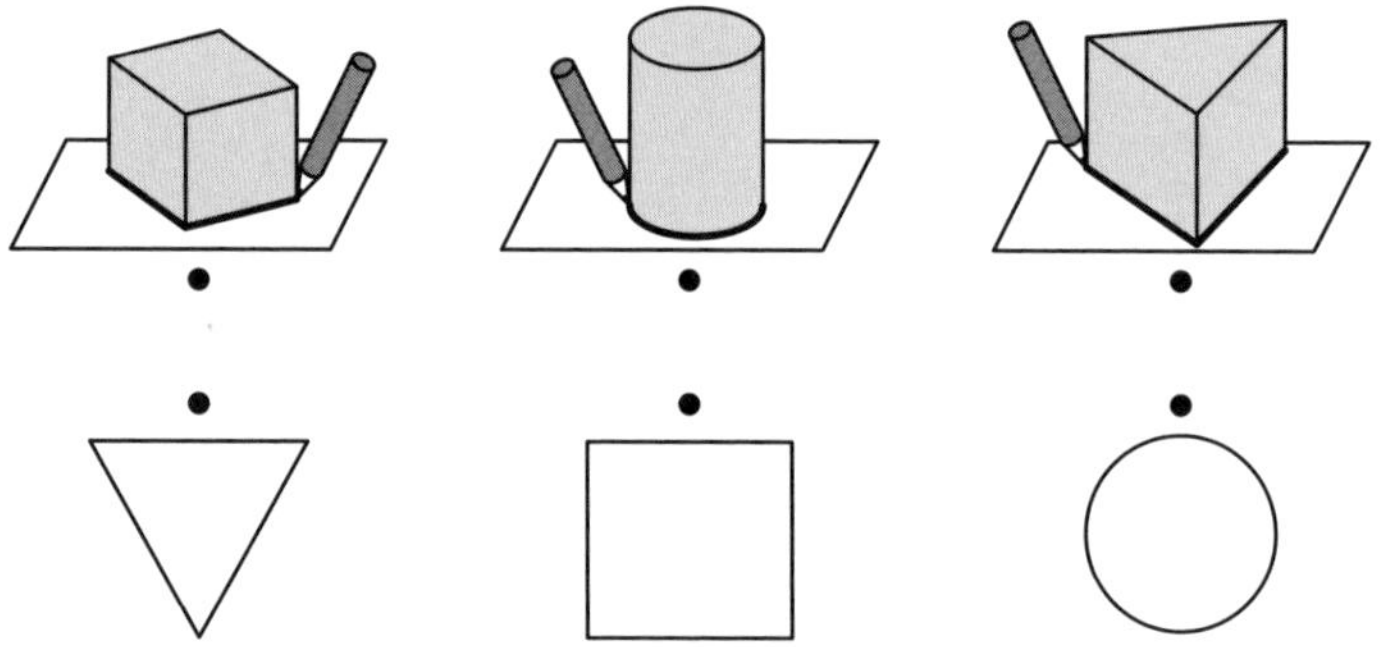

さんかく　しかく　まる

❸ つみきを　つかって　つぎの　ようなかたちを　つくりました。つかった　かたちの　かずを　こたえましょう。

1つ10てん【30てん】

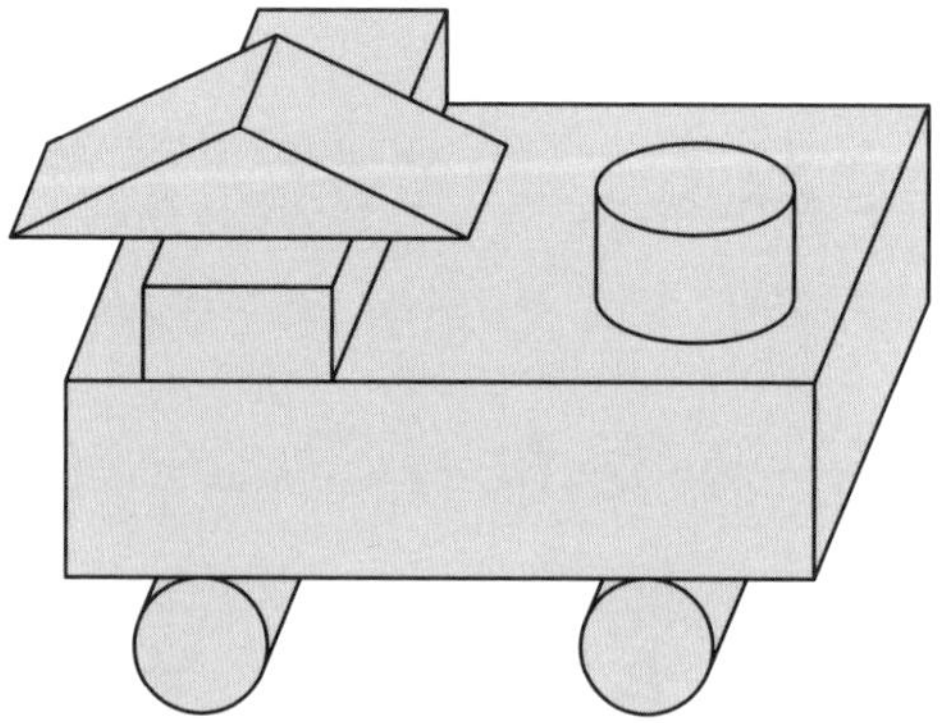

(1) 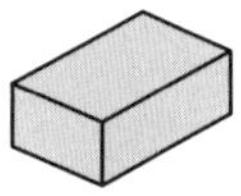 の　かたち　□こ

(2) 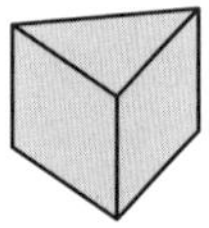 の　かたち　□こ

(3) 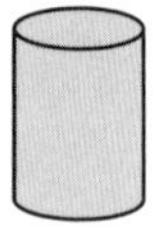 の　かたち　□こ

12 たしざん①

もくひょうじかん 20ぷん

がくしゅうした日　月　日

なまえ

とくてん　／100てん

らくらくマルつけ

1012
解説→230ページ

1 あわせて　なんこですか。　【ぜんぶできて20てん】

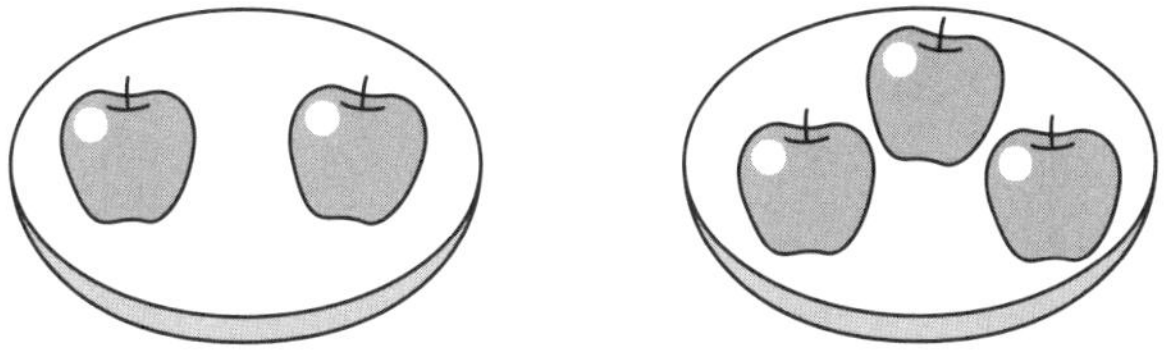

(しき) □＋□＝□

こたえ □ こ

2 たしざんを　しましょう。　1つ5てん【40てん】

(1) 1＋1＝　　(2) 2＋4＝

(3) 3＋1＝　　(4) 5＋2＝

(5) 7＋2＝　　(6) 4＋4＝

(7) 6＋1＝　　(8) 3＋7＝

3 ぜんぶで　なんぼんですか。　【ぜんぶできて20てん】

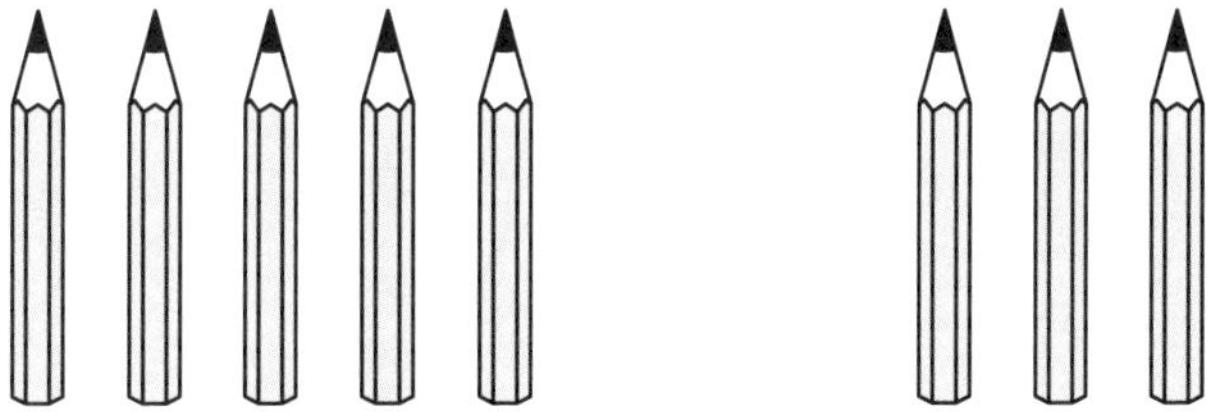

(しき)

こたえ □ ぽん

4 みんなで　なんにんですか。　【ぜんぶできて20てん】

(しき)

こたえ □ にん

12 たしざん①

もくひょうじかん 20ぷん

がくしゅうした日　月　日

なまえ

とくてん

／100てん

1012
解説→230ページ

らくらくマルつけ

❶ あわせて　なんこですか。

【ぜんぶできて20てん】

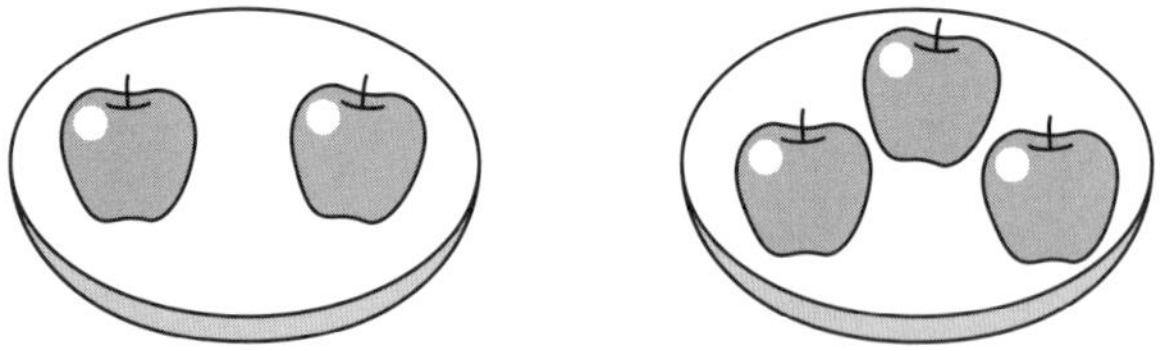

(しき) □＋□＝□

こたえ □ こ

❷ たしざんを　しましょう。

1つ5てん【40てん】

(1) 1＋1＝

(2) 2＋4＝

(3) 3＋1＝

(4) 5＋2＝

(5) 7＋2＝

(6) 4＋4＝

(7) 6＋1＝

(8) 3＋7＝

❸ ぜんぶで　なんぼんですか。

【ぜんぶできて20てん】

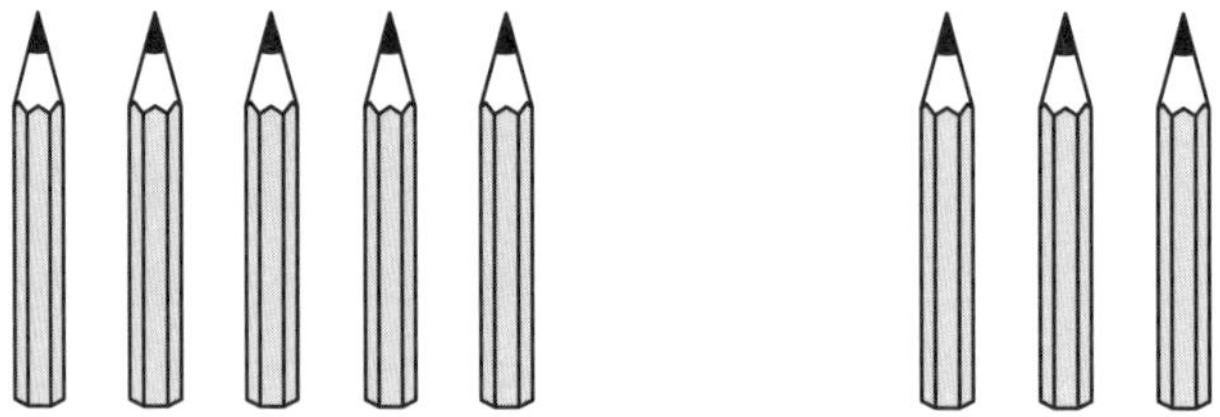

(しき)

こたえ □ ぽん

❹ みんなで　なんにんですか。

【ぜんぶできて20てん】

(しき)

こたえ □ にん

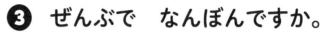

13 たしざん②

もくひょうじかん 20ぷん

がくしゅうした日　月　日

なまえ

とくてん　／100てん

1013
解説→230ページ

らくらくマルつけ

1 ふえると　なんわですか。【ぜんぶできて20てん】

(しき) □＋□＝□

こたえ □ わ

2 たしざんを　しましょう。1つ5てん【40てん】

(1) 2＋2＝

(2) 1＋4＝

(3) 9＋1＝

(4) 2＋6＝

(5) 3＋3＝

(6) 2＋8＝

(7) 1＋5＝

(8) 5＋5＝

3 シール《しいる》を　5まい　もって　います。4まい　もらうと　シールは　ぜんぶで　なんまいに　なりますか。【ぜんぶできて20てん】

(しき)

こたえ □ まい

4 くるまが　6だい　とまって　います。あとから　4だい　きました。くるまは　ぜんぶで　なんだいに　なりましたか。

【ぜんぶできて20てん】

(しき)

こたえ □ だい

＼もう1回チャレンジ!!／

13 たしざん②

もくひょうじかん 20ぷん

がくしゅうした日　月　日

なまえ

とくてん　／100てん

らくらくマルつけ

1013

解説→230ページ

❶ ふえると　なんわですか。【ぜんぶできて20てん】

(しき) □＋□＝□

こたえ □わ

❷ たしざんを　しましょう。1つ5てん【40てん】

(1) 2＋2＝

(2) 1＋4＝

(3) 9＋1＝

(4) 2＋6＝

(5) 3＋3＝

(6) 2＋8＝

(7) 1＋5＝

(8) 5＋5＝

❸ シール《しいる》を　5まい　もって　います。4まい　もらうと　シールは　ぜんぶで　なんまいに　なりますか。【ぜんぶできて20てん】

(しき)

こたえ □まい

❹ くるまが　6だい　とまって　います。あとから　4だい　きました。くるまは　ぜんぶで　なんだいに　なりましたか。

【ぜんぶできて20てん】

(しき)

こたえ □だい

14 たしざん③

もくひょうじかん 20ぷん

がくしゅうした日　月　日

なまえ

とくてん　／100てん

1014
解説→231ページ

1 おなじ　こたえに　なる　カード《かあど》を，せんで　むすびましょう。【ぜんぶできて30てん】

1 + 8 ・	・ 2 + 6
4 + 3 ・	・ 4 + 6
3 + 5 ・	・ 5 + 4
2 + 4 ・	・ 6 + 1
8 + 2 ・	・ 3 + 3

2 6＋4の　しきに　なる　もんだいを　つくりましょう。【ぜんぶできて30てん】

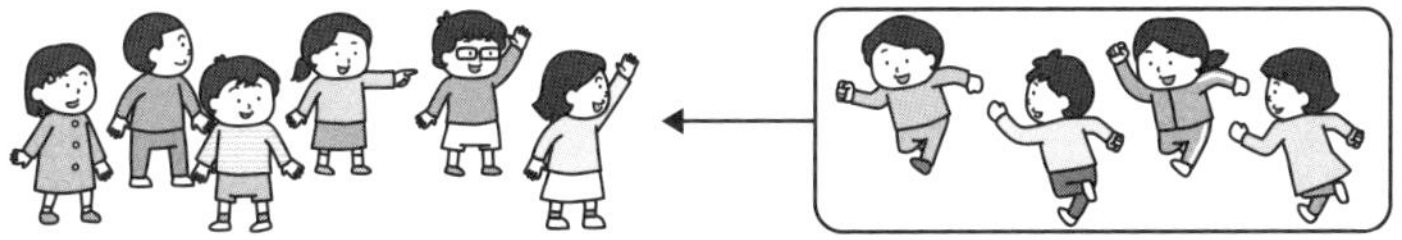

こどもが □ にん　います。

あとから □ にん　きました。

□ なんにんに

なりましたか。

3 こたえが　8に　なる　たしざんの　しきを　つくりましょう。1つ10てん【40てん】

7＋□＝8　　6＋□＝8

□＋3＝8　　□＋4＝8

14 たしざん③

もくひょうじかん 20ぷん

がくしゅうした日　　月　　日

なまえ

とくてん　　／100てん

らくらくマルつけ

1014
解説→231ページ

❶ おなじ　こたえに　なる　カード《かあど》を，せんで　むすびましょう。　【ぜんぶできて30てん】

1 ＋ 8 ・	・ 2 ＋ 6
4 ＋ 3 ・	・ 4 ＋ 6
3 ＋ 5 ・	・ 5 ＋ 4
2 ＋ 4 ・	・ 6 ＋ 1
8 ＋ 2 ・	・ 3 ＋ 3

❷ 6＋4の　しきに　なる　もんだいを　つくりましょう。　【ぜんぶできて30てん】

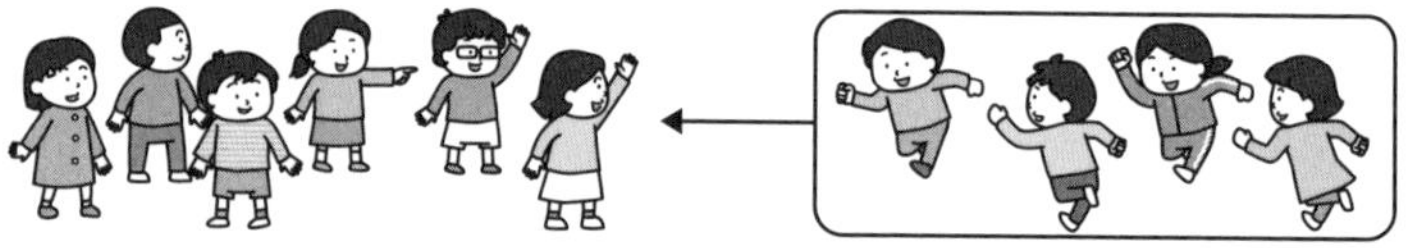

こどもが □ にん　います。

あとから □ にん　きました。

□ なんにんに　なりましたか。

❸ こたえが　8に　なる　たしざんの　しきを　つくりましょう。　1つ10てん【40てん】

7＋□＝8　　6＋□＝8

□＋3＝8　　□＋4＝8

15 ひきざん①

もくひょうじかん 20ぷん

がくしゅうした日　月　日

なまえ

とくてん　／100てん

らくらくマルつけ
1015
解説→231ページ

1 おにぎりが　7こ　あります。2こ　たべると，なんこ　のこりますか。

【ぜんぶできて20てん】

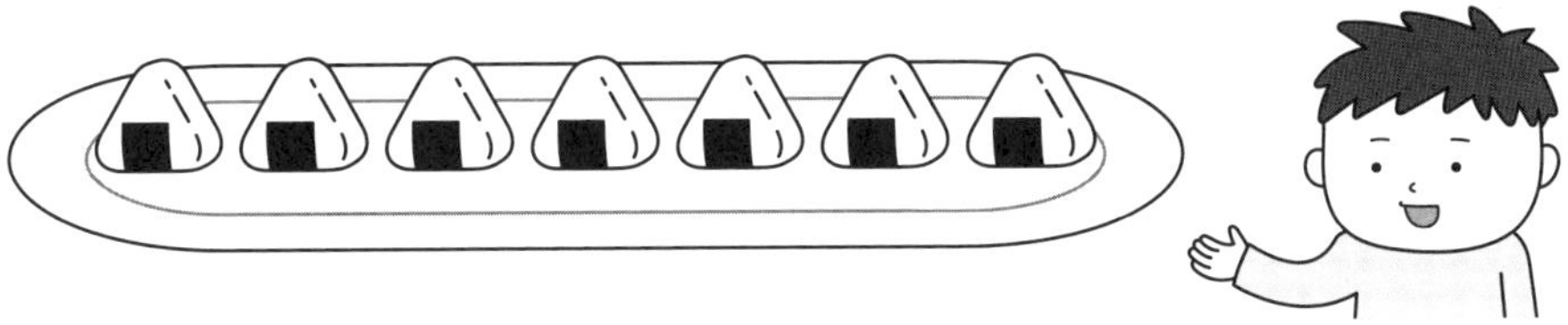

(しき) □－□＝□

こたえ □ こ

2 ひきざんを　しましょう。　1つ5てん【30てん】

(1) 5－1＝　　(2) 8－5＝

(3) 6－2＝　　(4) 7－5＝

(5) 9－3＝　　(6) 10－2＝

3 ふうせんが　8こ　あります。2こ　とんで　いくと，のこりは　なんこに　なりますか。

【ぜんぶできて25てん】

(しき)

こたえ □ こ

4 たまごが　9こ　あります。5こ　つかうと　なんこ　のこりますか。【ぜんぶできて25てん】

(しき)

こたえ □ こ

15 ひきざん①

もくひょうじかん 20ぷん

がくしゅうした日　月　日

なまえ

とくてん　／100てん

1015
解説→231ページ

らくらくマルつけ

1 おにぎりが　7こ　あります。2こ　たべると，なんこ　のこりますか。

【ぜんぶできて20てん】

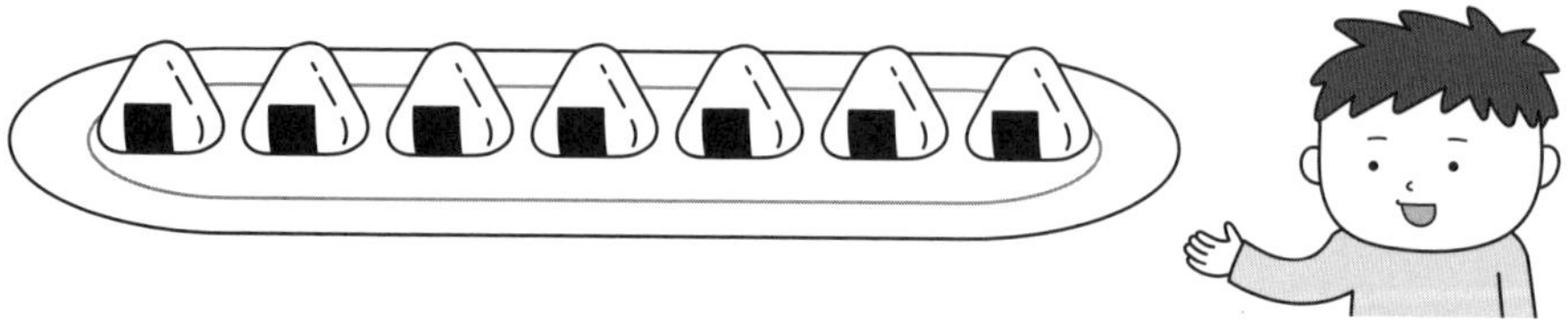

(しき) □－□＝□

こたえ □ こ

2 ひきざんを　しましょう。　1つ5てん【30てん】

(1) 5－1＝

(2) 8－5＝

(3) 6－2＝

(4) 7－5＝

(5) 9－3＝

(6) 10－2＝

3 ふうせんが　8こ　あります。2こ　とんで　いくと，のこりは　なんこに　なりますか。

【ぜんぶできて25てん】

(しき)

こたえ □ こ

4 たまごが　9こ　あります。5こ　つかうと　なんこ　のこりますか。【ぜんぶできて25てん】

(しき)

こたえ □ こ

16 ひきざん②

もくひょうじかん 20ぷん

がくしゅうした日　　月　　日

なまえ

とくてん　　／100てん

1016
解説→231ページ

1 いぬと　ねこでは，どちらが　なんびき　おおいですか。

【ぜんぶできて20てん】

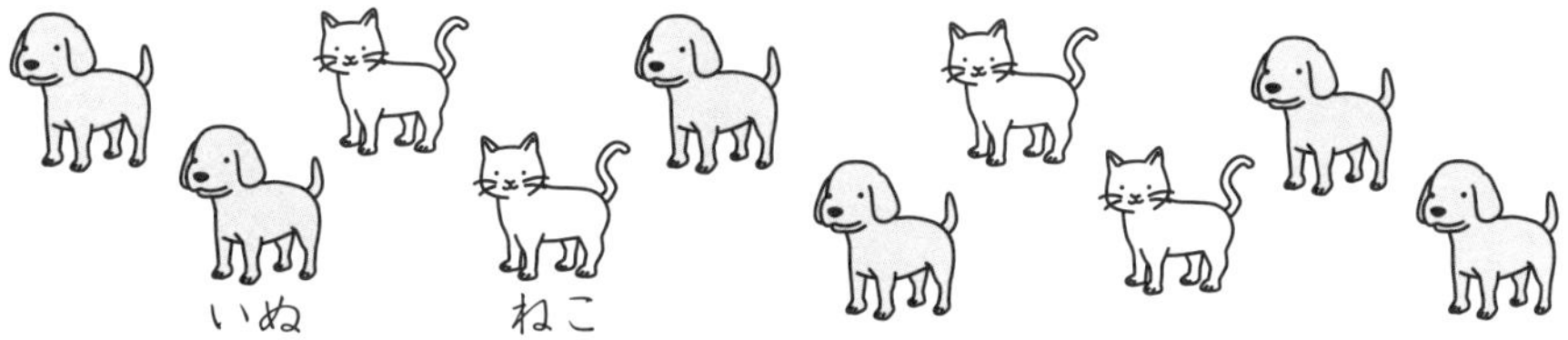

（しき）□－□＝□

こたえ □が □ひき　おおい。

2 ひきざんを　しましょう。

1つ5てん【30てん】

(1) 4－3＝

(2) 7－4＝

(3) 9－2＝

(4) 8－7＝

(5) 10－4＝

(6) 10－9＝

3 ももの　ほうが　なんこ　おおいですか。

【ぜんぶできて25てん】

（しき）

こたえ □こ

4 あかい　りんごが　2こ　あります。きいろい　りんごが　7こ　あります。きいろい　ほうが　なんこ　おおいですか。

【ぜんぶできて25てん】

（しき）

こたえ □こ

16 ひきざん②

もくひょうじかん 20ぷん

がくしゅうした日　月　日

なまえ

とくてん　／100てん

1016

解説→231ページ

らくらくマルつけ

❶ いぬと　ねこでは，どちらが　なんびき　おおいですか。　【ぜんぶできて20てん】

（しき）□－□＝□

こたえ □ が □ ひき　おおい。

❷ ひきざんを　しましょう。　1つ5てん【30てん】

(1) 4－3＝

(2) 7－4＝

(3) 9－2＝

(4) 8－7＝

(5) 10－4＝

(6) 10－9＝

❸ ももの　ほうが　なんこ　おおいですか。　【ぜんぶできて25てん】

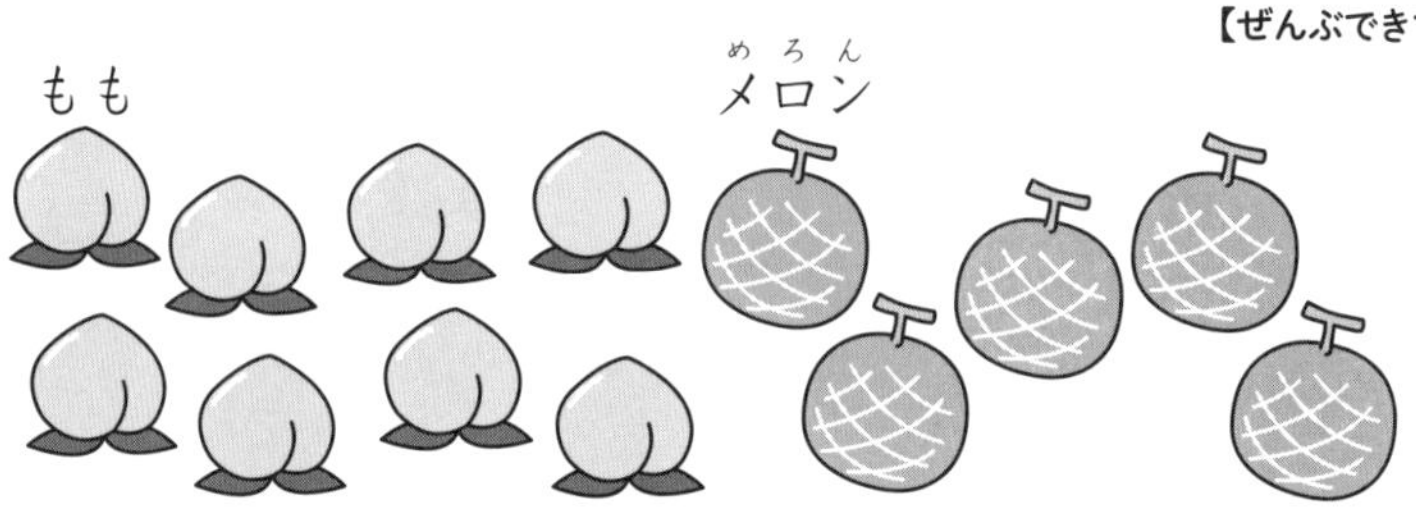

（しき）

こたえ □ こ

❹ あかい　りんごが　2こ　あります。きいろい　りんごが　7こ　あります。きいろい　ほうが　なんこ　おおいですか。　【ぜんぶできて25てん】

（しき）

こたえ □ こ

17 ひきざん③

もくひょうじかん 20ぷん

がくしゅうした日　　月　　日

なまえ

とくてん

／100てん

1017
解説→232ページ

1 おなじ　こたえに　なる　カード《かあど》を，せんで　むすびましょう。　【ぜんぶできて30てん】

5 − 2 ・	・ 6 − 5
4 − 2 ・	・ 4 − 1
8 − 4 ・	・ 8 − 3
2 − 1 ・	・ 9 − 7
10 − 5 ・	・ 10 − 6

2 10−2の　しきに　なる　もんだいを　つくりましょう。　【ぜんぶできて30てん】

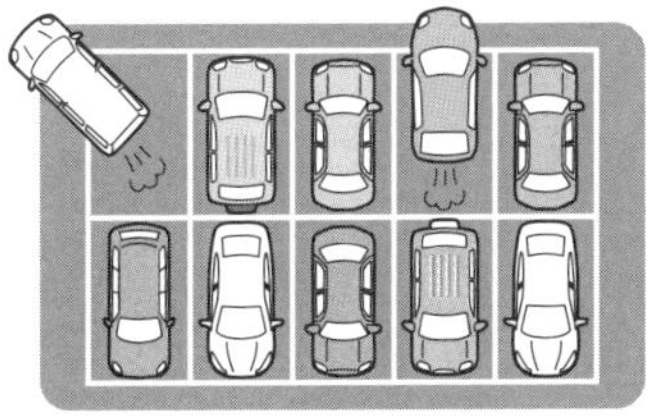

くるまが □ だい　ありました。

□ だい　でて　いきました。

□ は　なんだいですか。

3 こたえが　3に　なる　ひきざんの　しきを　つくりましょう。　1つ10てん【40てん】

6−□＝3　　7−□＝3

□−5＝3　　□−6＝3

17 ひきざん③

もくひょうじかん 20ぷん

がくしゅうした日　月　日

なまえ

とくてん　／100てん

らくらくマルつけ

1017
解説→232ページ

❶ おなじ　こたえに　なる　カード《かあど》を，せんで　むすびましょう。【ぜんぶできて30てん】

5 − 2 ・	・ 6 − 5
4 − 2 ・	・ 4 − 1
8 − 4 ・	・ 8 − 3
2 − 1 ・	・ 9 − 7
10 − 5 ・	・ 10 − 6

❷ 10−2の　しきに　なる　もんだいを　つくりましょう。【ぜんぶできて30てん】

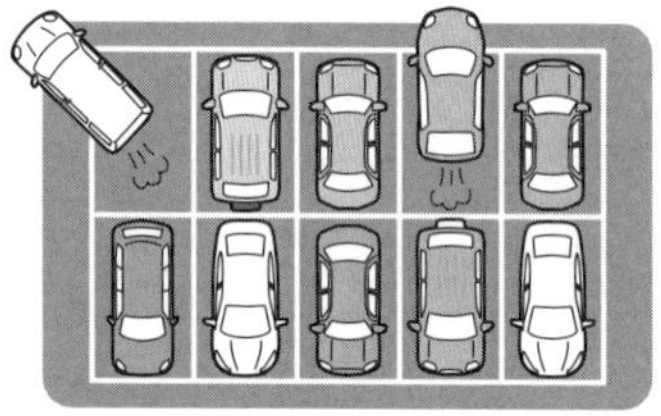

くるまが □ だい　ありました。

□ だい　でて　いきました。

□ は　なんだいですか。

❸ こたえが　3に　なる　ひきざんの　しきを　つくりましょう。1つ10てん【40てん】

6−□＝3　　7−□＝3

□−5＝3　　□−6＝3

18 0の　けいさん

もくひょうじかん 20ぷん

がくしゅうした日　月　日

なまえ

とくてん

／100てん

らくらくマルつけ

1018
解説→232ページ

さんすう

❶ きんぎょすくいを　しました。【ぜんぶできて20てん】

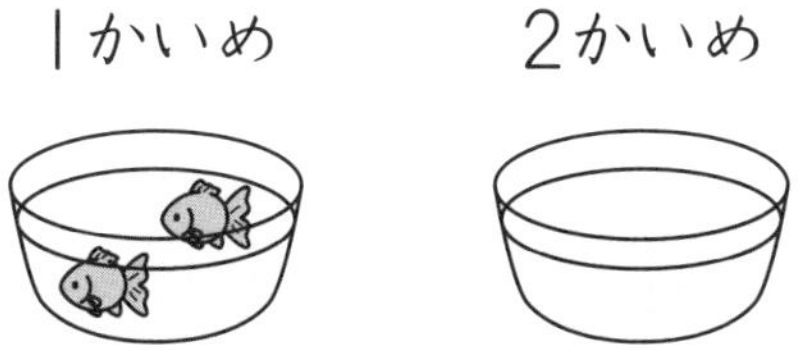

あわせて　なんびきですか。

(しき) 2＋□＝□

こたえ □ ひき

❷ とりが　3わ　いました。【ぜんぶできて20てん】

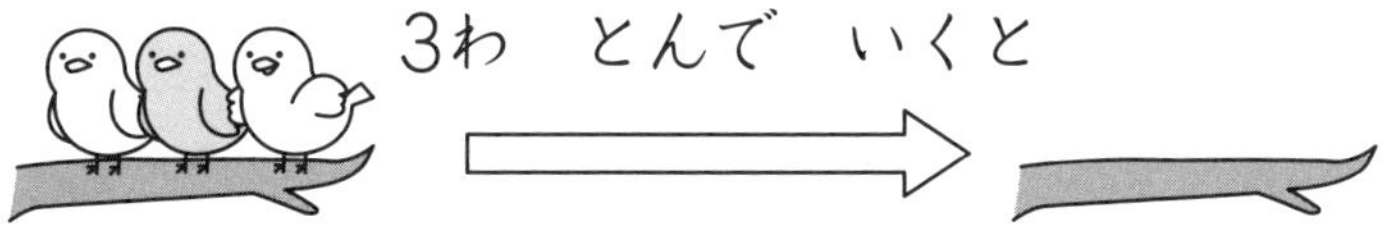

のこりは　なんわですか。

(しき) □−□＝□

こたえ □ わ

❸ けいさんを　しましょう。1つ5てん【40てん】

(1) 3＋0＝　　(2) 0＋1＝

(3) 0＋5＝　　(4) 0＋0＝

(5) 2−2＝　　(6) 4−4＝

(7) 1−0＝　　(8) 0−0＝

❹ みかんが　4こ　ありました。1こも　たべなければ，のこりは　なんこですか。

【ぜんぶできて20てん】

(しき)

こたえ □ こ

18 0の　けいさん

もくひょうじかん 20ぷん

がくしゅうした日　月　日

なまえ

とくてん　／100てん

1018
解説→232ページ

らくらくマルつけ

❶ きんぎょすくいを　しました。【ぜんぶできて20てん】

1かいめ　　2かいめ

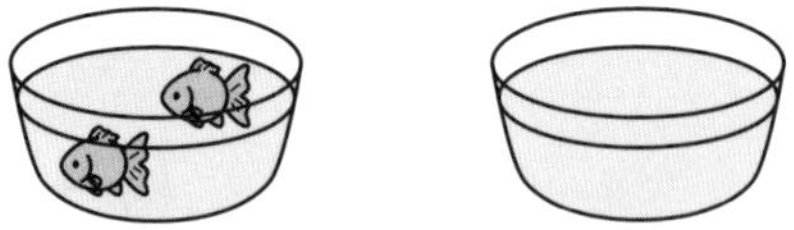

あわせて　なんびきですか。

(しき) $2+\square=\square$

こたえ □ ひき

❷ とりが　3わ　いました。【ぜんぶできて20てん】

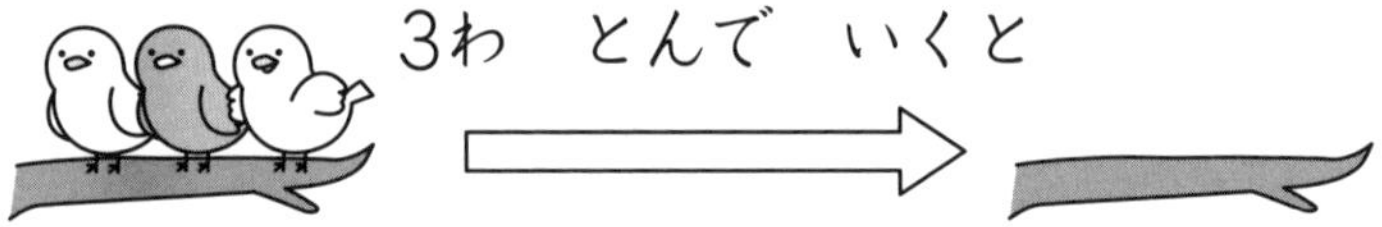

のこりは　なんわですか。

(しき) $\square-\square=\square$

こたえ □ わ

❸ けいさんを　しましょう。1つ5てん【40てん】

(1) $3+0=$　　(2) $0+1=$

(3) $0+5=$　　(4) $0+0=$

(5) $2-2=$　　(6) $4-4=$

(7) $1-0=$　　(8) $0-0=$

❹ みかんが　4こ　ありました。1こも　たべなければ，のこりは　なんこですか。

【ぜんぶできて20てん】

(しき)

こたえ □ こ

19 かずしらべ

もくひょうじかん 20ぷん

がくしゅうした日　月　日

なまえ

とくてん　／100てん

1019
解説→232ページ

らくらくマルつけ

さんすう

1 かずを　しらべましょう。

(1) おかしの　かずだけ　いろを　ぬりましょう。(ぜんぶできて20てん)

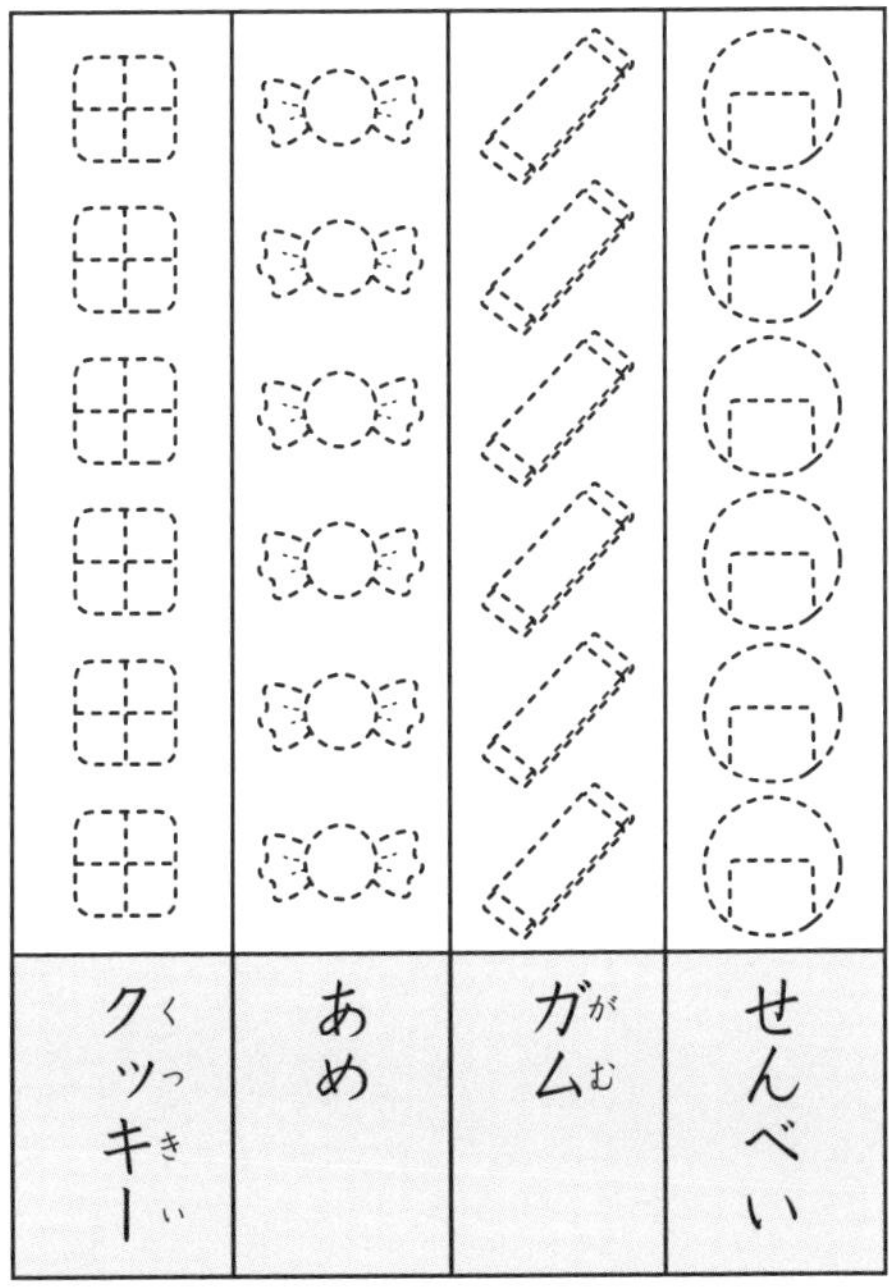

(2) いちばん　おおい　おかしは　どれですか。(20てん)

(3) いちばん　すくない　おかしは　どれですか。(20てん)

(4) ガムは　なんこですか。(20てん)

こ

(5) ガムと　おなじ　かずの　おかしは　どれですか。(20てん)

＼もう1回チャレンジ!! ／

19 かずしらべ

もくひょうじかん 20ぷん

がくしゅうした日　月　日	とくてん
なまえ	／100てん

らくらくマルつけ

1019

解説→232ページ

❶ かずを　しらべましょう。

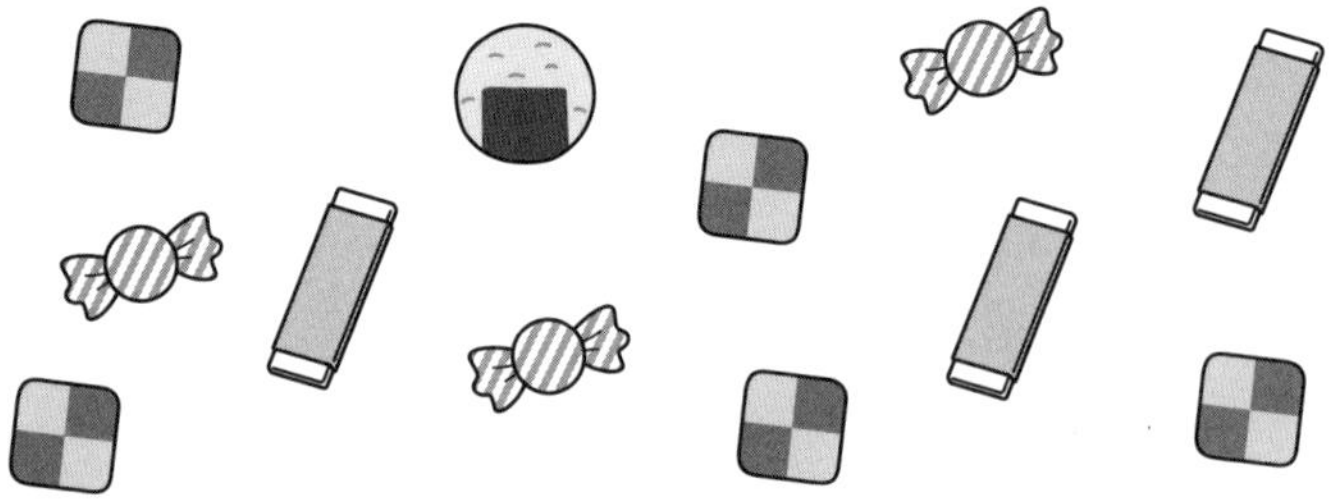

(1) おかしの　かずだけ　いろを　ぬりましょう。

（ぜんぶできて20てん）

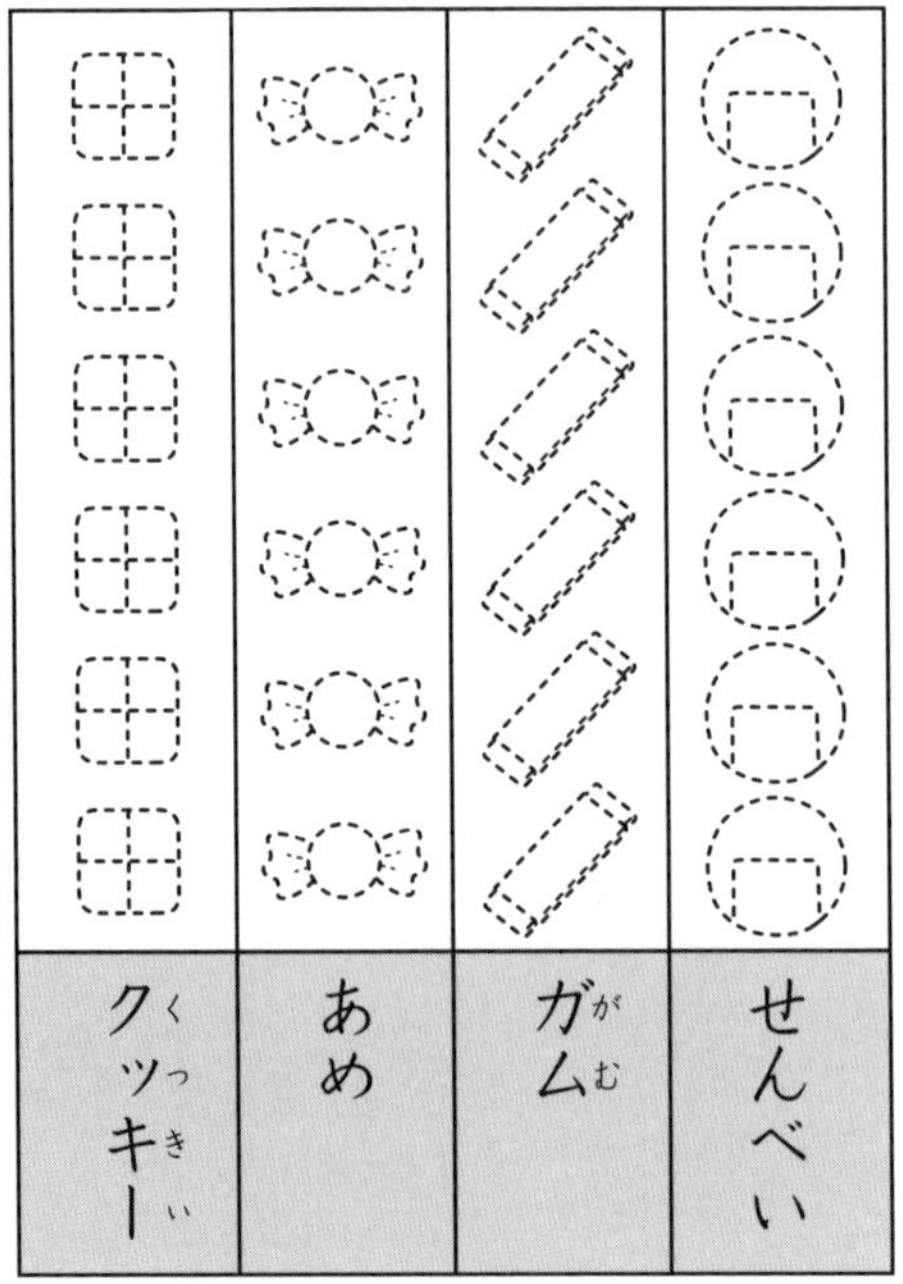

(2) いちばん　おおい　おかしは　どれですか。

（20てん）

(3) いちばん　すくない　おかしは　どれですか。

（20てん）

(4) ガムは　なんこですか。

（20てん）

□ こ

(5) ガムと　おなじ　かずの　おかしは　どれですか。

（20てん）

20までの　かず①

もくひょうじかん 20ぷん

がくしゅうした日　　月　　日

なまえ

とくてん

／100てん

1020
解説→232ページ

らくらくマルつけ

1 かずを　すうじで　かきましょう。

1つ8てん【48てん】

(1) 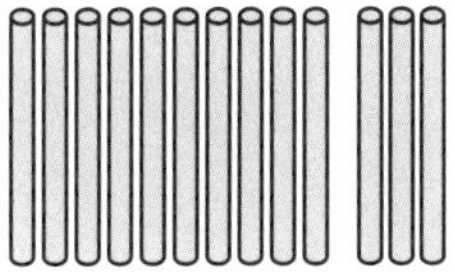

□

(2) 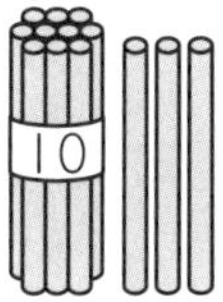

□

(3) 

□

(4) 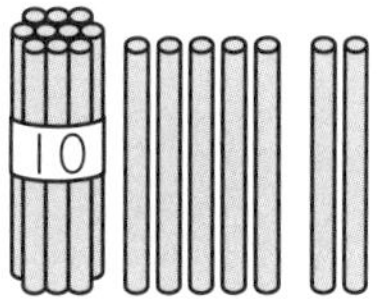

□

(5) 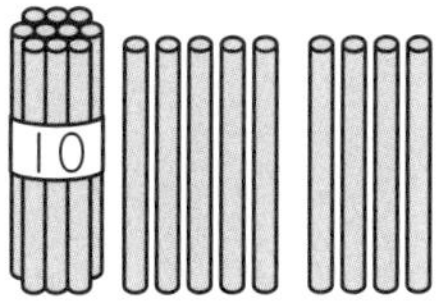

□

(6) 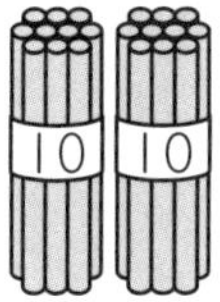

□

2 かずを　かぞえましょう。

1つ8てん【24てん】

(1) 　□

(2) 　□

(3) 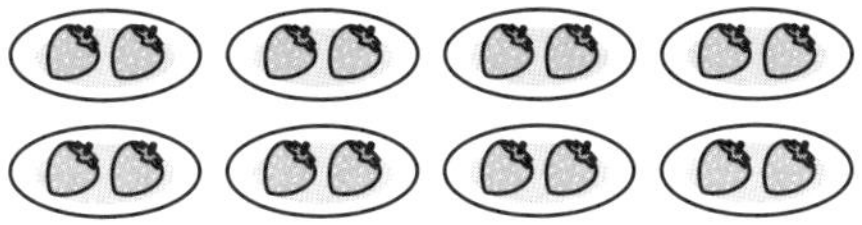　□

3 □に　はいる　かずを　かきましょう。

【28てん】

(1) 11は　10と　□　(9てん)

(2) 14は　10と　□　(9てん)

(3) 18は　□　と　8　(10てん)

20 20までの　かず①

もくひょうじかん 20ぷん

がくしゅうした日　月　日

なまえ

とくてん　／100てん

らくらくマルつけ

1020
解説→232ページ

❶ かずを　すうじで　かきましょう。

1つ8てん【48てん】

(1)

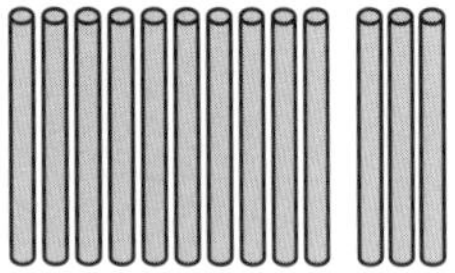

(2)

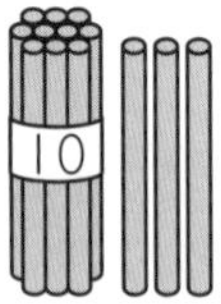

(3)

(4)

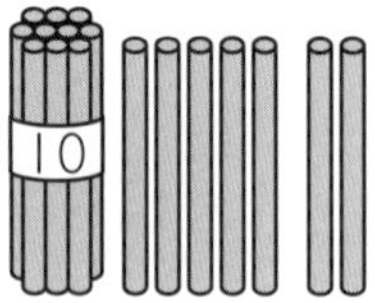

(5)

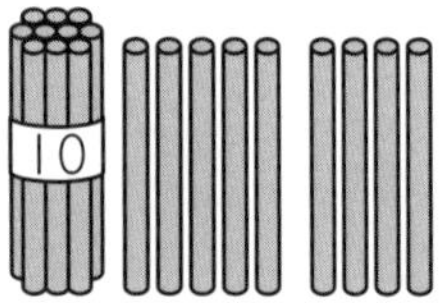

(6)

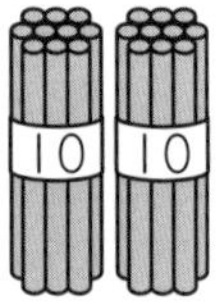

❷ かずを　かぞえましょう。

1つ8てん【24てん】

(1)

(2)

(3)

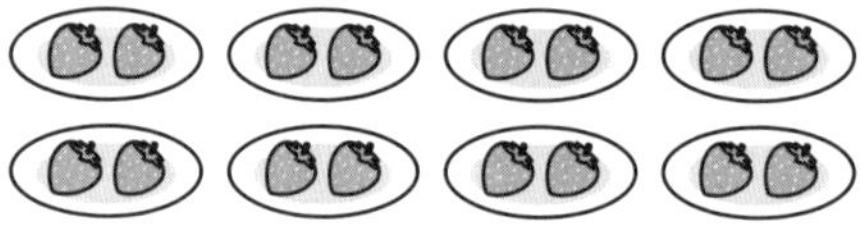

❸ □に　はいる　かずを　かきましょう。

【28てん】

(1) 11は　10と　□　(9てん)

(2) 14は　10と　□　(9てん)

(3) 18は　□　と　8　(10てん)

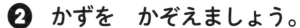

21 20までの　かず②

もくひょうじかん 20ぷん

がくしゅうした日　月　日

なまえ

とくてん　/100てん

1021 解説→233ページ

かずの　せん

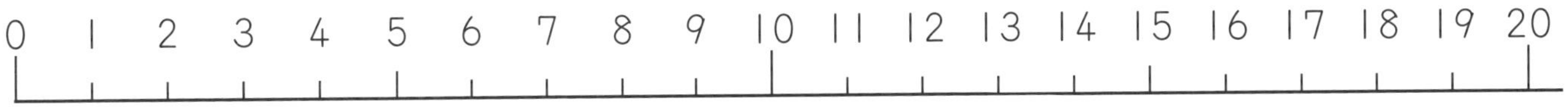

❶ おおきい　ほうに　○を　つけましょう。

1つ5てん【30てん】

(1) 8 ⌒ 11

(　　　)(　　　)

(2) 15 ⌒ 12

(　　　)(　　　)

(3) 13 ⌒ 16

(　　　)(　　　)

(4) 18 ⌒ 10

(　　　)(　　　)

(5) 20 ⌒ 10

(　　　)(　　　)

(6) 19 ⌒ 20

(　　　)(　　　)

❷ □に　はいる　かずを　かきましょう。

【40てん】

(1) 16 — 17 — □ — 19 — □

(ぜんぶできて20てん)

(2) 13 — 12 — □ — 10 — □

(ぜんぶできて20てん)

❸ つぎの　かずは　いくつですか。

1つ10てん【30てん】

(1) 15より　3　おおきい　かず　□

(2) 18より　2　おおきい　かず　□

(3) 20より　1　ちいさい　かず　□

＼もう１回チャレンジ!! ／

21 20までの　かず②

もくひょうじかん **20**ぷん

がくしゅうした日　　月　　日

なまえ

とくてん　　／100てん

らくらくマルつけ

1021
解説→233ページ

かずの　せん

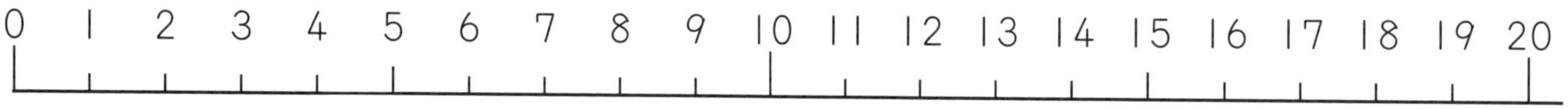

❶ おおきい　ほうに　○を　つけましょう。

1つ5てん【30てん】

(1) 8　11
(　　)(　　)

(2) 15　12
(　　)(　　)

(3) 13　16
(　　)(　　)

(4) 18　10
(　　)(　　)

(5) 20　10
(　　)(　　)

(6) 19　20
(　　)(　　)

❷ □に　はいる　かずを　かきましょう。

【40てん】

(1) 16 ― 17 ― □ ― 19 ― □

(ぜんぶできて20てん)

(2) 13 ― 12 ― □ ― 10 ― □

(ぜんぶできて20てん)

❸ つぎの　かずは　いくつですか。

1つ10てん【30てん】

(1) 15より　3　おおきい　かず　□

(2) 18より　2　おおきい　かず　□

(3) 20より　1　ちいさい　かず　□

22 20までの　かず③

もくひょうじかん 20ぷん

がくしゅうした日　月　日

なまえ

とくてん

／100てん

1022
解説→233ページ

1 □に　はいる　かずを　かきましょう。 1つ10てん【20てん】

(1) 10と　3を　あわせた　かずは　いくつですか。

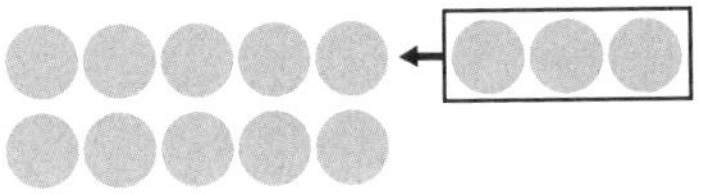

10＋3＝□

(2) 14から　4を　とった　かずは　いくつですか。

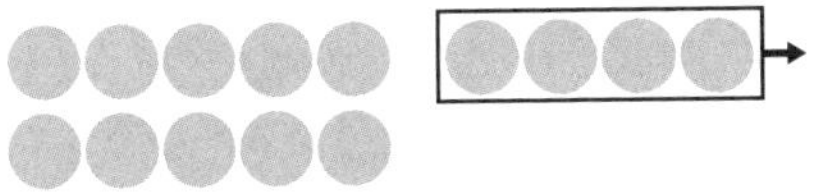

14－4＝□

2 けいさんを　しましょう。 1つ15てん【30てん】

(1) 10＋2＝

(2) 16－6＝

3 □に　はいる　かずを　かきましょう。 1つ10てん【20てん】

(1) 13に　2を　たした　かずは　いくつですか。

13＋2＝□

(2) 15から　2を　ひいた　かずは　いくつですか。

15－2＝□

4 けいさんを　しましょう。 1つ15てん【30てん】

(1) 15＋3＝

(2) 19－5＝

22 20までの　かず③

もくひょうじかん 20ぷん

がくしゅうした日　　月　　日

なまえ

とくてん　　／100てん

1022
解説→233ページ

らくらくマルつけ

❶ □に　はいる　かずを　かきましょう。 1つ10てん【20てん】

(1) 10と　3を　あわせた　かずは　いくつですか。

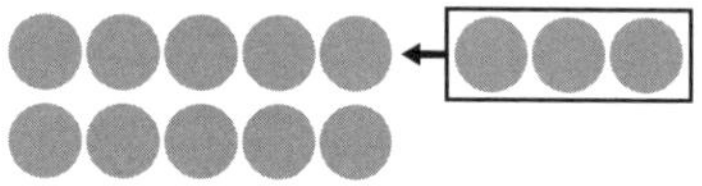

10+3=□

(2) 14から　4を　とった　かずは　いくつですか。

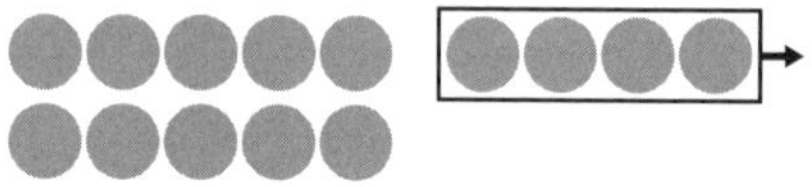

14−4=□

❷ けいさんを　しましょう。 1つ15てん【30てん】

(1) 10+2=　　(2) 16−6=

❸ □に　はいる　かずを　かきましょう。 1つ10てん【20てん】

(1) 13に　2を　たした　かずは　いくつですか。

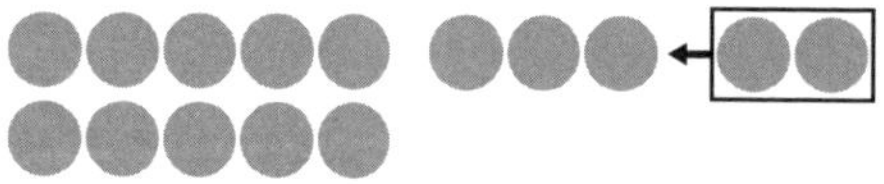

13+2=□

(2) 15から　2を　ひいた　かずは　いくつですか。

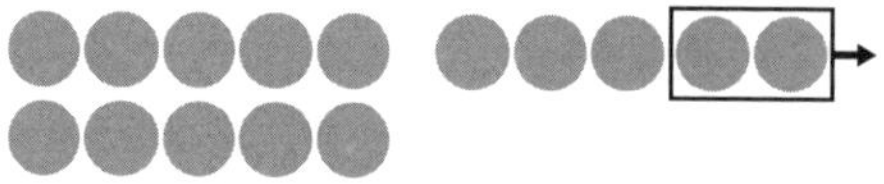

15−2=□

❹ けいさんを　しましょう。 1つ15てん【30てん】

(1) 15+3=　　(2) 19−5=

23 なんじ　なんじはん

もくひょうじかん 20ぷん

がくしゅうした日　月　日

なまえ

とくてん　／100てん

らくらくマルつけ

1023
解説→233ページ

さんすう

1 とけいを　よみましょう。 1つ10てん【50てん】

(1)

(2)

(3)

(4)

(5)

2 ながい　はりを　かきましょう。 1つ10てん【50てん】

(1) 9じ

(2) 4じ

(3) 3じはん

(4) 7じはん

(5) 11じはん

\ もう1回チャレンジ!! /

23 なんじ　なんじはん

もくひょうじかん 20ぷん

がくしゅうした日　月　日

なまえ

とくてん　／100てん

らくらくマルつけ

1023
解説→233ページ

❶ とけいを　よみましょう。 1つ10てん【50てん】

(1)

(2)

(3)

(4)

(5)

❷ ながい　はりを　かきましょう。 1つ10てん【50てん】

(1) 9じ

(2) 4じ

(3) 3じはん

(4) 7じはん

(5) 11じはん

24 ながさくらべ

もくひょうじかん 20ぷん

がくしゅうした日　月　日

なまえ

とくてん　／100てん

1024
解説→234ページ

1 ながい　ほうに　○を　つけましょう。

1つ20てん【60てん】

(1)

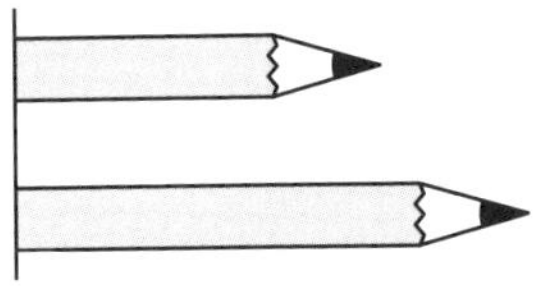

(　　　　)
(　　　　)

(2)

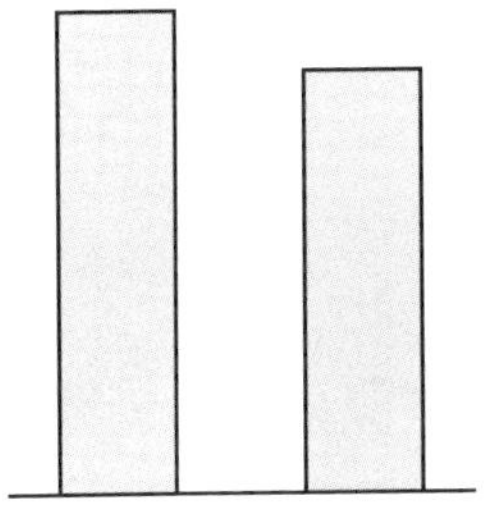

(　　　　)(　　　　)

(3)

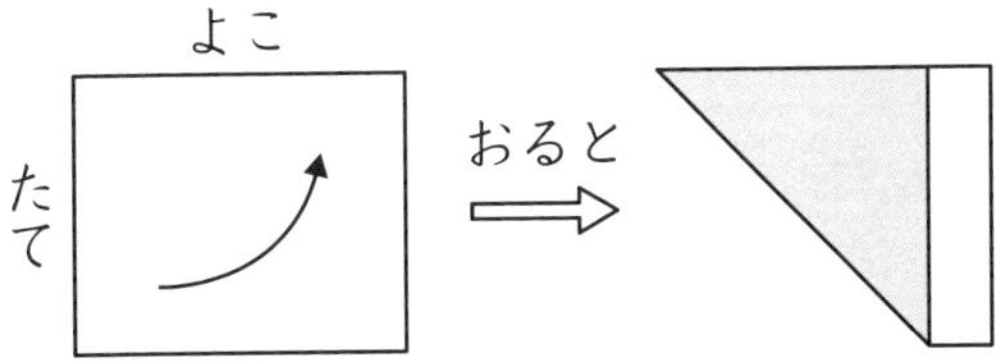

たて(　　　　)　よこ(　　　　)

2 ドア《どあ》と　テーブル《てえぶる》の　ながさを　テープ《てえぷ》に　うつしとって　くらべます。テーブルは　ドアを　とおりますか。○で　かこみましょう。

【20てん】

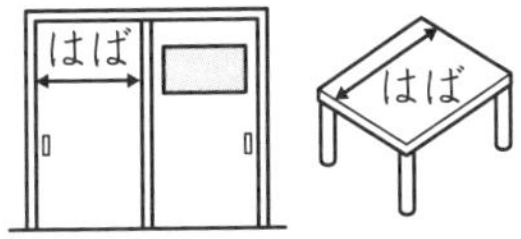

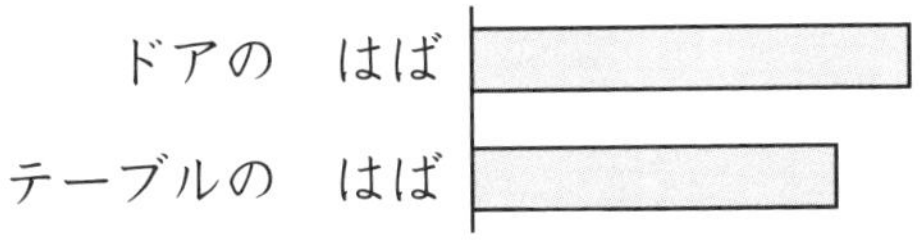

(　とおる　・　とおらない　)

3 どちらが　ますの　いくつぶん　ながいですか。

【ぜんぶできて20てん】

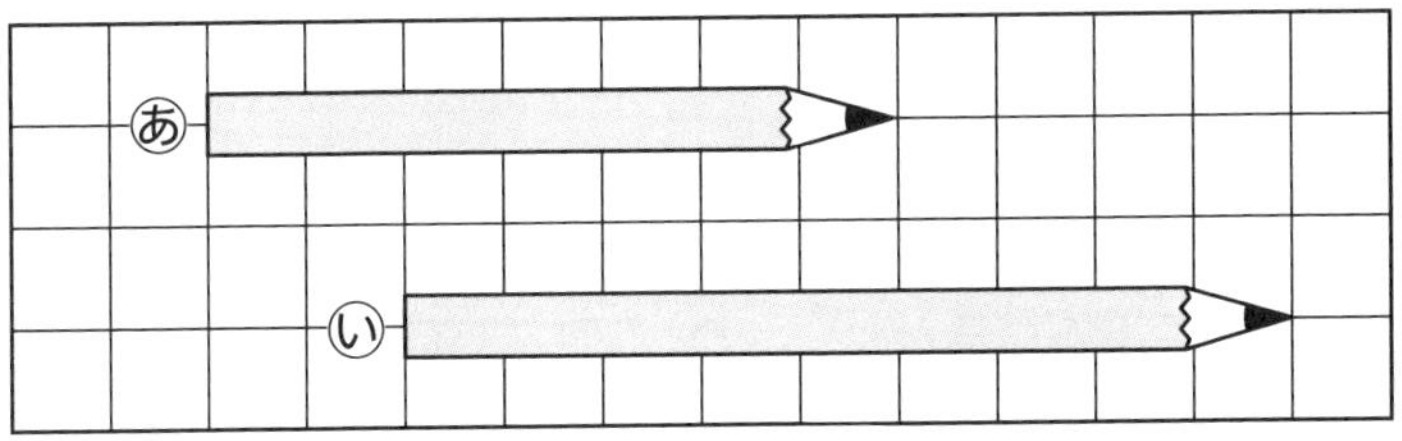

(　　　　)が　ますの　□つぶん　ながい。

24 ながさくらべ

もくひょうじかん 20ぷん

がくしゅうした日　月　日

なまえ

とくてん　／100てん

1024
解説→234ページ

らくらくマルつけ

❶ ながい　ほうに　○を　つけましょう。

1つ20てん【60てん】

(1)

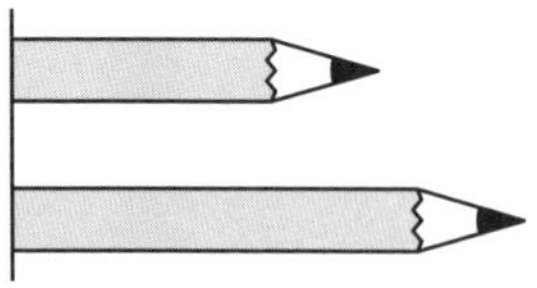

(　　　　)

(　　　　)

(2)

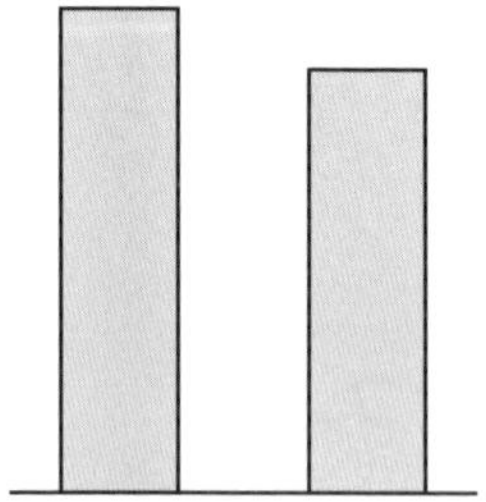

(　　　　)(　　　　)

(3)

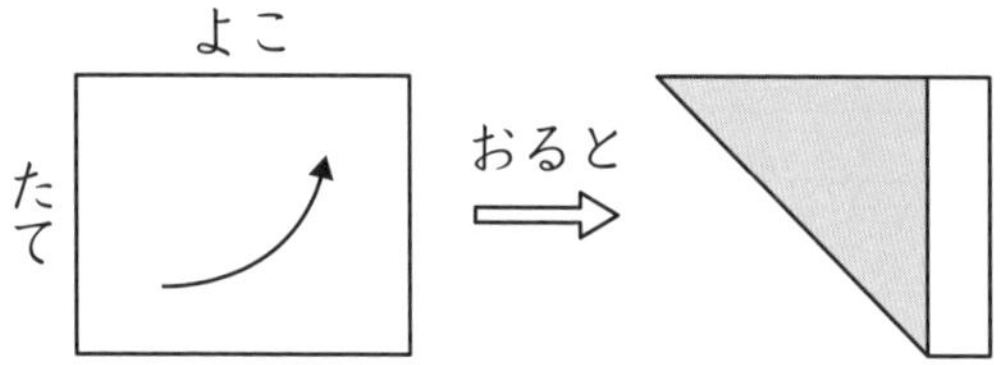

たて(　　　　)　よこ(　　　　)

❷ ドア《どあ》と　テーブル《てえぶる》の　ながさを　テープ《てえぷ》に　うつしとって　くらべます。テーブルは　ドアを　とおりますか。○で　かこみましょう。

【20てん】

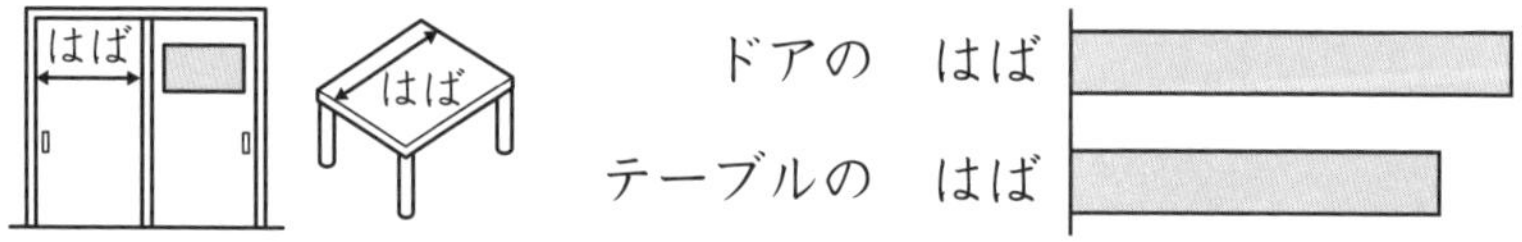

(　とおる　・　とおらない　)

❸ どちらが　ますの　いくつぶん　ながいですか。

【ぜんぶできて20てん】

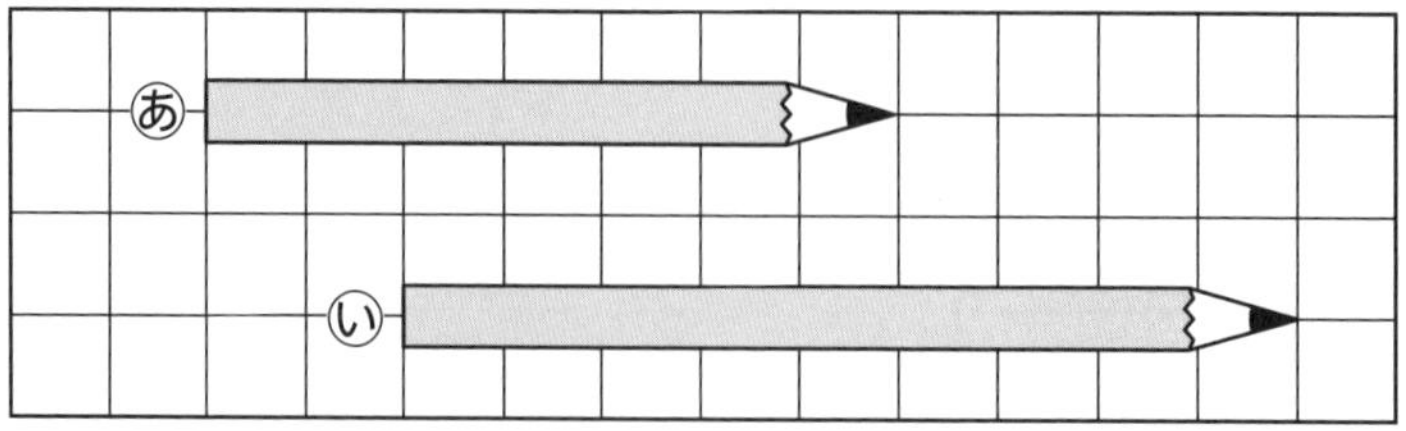

(　　　　)が　ますの □ つぶん　ながい。

25 かさくらべ

もくひょうじかん 20ぷん

がくしゅうした日　月　日

なまえ

とくてん　／100てん

1025
解説→234ページ

1 どちらが　おおく　入《はい》りますか。きごうを　かきましょう。【20てん】

(　　　　)

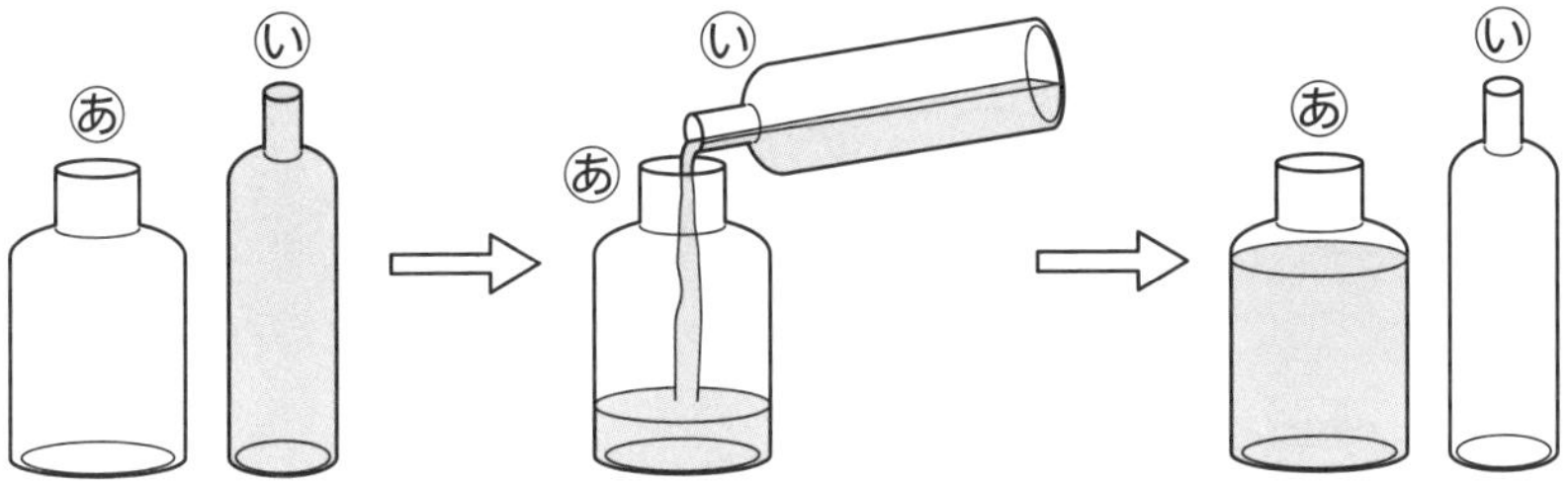

2 おおく　入って　いるのは　どちらですか。きごうを　かきましょう。1つ20てん【40てん】

(1)

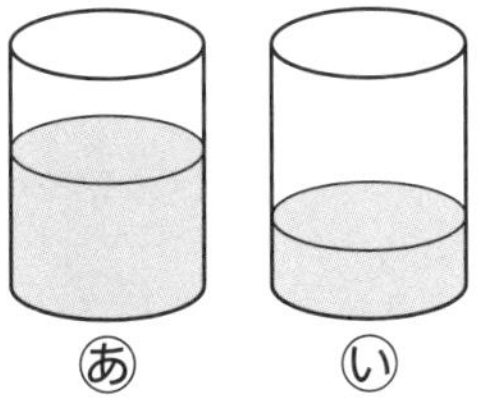

(　　　　)

(2)

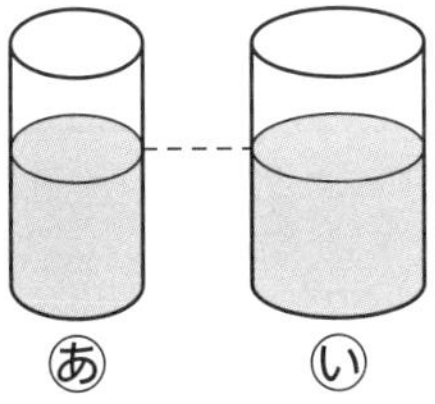

(　　　　)

3 どちらが　どれだけ　おおく　入って　いますか。1つ10てん【40てん】

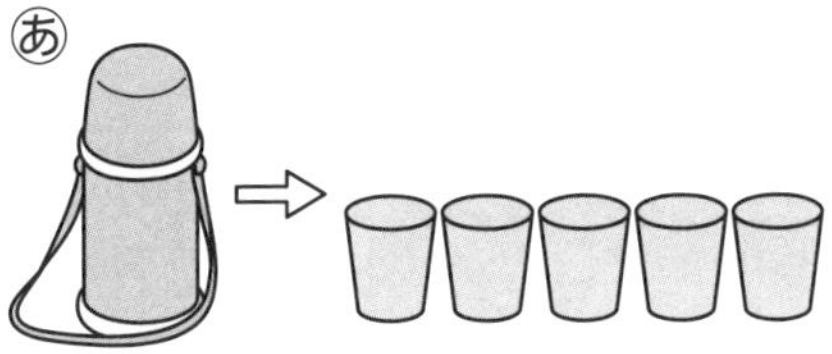

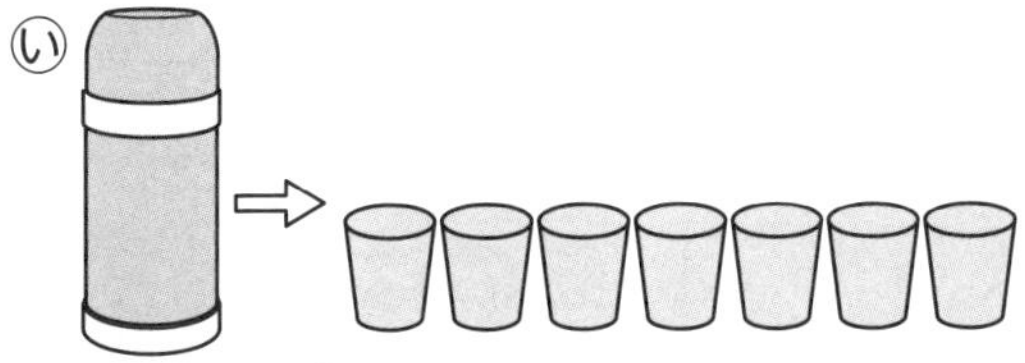

あは　コップ《こっぷ》 □ はいぶん，

いは コップ □ はいぶん 入って いる。

(　　　　)の　ほうが　コップ □ はいぶん　おおく　入って　いる。

25 かさくらべ

もくひょうじかん 20ぷん

がくしゅうした日　月　日

なまえ

とくてん

／100てん

1025
解説→234ページ

らくらくマルつけ

❶ どちらが　おおく　入《はい》りますか。きごうを　かきましょう。【20てん】

（　　　）

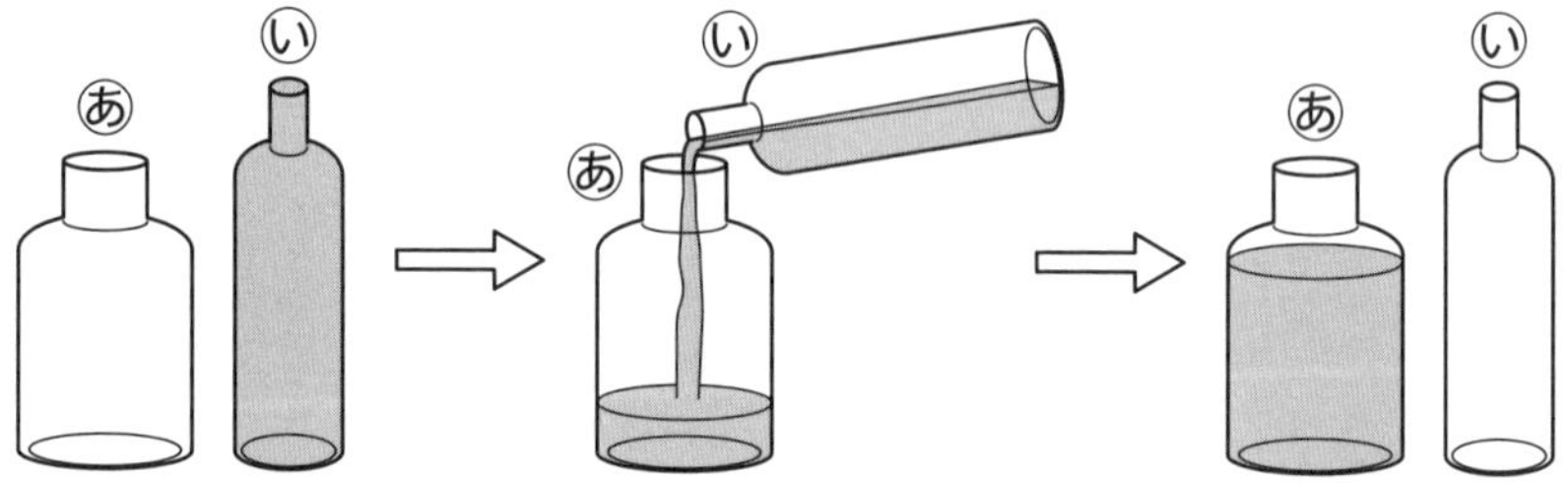

❷ おおく　入って　いるのは　どちらですか。きごうを　かきましょう。1つ20てん【40てん】

(1)

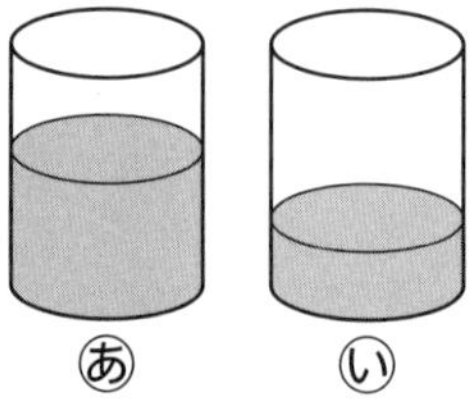

（　　　）

(2)

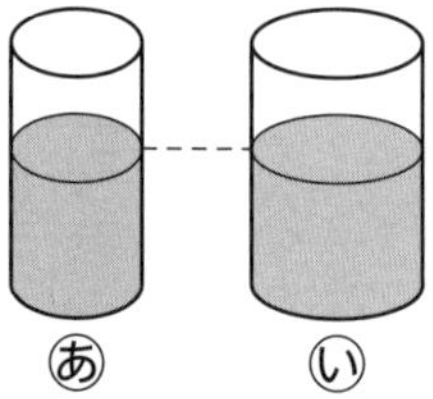

（　　　）

❸ どちらが　どれだけ　おおく　入って　いますか。1つ10てん【40てん】

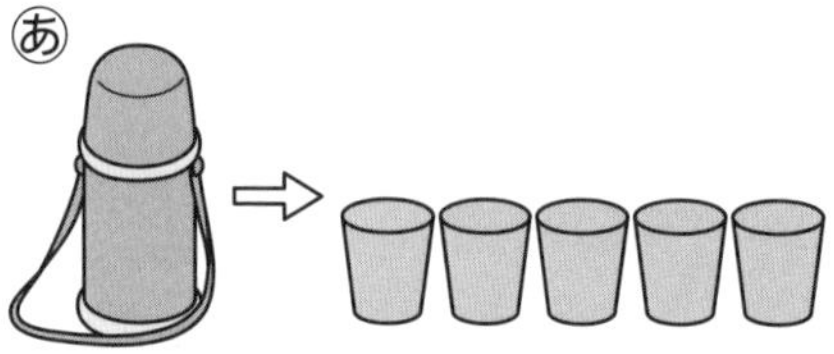

あは　コップ《こっぷ》 □ はいぶん，

いは　コップ □ はいぶん　入って　いる。

（　　　）の　ほうが　コップ □ はいぶん　おおく　入って　いる。

26 ひろさくらべ

もくひょうじかん 20ぷん

がくしゅうした日　月　日

なまえ

とくてん

／100てん

1026
解説→234ページ

らくらくマルつけ

1 どちらが　ひろいですか。きごうを　かきましょう。

1つ25てん【50てん】

(1)

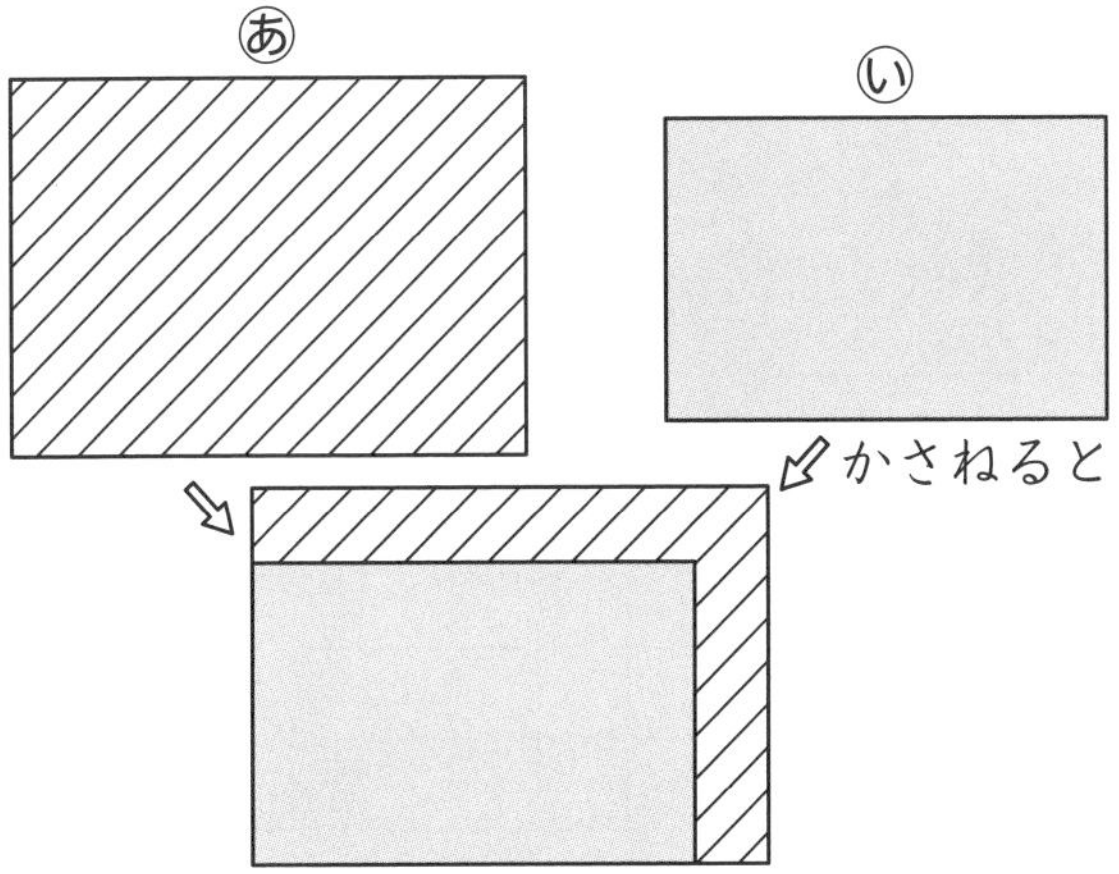

(　　　)

(2)

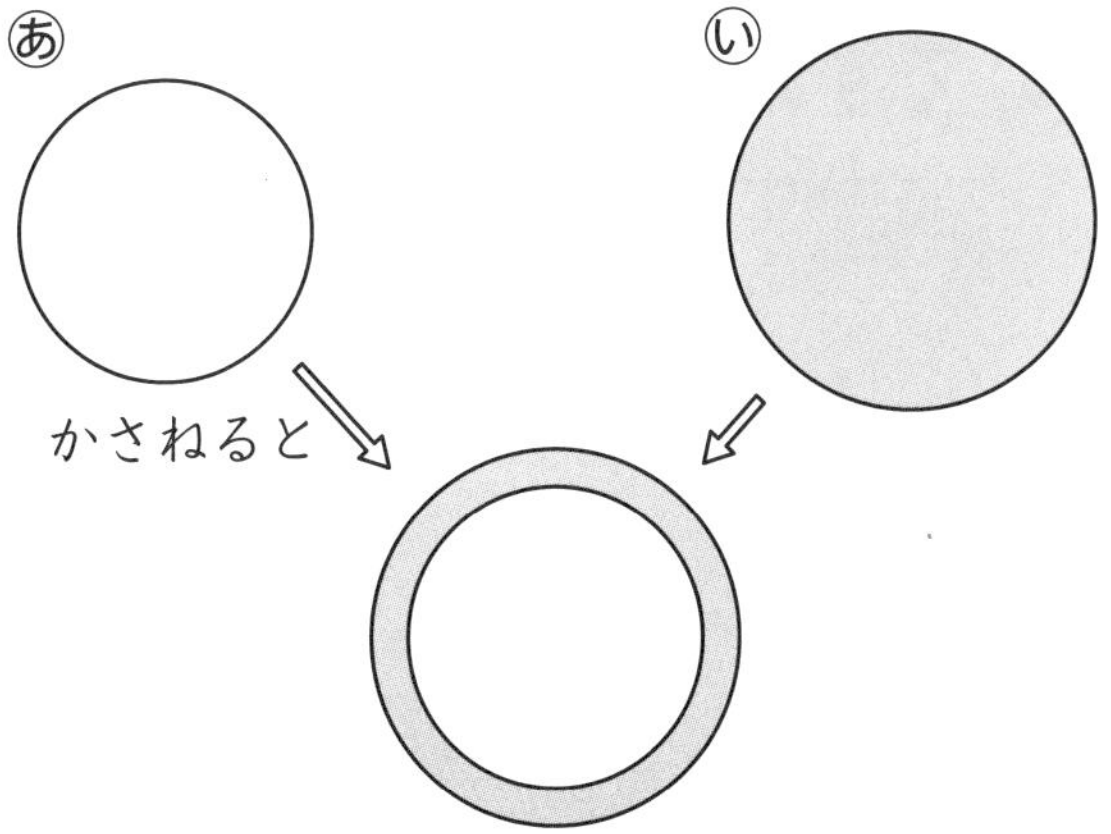

(　　　)

2 あとの あ, い, うを　ひろい　じゅんばんに　なるように　ならべて，きごうを　かきましょう。

【ぜんぶできて25てん】

ひろい　　　　せまい

(　　　→　　　→　　　)

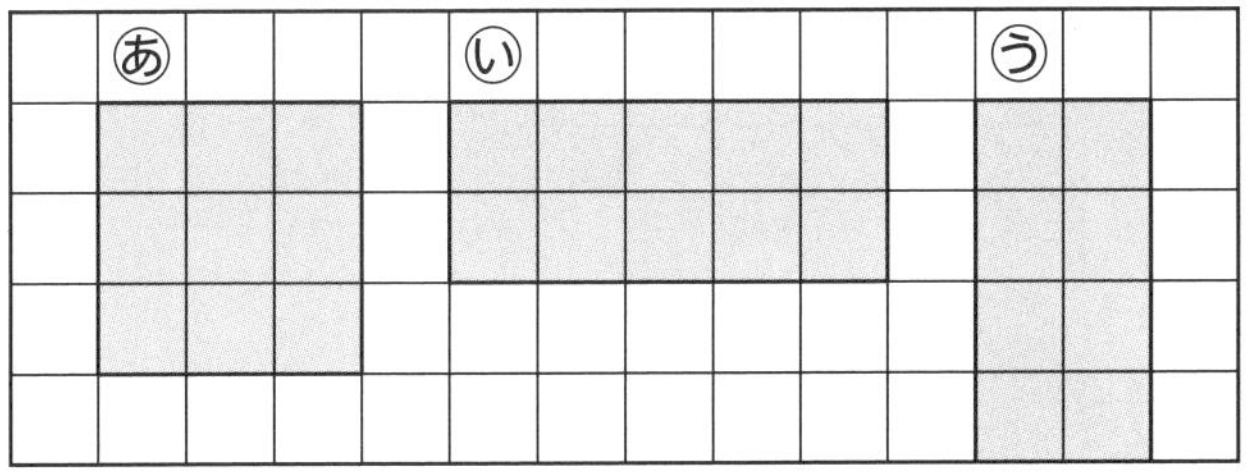

3 ばしょとりゲームを　しました。どちらが　ひろいですか。

【25てん】

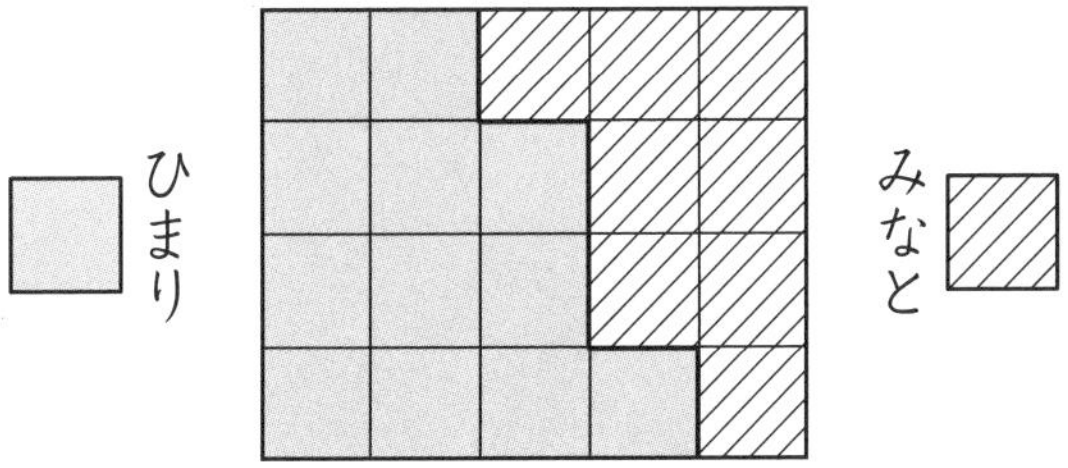

□さん

26 ひろさくらべ

もくひょうじかん 20ぷん

がくしゅうした日　　月　　日

なまえ

とくてん

／100てん

1026

解説→234ページ

らくらくマルつけ

❶ どちらが　ひろいですか。きごうを　か きましょう。　1つ25てん【50てん】

(1)

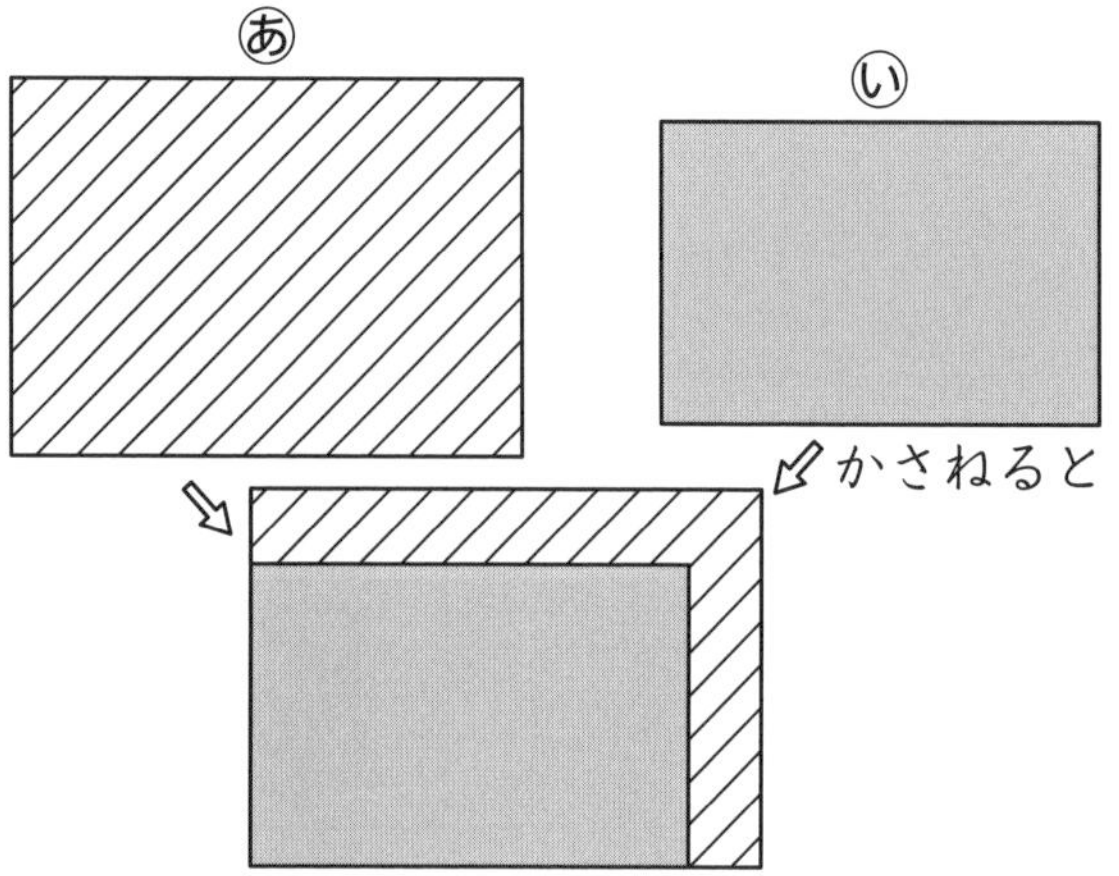

(　　　)

(2)

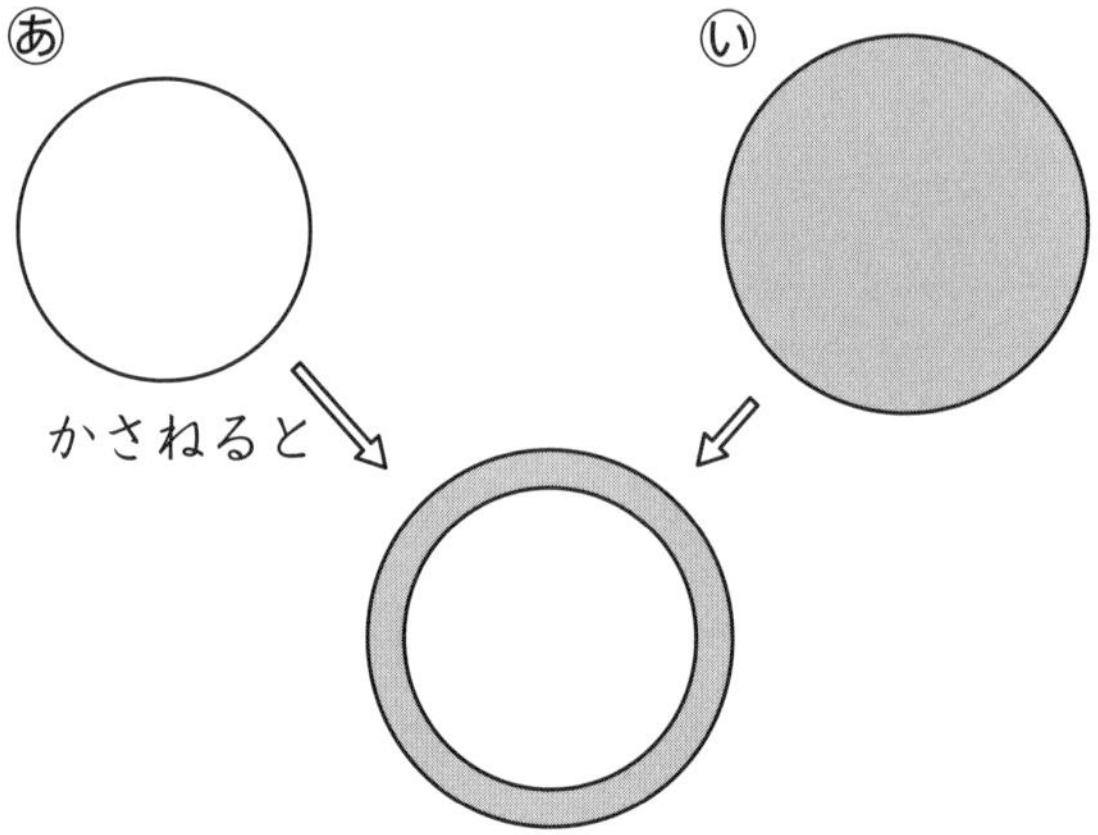

(　　　)

❷ あとの　あ，い，うを　ひろい　じゅん ばんに　なるように　ならべて，きごう を　かきましょう。　【ぜんぶできて25てん】

ひろい　　　　　　せまい

(　　　→　　　→　　　)

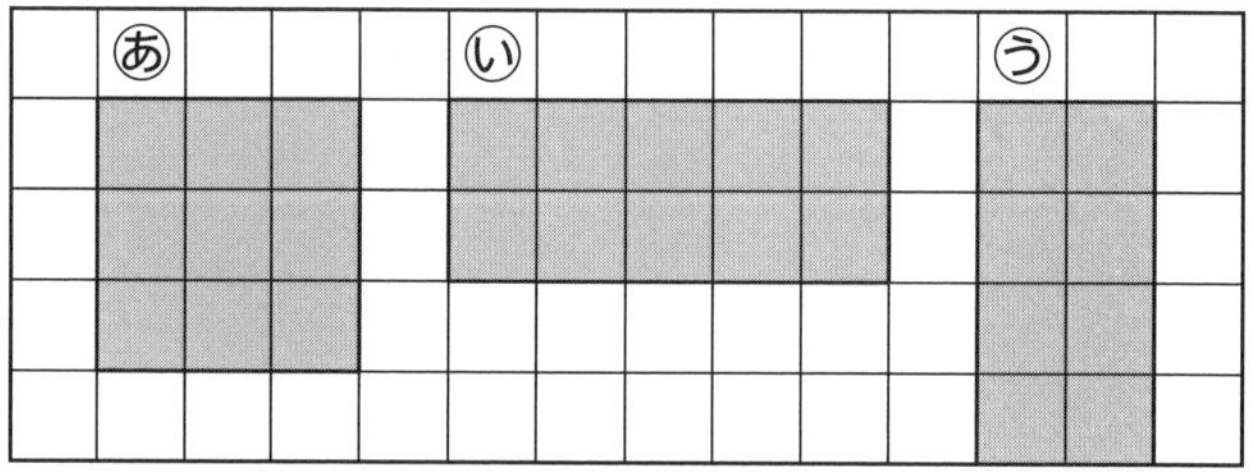

❸ ばしょとりゲームを　しました。どちら が　ひろいですか。　【25てん】

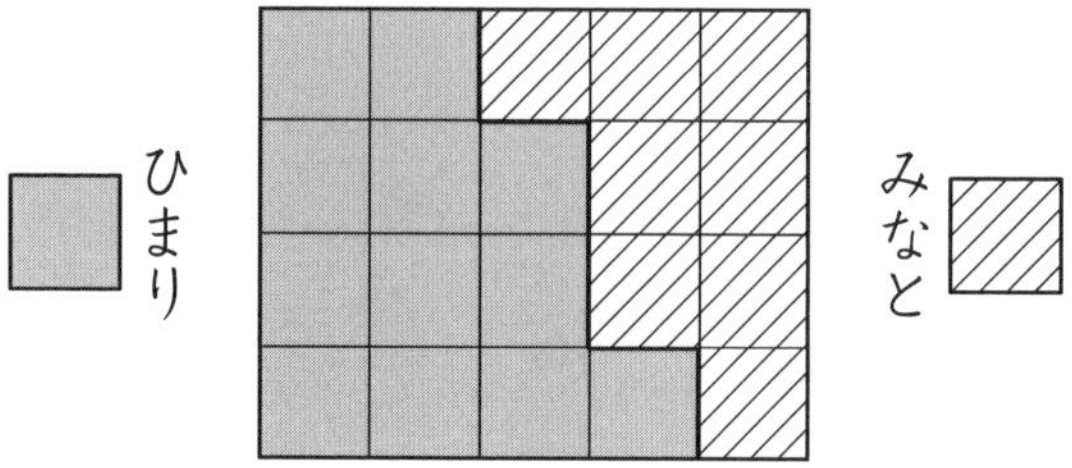

　　　　さん

27 3つの　かずの　けいさん①

もくひょうじかん 20ぷん

がくしゅうした日　月　日

なまえ

とくてん　／100てん

1027 解説→234ページ

1 車《くるま》は　ぜんぶで　なんだいに　なりましたか。　【ぜんぶできて20てん】

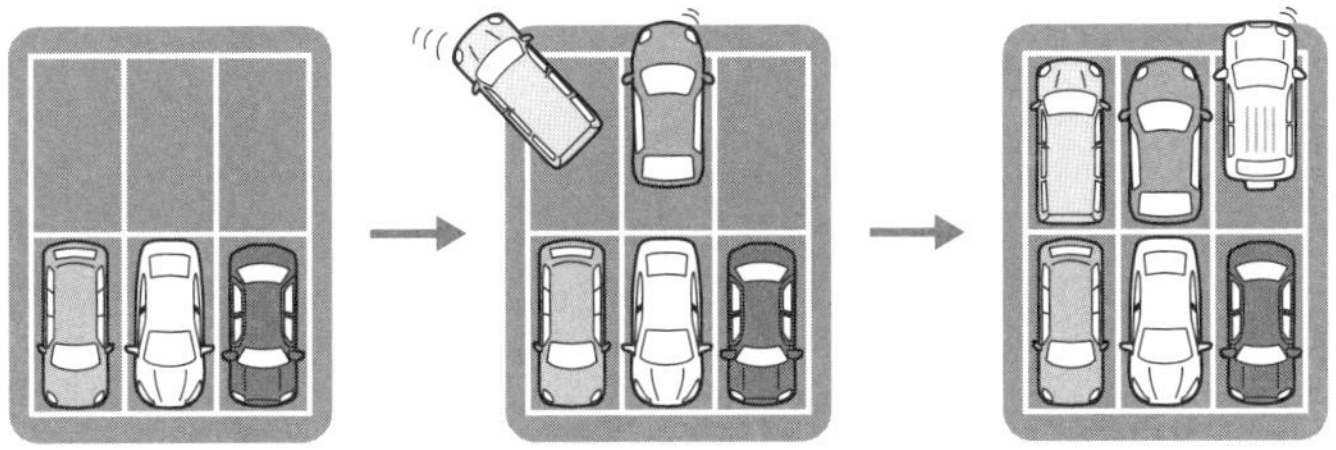

3だい とまって います。　2だい きました。　1だい きました。

（しき）3＋□＋□＝□

こたえ □ だい

2 けいさんを　しましょう。　1つ10てん【30てん】

(1) 5＋1＋2＝

(2) 2＋3＋5＝

(3) 9＋1＋4＝

3 車は　ぜんぶで　なんだいに　なりましたか。　【ぜんぶできて20てん】

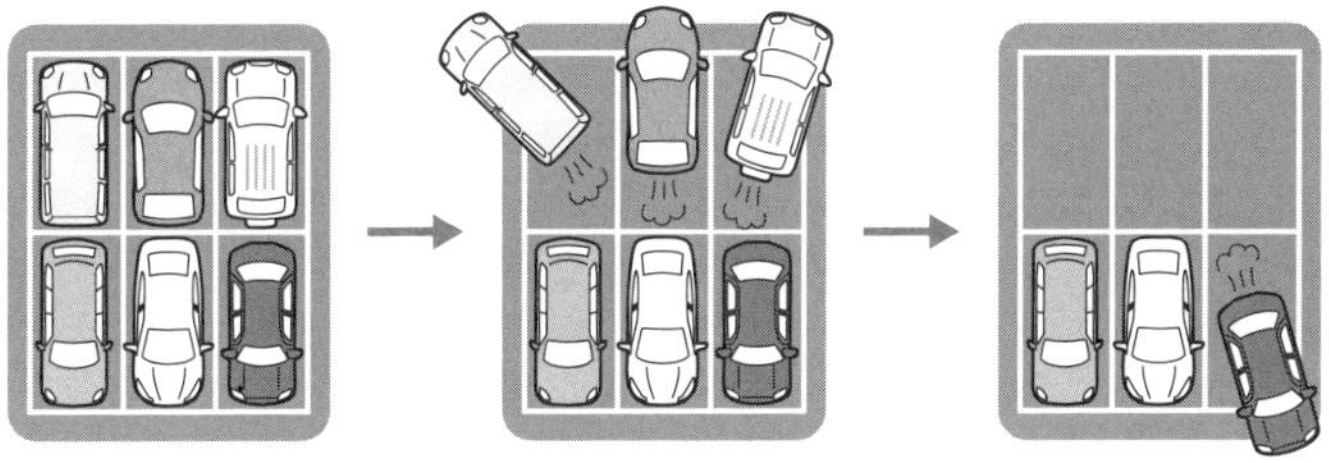

6だい とまって います。　3だい 出《で》ました。　1だい 出ました。

（しき）6－□－□＝□

こたえ □ だい

4 けいさんを　しましょう。　1つ10てん【30てん】

(1) 7－2－1＝

(2) 10－5－3＝

(3) 14－4－2＝

27 3つの　かずの　けいさん①

もくひょうじかん 20ぷん

がくしゅうした日　月　日

なまえ

とくてん　／100てん

らくらくマルつけ

1027
解説→234ページ

1 車《くるま》は　ぜんぶで　なんだいに　なりましたか。 【ぜんぶできて20てん】

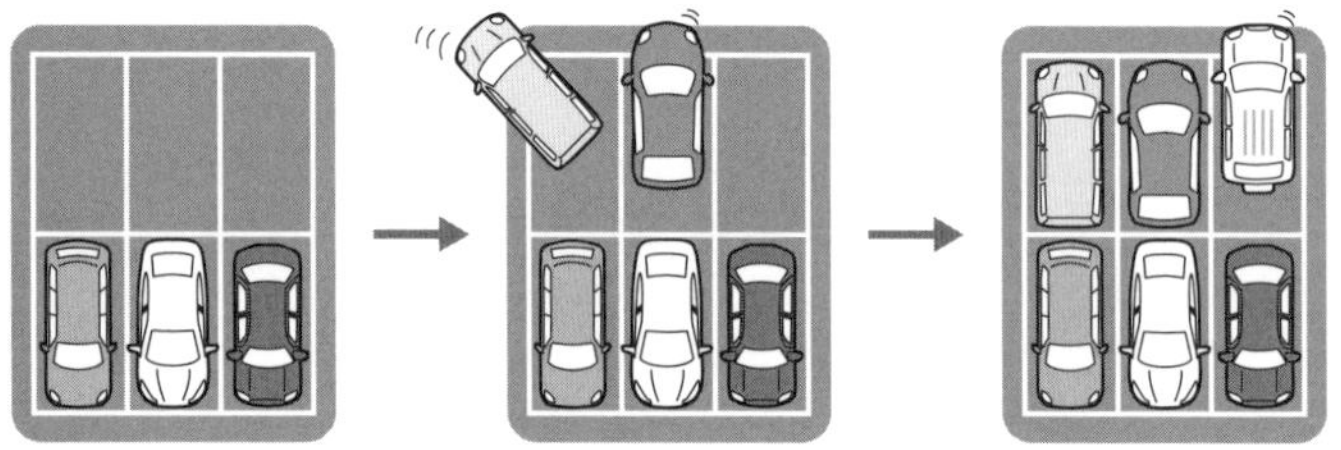

3だい とまって います。　2だい きました。　1だい きました。

（しき）3＋□＋□＝□

こたえ □ だい

2 けいさんを　しましょう。 1つ10てん【30てん】

(1) 5＋1＋2＝

(2) 2＋3＋5＝

(3) 9＋1＋4＝

3 車は　ぜんぶで　なんだいに　なりましたか。 【ぜんぶできて20てん】

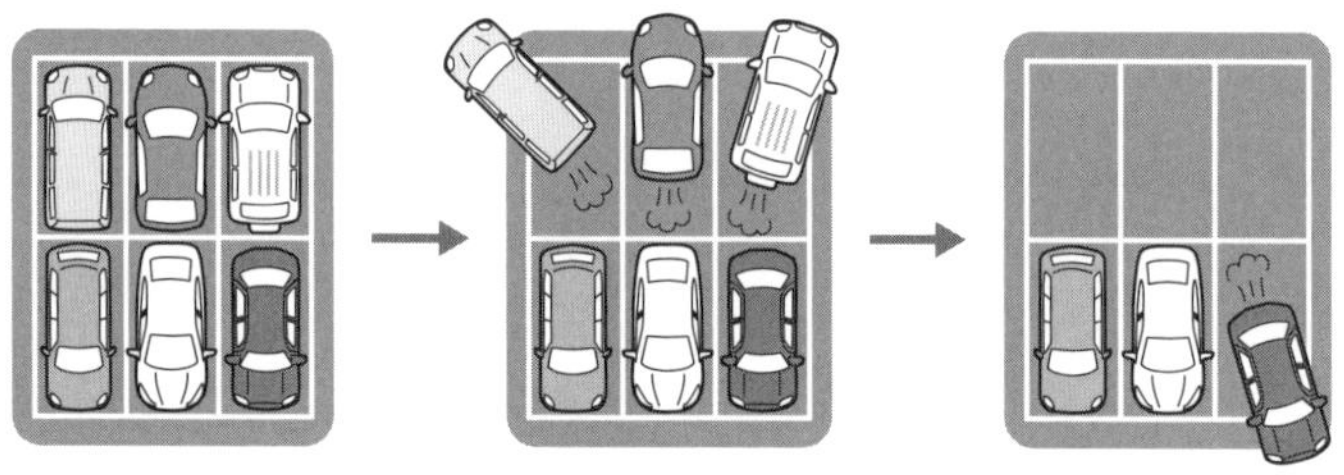

6だい とまって います。　3だい 出《で》ました。　1だい 出ました。

（しき）6－□－□＝□

こたえ □ だい

4 けいさんを　しましょう。 1つ10てん【30てん】

(1) 7－2－1＝

(2) 10－5－3＝

(3) 14－4－2＝

28 3つの　かずの　けいさん②

もくひょうじかん 20ぷん

がくしゅうした日　　月　　日

なまえ

とくてん

／100てん

1028
解説→235ページ

1 けいさんを　しましょう。　1つ10てん【30てん】

(1) 7－2＋1＝

(2) 13－3＋6＝

(3) 18－4＋3＝

2 つみ木《き》を　10こ　つみました。そこから　5こ　とりました。その　つぎに　3こ　つみました。つみ木は　なんこに　なりましたか。1つの　しきに　かきましょう。　【ぜんぶできて20てん】

(しき)

こたえ　□　こ

3 けいさんを　しましょう。　1つ10てん【30てん】

(1) 3＋5－2＝

(2) 10＋4－3＝

(3) 15＋2－4＝

4 はじめに　カード《かあど》を　6まい　もって　いました。つぎに　4まい　もらいました。その　つぎに　5まい　あげました。カードは　なんまいに　なりましたか。1つの　しきに　かきましょう。

【ぜんぶできて20てん】

(しき)

こたえ　□　まい

28 3つの　かずの　けいさん②

もくひょうじかん 20ぷん

がくしゅうした日　月　日

なまえ

とくてん　／100てん

らくらくマルつけ

1028
解説→235ページ

❶ けいさんを　しましょう。 1つ10てん【30てん】

(1) 7－2＋1＝

(2) 13－3＋6＝

(3) 18－4＋3＝

❷ つみ木《き》を　10こ　つみました。そこから　5こ　とりました。その　つぎに　3こ　つみました。つみ木は　なんこに　なりましたか。1つの　しきに　かきましょう。【ぜんぶできて20てん】

(しき)

こたえ □ こ

❸ けいさんを　しましょう。 1つ10てん【30てん】

(1) 3＋5－2＝

(2) 10＋4－3＝

(3) 15＋2－4＝

❹ はじめに　カード《かあど》を　6まい　もって　いました。つぎに　4まい　もらいました。その　つぎに　5まい　あげました。カードは　なんまいに　なりましたか。1つの　しきに　かきましょう。【ぜんぶできて20てん】

(しき)

こたえ □ まい

29 たしざん④

もくひょうじかん 20ぷん

がくしゅうした日　月　日

なまえ

とくてん　／100てん

らくらくマルつけ

1029 解説→235ページ

1 □に　入《はい》る　かずを　かきましょう。

【ぜんぶできて20てん】

9＋6の　けいさん

9＋6
10　1　5

① 9は　あと　□　で
10。

② 6を　1と　□　に　わける。

③ 9と　1で　10。10と　5で
□。9＋6＝□

2 けいさんを　しましょう。　1つ10てん【40てん】

(1) 9＋7＝　　(2) 9＋5＝

(3) 8＋5＝　　(4) 7＋4＝

3 プリン《ぷりん》が　9こ，ゼリー《ぜりい》が　3こ　あります。あわせて　なんこですか。

【ぜんぶできて20てん】

(しき)

こたえ　□　こ

4 バス《ばす》に　8人《にん》　のって　いました。あとから　4人　のって　きました。みんなで　なん人に　なりましたか。【ぜんぶできて20てん】

(しき)

こたえ　□　人

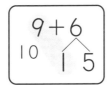

29 たしざん④

もくひょうじかん 20ぷん

がくしゅうした日　月　日

なまえ

とくてん　／100てん

1029
解説→235ページ

らくらくマルつけ

❶ □に 入《はい》る かずを かきましょう。

【ぜんぶできて20てん】

9＋6の けいさん

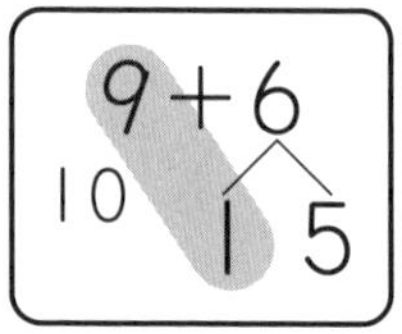

① 9は あと □ で 10。

② 6を 1と □ に わける。

③ 9と 1で 10。10と 5で □。9＋6＝□

❷ けいさんを しましょう。

1つ10てん【40てん】

(1) 9＋7＝

(2) 9＋5＝

(3) 8＋5＝

(4) 7＋4＝

❸ プリン《ぷりん》が 9こ，ゼリー《ぜりい》が 3こ あります。あわせて なんこですか。

【ぜんぶできて20てん】

(しき)

こたえ □ こ

❹ バス《ばす》に 8人《にん》 のって いました。あとから 4人 のって きました。みんなで なん人に なりましたか。

【ぜんぶできて20てん】

(しき)

こたえ □ 人

30 たしざん⑤

もくひょうじかん 20ぷん

がくしゅうした日　月　日	とくてん	
なまえ	／100てん	1030 解説→235ページ

らくらくマルつけ

1 □に 入《はい》る かずを かきましょう。

【ぜんぶできて20てん】

6＋8の けいさん

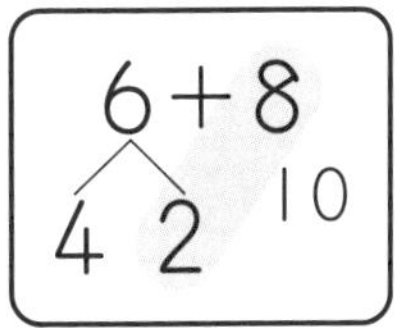

① 8は あと □で 10。

② 6を 2と □に わける。

③ 8と 2で 10。10と 4で □。6＋8＝□

2 けいさんを しましょう。

1つ10てん【40てん】

(1) 4＋8＝

(2) 3＋8＝

(3) 2＋9＝

(4) 5＋7＝

3 みかんが ふくろに 6こ，かごに 9こ あります。みかんは あわせて なんこですか。

【ぜんぶできて20てん】

(しき)

こたえ □こ

4 花《か》びんに 花《はな》が 5本《ほん》 入《はい》って います。そこへ 8本《ぽん》 入《い》れると，花は ぜんぶで なん本《ぼん》に なりますか。

【ぜんぶできて20てん】

(しき)

こたえ □本

30 たしざん⑤

もくひょうじかん 20ぷん

がくしゅうした日　　月　　日

なまえ

とくてん　　／100てん

らくらくマルつけ

1030

解説→235ページ

❶ □に　入《はい》る　かずを　かきましょう。

【ぜんぶできて20てん】

6＋8の　けいさん

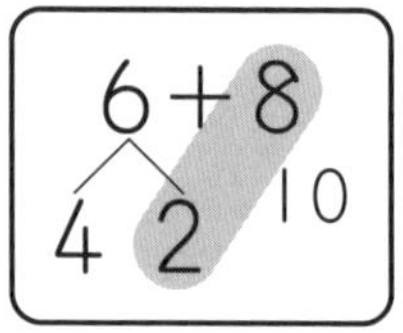

① 8は　あと　□　で　10。

② 6を　2と　□　に　わける。

③ 8と　2で　10。10と　4で　□。6＋8＝□

❷ けいさんを　しましょう。　1つ10てん【40てん】

(1) 4＋8＝　　(2) 3＋8＝

(3) 2＋9＝　　(4) 5＋7＝

❸ みかんが　ふくろに　6こ，かごに　9こ　あります。みかんは　あわせて　なんこですか。【ぜんぶできて20てん】

(しき)

こたえ　□こ

❹ 花《か》びんに　花《はな》が　5本《ほん》　入《はい》って　います。そこへ　8本《ぽん》　入《い》れると，花は　ぜんぶで　なん本《ぼん》に　なりますか。【ぜんぶできて20てん】

(しき)

こたえ　□本

31 たしざん⑥

もくひょうじかん 20ぷん

がくしゅうした日　月　日

なまえ

とくてん

／100てん

らくらくマルつけ

1031 解説→236ページ

1 けいさんを　しましょう。　1つ5てん【40てん】

(1) 9＋3＝　　(2) 8＋4＝

(3) 5＋8＝　　(4) 4＋7＝

(5) 7＋7＝　　(6) 6＋5＝

(7) 9＋4＝　　(8) 9＋9＝

2 こたえが　15に　なる　たしざんの　カード《かあど》は　どれですか。きごうを　かきましょう。　【20てん】

(　　　)

㋐ 6＋8　　㋑ 9＋5　　㋒ 8＋7

3 とりが　9わ　います。8わ　とんで　くると，ぜんぶで　なんわに　なりますか。

【ぜんぶできて20てん】

(しき)

こたえ　□　わ

4 赤《あか》い　クレヨン《くれよん》が　5本《ほん》，青《あお》い　クレヨンが　7本　あります。あわせて　なん本《ぼん》　ありますか。

【ぜんぶできて20てん】

(しき)

こたえ　□　本

\ もう1回チャレンジ!! /

31 たしざん⑥

もくひょうじかん 20ぷん

がくしゅうした日　月　日

なまえ

とくてん　／100てん

1031
解説→236ページ

らくらくマルつけ

❶ けいさんを　しましょう。

1つ5てん【40てん】

(1) 9＋3＝　　(2) 8＋4＝

(3) 5＋8＝　　(4) 4＋7＝

(5) 7＋7＝　　(6) 6＋5＝

(7) 9＋4＝　　(8) 9＋9＝

❷ こたえが　15に　なる　たしざんの　カード《かあど》は　どれですか。きごうを　かきましょう。

【20てん】

(　　　)

(あ) 6＋8　(い) 9＋5　(う) 8＋7

❸ とりが　9わ　います。8わ　とんで　くると，ぜんぶで　なんわに　なりますか。

【ぜんぶできて20てん】

(しき)

こたえ [　　　] わ

❹ 赤《あか》い　クレヨン《くれよん》が　5本《ほん》，青《あお》い　クレヨンが　7本　あります。あわせて　なん本《ぼん》　ありますか。

【ぜんぶできて20てん】

(しき)

こたえ [　　　] 本

32 ひきざん④

もくひょうじかん 20ぷん

がくしゅうした日　月　日

なまえ

とくてん　／100てん

1032
解説→236ページ

らくらくマルつけ

1 □に 入《はい》る かずを かきましょう。 【ぜんぶできて20てん】

14−9の けいさん

14−9
10　4

① 14を 10と □に わける。

② 10から 9を ひいて □。

③ 1と 4で □。

14−9＝□

2 けいさんを しましょう。 1つ10てん【40てん】

(1) 12−9＝　　(2) 11−9＝

(3) 15−8＝　　(4) 12−7＝

3 ふうせんを 13こ もって いました。そのうち 9こ とんで いきました。のこりは なんこですか。 【ぜんぶできて20てん】

(しき)

こたえ □こ

4 ひよこが 12わ，にわとりが 8わ います。ちがいは なんわですか。 【ぜんぶできて20てん】

(しき)

こたえ □わ

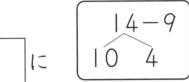

32 ひきざん④

もくひょうじかん 20ぷん

がくしゅうした日　月　日

なまえ

とくてん　／100てん

らくらくマルつけ

1032
解説→236ページ

❶ □に　入《はい》る　かずを　かきましょう。

【ぜんぶできて20てん】

14−9の　けいさん

14−9
10　4

① 14を　10と　□に
わける。

② 10から　9を　ひいて　□。

③ 1と　4で　□。

14−9＝□

❷ けいさんを　しましょう。

1つ10てん【40てん】

(1) 12−9＝

(2) 11−9＝

(3) 15−8＝

(4) 12−7＝

❸ ふうせんを　13こ　もって　いました。そのうち　9こ　とんで　いきました。のこりは　なんこですか。

【ぜんぶできて20てん】

(しき)

こたえ □こ

❹ ひよこが　12わ，にわとりが　8わ　います。ちがいは　なんわですか。

【ぜんぶできて20てん】

(しき)

こたえ □わ

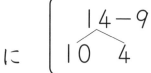

33 ひきざん⑤

もくひょうじかん 20ぷん

がくしゅうした日　月　日

なまえ

とくてん　／100てん

1033
解説→236ページ

1 □に　入《はい》る　かずを　かきましょう。

【ぜんぶできて20てん】

11－4の　けいさん

11－4
　1　3

① 4を　1と　□に
　わける。

② 11から　1を　ひいて　□。

③ 10から　3を　ひいて　□。

11－4＝□

2 けいさんを　しましょう。　1つ10てん【40てん】

(1) 11－3＝　　(2) 11－2＝

(3) 12－3＝　　(4) 14－6＝

3 かいがらを　15こ　ひろいました。いもうとに　6こ　あげると，のこりは　なんこに　なりますか。

【ぜんぶできて20てん】

(しき)

こたえ □こ

4 えんぴつが　16本《ぽん》　あります。そのうち　けずって　いる　えんぴつは　7本《ほん》です。けずって　いない　えんぴつは　なん本《ぼん》ですか。

【ぜんぶできて20てん】

(しき)

こたえ □本

33 ひきざん⑤

もくひょうじかん 20ぷん

がくしゅうした日　月　日

なまえ

とくてん　／100てん

1033
解説→236ページ

らくらくマルつけ

1 □に　入《はい》る　かずを　かきましょう。

【ぜんぶできて20てん】

11−4の　けいさん

11−4
　1 3

① 4を　1と　□に
わける。

② 11から　1を　ひいて　□。

③ 10から　3を　ひいて　□。

11−4=□

2 けいさんを　しましょう。　1つ10てん【40てん】

(1) 11−3=　　(2) 11−2=

(3) 12−3=　　(4) 14−6=

3 かいがらを　15こ　ひろいました。いもうとに　6こ　あげると，のこりは　なんこに　なりますか。

【ぜんぶできて20てん】

(しき)

こたえ □ こ

4 えんぴつが　16本《ぽん》　あります。そのうち　けずって　いる　えんぴつは　7本《ほん》です。けずって　いない　えんぴつは　なん本《ぼん》ですか。

【ぜんぶできて20てん】

(しき)

こたえ □ 本

34 ひきざん⑥

もくひょうじかん 20ぷん

がくしゅうした日　月　日

なまえ

とくてん　／100てん

1034
解説→237ページ

1 けいさんを　しましょう。　1つ5てん【40てん】

(1) 18−9＝　　(2) 11−6＝

(3) 12−8＝　　(4) 11−7＝

(5) 16−9＝　　(6) 14−5＝

(7) 13−7＝　　(8) 16−8＝

2 こたえが　8に　なる　ひきざんの　カード《かあど》は　どれですか。きごうを　かきましょう。　【20てん】

(　　　)

㋐ 14−8　㋑ 15−6　㋒ 17−9

3 ミニトマト《みにとまと》が　15こ　ありました。そのうち　7こ　たべました。のこりは　なんこですか。　【ぜんぶできて20てん】

(しき)

こたえ □ こ

4 ねこが　13びき　います。そのうち，めすの　ねこは　6ぴきです。おすの　ねこは　なんびきですか。　【ぜんぶできて20てん】

(しき)

こたえ □ ひき

34 ひきざん⑥

もくひょうじかん 20ぷん

がくしゅうした日　月　日

なまえ

とくてん　／100てん

らくらくマルつけ

1034

解説→237ページ

❶ けいさんを　しましょう。　1つ5てん【40てん】

(1) 18−9＝　(2) 11−6＝

(3) 12−8＝　(4) 11−7＝

(5) 16−9＝　(6) 14−5＝

(7) 13−7＝　(8) 16−8＝

❷ こたえが　8に　なる　ひきざんの　カード《かあど》は　どれですか。きごうを　かきましょう。　【20てん】

(　　　)

㋐ 14−8　㋑ 15−6　㋒ 17−9

❸ ミニトマト《みにとまと》が　15こ　ありました。そのうち　7こ　たべました。のこりは　なんこですか。　【ぜんぶできて20てん】

(しき)

こたえ □ こ

❹ ねこが　13びき　います。そのうち，めすの　ねこは　6ぴきです。おすの　ねこは　なんびきですか。　【ぜんぶできて20てん】

(しき)

こたえ □ ひき

35 大《おお》きい　かず①

もくひょうじかん 20ぷん

がくしゅうした日　月　日

なまえ

とくてん

／100てん

1035
解説→237ページ

らくらくマルつけ

さんすう

1 かずを　すう字《じ》で　かきましょう。

1つ10てん【20てん】

(1)

□ 本《ほん》

(2)

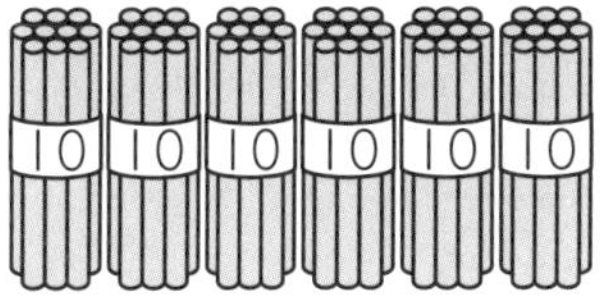

□ 本《ぽん》

2 □に　入《はい》る　かずを　かきましょう。

1つ10てん【40てん】

(1) 十《じゅう》のくらいが　7，一《いち》のくらいが
9の　かずは　□。

(2) 10が　3つと　1が　6つで　□。

(3) 80は　10が　□つ。

(4) 10が　10こで　□。

3 かずを　すう字で　かきましょう。

1つ10てん【40てん】

1	2	3	4	5	6	7	8	9	10
11	12	13	14	15	16	17	18	19	20
21	22	23	24	25	26	27	28	29	30
31	32	33	34	35	36	37	38	39	40
41	42	43	44	45	46	47	48	49	50
51	52	53	54	55	56	57	58	59	60
61	62	63	64	65	66	67	68	69	70
71	72	73	74	75	76	77	78	79	80
81	82	83	84	85	86	87	88	89	90
91	92	93	94	95	96	97	98	99	100

(1) 25より　4　大《おお》きい　かず　□

(2) 68より　5　小《ちい》さい　かず　□

(3) 99より　1　大きい　かず　□

(4) 90より　1　小さい　かず　□

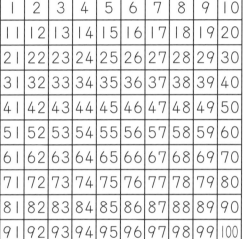

＼もう1回チャレンジ!!／

35 大《おお》きい　かず①

もくひょうじかん　20ぷん

がくしゅうした日　月　日

なまえ

とくてん　／100てん

らくらくマルつけ

1035
解説→237ページ

❶ かずを　すう字《じ》で　かきましょう。

1つ10てん【20てん】

(1)

□本《ほん》

(2)

□本《ぽん》

❷ □に　入《はい》る　かずを　かきましょう。

1つ10てん【40てん】

(1) 十《じゅう》のくらいが　7，一《いち》のくらいが　9の　かずは　□。

(2) 10が　3つと　1が　6つで　□。

(3) 80は　10が　□つ。

(4) 10が　10こで　□。

❸ かずを　すう字で　かきましょう。

1つ10てん【40てん】

1	2	3	4	5	6	7	8	9	10
11	12	13	14	15	16	17	18	19	20
21	22	23	24	25	26	27	28	29	30
31	32	33	34	35	36	37	38	39	40
41	42	43	44	45	46	47	48	49	50
51	52	53	54	55	56	57	58	59	60
61	62	63	64	65	66	67	68	69	70
71	72	73	74	75	76	77	78	79	80
81	82	83	84	85	86	87	88	89	90
91	92	93	94	95	96	97	98	99	100

(1) 25より　4　大《おお》きい　かず　□

(2) 68より　5　小《ちい》さい　かず　□

(3) 99より　1　大きい　かず　□

(4) 90より　1　小さい　かず　□

36 大《おお》きい　かず②

もくひょうじかん 20ぷん

がくしゅうした日　　月　　日

なまえ

とくてん　　／100てん

1036
解説→237ページ

1 かずの　大《おお》きい　ほうに　○を　つけましょう。

1つ10てん【20てん】

(1) 50　46

(　　　)(　　　)

(2) 88　87

(　　　)(　　　)

2 □に　入《はい》る　かずを　かきましょう。

【40てん】

(1) 28－29－□－31－□

(ぜんぶできて10てん)

(2) 60－□－80－90－□

(ぜんぶできて10てん)

(3) 52－51－□－□－48

(ぜんぶできて10てん)

(4) 100－□－98－□－96

(ぜんぶできて10てん)

3 □に　入る　かずを　かきましょう。

【20てん】

(1) 36　37　38　□　□

(ぜんぶできて10てん)

(2) 20　30　□　50　□

(ぜんぶできて10てん)

4 ゲーム《げえむ》を　しました。いちばん　おおく　てんを　とったのは　だれですか。【20てん】

さくら	やまと	ゆうな
56てん	60てん	59てん

□さん

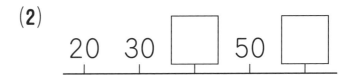

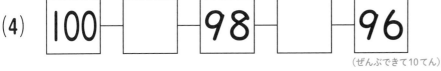

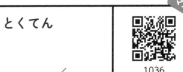

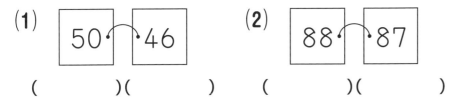

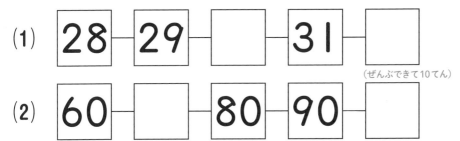

36 大《おお》きい　かず②

もくひょうじかん 20ぷん

がくしゅうした日　月　日

なまえ

とくてん　／100てん

らくらくマルつけ

1036 解説→237ページ

❶ かずの　大《おお》きい　ほうに　○を　つけましょう。 1つ10てん【20てん】

(1) 50　46

(　　)(　　)

(2) 88　87

(　　)(　　)

❷ □に　入《はい》る　かずを　かきましょう。 【40てん】

(1) 28 ― 29 ― □ ― 31 ― □ （ぜんぶできて10てん）

(2) 60 ― □ ― 80 ― 90 ― □ （ぜんぶできて10てん）

(3) 52 ― 51 ― □ ― □ ― 48 （ぜんぶできて10てん）

(4) 100 ― □ ― 98 ― □ ― 96 （ぜんぶできて10てん）

❸ □に　入る　かずを　かきましょう。 【20てん】

(1) 36　37　38　□　□ （ぜんぶできて10てん）

(2) 20　30　□　50　□ （ぜんぶできて10てん）

❹ ゲーム《げえむ》を　しました。いちばん　おおく　てんを　とったのは　だれですか。 【20てん】

さくら	やまと	ゆうな
56てん	60てん	59てん

□さん

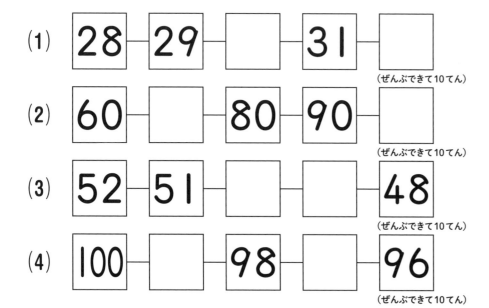

37 大《おお》きい　かず③

もくひょうじかん 20ぷん

がくしゅうした日　月　日

なまえ

とくてん　／100てん

1037
解説→238ページ

1 かずを　すう字《じ》で　かきましょう。

1つ10てん【30てん】

(1)

□本《ほん》

(2)

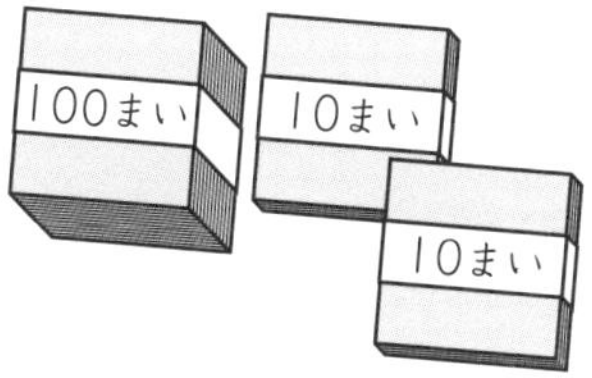

□まい

(3)

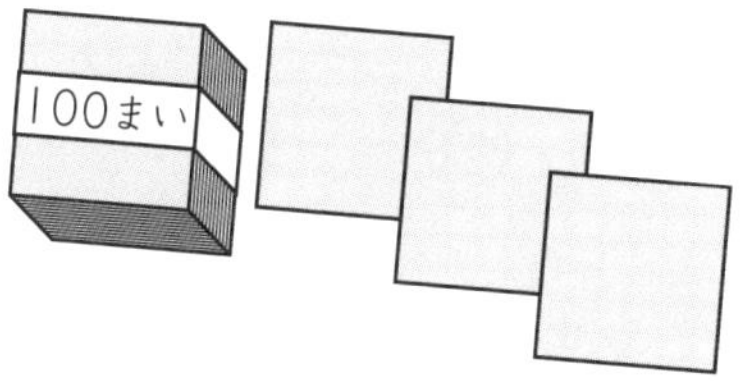

□まい

2 □に　入《はい》る　かずを　かきましょう。

【30てん】

(1) 99 ― 100 ― □ ― 102 ― □

（ぜんぶできて15てん）

(2) 107 ― 108 ― 109 ― □ ― □

（ぜんぶできて15てん）

3 つぎの　目《め》もりが　あらわす　かずを　かきましょう。

1つ10てん【40てん】

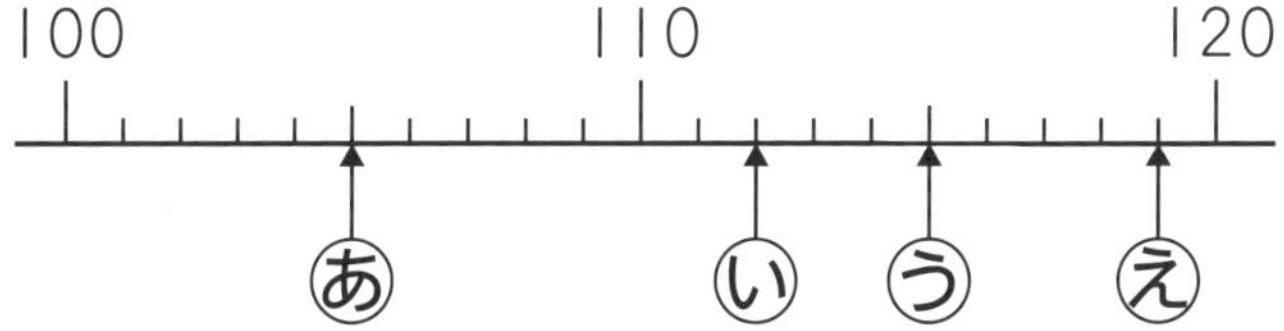

あ □　い □

う □　え □

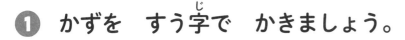

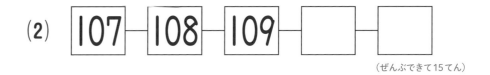

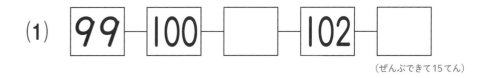

37 大《おお》きい　かず③

もくひょうじかん 20ぷん

がくしゅうした日　月　日

なまえ

とくてん

／100てん

らくらくマルつけ

1037
解説→238ページ

❶ かずを　すう字《じ》で　かきましょう。

1つ10てん【30てん】

(1)

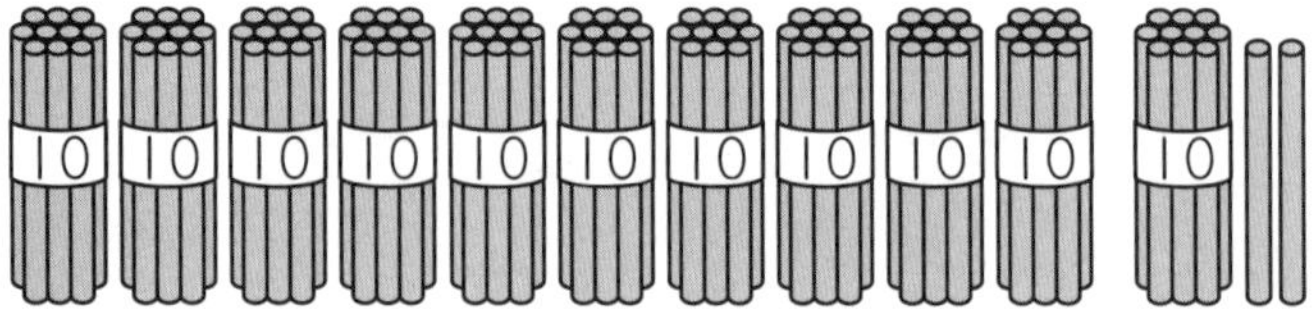

□本《ほん》

(2)

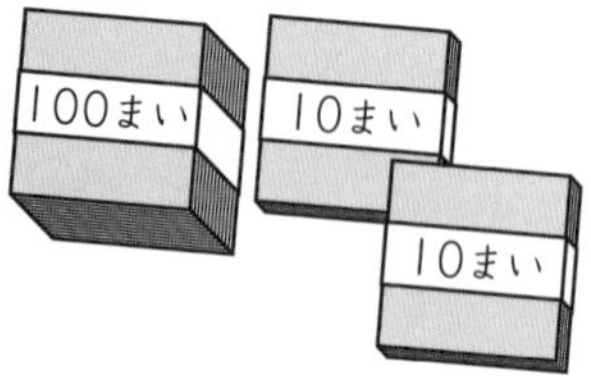

□まい

(3)

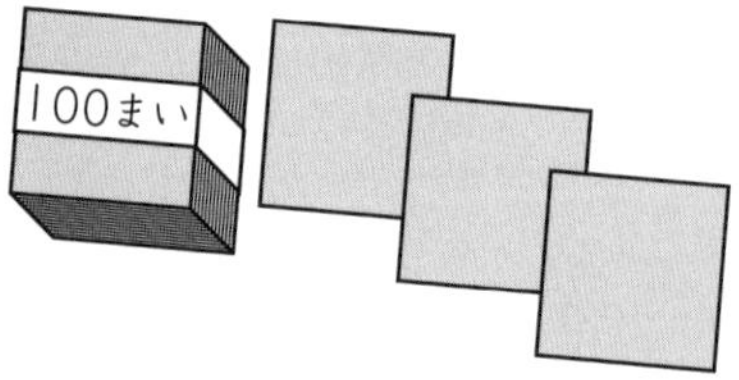

□まい

❷ □に　入《はい》る　かずを　かきましょう。

【30てん】

(1) 99—100—□—102—□

（ぜんぶできて15てん）

(2) 107—108—109—□—□

（ぜんぶできて15てん）

❸ つぎの　目《め》もりが　あらわす　かずを　かきましょう。

1つ10てん【40てん】

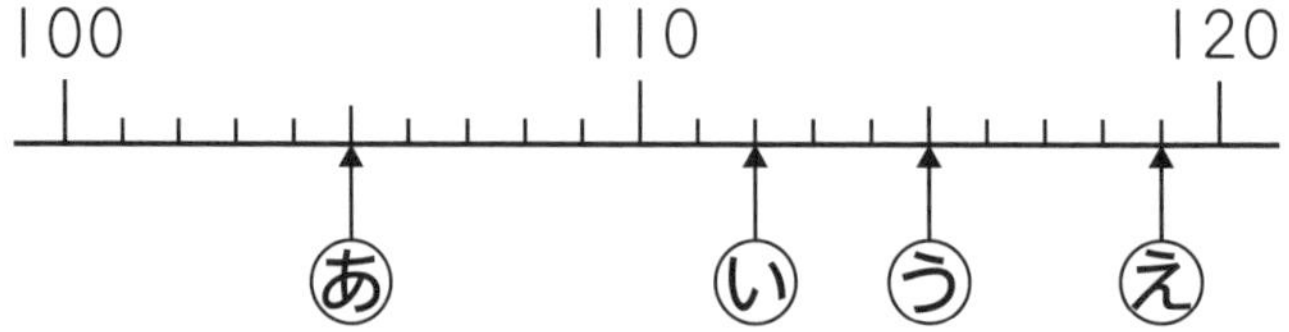

あ □　い □

う □　え □

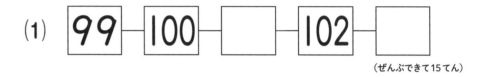

38 大《おお》きい　かずの　けいさん①

もくひょうじかん 20ぷん

がくしゅうした日　　月　　日

なまえ

とくてん　　／100てん

らくらくマルつけ

1038
解説→238ページ

1 けいさんを　しましょう。　1つ10てん【20てん】

(1)　30＋40＝□

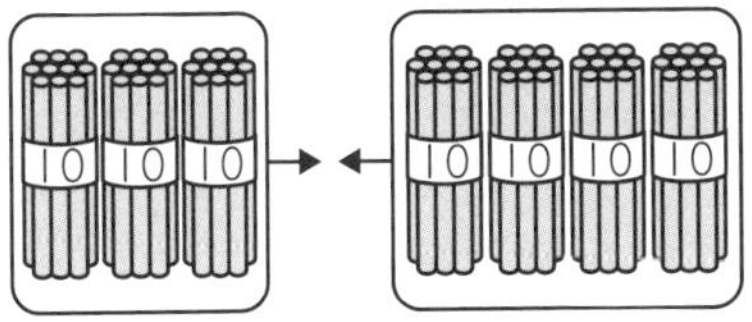

(2)　50－20＝□

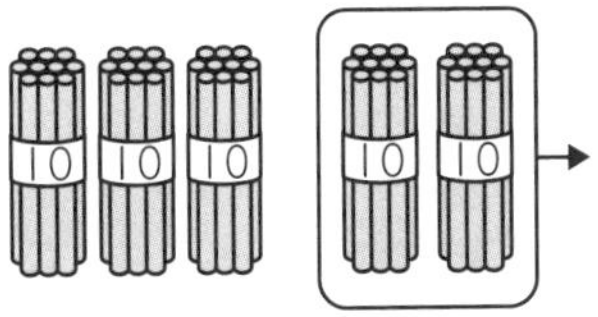

2 けいさんを　しましょう。　1つ5てん【30てん】

(1)　50＋30＝　　(2)　60＋10＝

(3)　80＋20＝　　(4)　40－30＝

(5)　70－40＝　　(6)　100－50＝

3 いちごを，あゆみさんは　20こ，ゆうとさんは　30こ　つみました。あわせて　なんこ　つみましたか。　【ぜんぶできて25てん】

(しき)

こたえ □ こ

4 はがきが　80まい　ありました。そのうち　30まい　つかいました。のこりは　なんまいですか。　【ぜんぶできて25てん】

(しき)

こたえ □ まい

38 大《おお》きい　かずの　けいさん①

もくひょうじかん 20ぷん

がくしゅうした日　月　日

なまえ

とくてん　／100てん

らくらくマルつけ

1038
解説→238ページ

❶ けいさんを　しましょう。 1つ10てん【20てん】

(1) 30＋40＝□

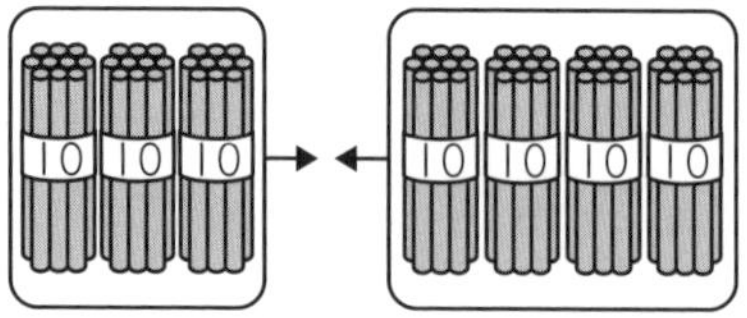

(2) 50－20＝□

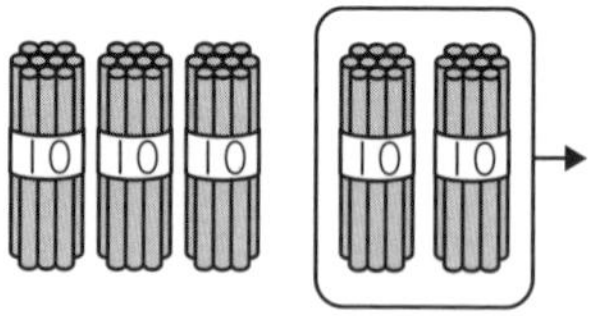

❷ けいさんを　しましょう。 1つ5てん【30てん】

(1) 50＋30＝

(2) 60＋10＝

(3) 80＋20＝

(4) 40－30＝

(5) 70－40＝

(6) 100－50＝

❸ いちごを，あゆみさんは　20こ，ゆうとさんは　30こ　つみました。あわせて　なんこ　つみましたか。【ぜんぶできて25てん】

(しき)

こたえ □ こ

❹ はがきが　80まい　ありました。そのうち　30まい　つかいました。のこりは　なんまいですか。【ぜんぶできて25てん】

(しき)

こたえ □ まい

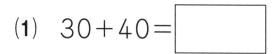

39 大《おお》きい　かずの　けいさん②

もくひょうじかん 20ぷん

✎がくしゅうした日　　月　　日

なまえ

とくてん　　／100てん

らくらくマルつけ

1039
解説→238ページ

❶ けいさんを　しましょう。

1つ10てん【20てん】

(1)　32＋4＝□

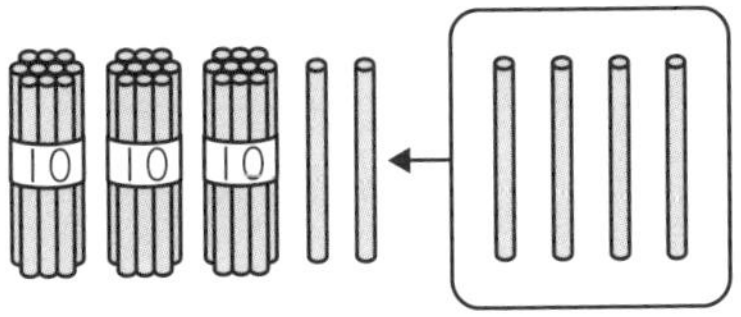

(2)　25−3＝□

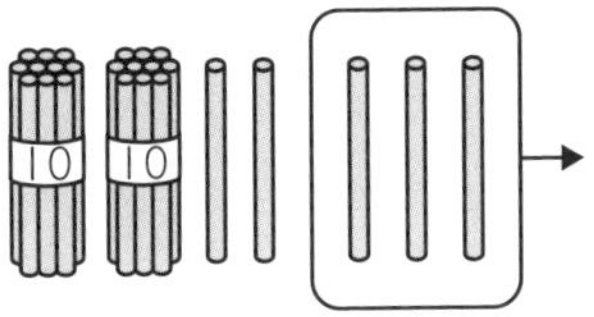

❷ けいさんを　しましょう。

1つ5てん【30てん】

(1)　20＋3＝　　(2)　45＋3＝

(3)　71＋8＝　　(4)　32−2＝

(5)　59−4＝　　(6)　88−4＝

❸ 水《すい》そうに　きんぎょが　21ぴき　いました。そこへ　5ひき　入《い》れると，きんぎょは　ぜんぶで　なんびきに　なりましたか。

【ぜんぶできて25てん】

(しき)

こたえ □ ぴき

❹ バス《ばす》に　28人《にん》　のって　います。4人おりると，なん人に　なりますか。

【ぜんぶできて25てん】

(しき)

こたえ □ 人

39 大《おお》きい　かずの　けいさん②

もくひょうじかん 20ぷん

がくしゅうした日　月　日

なまえ

とくてん　／100てん

らくらくマルつけ

1039

解説→238ページ

1 けいさんを　しましょう。　1つ10てん【20てん】

(1) 32＋4＝□

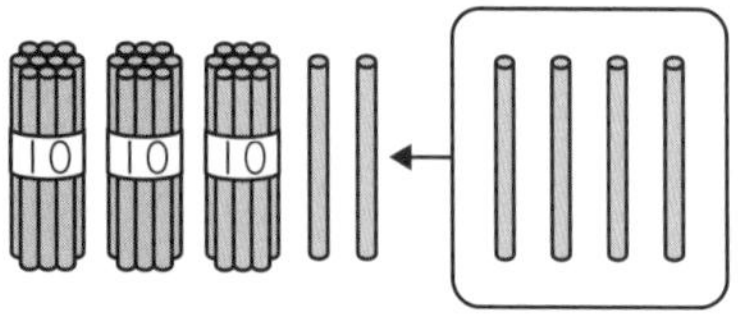

(2) 25－3＝□

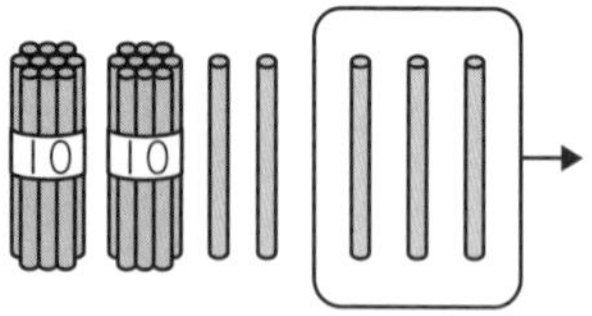

2 けいさんを　しましょう。　1つ5てん【30てん】

(1) 20＋3＝　　(2) 45＋3＝

(3) 71＋8＝　　(4) 32－2＝

(5) 59－4＝　　(6) 88－4＝

3 水《すい》そうに　きんぎょが　21ぴき　いました。そこへ　5ひき　入《い》れると，きんぎょは　ぜんぶで　なんびきに　なりましたか。　【ぜんぶできて25てん】

(しき)

こたえ □ ぴき

4 バス《ばす》に　28人《にん》　のって　います。4人おりると，なん人に　なりますか。

【ぜんぶできて25てん】

(しき)

こたえ □ 人

40 なんじなんぷん

もくひょうじかん 20ぷん

がくしゅうした日　月　日

なまえ

とくてん

／100てん

1040
解説→238ページ

1 なんじなんぷんですか。 1つ10てん【50てん】

(1)

(2)

(3)

(4)

(5)

2 ながい　はりを　かきましょう。 1つ10てん【40てん】

(1) 7じ10ぷん

(2) 5じ30ぷん

(3) 11じ25ふん

(4) 2じ38ぷん

3 おなじ　ものは　どれですか。きごうを　かきましょう。 【10てん】(　　　)

あ 3:07

い 3:35

う 4:35

40 なんじなんぷん

もくひょうじかん 20ぷん

がくしゅうした日　月　日

なまえ

とくてん　／100てん

らくらくマルつけ

1040
解説→238ページ

❶ なんじなんぷんですか。

1つ10てん【50てん】

(1)

(2)

(3)

(4)

(5)

❷ ながい　はりを　かきましょう。

1つ10てん【40てん】

(1) 7じ10ぷん

(2) 5じ30ぷん

(3) 11じ25ぷん

(4) 2じ38ぷん

❸ おなじ　ものは　どれですか。きごうを かきましょう。

【10てん】(　　　)

㋐ 3:07

㋑ 3:35

㋒ 4:35

41 ずを つかって かんがえよう①

もくひょうじかん 20ぷん

がくしゅうした日　月　日

なまえ

とくてん　／100てん

1041 解説→239ページ

らくらくマルつけ

さんすう

1 りつさんは　まえから　4ばん目《め》に　います。りつさんの　うしろに　3人《にん》　います。みんなで　なん人　いますか。

【ぜんぶできて30てん】

(ず)

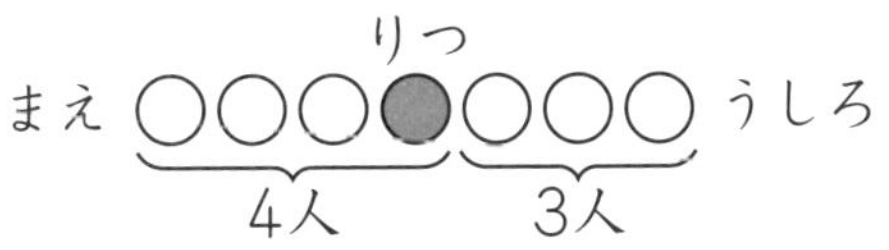

(しき) □＋□＝□

こたえ □人

2 1れつに　10人　ならんで　います。みおさんは，まえから　6ばん目に　います。みおさんの　うしろに　なん人　いますか。【ぜんぶできて30てん】

(ず)

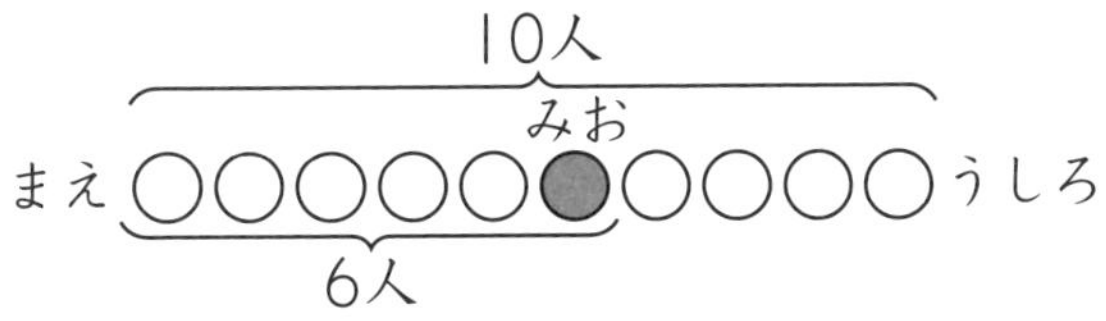

(しき) □－□＝□

こたえ □人

3 うたさんの　左《ひだり》に　8人　います。1つ10てん【20てん】

(1) うたさんの　○に　いろを　ぬりましょう。

左○○○○○○○○○右《みぎ》

(2) うたさんは　左から　なんばん目に　いますか。

□ばん目

4 れんさんは　左から　7ばん目に　います。

1つ10てん【20てん】

(1) ○を　つかった　ずを　かき，れんさんの　○に　いろを　ぬりましょう。

左　　　　　　　　　　右

(2) れんさんの　左に　なん人　いますか。

□人

＼もう１回チャレンジ!!／

41 ずを つかって かんがえよう①

もくひょうじかん 20ぷん

がくしゅうした日　　月　　日

なまえ

とくてん　　／100てん

らくらくマルつけ

1041
解説→239ページ

❶ りつさんは　まえから　4ばん目《め》に　います。りつさんの　うしろに　3人《にん》　います。みんなで　なん人　いますか。

【ぜんぶできて30てん】

(ず)

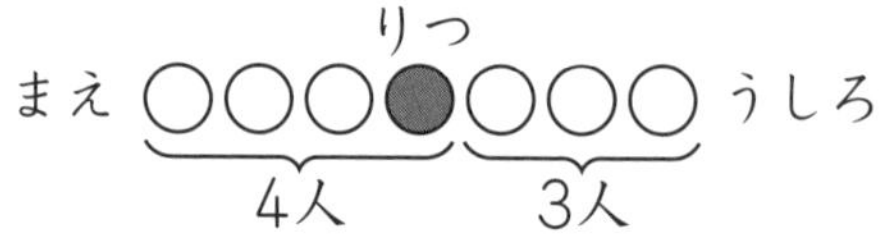

(しき) □＋□＝□

こたえ □人

❷ 1れつに 10人 ならんで います。みおさんは，まえから 6ばん目に います。みおさんの うしろに なん人 いますか。【ぜんぶできて30てん】

(ず)

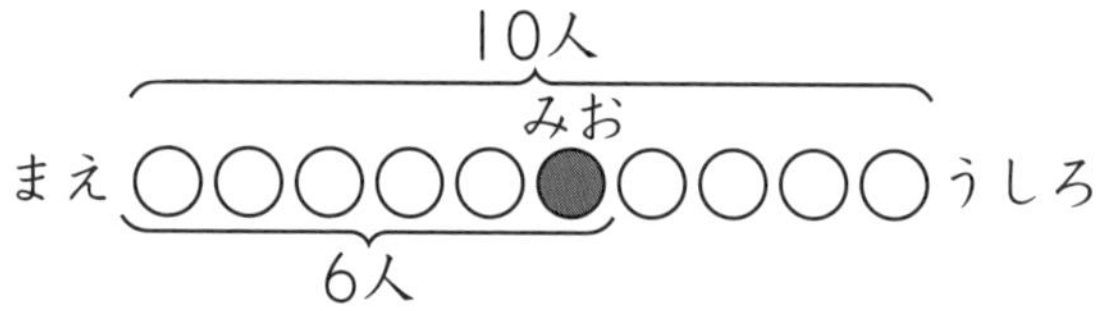

(しき) □－□＝□

こたえ □人

❸ うたさんの 左《ひだり》に 8人 います。1つ10てん【20てん】

(1) うたさんの　○に　いろを　ぬりましょう。

左○○○○○○○○○右《みぎ》

(2) うたさんは　左から　なんばん目に　いますか。

□ばん目

❹ れんさんは　左から　7ばん目に　います。

1つ10てん【20てん】

(1) ○を　つかった　ずを　かき，れんさんの　○に　いろを　ぬりましょう。

左	右

(2) れんさんの　左に　なん人　いますか。

□人

42 ずを つかって かんがえよう②

もくひょうじかん 20ぷん

がくしゅうした日　月　日

なまえ

とくてん　／100てん

1042
解説→239ページ

1 4人《にん》が　ぼうしを　かぶって　います。ぼうしは　あと　3つ　あります。ぼうしは　ぜんぶで　いくつ　ありますか。

【ぜんぶできて25てん】

(ず)

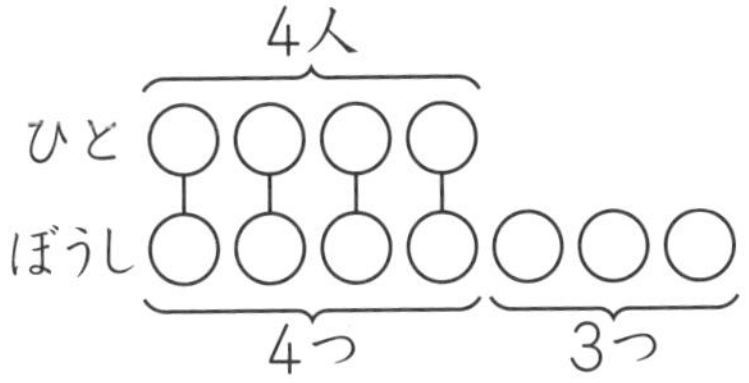

(しき)

こたえ □ つ

2 5つの　いすに　子《こ》どもが　ひとりずつ　すわり，4人が　立《た》って　います。子どもは　みんなで　なん人　いますか。

【ぜんぶできて25てん】

(ず)

(しき)

こたえ □ 人

3 あめが　9こ　あります。7人の　子どもに　1こずつ　くばります。あめは　なんこ　のこりますか。

【ぜんぶできて25てん】

(ず)

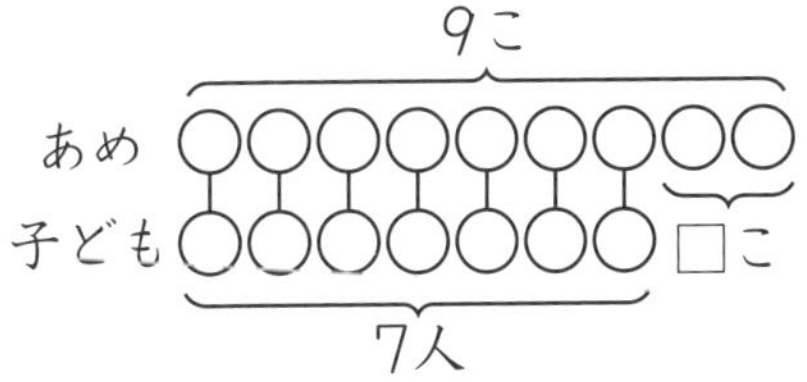

(しき)

こたえ □ こ

4 花《はな》が　10本《ぽん》　あります。6人に　1本ずつ　くばると，花は　なん本《ぼん》　のこりますか。

【ぜんぶできて25てん】

(ず)

(しき)

こたえ □ 本《ほん》

42 ずを　つかって　かんがえよう②

もくひょうじかん 20ぷん

がくしゅうした日　月　日

なまえ

とくてん　／100てん

1042 解説→239ページ

らくらくマルつけ

❶ 4人《にん》が　ぼうしを　かぶって　います。ぼうしは　あと　3つ　あります。ぼうしは　ぜんぶで　いくつ　ありますか。

【ぜんぶできて25てん】

(ず)

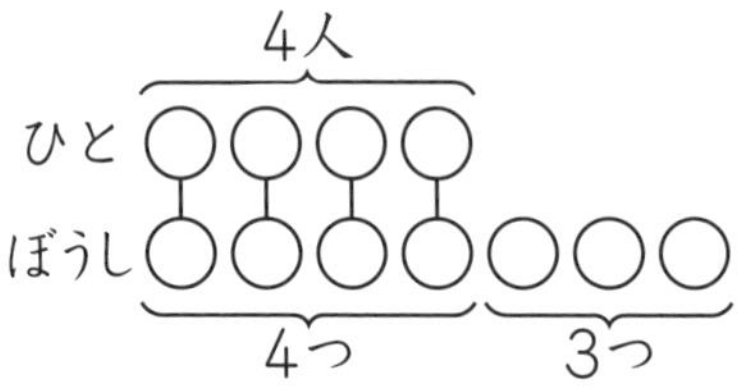

(しき)

こたえ　□つ

❷ 5つの　いすに　子《こ》どもが　ひとりずつ　すわり，4人が　立《た》って　います。子どもは　みんなで　なん人　いますか。

【ぜんぶできて25てん】

(ず)

(しき)

こたえ　□人

❸ あめが　9こ　あります。7人の　子どもに　1こずつ　くばります。あめは　なんこ　のこりますか。

【ぜんぶできて25てん】

(ず)

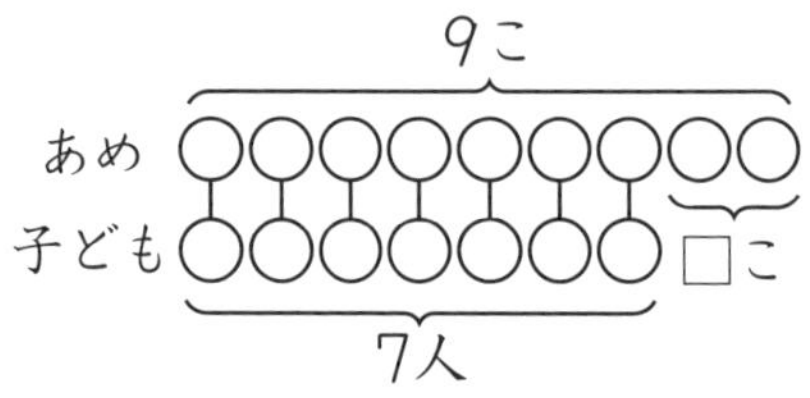

(しき)

こたえ　□こ

❹ 花《はな》が　10本《ぽん》　あります。6人に　1本ずつ　くばると，花は　なん本《ぼん》　のこりますか。

【ぜんぶできて25てん】

(ず)

(しき)

こたえ　□本《ほん》

43 ずを つかって かんがえよう③

もくひょうじかん 20ぷん

がくしゅうした日　月　日

なまえ

とくてん　／100てん

1043 解説→239ページ

1 青《あお》い　かさが　8本《ぽん》　あります。赤《あか》い　かさは　青い　かさより　3本《ぼん》　おおい　です。赤い　かさは　なん本ですか。

【ぜんぶできて25てん】

(ず)

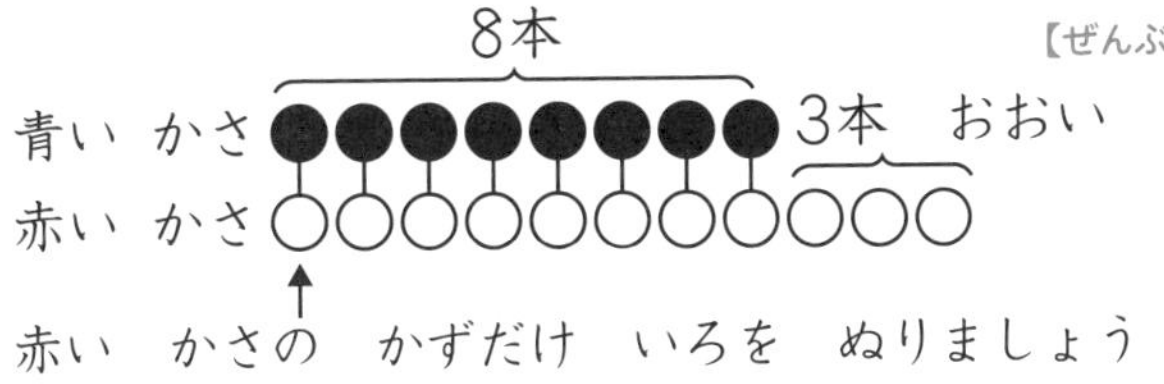

(しき)

こたえ　□　本

2 あめが　6こ　あります。ガム《がむ》は　あめより　4こ　おおいです。ガムは　なんこですか。

【ぜんぶできて25てん】

(ず)

(しき)

こたえ　□　こ

3 かきが　13こ　あります。なしは　かきより　5こ　すくないです。なしは　なんこですか。

【ぜんぶできて25てん】

(ず)

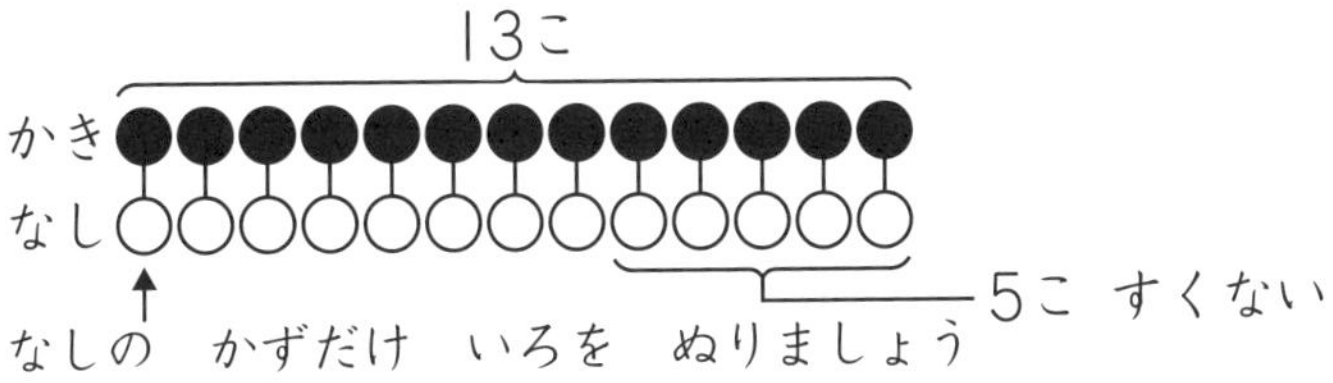

(しき)

こたえ　□　こ

4 パン《ぱん》が　11こ　あります。ケーキ《けえき》は　パンより　3こ　すくないです。ケーキは　なんこですか。

【ぜんぶできて25てん】

(ず)

(しき)

こたえ　□　こ

43 ずを つかって かんがえよう ③

もくひょうじかん 20ぷん

がくしゅうした日　　月　　日

なまえ

とくてん　　／100てん

らくらくマルつけ

1043
解説→239ページ

❶ 青《あお》い　かさが　8本《ぽん》　あります。赤《あか》い　かさは　青い　かさより　3本《ぼん》　おおい　です。赤い　かさは　なん本ですか。

【ぜんぶできて25てん】

（ず）

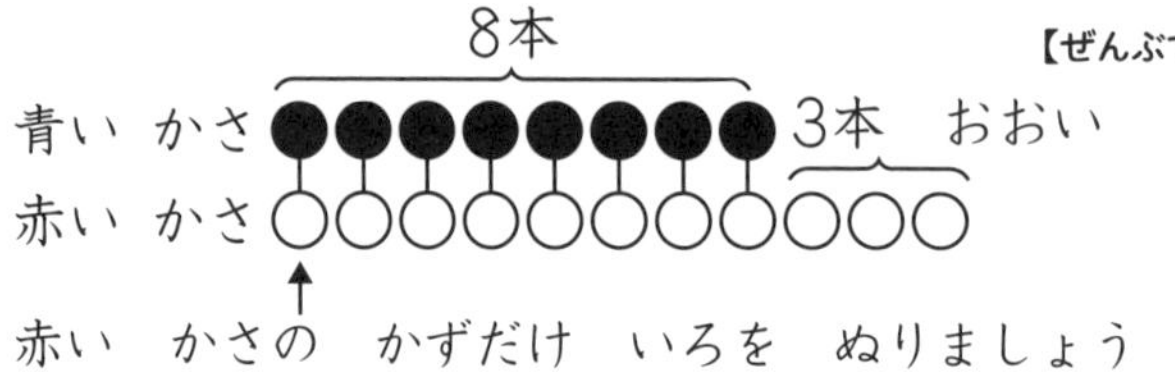

（しき）

こたえ　　　本

❷ あめが　6こ　あります。ガム《がむ》は　あめ　より　4こ　おおいです。ガムは　なん　こですか。

【ぜんぶできて25てん】

（ず）

（しき）

こたえ　　　こ

❸ かきが　13こ　あります。なしは　かき　より　5こ　すくないです。なしは　なんこですか。

【ぜんぶできて25てん】

（ず）

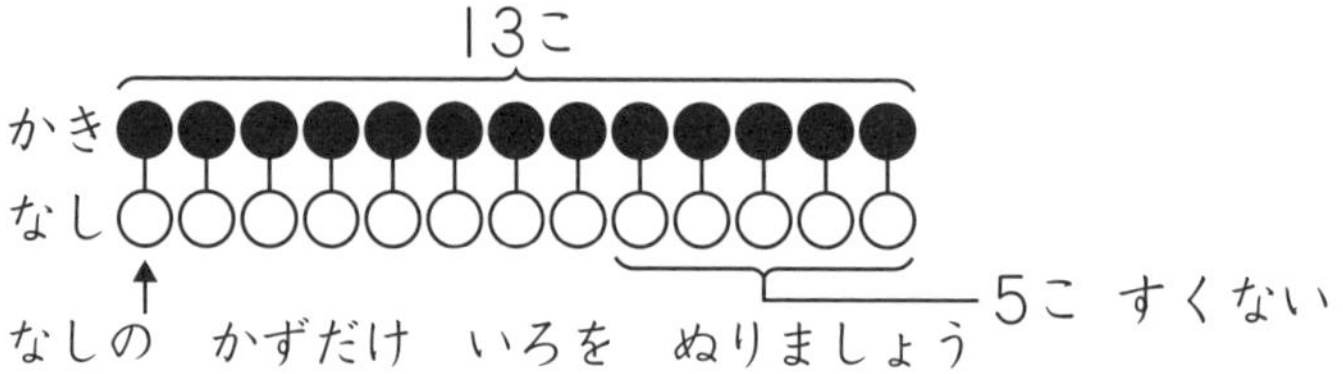

（しき）

こたえ　　　こ

❹ パン《ぱん》が　11こ　あります。ケーキ《けえき》は　パンより　3こ　すくないです。ケーキ　は　なんこですか。

【ぜんぶできて25てん】

（ず）

（しき）

こたえ　　　こ

44 かたち②

もくひょうじかん 20ぷん

がくしゅうした日　月　日
なまえ
とくてん　／100てん
1044
解説→239ページ

1 あの　いた　なんまいで　できて　いますか。

1つ20てん【40てん】

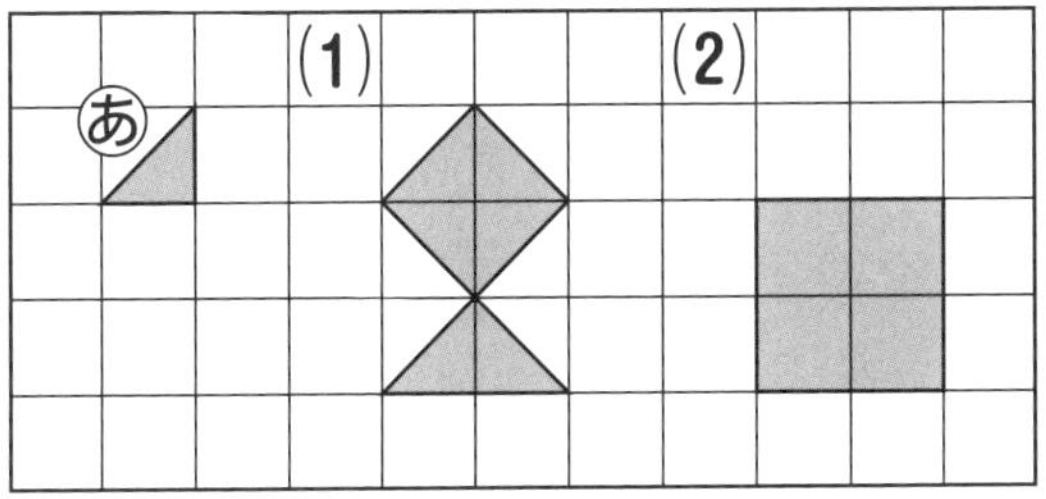

(1) 　まい　　(2) 　まい

2 ぼうを　なん本《ぼん》　つかって　いますか。

【20てん】

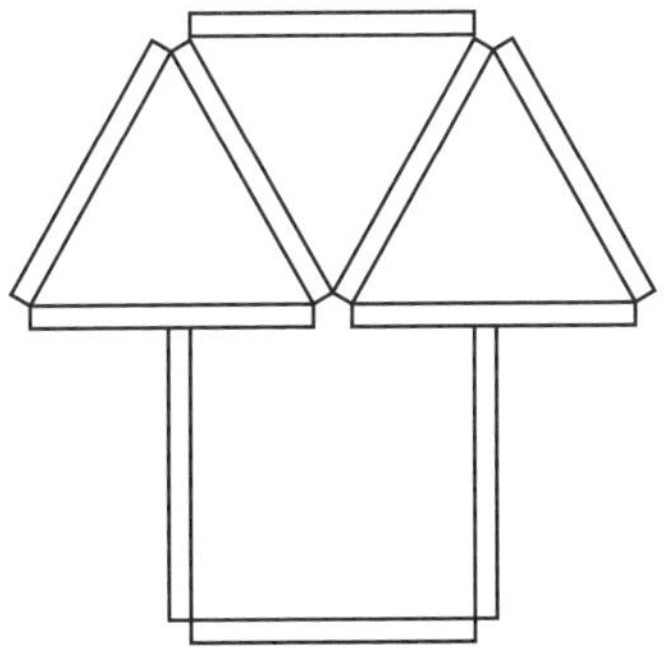

　本《ぽん》

3 1まいだけ　うごかしました。うごかした　いたは　どれですか。きごうを　かきましょう。

【20てん】

(　　　)

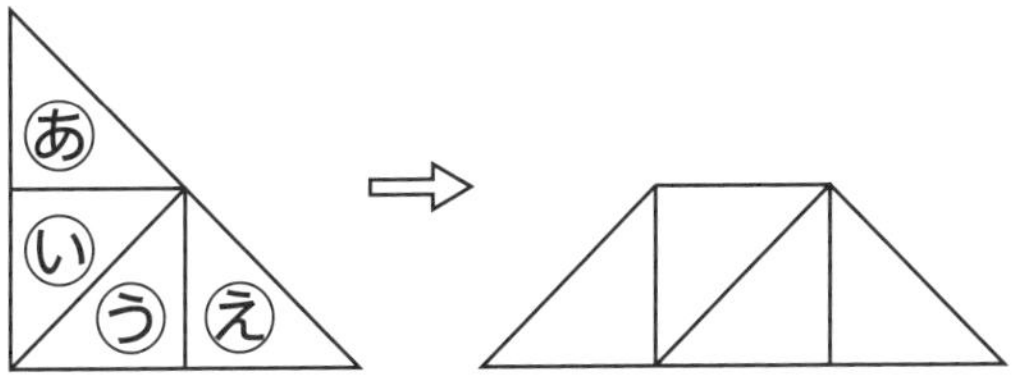

4 ぼうを　2本《ほん》　とって，あと　おなじ　かたちに　かえます。とる　ぼうに　いろを　ぬりましょう。

【ぜんぶできて20てん】

あ

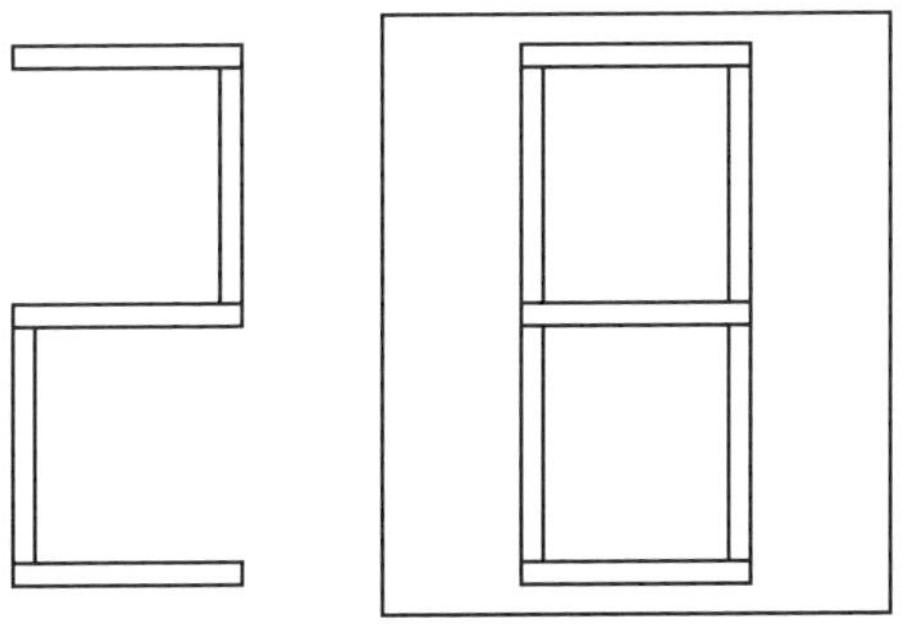

44 かたち②

もくひょうじかん 20ぷん

がくしゅうした日　月　日

なまえ

とくてん　／100てん

らくらくマルつけ

1044
解説→239ページ

❶ ㋐の　いた　なんまいで　できて　いますか。

1つ20てん【40てん】

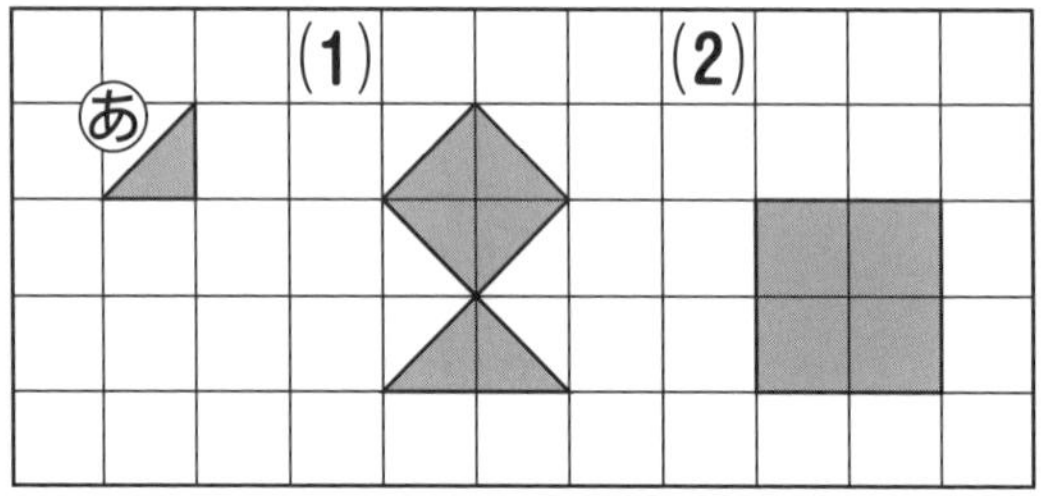

(1) □ まい　　(2) □ まい

❷ ぼうを　なん本《ぼん》　つかって　いますか。

【20てん】

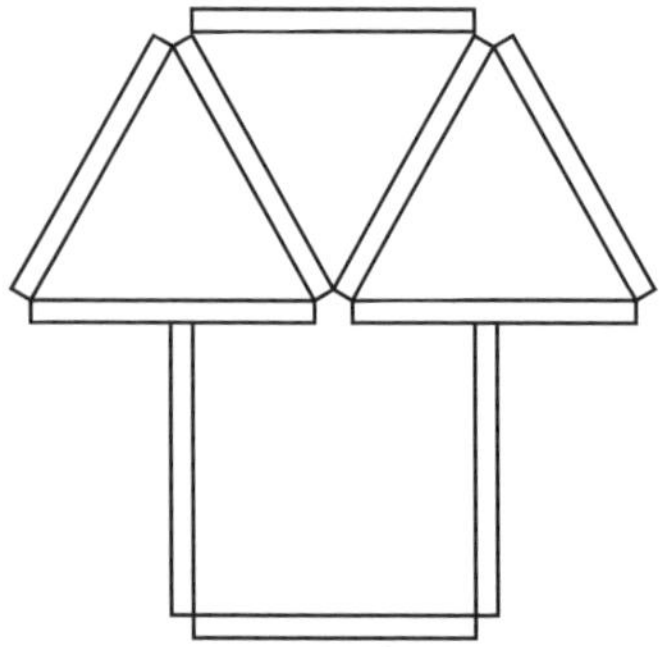

□ 本《ぽん》

❸ 1まいだけ　うごかしました。うごかした　いたは　どれですか。きごうを　かきましょう。

【20てん】

(　　　)

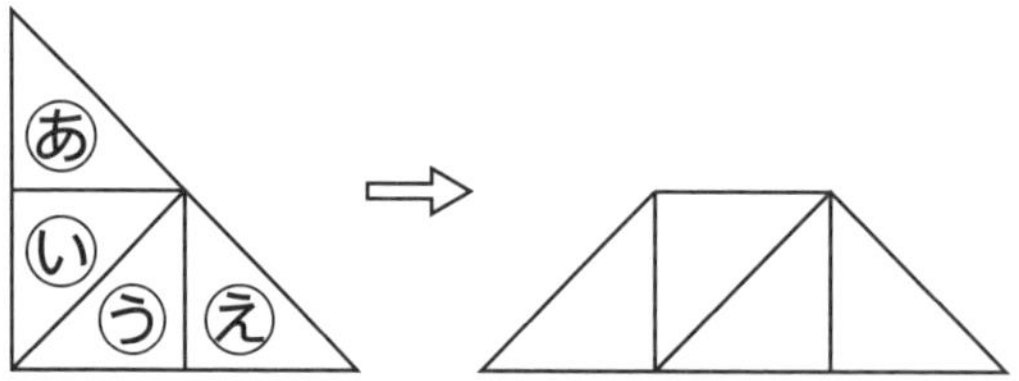

❹ ぼうを　2本《ほん》　とって，㋐と　おなじ　かたちに　かえます。とる　ぼうに　いろを　ぬりましょう。

【ぜんぶできて20てん】

㋐

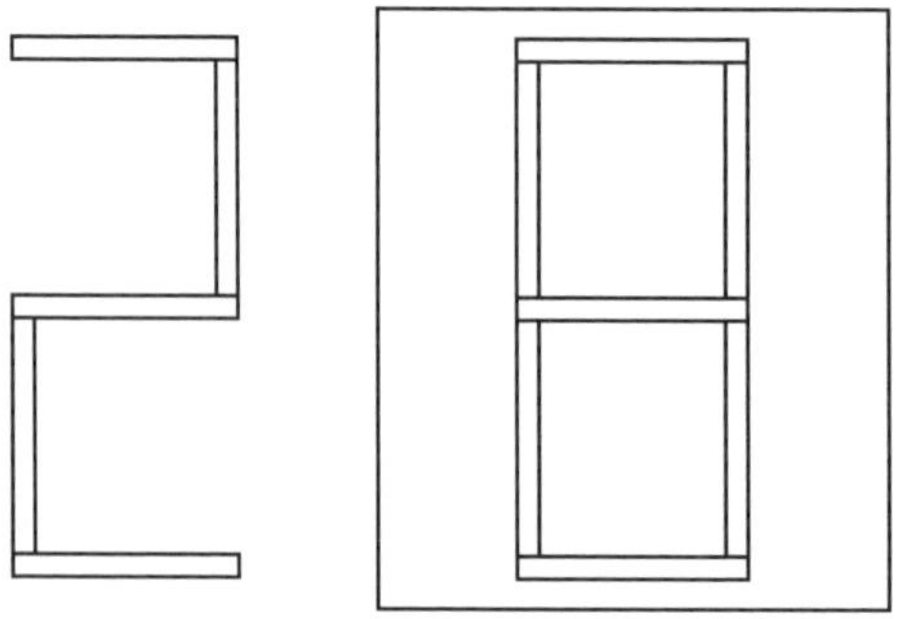

45 まとめの　テスト《てすと》①

もくひょうじかん 20ぷん

がくしゅうした日　月　日
なまえ

とくてん
／100てん

らくらくマルつけ
1045
解説→239ページ

① かずを □に　すう字《じ》で　かきましょう。

1つ10てん【20てん】

(1)

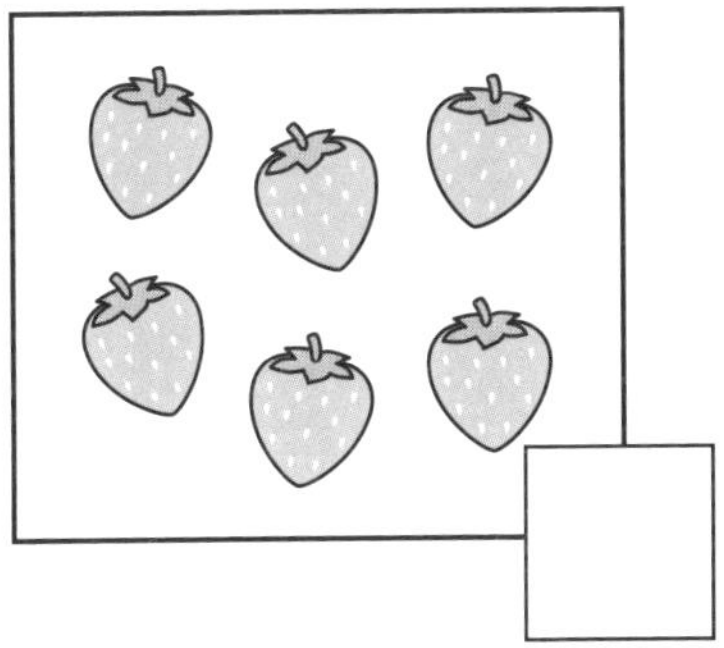

(2)

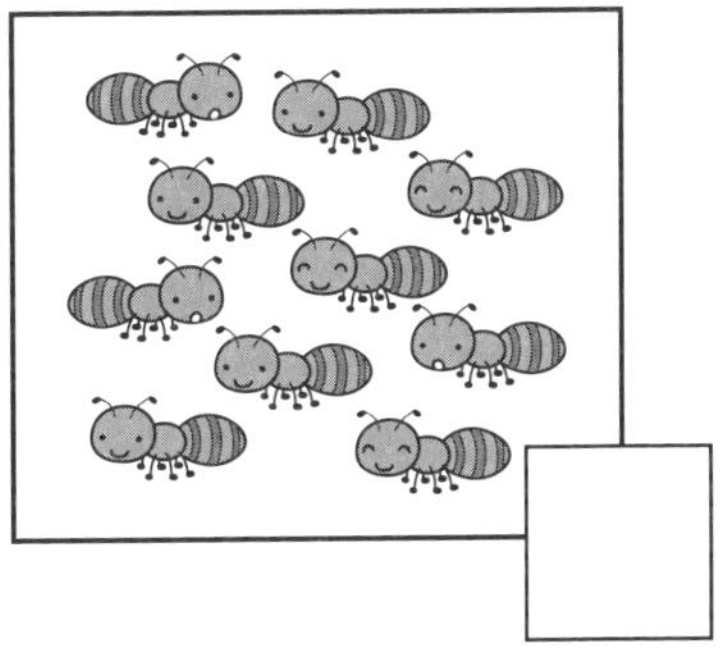

② かずが　大《おお》きい　ほうに　○を　つけましょう。

1つ10てん【20てん】

(1) 7　4

(　　　)(　　　)

(2) 9　10

(　　　)(　　　)

③ □に　入《はい》る　かずを　かきましょう。

【ぜんぶできて10てん】

2 − □ − 4 − □ − 6

④ いろを　ぬりましょう。

1つ10てん【20てん】

(1) 左《ひだり》から　5こ

左  右《みぎ》

(2) 右から　5こ目《め》

左  右

⑤ □に　入る　かずを　かきましょう。

1つ10てん【30てん】

(1) 8は　6と　□

(2) 5と　4で　□

(3) 9と　□　で　10

45 まとめの テスト《てすと》1

もくひょうじかん 20ぷん

がくしゅうした日　　月　　日

なまえ

とくてん　　／100てん

らくらくマルつけ

1045 解説→239ページ

1 かずを □に すう字《じ》で かきましょう。

1つ10てん【20てん】

(1)

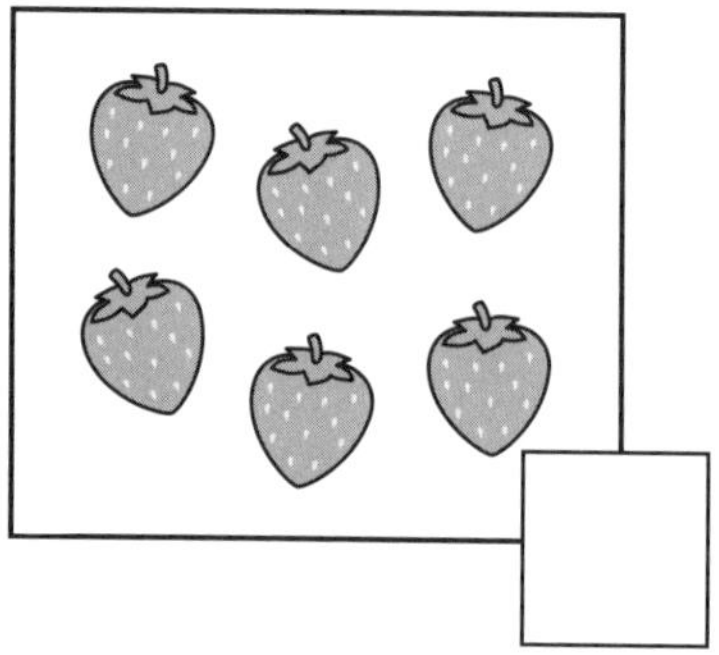

(2)

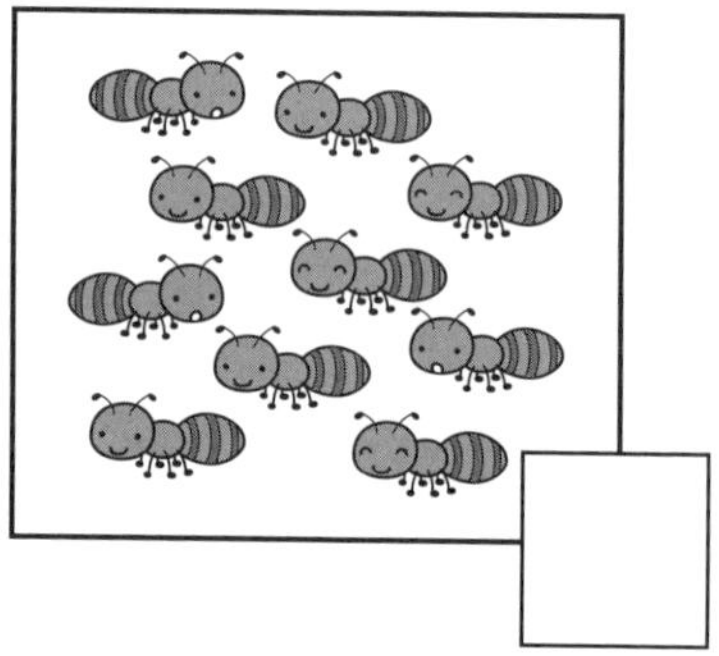

2 かずが 大《おお》きい ほうに ○を つけましょう。

1つ10てん【20てん】

(1) 7　4

(　　　)(　　　)

(2) 9　10

(　　　)(　　　)

3 □に 入《はい》る かずを かきましょう。

【ぜんぶできて10てん】

2 ― □ ― 4 ― □ ― 6

4 いろを ぬりましょう。

1つ10てん【20てん】

(1) 左《ひだり》から 5こ

左  右《みぎ》

(2) 右から 5こ目《め》

左  右

5 □に 入る かずを かきましょう。

1つ10てん【30てん】

(1) 8は 6と □

(2) 5と 4で □

(3) 9と □ で 10

46 まとめの テスト《てすと》❷

もくひょうじかん 20ぷん

がくしゅうした日 月 日

なまえ

とくてん /100てん

1046 解説→240ページ

❶ けいさんを しましょう。 1つ5てん【20てん】

(1) 3＋2＝

(2) 8＋2＝

(3) 7−1＝

(4) 10−7＝

❷ はとが 3わ，すずめが 5わ います。あわせて なんわ いますか。【ぜんぶできて20てん】

(しき)

こたえ □ わ

❸ ちょうが 6ぴき，せみが 8ぴき います。ちがいは なんびきですか。【ぜんぶできて20てん】

(しき)

こたえ □ ひき

❹ かずを すう字《じ》で かきましょう。

1つ5てん【10てん】

(1)

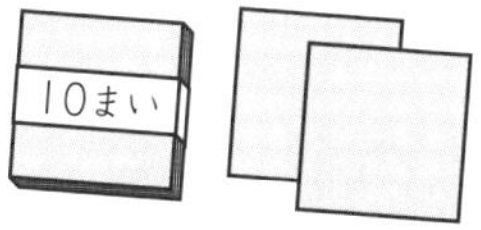

□

(2)

□

❺ 大《おお》きい ほうに ○を つけましょう。

1つ5てん【10てん】

(1) 13 9

( )( )

(2) 20 17

( )( )

❻ けいさんを しましょう。 1つ5てん【20てん】

(1) 10＋5＝

(2) 18−8＝

(3) 11＋7＝

(4) 16−4＝

46 まとめの テスト《てすと》②

もくひょうじかん 20ぷん

がくしゅうした日　月　日
なまえ
とくてん　／100てん

1046
解説→240ページ
らくらくマルつけ

❶ けいさんを しましょう。

1つ5てん【20てん】

(1) 3＋2＝　　(2) 8＋2＝

(3) 7－1＝　　(4) 10－7＝

❷ はとが 3わ，すずめが 5わ います。あわせて なんわ いますか。

【ぜんぶできて20てん】

(しき)

こたえ □ わ

❸ ちょうが 6ぴき，せみが 8ぴき います。ちがいは なんびきですか。

【ぜんぶできて20てん】

(しき)

こたえ □ ひき

❹ かずを すう字《じ》で かきましょう。

1つ5てん【10てん】

(1)
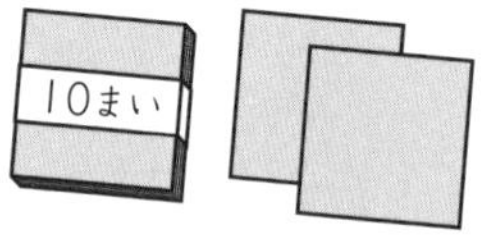

□

(2)

□

❺ 大《おお》きい ほうに ○を つけましょう。

1つ5てん【10てん】

(1) 13　9

(　　)(　　)

(2) 20　17

(　　)(　　)

❻ けいさんを しましょう。

1つ5てん【20てん】

(1) 10＋5＝　　(2) 18－8＝

(3) 11＋7＝　　(4) 16－4＝

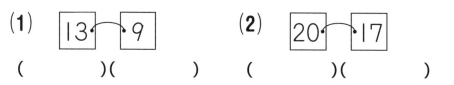

47 まとめの　テスト《てすと》③

もくひょうじかん 20ぷん

がくしゅうした日　月　日

なまえ

とくてん　／100てん

1047
解説→240ページ

1 あとの　ⓐ，ⓘ，ⓤを　ながい　じゅんばんに　なるように　ならべかえて，きごうを　かきましょう。【ぜんぶできて10てん】

ながい　　　　　　　　　みじかい
（　　　→　　　→　　　）

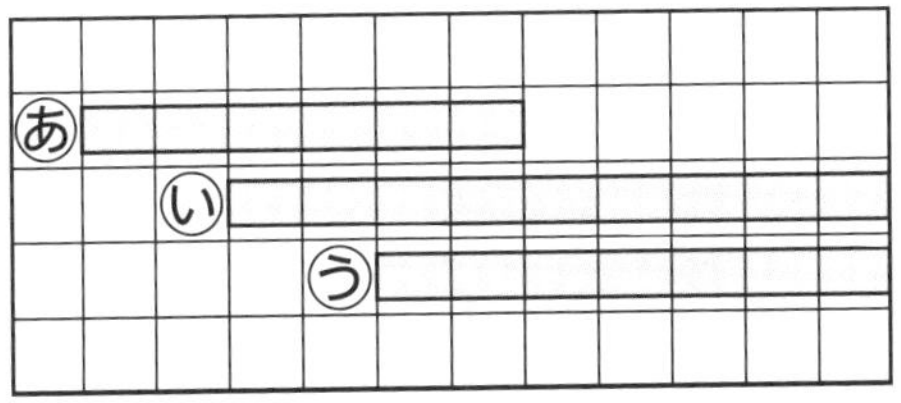

2 けいさんを　しましょう。1つ5てん【30てん】

(1) 6＋4＋5＝

(2) 18－8－1＝

(3) 7＋9＝　　(4) 6＋6＝

(5) 14－8＝　　(6) 16－7＝

3 子《こ》どもが　12人《にん》　いました。そこへ5人　きて，3人　かえりました。なん人に　なりましたか。【ぜんぶできて20てん】

（しき）

こたえ　□人

4 かきが　9こ，なしが　7こ　あります。あわせて　なんこですか。【ぜんぶできて20てん】

（しき）

こたえ　□こ

5 プリン《ぷりん》が　13こ　あります。8こ　たべると，のこりは　なんこですか。【ぜんぶできて20てん】

（しき）

こたえ　□こ

47 まとめの テスト《てすと》❸

もくひょうじかん 20ぷん

がくしゅうした日　月　日

なまえ

とくてん　／100てん

らくらくマルつけ

1047 解説→240ページ

❶ あとの ㋐，㋑，㋒を ながい じゅんばんに なるように ならべかえて，きごうを かきましょう。【ぜんぶできて10てん】

ながい　　　　　　　　みじかい
(　　→　　→　　)

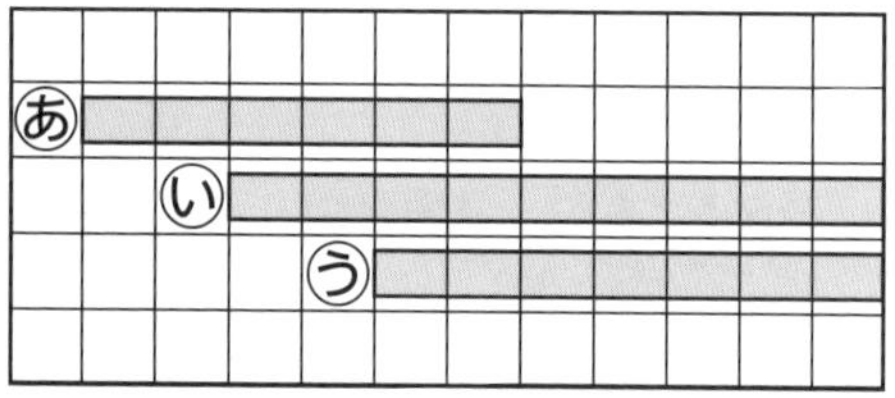

❷ けいさんを しましょう。1つ5てん【30てん】

(1) 6＋4＋5＝

(2) 18－8－1＝

(3) 7＋9＝　　(4) 6＋6＝

(5) 14－8＝　　(6) 16－7＝

❸ 子《こ》どもが 12人《にん》 いました。そこへ 5人 きて，3人 かえりました。なん人に なりましたか。【ぜんぶできて20てん】

(しき)

こたえ　□人

❹ かきが 9こ，なしが 7こ あります。あわせて なんこですか。【ぜんぶできて20てん】

(しき)

こたえ　□こ

❺ プリン《ぷりん》が 13こ あります。8こ たべると，のこりは なんこですか。【ぜんぶできて20てん】

(しき)

こたえ　□こ

48 まとめの テスト《てすと》④

もくひょうじかん 20ぷん

がくしゅうした日　月　日
なまえ
とくてん　／100てん

1048
解説→240ページ
らくらくマルつけ

1 かずを すう字《じ》で かきましょう。 【10てん】

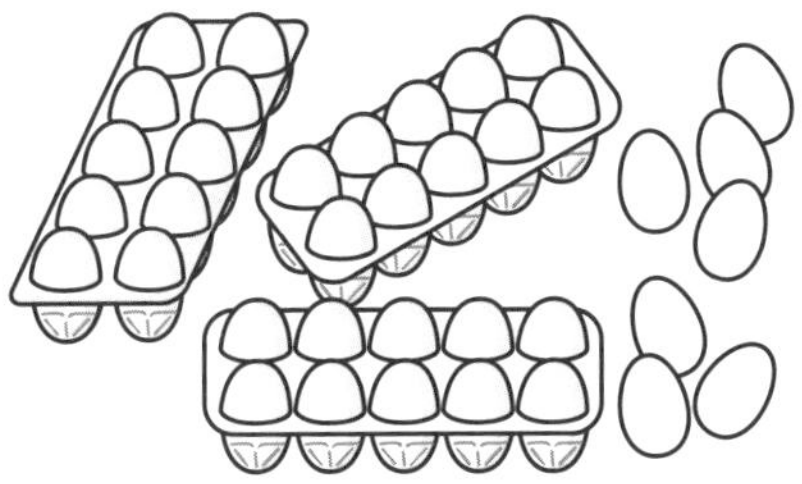

□

2 かずを すう字で かきましょう。

1つ10てん【20てん】

(1) 十《じゅう》のくらいが 5，一《いち》のくらいが 4の かず □

(2) 99より 1 大《おお》きい かず □

3 □に 入《はい》る かずを かきましょう。

1つ10てん【20てん】

□　□

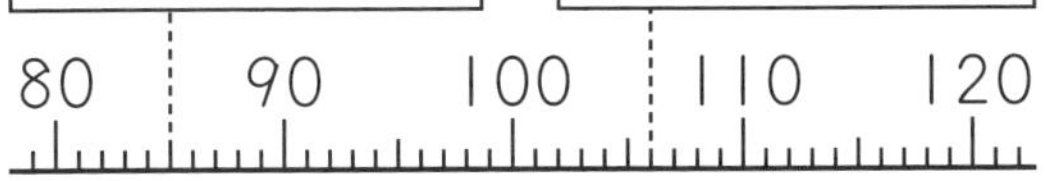

4 なんじなんぷんですか。 1つ10てん【20てん】

(1)

□

(2)

□

5 いぬが 8ぴき います。ねこは いぬより 4ひき おおいです。ねこは なんびきですか。

【ぜんぶできて30てん】

(ず) いぬ ○○○○○○○○

ねこ

↑

ねこの かずだけ ○を かきましょう

(しき)

こたえ □ ひき

48 まとめの　テスト《てすと》④

もくひょうじかん 20ぷん

がくしゅうした日　月　日

なまえ

とくてん　／100てん

らくらくマルつけ

1048
解説→240ページ

❶ かずを　すう字《じ》で　かきましょう。 【10てん】

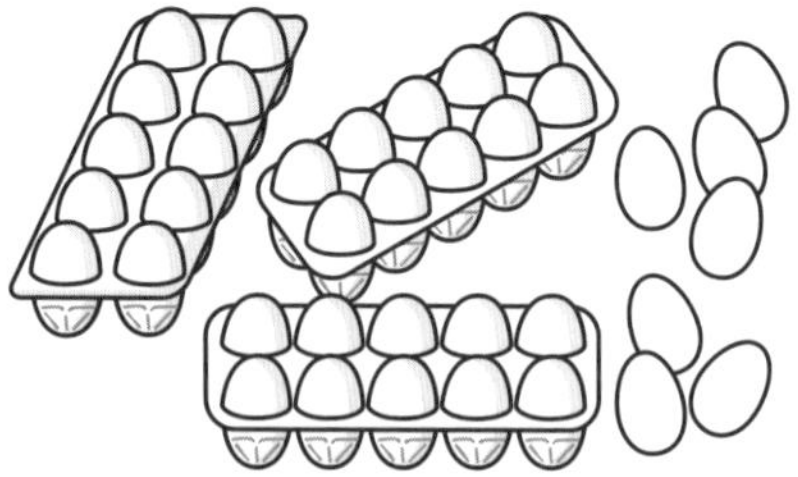

❷ かずを　すう字で　かきましょう。

1つ10てん【20てん】

(1) 十《じゅう》のくらいが　5，一《いち》のくらいが　4の　かず

(2) 99より　1　大《おお》きい　かず

❸ □に　入《はい》る　かずを　かきましょう。

1つ10てん【20てん】

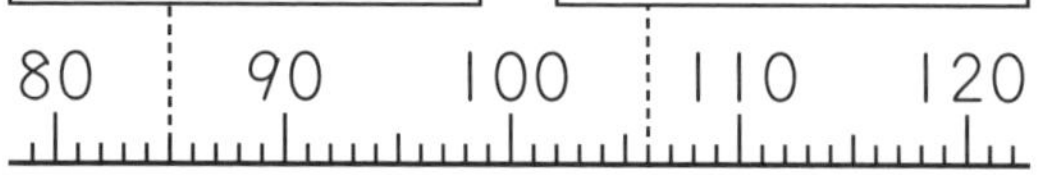

❹ なんじなんぷんですか。 1つ10てん【20てん】

(1)

(2)

❺ いぬが　8ぴき　います。ねこは　いぬより　4ひき　おおいです。ねこは　なんびきですか。

【ぜんぶできて30てん】

(ず)　いぬ ○○○○○○○○

ねこ

↑

ねこの　かずだけ　○を　かきましょう

(しき)

こたえ　□　ひき

1 たのしい　がっこうせいかつ

もくひょうじかん 20ぷん

がくしゅうした日　月　日

なまえ

とくてん　／100てん

1049
解説→241ページ

らくらくマルつけ

1 **がっこうせいかつの　えと　あいさつを，せんで　むすびましょう。**　1つ10てん【30てん】

(1) 　・　　・　おはようございます。

(2) 　・　　・　いただきます。

(3) 　・　　・　しつれいします。

2 **（　　）に　はいる　ことばを　あとから　えらび，きごうで　かきましょう。**　1つ15てん【30てん】

(1) ろうかは　（　　　）　いどうする。

㋐　はしって　　㋑　あるいて

(2) ひとが　はなして　いる　ときは，（　　　）　きく。

㋐　しずかに　　㋑　しゃべりながら

3 **ともだちへの　へんじとして　ただしい　ほうを　あとから　えらび，きごうで　かきましょう。**　1つ20てん【40てん】

(1) 

（　　　）

㋐　さようなら。

㋑　ありがとう。

(2) 

（　　　）

㋐　よかったね。

㋑　しらないよ。

＼もう１回チャレンジ!! ／

1　たのしい　がっこうせいかつ

もくひょうじかん 20ぷん

がくしゅうした日　月　日

なまえ

とくてん　／100てん

らくらくマルつけ

1049 解説→241ページ

❶ がっこうせいかつの　えと　あいさつを，せんで　むすびましょう。 1つ10てん【30てん】

(1)  ・　・ おはようございます。

(2)  ・　・ いただきます。

(3)  ・　・ しつれいします。

❷ （　）に　はいる　ことばを　あとから　えらび，きごうで　かきましょう。 1つ15てん【30てん】

(1) ろうかは　（　　）　いどうする。

㋐　はしって　　㋑　あるいて

(2) ひとが　はなして　いる　ときは，（　　）　きく。

㋐　しずかに　　㋑　しゃべりながら

❸ ともだちへの　へんじとして　ただしい　ほうを　あとから　えらび，きごうで　かきましょう。 1つ20てん【40てん】

(1) 

（　　）

㋐　さようなら。

㋑　ありがとう。

(2) 

（　　）

㋐　よかったね。

㋑　しらないよ。

2 がっこうを　たんけんしよう

もくひょうじかん 20ぷん

がくしゅうした日　月　日

なまえ

とくてん　／100てん

1050
解説→241ページ

らくらくマルつけ

せいかつ

1 えと　かんけいの　ある　ばしょを　あとから　えらび，きごうで　かきましょう。

1つ10てん【40てん】

(1) 

(　　　)

(2) 

(　　　)

(3) 

(　　　)

(4) 

(　　　)

㋐ がっこうとしょかん

㋑ おんがくしつ

㋒ こうてい

㋓ しょくいんしつ

2 がっこうで　つぎの　しごとを　して　いる　ひとを　あとから　えらび，きごうで　かきましょう。

1つ20てん【60てん】

(1) きゅうしょくを　つくって　くれる　ひと。(　　　)

(2) こわれた　とびらを　しゅうりして　くれる　ひと。(　　　)

(3) ぐあいが　わるい　ときに　みて　くれる　ひと。(　　　)

㋐

㋑

㋒

2 がっこうを　たんけんしよう

もくひょうじかん 20ぷん

がくしゅうした日　月　日

なまえ

とくてん　／100てん

らくらくマルつけ

1050
解説→241ページ

❶ えと　かんけいの　ある　ばしょを　あとから　えらび，きごうで　かきましょう。　1つ10てん【40てん】

(1)

(　　　)

(2)

(　　　)

(3)

(　　　)

(4)

(　　　)

Ⓐ がっこうとしょかん
Ⓘ おんがくしつ
Ⓤ こうてい
Ⓔ しょくいんしつ

❷ がっこうで　つぎの　しごとを　して　いる　ひとを　あとから　えらび，きごうで　かきましょう。　1つ20てん【60てん】

(1) きゅうしょくを　つくって　くれる　ひと。　(　　　)

(2) こわれた　とびらを　しゅうりして　くれる　ひと。　(　　　)

(3) ぐあいが　わるい　ときに　みて　くれる　ひと。　(　　　)

Ⓐ

Ⓘ

Ⓤ

らくらくマルつけ

3 こうていを　たんけんしよう

もくひょうじかん 20ぷん

がくしゅうした日　　月　　日	とくてん	1051
なまえ	／100てん	解説→241ページ

1 はるの　こうていで　みつけた　ようすに　○を　つけましょう。【ぜんぶできて40てん】

あ

（　　　）

い

（　　　）

う
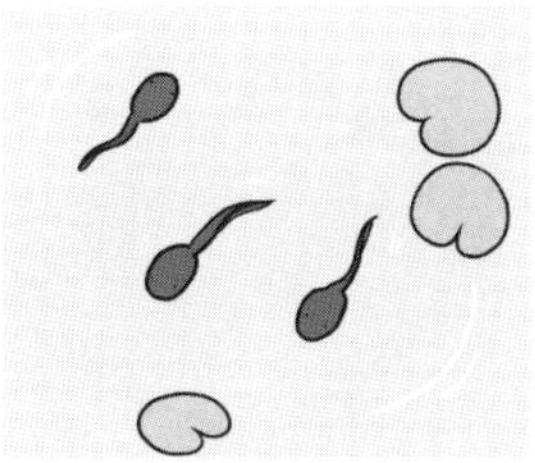
（　　　）

え
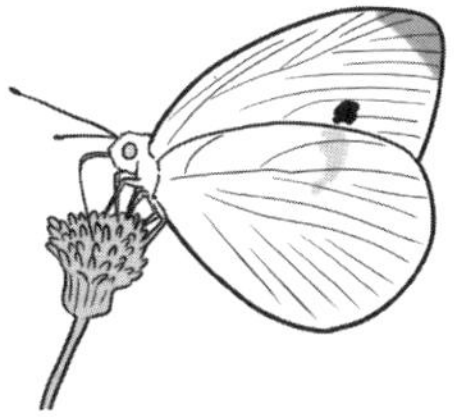
（　　　）

お
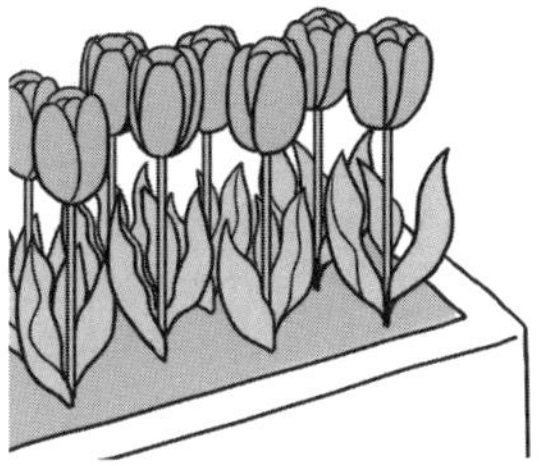
（　　　）

か

（　　　）

2 したの □ に　ある　ものを　えの　なかから　ぜんぶ　みつけ，○で　かこみましょう。1つ15てん【60てん】

かだん	しいくごや
うんてい	てつぼう

3 こうていを　たんけんしよう

もくひょうじかん 20ぷん

がくしゅうした日　月　日

なまえ

とくてん　／100てん

らくらくマルつけ

1051

解説→241ページ

1 はるの　こうていで　みつけた　ようすに　○を　つけましょう。【ぜんぶできて40てん】

あ

(　　　)

い

(　　　)

う

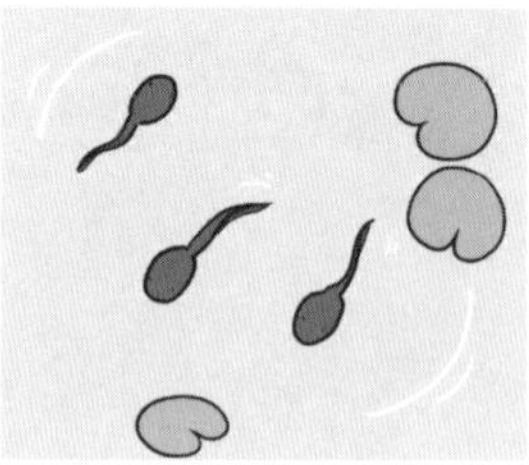

(　　　)

え

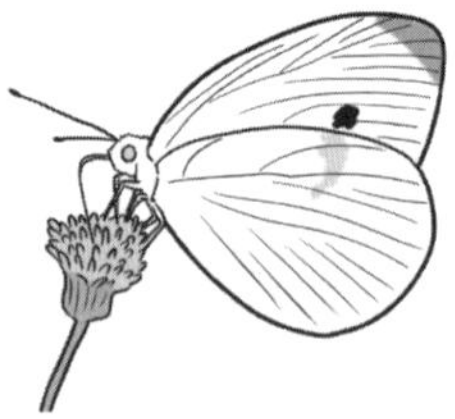

(　　　)

お

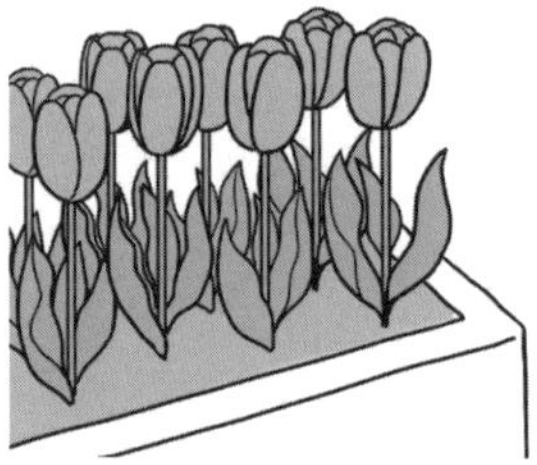

(　　　)

か

(　　　)

2 したの □ に　ある　ものを　えの　なかから　ぜんぶ　みつけ，○で　かこみましょう。1つ15てん【60てん】

かだん	しいくごや
うんてい	てつぼう

4 つうがくろを　あるこう

もくひょうじかん 20ぷん

がくしゅうした日　　月　　日

なまえ

とくてん　　／100てん

1052
解説→241ページ

らくらくマルつけ

1 つうがくろに　ある　ものの　せつめいを　あとから　えらび，きごうで　かきましょう。

1つ20てん【60てん】

(1) 

(2) 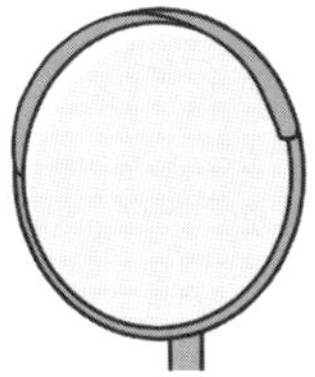

(3) 

(　　　)　(　　　)　(　　　)

㋐ まがりかどなど，さきが　みづらい　どうろに　ある　かがみ。

㋑ こまった　ときに　たすけて　くれる　ひとが　いる　いえ。

㋒ おうだんほどうを　わたる　ひとが　まもる　しんごうき。

2 つうがくろでの　やくそくを　まもって　いれば　○，まもって　いなければ　×を　かきましょう。

1つ10てん【40てん】

(1) 

はいっては　いけない　ところに　はいる。　(　　　)

(2) 

わたる　まえに　みぎと　ひだりを　たしかめる。　(　　　)

(3) 

しらない　ひとに　こえを　かけられたら　ついて　いく。　(　　　)

(4) 

ちいきの　ぱとろうるの　ひとに　あいさつを　する。　(　　　)

4 つうがくろを　あるこう

もくひょうじかん 20ぷん

がくしゅうした日　　月　　日

なまえ

とくてん

／100てん

1052
解説→241ページ

らくらくマルつけ

❶ つうがくろに　ある　ものの　せつめいを　あとから　えらび，きごうで　かきましょう。　1つ20てん【60てん】

(1)

(　　　　)

(2)
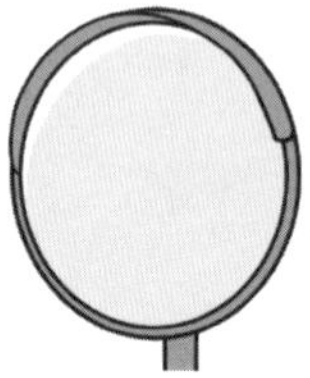

(　　　　)

(3)

(　　　　)

あ　まがりかどなど，さきが　みづらい　どうろに　ある　かがみ。

い　こまった　ときに　たすけて　くれる　ひとが　いる　いえ。

う　おうだんほどうを　わたる　ひとが　まもる　しんごうき。

❷ つうがくろでの　やくそくを　まもって　いれば　○，まもって　いなければ　×を　かきましょう。　1つ10てん【40てん】

(1)

はいっては　いけない　ところに　はいる。

(　　　　)

(2)

わたる　まえに　みぎと　ひだりを　たしかめる。

(　　　　)

(3)

しらない　ひとに　こえを　かけられたら　ついて　いく。　(　　　　)

(4)

ちいきの　ぱとろうるの　ひとに　あいさつを　する。　(　　　　)

5 どんな　はなが　あるかな

もくひょうじかん 20ぷん

がくしゅうした日　　月　　日

なまえ

とくてん

／100てん

1053
解説→242ページ

1 はなの　なまえを　あとから　えらび，きごうで　かきましょう。　1つ10てん【40てん】

(1)

（　　　）

(2)

（　　　）

(3)

（　　　）

(4)

（　　　）

ⓐ こすもす　　ⓘ ほうせんか

ⓤ おくら　　ⓔ あさがお

2 たねを　まいた　あと，せいちょうして　どんな　すがたに　なりますか。せんで　むすびましょう。　1つ15てん【60てん】

(1) おしろいばな

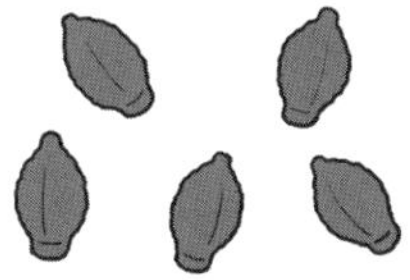　・　　　・　

(2) ふうせんかずら

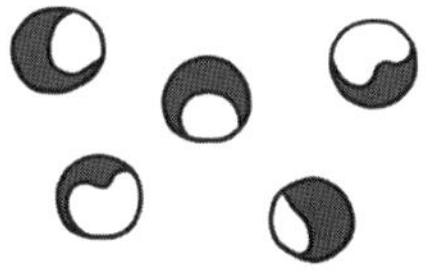　・　　　・　

(3) ひまわり

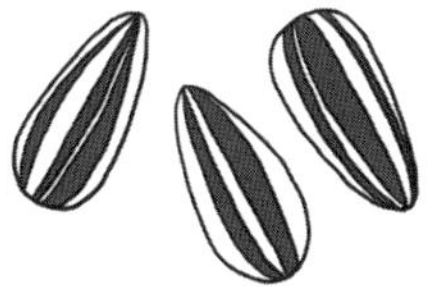　・　　　・　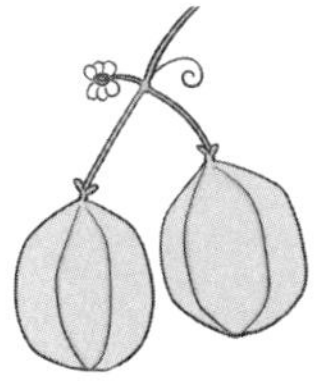

(4) まりいごうるど

　・　　　・　

5 どんな　はなが　あるかな

らくらくマルつけ

もくひょうじかん 20ぷん

がくしゅうした日　月　日

なまえ

とくてん

／100てん

1053
解説→242ページ

❶ はなの　なまえを　あとから　えらび，きごうで　かきましょう。 1つ10てん【40てん】

(1)

(　　　)

(2)

(　　　)

(3)

(　　　)

(4)

(　　　)

ⓐ こすもす　ⓘ ほうせんか
ⓤ おくら　ⓔ あさがお

❷ たねを　まいた　あと，せいちょうして　どんな　すがたに　なりますか。せんで　むすびましょう。 1つ15てん【60てん】

(1) おしろいばな

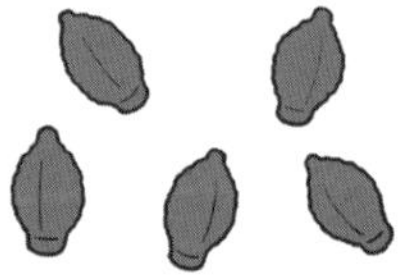 ・　　・ 

(2) ふうせんかずら

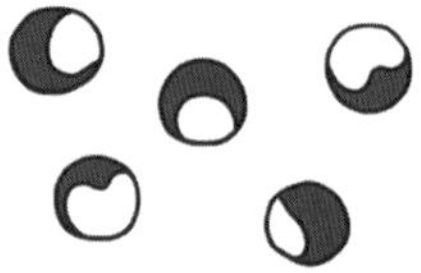 ・　　・ 

(3) ひまわり

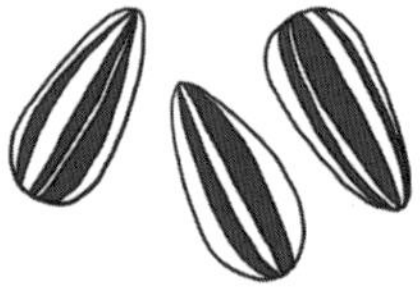 ・　　・ 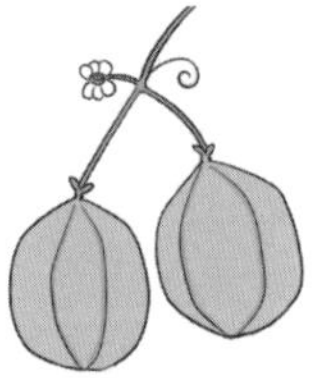

(4) まりいごうるど

 ・　　・ 

6 はなを　そだてて　みよう①

もくひょうじかん 20ぷん

がくしゅうした日　月　日
なまえ
とくてん
／100てん

らくらくマルつけ
1054
解説→242ページ

1 あさがおの　たねまきの　しかたを　みて，［　］に　はいる　ものを　あとから　えらび，きごうで　かきましょう。

【25てん】

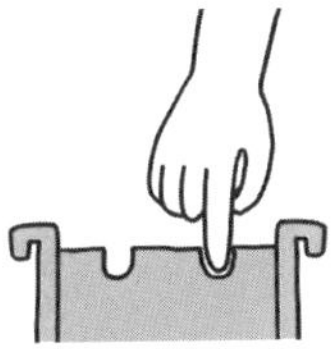

つちに　あなを　あける。

➡（　　　）➡

つちを　かけて　みずを　やる。

㋐ 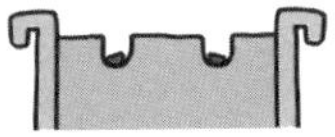 たねを　あなに　１つ　ずつ　いれる。

㋑  たねを　あなに　できるだけ　たくさん　いれる。

㋒  たねを　あなの　ない　ところに　１つ　おく。

2 はなの　せわの　せつめいとして　ただしければ　○，まちがって　いれば　×を　かきましょう。

1つ25てん【75てん】

(1)  まいにち　ようすを　みて　いるよ。

（　　　）

(2)  ひあたりが　よく　ない　ところに　おくよ。

（　　　）

(3)  みずを　やりすぎない　ように　して　いるよ。

（　　　）

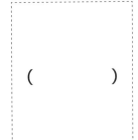

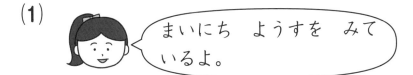

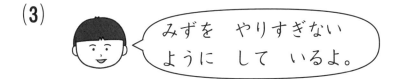

6 はなを　そだてて　みよう①

もくひょうじかん 20ぷん

がくしゅうした日　　月　　日

なまえ

とくてん

／100てん

らくらくマルつけ

1054

解説→242ページ

❶ あさがおの　たねまきの　しかたを　みて，□に　はいる　ものを　あとから　えらび，きごうで　かきましょう。

【25てん】

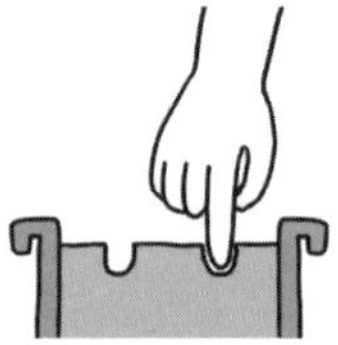

つちに　あなを　あける。

➡ （　　　） ➡

つちを　かけて　みずを　やる。

㋐ 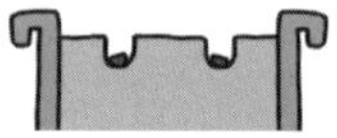 たねを　あなに　１つ　ずつ　いれる。

㋑  たねを　あなに　できるだけ　たくさん　いれる。

㋒  たねを　あなの　ない　ところに　１つ　おく。

❷ はなの　せわの　せつめいとして　ただしければ　○，まちがって　いれば　×を　かきましょう。

1つ25てん【75てん】

(1)

まいにち　ようすを　みて　いるよ。

（　　　）

(2)

ひあたりが　よく　ない　ところに　おくよ。

（　　　）

(3)

みずを　やりすぎない　ように　して　いるよ。

（　　　）

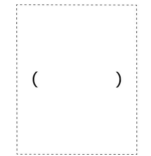

7 はなを　そだてて　みよう②

もくひょうじかん 20ぷん

がくしゅうした日　　月　　日

なまえ

とくてん

／100てん

1055
解説→242ページ

らくらくマルつけ

1 **つぎのような　とき，どう　しますか。（　　）に　はいる　ことばを　あとから　えらび，きごうで　かきましょう。**

1つ25てん【50てん】

(1) めが　たくさん　でて　きた　ときは，
（　　　　）

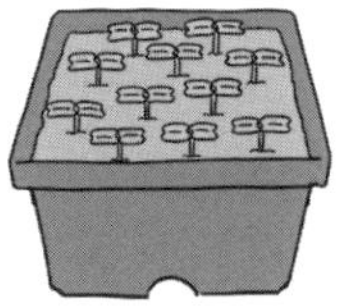

㋐ よい　ことなので，
そのまま　そだてる。

㋑ いくつかを　えらび，ほかは　ぬく。

(2) つるが　ぐんぐん　のびて　きた　ときは，（　　　　）

㋐ からまないように
ぼうを　たてる。

㋑ ねもとに　ちかい　ぶぶんを
きる。

2 **あさがおが　そだつ　じゅんに　すうじを　かきましょう。**

【ぜんぶできて30てん】

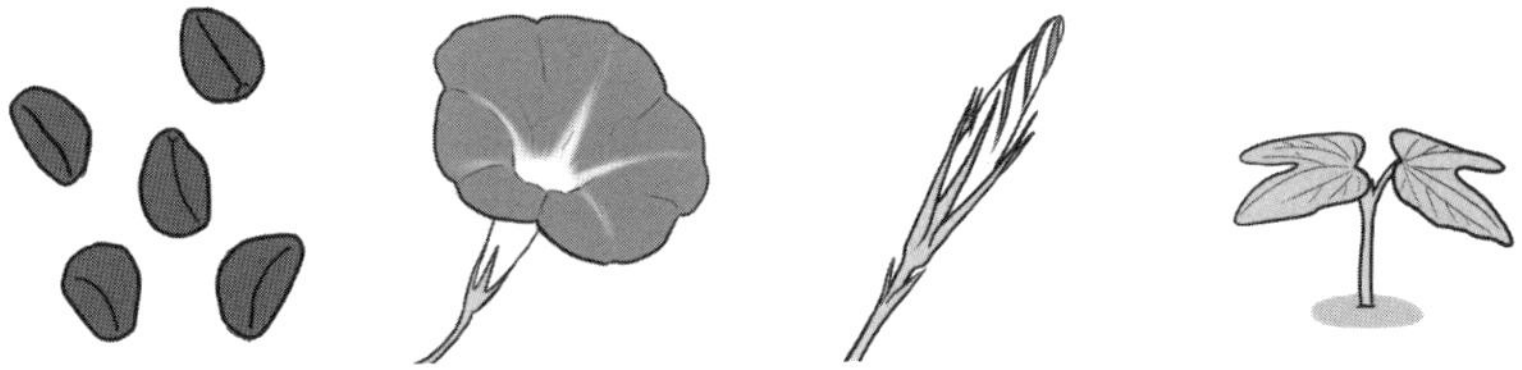

（　1　）（　　　　）（　　　　）（　　　　）

3 **あさがおの　たねを　とるのは，みが　なにいろに　なった　ときですか。きごうで　かきましょう。**

【20てん】

（　　　　）

㋐ あかいろ

㋑ ちゃいろ

㋒ みどりいろ

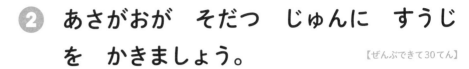

7　はなを　そだてて　みよう②

もくひょうじかん 20ぷん

がくしゅうした日　　月　　日

なまえ

とくてん　　／100てん

1055
解説→242ページ

らくらくマルつけ

❶ つぎのような　とき，どう　しますか。（　　）に　はいる　ことばを　あとから　えらび，きごうで　かきましょう。

1つ25てん【50てん】

(1) めが　たくさん　でて　きた　ときは，（　　　）

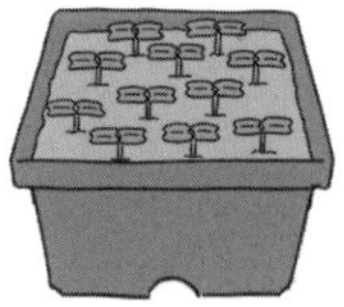

㋐ よい　ことなので，そのまま　そだてる。

㋑ いくつかを　えらび，ほかは　ぬく。

(2) つるが　ぐんぐん　のびて　きた　ときは，（　　　）

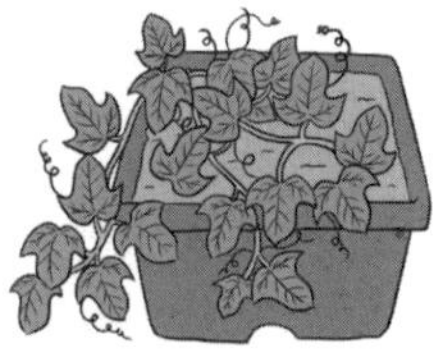

㋐ からまないように　ぼうを　たてる。

㋑ ねもとに　ちかい　ぶぶんを　きる。

❷ あさがおが　そだつ　じゅんに　すうじを　かきましょう。

【ぜんぶできて30てん】

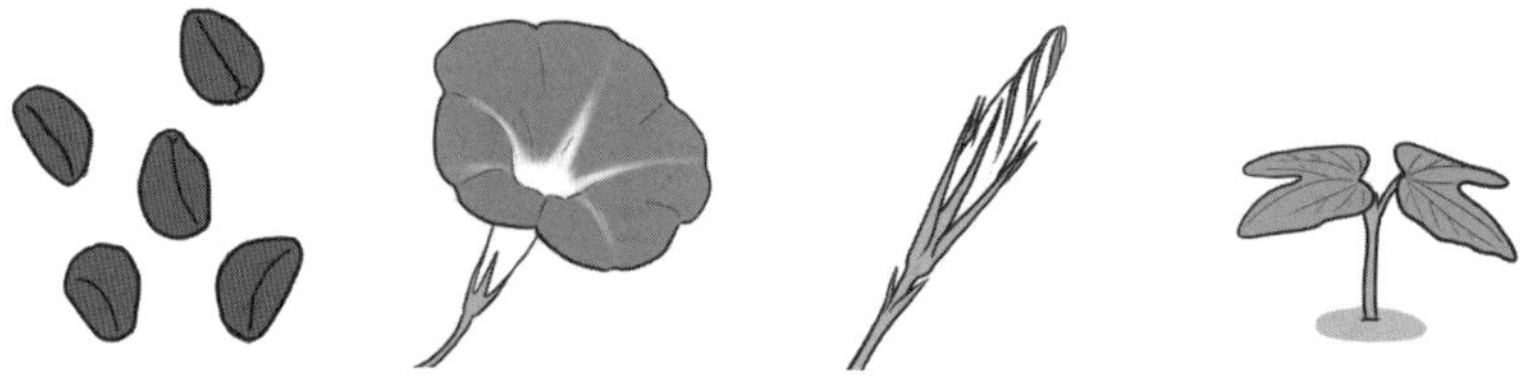

（　1　）（　　　）（　　　）（　　　）

❸ あさがおの　たねを　とるのは，みが　なにいろに　なった　ときですか。きごうで　かきましょう。

【20てん】

（　　　）

㋐ あかいろ

㋑ ちゃいろ

㋒ みどりいろ

8 なつを　たのしもう①

もくひょうじかん 20ぷん

がくしゅうした日　月　日

なまえ

とくてん

／100てん

らくらくマルつけ

1056

解説→242ページ

1 なつに　かんけいの　ある　えを　4つ　えらび，〇を　つけましょう。 1つ10てん【40てん】

あ

（　　　）

い

（　　　）

う

（　　　）

え

（　　　）

お

（　　　）

か

（　　　）

2 そとで　あそぶ　ときの　やくそくです。（　　）に　はいる　ことばを　あとから　えらび，きごうで　かきましょう。

1つ12てん【60てん】

(1) あつい　ひは，（　　　）を　こまめに　のむ。

(2) あつい　ひは，（　　　）を　かぶり，（　　　）で　きゅうけいを　とる。

(3) とつぜんの　あめや　（　　　）に　きを　つける。

(4) あそんだ　あとは，（　　　）を　する。

あ　みず　　　い　かみなり

う　てあらい　　え　ひかげ

お　ぼうし

8 なつを　たのしもう①

もくひょうじかん 20ぷん

がくしゅうした日　月　日

なまえ

とくてん

／100てん

らくらくマルつけ

1056

解説→242ページ

❶ なつに　かんけいの　ある　えを　4つ　えらび，〇を　つけましょう。 1つ10てん【40てん】

あ 

（　　　）

い 

（　　　）

う 

（　　　）

え 

（　　　）

お 

（　　　）

か 

（　　　）

❷ そとで　あそぶ　ときの　やくそくです。（　　）に　はいる　ことばを　あとから　えらび，きごうで　かきましょう。

1つ12てん【60てん】

(1) あつい　ひは，（　　　）を　こまめに　のむ。

(2) あつい　ひは，（　　　）を　かぶり，（　　　）で　きゅうけいを　とる。

(3) とつぜんの　あめや　（　　　）に　きを　つける。

(4) あそんだ　あとは，（　　　）を　する。

あ　みず　　い　かみなり

う　てあらい　　え　ひかげ

お　ぼうし

9 なつを　たのしもう②

もくひょうじかん 20ぷん

がくしゅうした日　　月　　日

なまえ

とくてん　　／100てん

1057
解説→242ページ

1 あそびの　えと　なまえを，せんで　むすびましょう。

1つ15てん【60てん】

(1)  ・　・ しゃぼんだま

(2)  ・　・ しろつめくさ の　かんむり

(3)  ・　・ みずでっぽう

(4) 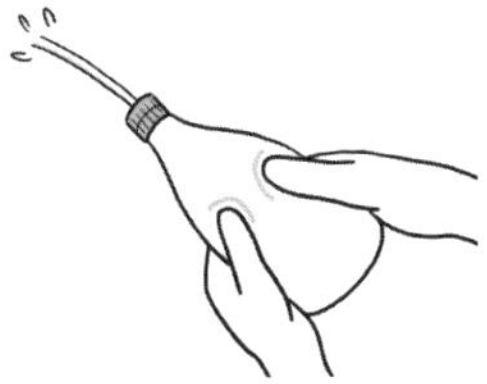 ・　・ ささぶね

2 えの　なかから　すなを　つかった　あそびを　2つ　みつけ，○で　かこみましょう。

1つ15てん【30てん】

3 あなたが　すきな　なつの　あそびを　1つ　かきましょう。

【10てん】

(　　　　　　　　　　　　　　　　　　)

9 なつを　たのしもう②

もくひょうじかん　20ぷん

がくしゅうした日　　月　　日

なまえ

とくてん　　／100てん

1057
解説→242ページ

らくらくマルつけ

❶ あそびの　えと　なまえを，せんで　むすびましょう。 1つ15てん【60てん】

(1)  ・　　・ しゃぼんだま

(2)  ・　　・ しろつめくさの　かんむり

(3)  ・　　・ みずでっぽう

(4) 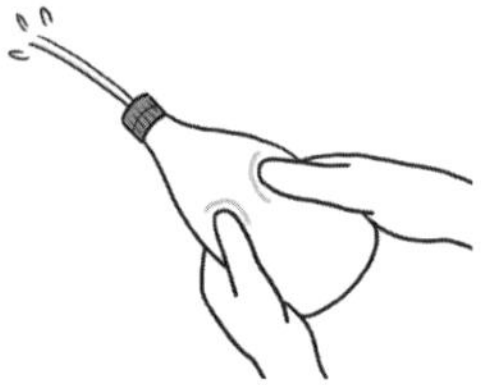 ・　　・ ささぶね

❷ えの　なかから　すなを　つかった　あそびを　2つ　みつけ，○で　かこみましょう。 1つ15てん【30てん】

❸ あなたが　すきな　なつの　あそびを　1つ　かきましょう。 【10てん】

(　　　　　　　　　　　　　　　　　　)

10 なつの　いきものや　くさばな

もくひょうじかん 20ぷん

がくしゅうした日　月　日	とくてん
なまえ	/100てん

1058
解説→243ページ

1 なつに　さく　はなを　4つ　えらび，きごうで　かきましょう。　1つ15てん【60てん】

(　　　)(　　　)
(　　　)(　　　)

㋐　ひまわり

㋑　ちゅうりっぷ

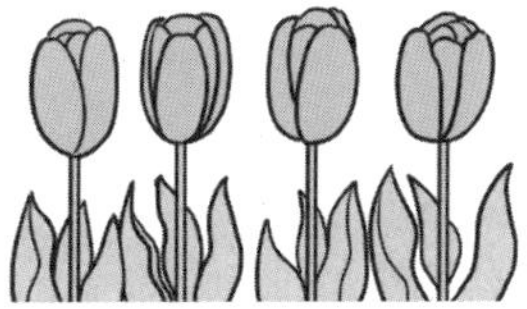

㋒　あじさい

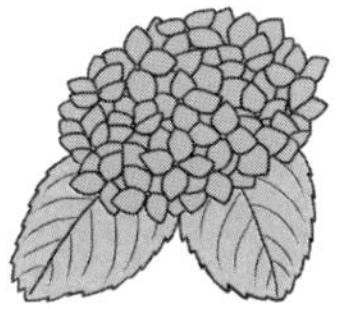

㋓　あぶらな

㋔　あさがお

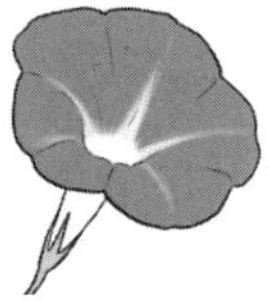

㋕　ほうせんか

2 なつに　みられる　いきものの　えと　なまえを，せんで　むすびましょう。

1つ10てん【40てん】

(1) 　・　　・　みんみんぜみ

(2) 　・　　・　かたつむり

(3) 　・　　・　のこぎりくわがた

(4) 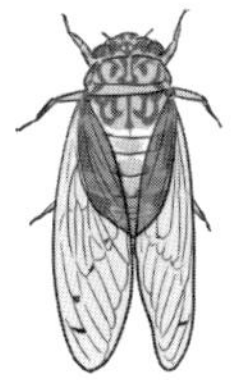　・　　・　しおからとんぼ

10 なつの いきものや くさばな

もくひょうじかん 20ぷん

がくしゅうした日　月　日

なまえ

とくてん　／100てん

らくらくマルつけ

1058

解説→243ページ

❶ なつに　さく　はなを　4つ　えらび，きごうで　かきましょう。 1つ15てん【60てん】

(　　　)(　　　)

(　　　)(　　　)

Ⓐ ひまわり

Ⓘ ちゅうりっぷ

Ⓤ あじさい

Ⓔ あぶらな

Ⓞ あさがお

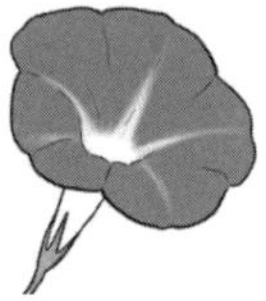

Ⓚ ほうせんか

❷ なつに　みられる　いきものの　えと　なまえを，せんで　むすびましょう。 1つ10てん【40てん】

(1)  ・　・ みんみんぜみ

(2)  ・　・ かたつむり

(3)  ・　・ のこぎりくわがた

(4) 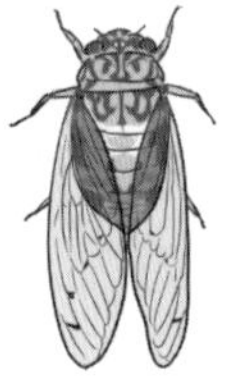 ・　・ しおからとんぼ

11 いきものを かって みよう①

もくひょうじかん 20ぷん

がくしゅうした日　月　日

なまえ

とくてん　／100てん

らくらくマルつけ

1059
解説→243ページ

1 **つぎの　ばしょで　みつけられる　いきものは　どれですか。あとから　えらび，きごうで　かきましょう。** 1つ15てん【60てん】

(1) くさむら　(　　)

(2) いしの　した　(　　)

(3) きの　みき　(　　)

(4) かわや　いけ　(　　)

あ　だんごむし

い　かぶとむし

う　しょうりょう ばった

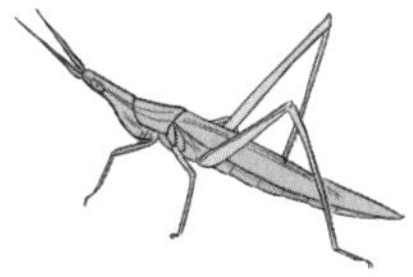

え　めだか

2 **おんぶばったと　こおろぎを　かいます。つぎの　といに　こたえましょう。** 【40てん】

(1) おんぶばったを　かう　はこを　えらび，きごうで　かきましょう。 (20てん)

(　　)

あ

い

(2) かいかたが　ただしければ　○，まちがって　いれば　×を　かきましょう。 (1つ10てん)

① ときどき つちを　みずで　ぬらす。　(　　)

② えさは　ぜんぶ　たべるまで　おいて　おく。　(　　)

11 いきものを かって みよう①

もくひょうじかん 20ぷん

がくしゅうした日　月　日

なまえ

とくてん　／100てん

1059 解説→243ページ

らくらくマルつけ

❶ つぎの　ばしょで　みつけられる　いきものは　どれですか。あとから　えらび，きごうで　かきましょう。 1つ15てん【60てん】

(1) くさむら　(　　　)

(2) いしの　した　(　　　)

(3) きの　みき　(　　　)

(4) かわや　いけ　(　　　)

㋐ だんごむし

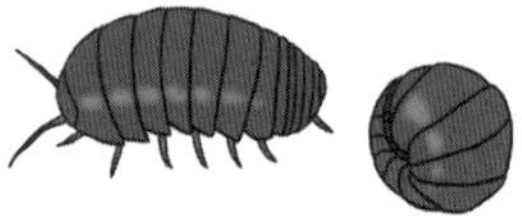

㋑ かぶとむし

㋒ しょうりょうばった

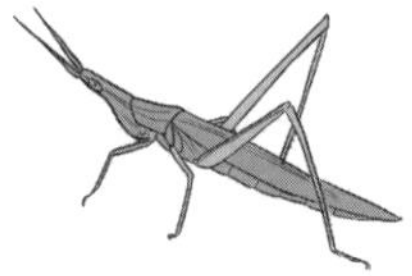

㋓ めだか

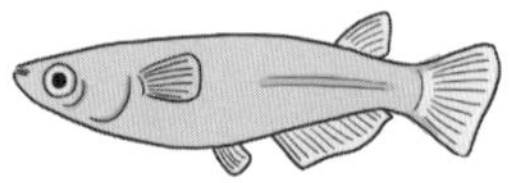

❷ おんぶばったと　こおろぎを　かいます。つぎの　といに　こたえましょう。 【40てん】

(1) おんぶばったを　かう　はこを　えらび，きごうで　かきましょう。 (20てん)

(　　　)

㋐

㋑

(2) かいかたが　ただしければ　○，まちがって　いれば　×を　かきましょう。

(1つ10てん)

① ときどき　つちを　みずで　ぬらす。

(　　　)

② えさは　ぜんぶ　たべるまで　おいて　おく。　(　　　)

12 いきものを かって みよう②

もくひょうじかん 20ぷん

がくしゅうした日　月　日

なまえ

とくてん　／100てん

1060
解説→243ページ

1 どうぶつの　なまえを　あとから　えらび，きごうで　かきましょう。 1つ10てん【40てん】

(1)

(　　　)

(2)

(　　　)

(3)

(　　　)

(4)

(　　　)

㋐　にわとり　　㋑　はむすたあ
㋒　いんこ　　㋓　うさぎ

2 がっこうや　いえで　そだてた　ことの　ある　いきものの　なまえを　かきましょう。 【20てん】

(　　　　　　　　　　　)

3 いきものを　かう　ときの　やくそくです。(　　)に　はいる　ことばを　あとから　えらび，きごうで　かきましょう。 1つ10てん【40てん】

(1) せわを　する　まえと　あとには，かならず　(　　　)。

(2) げんきか　どうか，まいにち　ようすを　(　　　)。

(3) ふれる　ときには　やさしくし，いのちを　(　　　)。

(4) せいけつに　たもつ　ため，いきものの　おうちを　(　　　)。

㋐　かくにんする
㋑　てを　あらう
㋒　そうじする
㋓　たいせつに　する

12 いきものを　かって　みよう②

もくひょうじかん　20ぷん

がくしゅうした日　　月　　日

なまえ

とくてん　　／100てん

1060
解説→243ページ

らくらくマルつけ

❶ どうぶつの　なまえを　あとから　えらび，きごうで　かきましょう。 1つ10てん【40てん】

(1)

(　　　　)

(2)

(　　　　)

(3)

(　　　　)

(4)

(　　　　)

㋐　にわとり　　㋑　はむすたあ

㋒　いんこ　　㋓　うさぎ

❷ がっこうや　いえで　そだてた　ことの　ある　いきものの　なまえを　かきましょう。 【20てん】

(　　　　　　　　　　)

❸ いきものを　かう　ときの　やくそくです。(　　)に　はいる　ことばを　あとから　えらび，きごうで　かきましょう。

1つ10てん【40てん】

(1) せわを　する　まえと　あとには，かならず　(　　　　)。

(2) げんきか　どうか，まいにち　ようすを　(　　　　)。

(3) ふれる　ときには　やさしくし，いのちを　(　　　　)。

(4) せいけつに　たもつ　ため，いきものの　おうちを　(　　　　)。

㋐　かくにんする

㋑　てを　あらう

㋒　そうじする

㋓　たいせつに　する

13 あきを　たのしもう

もくひょうじかん 20ぷん

がくしゅうした日　月　日	とくてん	
なまえ	／100てん	1061 解説→244ページ

1 あきの　草花《くさばな》や　虫《むし》の　名《な》まえを　あとから　えらび，きごうで　かきましょう。

1つ15てん【60てん】

(1)

(　　　)

(2)

(　　　)

(3)

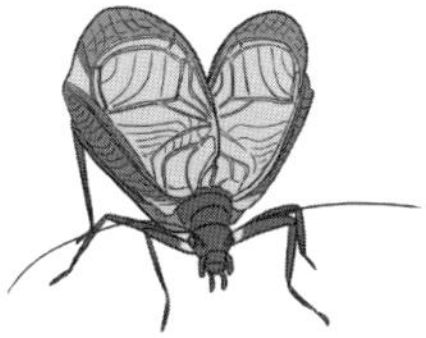

(　　　)

(4)

(　　　)

あ　ススキ《すすき》　　い　コオロギ《こおろぎ》

う　キンモクセイ《きんもくせい》　　え　スズムシ《すずむし》

2 おちばの　えと　名《な》まえを，せんで　むすびましょう。

1つ10てん【40てん】

(1)  ・　　・ イチョウ《いちょう》

(2)  ・　　・ サクラ《さくら》

(3) 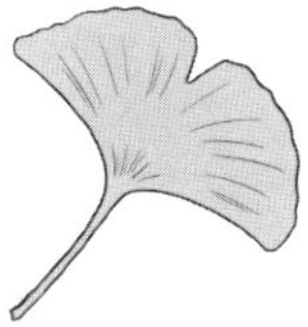 ・　　・ ユリノキ《ゆりのき》

(4)  ・　　・ モミジ《もみじ》

13 あきを　たのしもう

もくひょうじかん 20ぷん

がくしゅうした日　月　日

なまえ

とくてん　／100てん

らくらくマルつけ

1061

解説→244ページ

❶ あきの　草花《くさばな》や　虫《むし》の　名《な》まえを　あとから　えらび，きごうで　かきましょう。

1つ15てん【60てん】

(1)

(　　　)

(2)

(　　　)

(3)

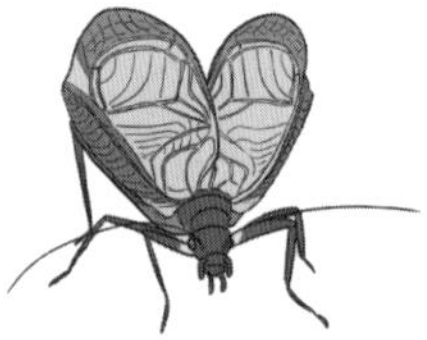

(　　　)

(4)

(　　　)

(あ) ススキ《すすき》　(い) コオロギ《こおろぎ》
(う) キンモクセイ《きんもくせい》　(え) スズムシ《すずむし》

❷ おちばの　えと　名まえを，せんで　むすびましょう。

1つ10てん【40てん】

(1)

・　・ イチョウ《いちょう》

(2)

・　・ サクラ《さくら》

(3)

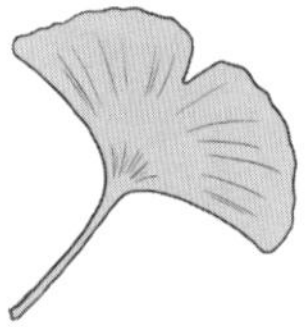

・　・ ユリノキ《ゆりのき》

(4)

・　・ モミジ《もみじ》

14 おちばや 木《き》のみで あそぼう

もくひょうじかん 20ぷん

がくしゅうした日　　月　　日	とくてん	1062
なまえ	／100てん	解説→244ページ

1 なにを　つかって　つくった　おもちゃですか。あとから　えらび，きごうで かきましょう。

1つ15てん【60てん】

(1)

（　　　）

(2)

（　　　）

(3)

（　　　）

(4)

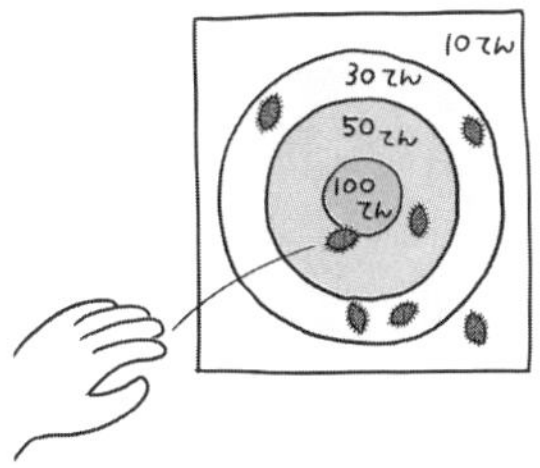

（　　　）

Ⓐあ　どんぐり　　Ⓘい　オナモミ《おなもみ》

Ⓤう　おちば　　Ⓔえ　まつぼっくり

2 えのような　ウサギ《うさぎ》の　かおを　つくりました。つぎの　といに　こたえましょう。

1つ20てん【40てん】

(1) 耳《みみ》に　ケヤキ《けやき》の　はっぱを　つかった　りゆうを　えらび，きごうで　かきましょう。（　　　）

あ　かたちが　ほそながいから。

い　かたちが　まるいから。

(2) 目《め》に　つかった　ものを　えらび，きごうで　かきましょう。（　　　）

あ

コナラ《こなら》
（どんぐり）

い

クリ《くり》

う

オナモミ

14 おちばや 木《き》のみで あそぼう

もくひょうじかん 20ぷん

がくしゅうした日　月　日

なまえ

とくてん

／100てん

らくらくマルつけ

1062

解説→244ページ

❶ なにを　つかって　つくった　おもちゃですか。あとから　えらび，きごうでかきましょう。

1つ15てん【60てん】

(1)

（　　　）

(2)

（　　　）

(3)

（　　　）

(4)

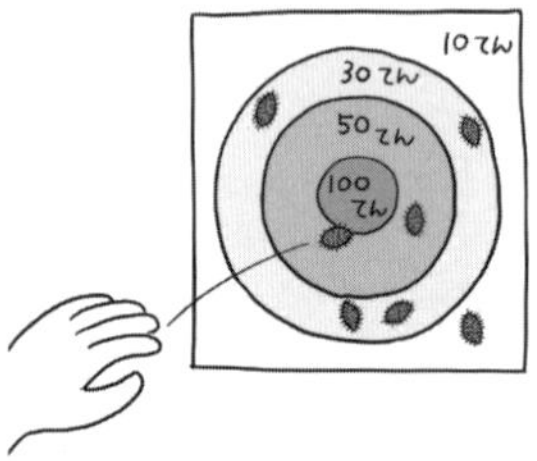

（　　　）

Ⓐ どんぐり　　Ⓘ オナモミ《おなもみ》

Ⓤ おちば　　Ⓔ まつぼっくり

❷ えのような　ウサギ《うさぎ》の　かおを　つくりました。つぎの　といに　こたえましょう。

1つ20てん【40てん】

(1) 耳《みみ》に　ケヤキ《けやき》の　はっぱを　つかった　りゆうを　えらび，きごうで　かきましょう。（　　　）

Ⓐ かたちが　ほそながいから。

Ⓘ かたちが　まるいから。

(2) 目《め》に　つかった　ものを　えらび，きごうで　かきましょう。（　　　）

Ⓐ

コナラ《こなら》

（どんぐり）

Ⓘ

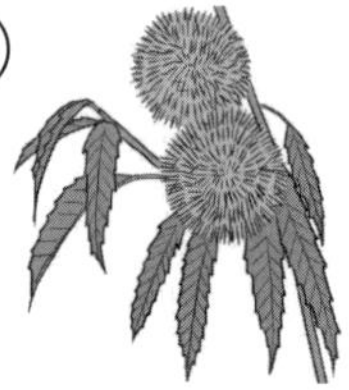

クリ《くり》

Ⓤ

オナモミ

15 どうぐを　つかおう

もくひょうじかん 20ぷん

がくしゅうした日　月　日

なまえ

とくてん　／100てん

1063
解説→244ページ

らくらくマルつけ

1 **どうぐの　えを　見《み》て，あとの　といに　こたえましょう。**【60てん】

あ　い　う　え

(1) かみなどを　くっつける　どうぐを　上《うえ》から　2つ　えらび，きごうで　かきましょう。（ぜんぶできて20てん）（　　）（　　）

(2) かみなどを　きる　ときに　つかう　どうぐを　上から　えらび，きごうで　かきましょう。（20てん）（　　）

(3) あなを　あける　ときに　つかう　どうぐを　上から　えらび，きごうで　かきましょう。（20てん）（　　）

2 **はさみを　つかう　ときの　ちゅういと　して　正《ただ》しい　ほうを　あとから　えらび，きごうで　かきましょう。** 1つ20てん【40てん】

(1) はさみで　ものを　きる　とき。（　　）

あ　はの　先《さき》の　ほうを　つかう。

い　はの　おくの　ほうを　つかう。

(2) はさみが　よごれた　とき。（　　）

あ　ぬのなどで　つつんで，そのまま　しまって　おく。

い　ぬのなどで　きれいに　ふきとる。

15 どうぐを　つかおう

もくひょうじかん 20ぷん

がくしゅうした日　月　日
なまえ
とくてん　／100てん

らくらくマルつけ
1063
解説→244ページ

❶ どうぐの　えを　見《み》て，あとの　といに　こたえましょう。【60てん】

(あ)　(い)　(う)　(え)

(1) かみなどを　くっつける　どうぐを　上《うえ》から　2つ　えらび，きごうで　かきましょう。（ぜんぶできて20てん）(　　　)(　　　)

(2) かみなどを　きる　ときに　つかう　どうぐを　上から　えらび，きごうで　かきましょう。（20てん）(　　　)

(3) あなを　あける　ときに　つかう　どうぐを　上から　えらび，きごうで　かきましょう。（20てん）(　　　)

❷ はさみを　つかう　ときの　ちゅういと　して　正《ただ》しい　ほうを　あとから　えらび，きごうで　かきましょう。 1つ20てん【40てん】

(1) はさみで　ものを　きる　とき。(　　　)

(あ) はの　先《さき》の　ほうを　つかう。

(い) はの　おくの　ほうを　つかう。

(2) はさみが　よごれた　とき。(　　　)

(あ) ぬのなどで　つつんで，そのまま　しまって　おく。

(い) ぬのなどで　きれいに　ふきとる。

16 げん気《き》に　すごそう①

もくひょうじかん 20ぷん

がくしゅうした日　月　日

なまえ

とくてん　／100てん

1064
解説→244ページ

1 まい日《にち》　して　いる　ことに　○を　つけましょう。　【ぜんぶできて40てん】

あ

じぶんで
おきる。(　　　)

い

はみがきを
する。(　　　)

う

あさごはんを
たべる。(　　　)

え

しゅくだいを
する。(　　　)

お

おふろに　入《はい》る。
(　　　)

か

早《はや》く　ねる。
(　　　)

2 えは，なにを　して　いる　ところですか。せんで　むすびましょう。　1つ15てん【60てん】

(1) 　・　　・　かたづけ

(2) 　・　　・　あすの じゅんび

(3) 　・　　・　しょくじの ようい

(4) 　・　　・　手《て》あらい

16 げん気《き》に　すごそう①

もくひょうじかん 20ぷん

がくしゅうした日　月　日

なまえ

とくてん　／100てん

らくらくマルつけ

1064

解説→244ページ

❶ まい日《にち》　して　いる　ことに　○を　つけましょう。 【ぜんぶできて40てん】

Ⓐ あ

じぶんで
おきる。(　　　　　)

い

はみがきを
する。(　　　　　)

う

あさごはんを
たべる。(　　　　　)

え

しゅくだいを
する。(　　　　　)

お

おふろに　入《はい》る。
(　　　　　)

か

早《はや》く　ねる。
(　　　　　)

❷ えは，なにを　して　いる　ところですか。せんで　むすびましょう。 1つ15てん【60てん】

(1)

・　　・ かたづけ

(2)

・　　・ あすの じゅんび

(3)

・　　・ しょくじの ようい

(4)

・　　・ 手《て》あらい

17 げん気《き》に　すごそう②

もくひょうじかん 20ぷん

がくしゅうした日　月　日

なまえ

とくてん　／100てん

1065
解説→245ページ

① 1日《にち》の　生《せい》かつの　じゅんに，きごうを　かきましょう。【ぜんぶできて25てん】

（　㋒　→　　　→　　　→　　　）

㋐

㋑

㋒

○△しょうがっこう
おはよう
ございます。

㋓

さようなら。

② 手《て》を　あらう　ときは　いつですか。（　）に　入《はい》る　ことばを　あとから　えらび，きごうで　かきましょう。1つ15てん【45てん】

(1)（　　　）から　かえって　きた　とき。

(2)（　　　）の　まえ。

(3)（　　　）の　せわを　する　とき。

㋐　そと　　㋑　生《い》きもの

㋒　しょくじ

③ けんこうに　おいしく　たべる　ための　せつめいと　して　正《ただ》しければ　○，まちがって　いれば　×を　かきましょう。1つ15てん【30てん】

(1) すきな　ものだけを　すきなだけ　たべる。（　　）

(2) よく　かんでから　のみこむ。（　　）

17 げん気《き》に　すごそう②

もくひょうじかん　20ぷん

がくしゅうした日　月　日

なまえ

とくてん　／100てん

らくらくマルつけ

1065
解説→245ページ

❶ 1日《にち》の　生《せい》かつの　じゅんに，きごうを　かきましょう。【ぜんぶできて25てん】

（　㋒　→　　　→　　　→　　　）

㋐

㋑

㋒

○△しょうがっこう
おはよう
ございます。

㋓

さようなら。

❷ 手《て》を　あらう　ときは　いつですか。（　）に　入《はい》る　ことばを　あとから　えらび，きごうで　かきましょう。1つ15てん【45てん】

(1)（　　　　）から　かえって　きた　とき。

(2)（　　　　）の　まえ。

(3)（　　　　）の　せわを　する　とき。

㋐ そと　　　㋑ 生《い》きもの

㋒ しょくじ

❸ けんこうに　おいしく　たべる　ための　せつめいと　して　正《ただ》しければ　○，まちがって　いれば　×を　かきましょう。1つ15てん【30てん】

(1) すきな　ものだけを　すきなだけ　たべる。（　　　）

(2) よく　かんでから　のみこむ。（　　　）

18 ふゆを　たのしもう①

もくひょうじかん 20ぷん

がくしゅうした日　　月　　日	とくてん
なまえ	／100てん

1066
解説→245ページ

1 ふゆに　かんけいの　ある　えを　3つ　えらび，〇を　つけましょう。 1つ15てん【45てん】

あ

（　　　）

い
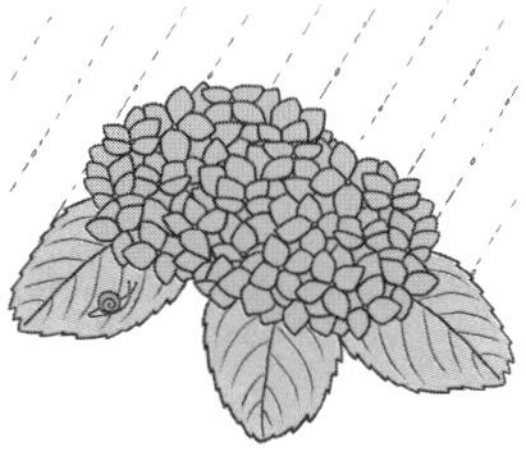
（　　　）

う
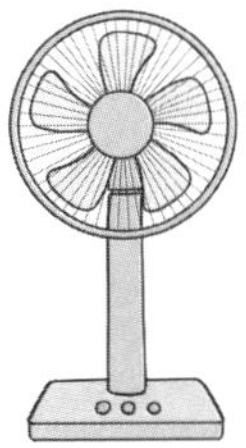
（　　　）

え

（　　　）

お
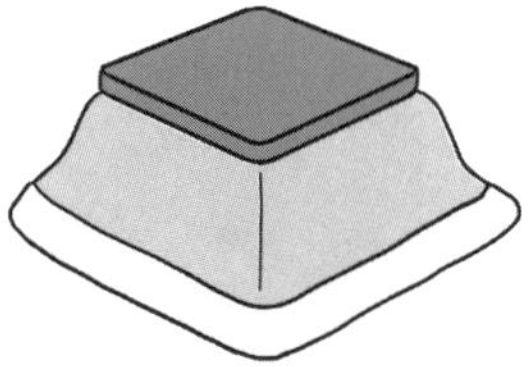
（　　　）

か

（　　　）

2 ふゆの　ぎょうじの　名《な》まえを　あとから　えらび，きごうで　かきましょう。 1つ15てん【45てん】

(1)

（　　　）

(2)
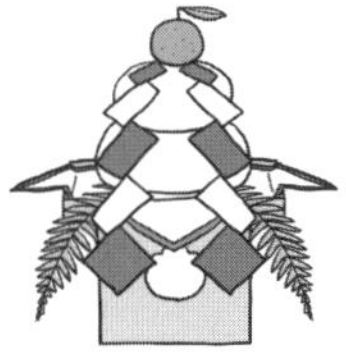
（　　　）

(3)

（　　　）

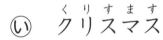

あ　正月《しょうがつ》　　い　クリスマス《くりすます》

う　せつぶん

3 ふゆに　見《み》られる　サクラ《さくら》の　えだの　ようすを　えらび，きごうで　かきましょう。 【10てん】（　　　）

あ

い

う

18 ふゆを　たのしもう①

もくひょうじかん 20ぷん

がくしゅうした日　　月　　日

なまえ

とくてん　　／100てん

らくらくマルつけ

1066
解説→245ページ

1 ふゆに　かんけいの　ある　えを　3つ　えらび，〇を　つけましょう。 1つ15てん【45てん】

あ 

（　　　）

い 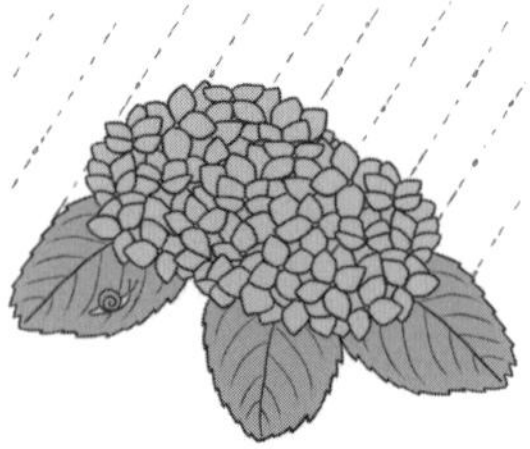

（　　　）

う 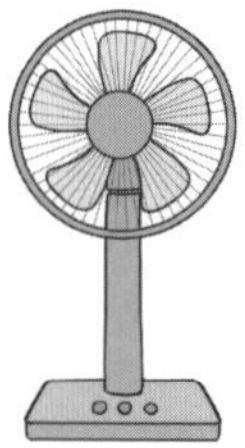

（　　　）

え 

（　　　）

お 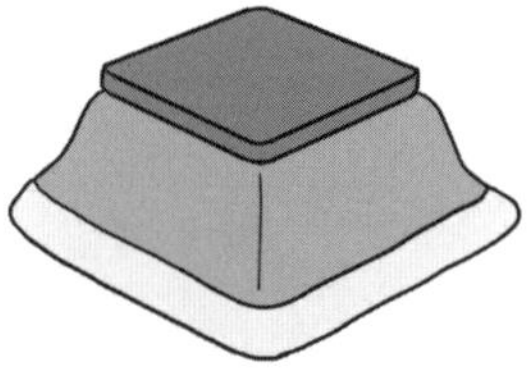

（　　　）

か 

（　　　）

2 ふゆの　ぎょうじの　名《な》まえを　あとから　えらび，きごうで　かきましょう。

1つ15てん【45てん】

(1) 

（　　　）

(2) 

（　　　）

(3) 

（　　　）

あ　正月《しょうがつ》　　い　クリスマス《くりすます》

う　せつぶん

3 ふゆに　見《み》られる　サクラ《さくら》の　えだの　ようすを　えらび，きごうで　かきましょう。

【10てん】（　　　）

あ 

い 

う 

19 ふゆを　たのしもう②

もくひょうじかん 20ぷん

がくしゅうした日　　月　　日

なまえ

とくてん　　／100てん

1067
解説→245ページ

1 つぎの　あそびに　あう　えを　あとから　えらび，きごうで　かきましょう。

1つ10てん【60てん】

(1) ゆきを　つかった　あそび

(　　　)(　　　)(　　　)

(2) こおりを　つかった　あそび　(　　　)

(3) かぜを　つかった　あそび

(　　　)(　　　)

Ⓐ あ

い

う

え

お

か

2 えの　あそびの　名《な》まえを　あとから　えらび，きごうで　かきましょう。

1つ10てん【40てん】

(1)

(　　　)

(2)

(　　　)

(3)

(　　　)

(4)

(　　　)

あ　かるたとり　　い　あやとり

う　お手玉《てだま》　　え　こままわし

19　ふゆを　たのしもう②

もくひょうじかん　20ぷん

がくしゅうした日　　月　　日

なまえ

とくてん　　／100てん

らくらくマルつけ

1067

解説→245ページ

❶ つぎの　あそびに　あう　えを　あとから　えらび，きごうで　かきましょう。

1つ10てん【60てん】

(1)　ゆきを　つかった　あそび

(　　　)(　　　)(　　　)

(2)　こおりを　つかった　あそび（　　　）

(3)　かぜを　つかった　あそび

(　　　)(　　　)

㋐

㋑

㋒

㋓

㋔

㋕

❷ えの　あそびの　名《な》まえを　あとから　えらび，きごうで　かきましょう。

1つ10てん【40てん】

(1)

(　　　)

(2)

(　　　)

(3)

(　　　)

(4)

(　　　)

㋐　かるたとり　　㋑　あやとり

㋒　お手《て》玉《だま》　　㋓　こままわし

20 もうすぐ　2年生《ねんせい》

もくひょうじかん 20ぷん

がくしゅうした日　月　日

なまえ

とくてん　／100てん

1068
解説→245ページ

らくらくマルつけ

せいかつ

1 いって　いる　ことに　あう　えを　あとから　えらび，きごうで　かきましょう。

1つ15てん【60てん】

(1) はるの　おもい出《で》だね。

(　　　)

(2) なつ休《やす》みに　したことだね。

(　　　)

(3) あきに　こうえんで　ひろったよ。

(　　　)

(4) ふゆに　できるあそびだよ。

(　　　)

あ

い

う

え

2 学校《がっこう》に　あたらしい　1年生《ねんせい》を　しょうたいします。して　あげると　よい　ことを　2つ　えらび，きごうで　かきましょう。

1つ15てん【30てん】

(　　　)(　　　)

あ

みんなで
いっしょに
あそぶ。

い

校ていや
学校を　あ
んないする。

う

ないて　いる
子《こ》は　ほうっ
て　おく。

3 いちばん　すきな　べんきょうは　なんですか。1つ　かきましょう。

【10てん】

(　　　　　　)

20 もうすぐ　2年生《ねんせい》

もくひょうじかん 20ぷん

がくしゅうした日　月　日

なまえ

とくてん

／100てん

らくらくマルつけ

1068
解説→245ページ

❶ いって　いる　ことに　あう　えを　あとから　えらび，きごうで　かきましょう。

1つ15てん【60てん】

(1)

はるの　おもい出《で》だね。

(　　　)

(2)

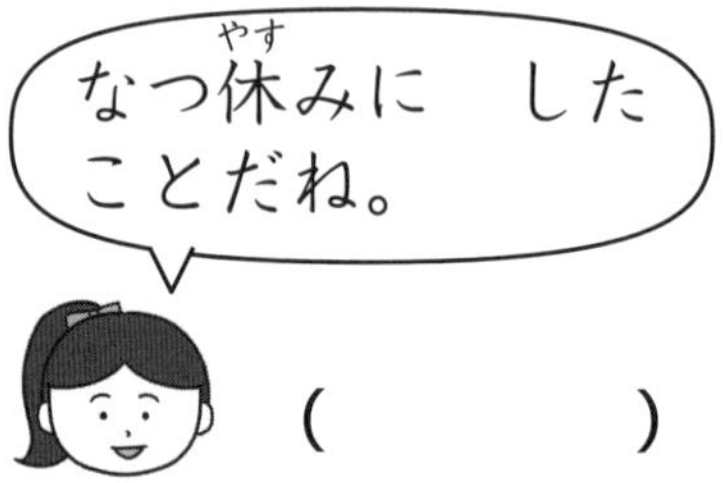
なつ休《やす》みに　したことだね。

(　　　)

(3)

あきに　こうえんで　ひろったよ。

(　　　)

(4)

ふゆに　できるあそびだよ。

(　　　)

あ

い

う

え

❷ 学校《がっこう》に　あたらしい　1年生《ねんせい》を　しょうたいします。して　あげると　よい　ことを　2つ　えらび，きごうで　かきましょう。

1つ15てん【30てん】

(　　　)(　　　)

あ

みんなで　いっしょに　あそぶ。

い

校ていや　学校を　あんないする。

う

ないて　いる　子《こ》は　ほうって　おく。

❸ いちばん　すきな　べんきょうは　なんですか。1つ　かきましょう。

【10てん】

(　　　　　　　　)

21 まとめの　テスト《てすと》 1

もくひょうじかん 20ぷん

がくしゅうした日　月　日

なまえ

とくてん

／100てん

1069
解説→246ページ

らくらくマルつけ

せいかつ

1 えのような　ときに　する　あいさつを〇で　かこみましょう。　1つ15てん【30てん】

(1)

（いってきます。
いただきます。）

(2)

（おやすみなさい。
おかえりなさい。）

2 （　）に　入《はい》る　学校《がっこう》の　ばしょを　あとから　えらび，きごうで　かきましょう。　1つ10てん【30てん】

(1) （　　）では，えを　かいたり　こうさくを　したり　します。

(2) （　　）では，雨《あめ》の　日《ひ》でも　うんどうする　ことが　できます。

(3) （　　）には，いろいろな　がっきが　あります。

㋐ 音《おん》がくしつ　㋑ たいいくかん

㋒ ずこうしつ

3 ひなんする　ときの　ちゅういです。□に　入る　ひらがな1字《じ》を　かきましょう。　1つ10てん【40てん】

(1) まえの　人《ひと》を　□さない。

(2) □しらずに　あるく。

(3) □ゃべらず　しずかに　こうどうする。

(4) きた　みちを　□どらない。

21 まとめの テスト《てすと》 ①

もくひょうじかん 20ぷん

がくしゅうした日　月　日

なまえ

とくてん　／100てん

1069 解説→246ページ

らくらくマルつけ

❶ えのような ときに する あいさつを ○で かこみましょう。 1つ15てん【30てん】

(1)

（いってきます。 いただきます。）

(2)

（おやすみなさい。 おかえりなさい。）

❷ （　）に 入《はい》る 学校《がっこう》の ばしょを あとから えらび，きごうで かきましょう。 1つ10てん【30てん】

(1) （　　　）では，えを かいたり こうさくを したり します。

(2) （　　　）では，雨《あめ》の 日《ひ》でも うんどうする ことが できます。

(3) （　　　）には，いろいろな がっきが あります。

㋐ 音《おん》がくしつ　㋑ たいいくかん

㋒ ずこうしつ

❸ ひなんする ときの ちゅういです。 □に 入る ひらがな1字《じ》を かきましょう。 1つ10てん【40てん】

(1) まえの 人《ひと》を □さない。

(2) □しらずに あるく。

(3) □ゃべらず しずかに こうどうする。

(4) きた みちを □どらない。

22 まとめの テスト《てすと》②

もくひょうじかん 20ぷん

がくしゅうした日　月　日	とくてん
なまえ	／100てん

らくらくマルつけ

1070 解説→246ページ

❶ 花《はな》の 名《な》まえが あって いる ものを 2つ えらび，きごうで かきましょう。

1つ15てん【30てん】(　　　)(　　　)

㋐ アジサイ《あじさい》

㋑ ヒアシンス《ひあしんす》

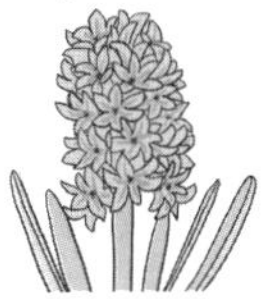

㋒ アブラナ《あぶらな》

㋓ タンポポ《たんぽぽ》

❷ いう ことが 正《ただ》しければ ○，まちがって いれば ×を かきましょう。

1つ20てん【40てん】

(1)

オクラ《おくら》の 花は 青《あお》いよ。

(　　　)

(2)

マリーゴールド《まりいごうるど》の たねは ほそながいよ。

(　　　)

❸ 花を つかった つぎのような くふうを なんと いいますか。下《した》の □ から えらび，かきましょう。

1つ15てん【30てん】

(1)

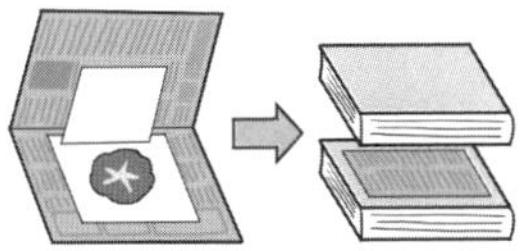

(　　　　　)

(2)

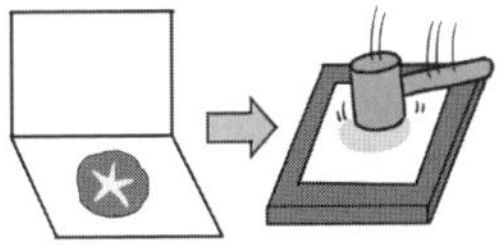

(　　　　　)

たたきぞめ　　おし花

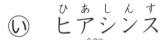

22 まとめの　テスト《てすと》❷

もくひょうじかん 20ぷん

がくしゅうした日　　月　　日	とくてん
なまえ	／100てん

らくらくマルつけ

1070
解説→246ページ

❶ 花《はな》の　名《な》まえが　あって　いる　ものを　2つ　えらび，きごうで　かきましょう。

1つ15てん【30てん】(　　　　　)(　　　　　)

Ⓐ アジサイ《あじさい》

Ⓘ ヒアシンス《ひあしんす》

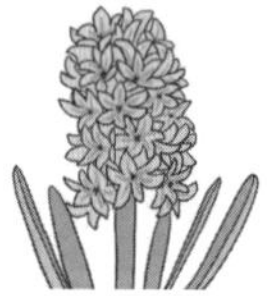

Ⓤ アブラナ《あぶらな》

Ⓔ タンポポ《たんぽぽ》

❷ いう　ことが　正《ただ》しければ　○，まちがって　いれば　×を　かきましょう。

1つ20てん【40てん】

(1)

オクラ《おくら》の　花は
青《あお》いよ。

(　　　)

(2)

マリーゴールド《まりいごうるど》
の　たねは
ほそながいよ。

(　　　)

❸ 花を　つかった　つぎのような　くふうを　なんと　いいますか。下《した》の □ から　えらび，かきましょう。 1つ15てん【30てん】

(1)

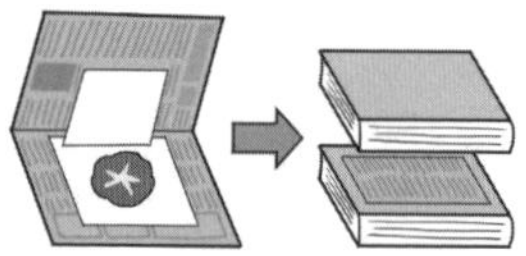

(　　　　　　　　)

(2)

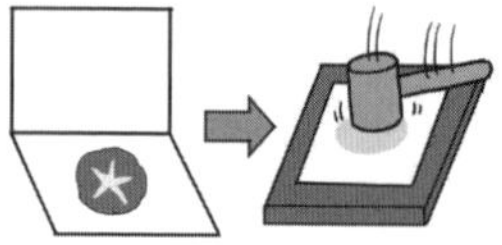

(　　　　　　　　)

たたきぞめ　　おし花

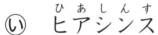

まとめの　テスト《てすと》③

もくひょうじかん 20ぷん

がくしゅうした日　　月　　日

なまえ

とくてん　　／100てん

1071
解説→246ページ

らくらくマルつけ

1 なつの　おもい出《で》の　えと　せつめいを，せんで　むすびましょう。　1つ15てん【60てん】

(1) 　・　・　うみで　スイカ《すいか》わりを　した。

(2) 　・　・　プール《ぷうる》で　あそんだ。

(3) 　・　・　ゆかたを　きて　花火《はなび》を　した。

(4) 　・　・　かきごおりを　たべた。

2 ちかよっては　いけない　ものを　えらび，きごうで　かきましょう。　【20てん】

（　　　　）

あ 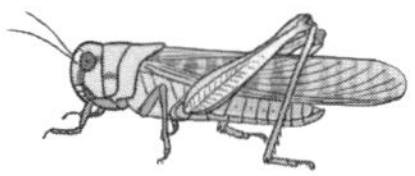

い 

う 

3 どうぶつと　なかよくできて　いる　えを　えらび，きごうで　かきましょう。

【20てん】（　　　　）

あ 

い 

う 

え 

＼もう1回チャレンジ!!／

23 まとめの　テスト《てすと》③

もくひょうじかん 20ぷん

がくしゅうした日　　月　　日	とくてん
なまえ	／100てん

らくらくマルつけ

1071
解説→246ページ

❶ なつの　おもい出《で》の　えと　せつめいを，せんで　むすびましょう。　1つ15てん【60てん】

(1) 　・　・　うみで　スイカ《すいか》わりを　した。

(2) 　・　・　プール《ぷうる》で　あそんだ。

(3) 　・　・　ゆかたを　きて　花火《はなび》を　した。

(4) 　・　・　かきごおりを　たべた。

❷ ちかよっては　いけない　ものを　えらび，きごうで　かきましょう。　【20てん】

(　　　　　)

ⓐ 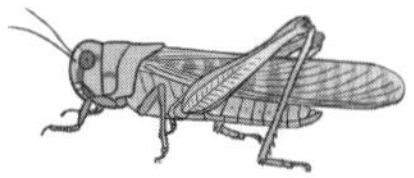

ⓘ 

ⓤ 

❸ どうぶつと　なかよくできて　いる　えを　えらび，きごうで　かきましょう。

【20てん】(　　　　　)

ⓐ 

ⓘ 

ⓤ 

ⓔ 

24 まとめの テスト《てすと》④

もくひょうじかん 20ぷん

がくしゅうした日　　月　　日

なまえ

とくてん

／100てん

1072
解説→246ページ

1 あきの えには あ，ふゆの えには ふを かきましょう。　1つ15てん【60てん】

(1)

（　　　　）

(2)

（　　　　）

(3)

（　　　　）

(4)

（　　　　）

2 どうぐの つかいかたとして 正《ただ》しい ものを えらび，きごうで かきましょう。　【20てん】（　　　　）

あ

せっちゃくざいを ゆびに つける。

い

はさみの はを 人《ひと》に むけない。

う

どうぐを 出《だ》したままに して おく。

3 あなたが して いる おてつだいに ○を つけましょう。　【ぜんぶできて20てん】

あ せんたくものを たたむ。（　　　）

い ごみ出しを する。（　　　）

う しょくじの あとかたづけを する。（　　　）

え くつを そろえる。（　　　）

24 まとめの　テスト《てすと》④

もくひょうじかん 20ぷん

がくしゅうした日　月　日

なまえ

とくてん　／100てん

らくらくマルつけ

1072

解説→246ページ

❶ あきの　えには　㋐，ふゆの　えには　㋫を　かきましょう。　1つ15てん【60てん】

(1)

(　　　)

(2)

(　　　)

(3)

(　　　)

(4)

(　　　)

❷ どうぐの　つかいかたとして　正《ただ》しい　ものを　えらび，きごうで　かきましょう。　【20てん】(　　　)

㋐ 

せっちゃくざいを　ゆびに　つける。

㋑ 

はさみの　はを　人《ひと》に　むけない。

㋒ 

どうぐを　出《だ》したままに　して　おく。

❸ あなたが　して　いる　おてつだいに　○を　つけましょう。　【ぜんぶできて20てん】

㋐　せんたくものを　たたむ。(　　　)

㋑　ごみ出しを　する。(　　　)

㋒　しょくじの　あとかたづけを　する。(　　　)

㋓　くつを　そろえる。(　　　)

1 ひらがな①

がくしゅうした日　月　日

なまえ

とくてん　／100てん

もくひょうじかん　20ぷん

らくらくマルつけ

解説↓247ページ

1073

1 えに　あう　ことばを、せんで　むすびましょう。　1つ5てん【15てん】

(1) 　・　・たこ

(2) 　・　・かに

(3) 　・　・うし

2 ただしい　ほうに　○を　つけましょう。　1つ5てん【15てん】

(1) 
（　）きつね
（　）きつぬ

(2) 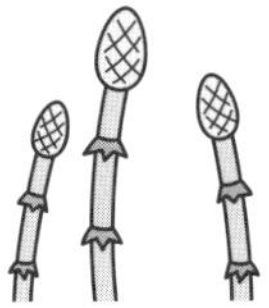
（　）ちくし
（　）つくし

(3) 
（　）さかな
（　）ちかな

3 えに　あうように　ひらがなを　かきましょう。　うすい　じは　なぞりましょう。　1つ10てん【70てん】

(1) 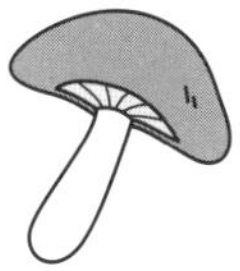
き□□

(2) 
□い□

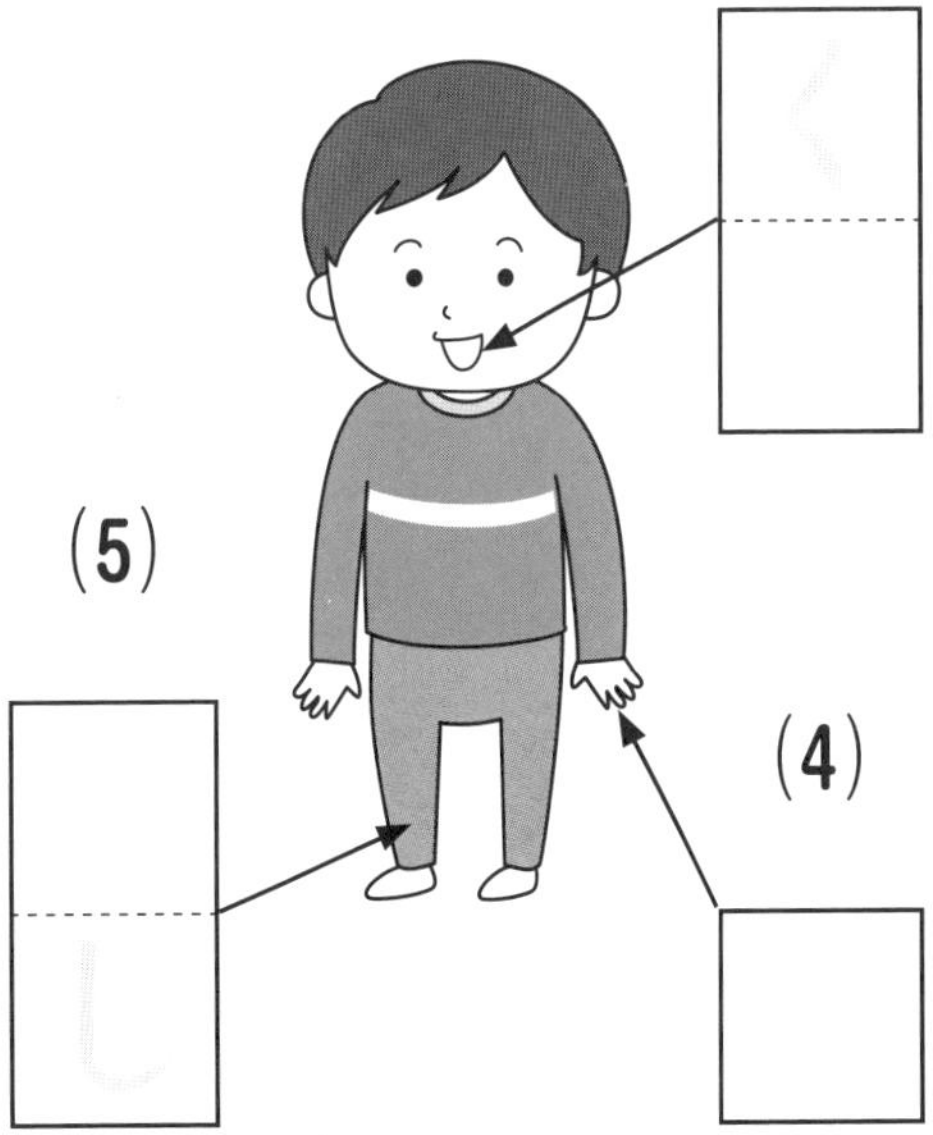

(3) く□

(4) □

(5) □し

(6) か□

(7) せ□□

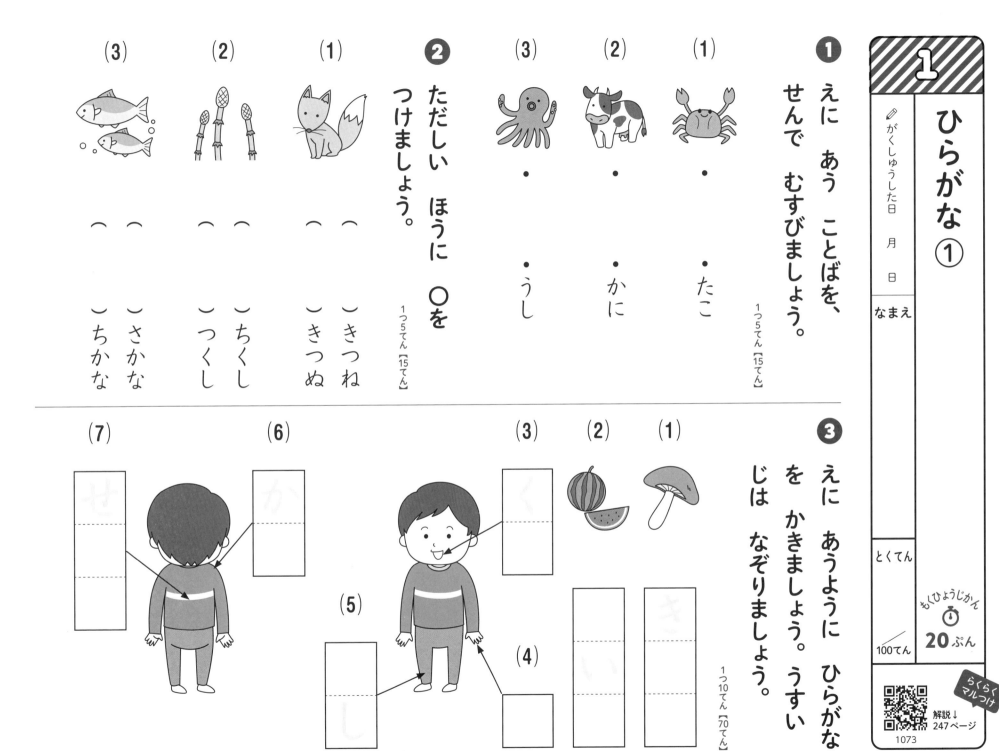

もう1回チャレンジ!!

1 ひらがな①

がくしゅうした日　月　日

なまえ

とくてん　/100てん

もくひょうじかん 20ぷん

らくらくマルつけ

解説↓ 247ページ

1073

❶ えに　あう　ことばを、せんで　むすびましょう。

1つ5てん【15てん】

(1)  ・　　・たこ

(2)  ・　　・かに

(3)  ・　　・うし

❷ ただしい　ほうに　○を　つけましょう。

1つ5てん【15てん】

(1) 
（　）きつね
（　）きつぬ

(2) 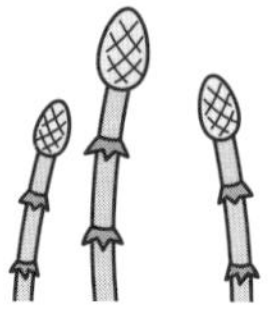
（　）ちくし
（　）つくし

(3) 
（　）さかな
（　）ちかな

❸ えに　あうように　ひらがなを　かきましょう。うすい　じは　なぞりましょう。

1つ10てん【70てん】

(1)  き

(2)  い

(3) く

(4)

(5) し

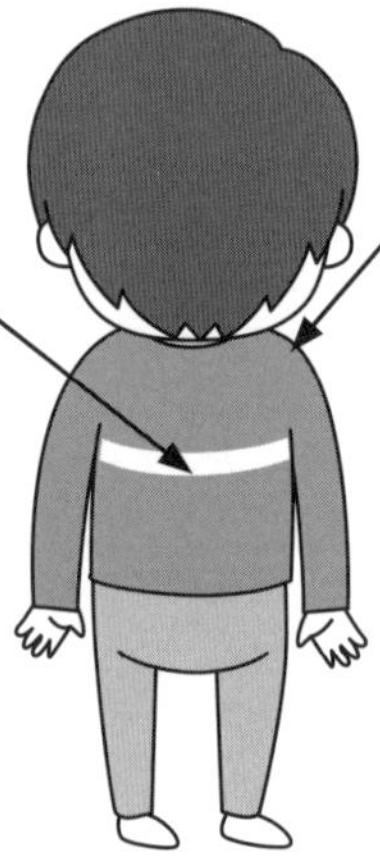

(6) か

(7) せ

2 ひらがな②

がくしゅうした日　月　日

なまえ

とくてん　/100てん

もくひょうじかん　20ぷん

らくらくマルつけ

解説↓ 247ページ

1074

こくご

1 えに あう ことばを、せんで むすびましょう。　1つ5てん【15てん】

(1)  ・　　・せみ

(2) 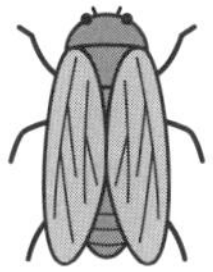 ・　　・ほたる

(3) 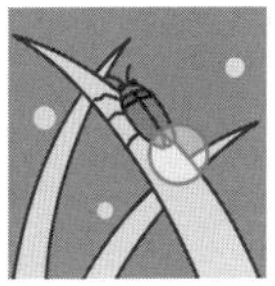 ・　　・はち

2 ただしい ほうに ○を つけましょう。　1つ5てん【15てん】

(1) 
（　）てよこ
（　）ひよこ

(2) 
（　）おうす
（　）おうむ

(3) 
（　）れかめ
（　）わかめ

3 えに あうように ひらがなを かきましょう。うすい じは なぞりましょう。　1つ10てん【70てん】

(1) 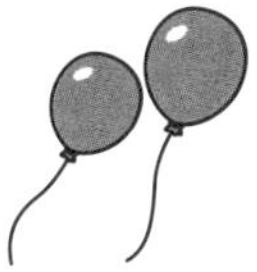
□うせ□

(2) 
□かた

(3) □

(4) は□

(5) む□

(6) あ□□

(7) お□□

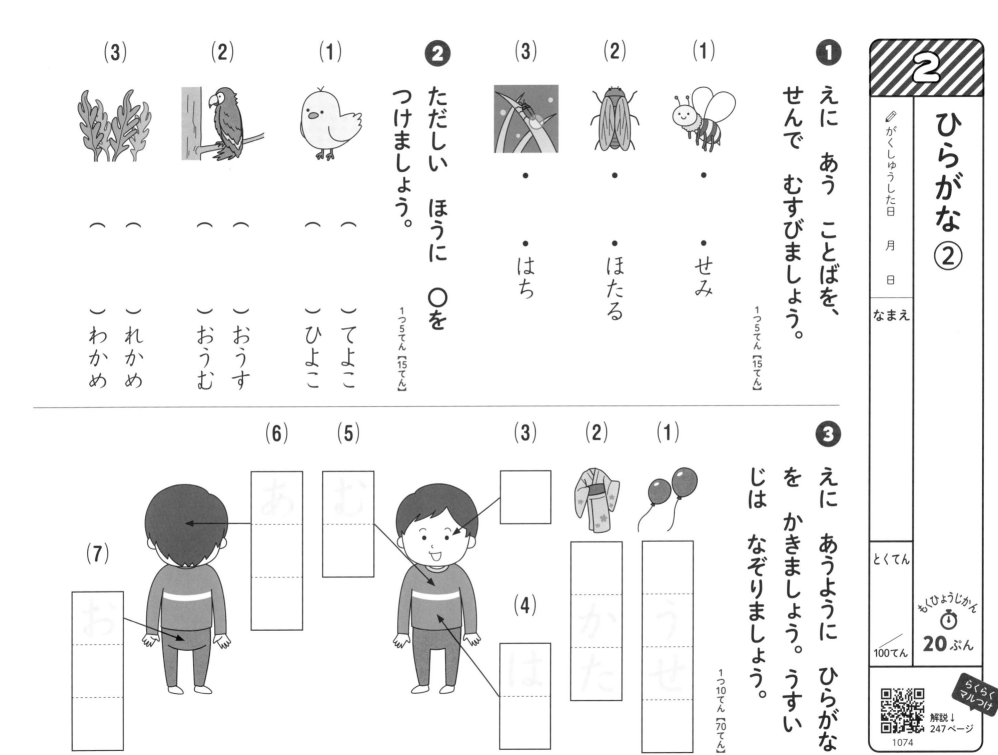

もう1回チャレンジ!!

2 ひらがな②

がくしゅうした日　月　日

なまえ

とくてん　/100てん

もくひょうじかん 20ぷん

らくらくマルつけ

解説↓ 247ページ

1074

❶ えに　あう　ことばを、せんで　むすびましょう。 1つ5てん【15てん】

(1)  ・　　・せみ

(2) 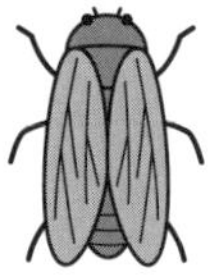 ・　　・ほたる

(3) 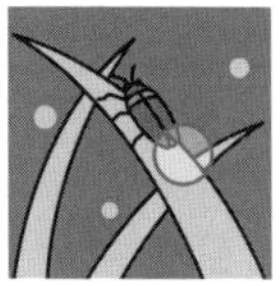 ・　　・はち

❷ ただしい　ほうに　○を　つけましょう。 1つ5てん【15てん】

(1) 
(　)てよこ
(　)ひよこ

(2) 
(　)おうす
(　)おうむ

(3) 
(　)れかめ
(　)わかめ

❸ えに　あうように　ひらがなを　かきましょう。うすい　じは　なぞりましょう。 1つ10てん【70てん】

(1)  □うせ□

(2)  □かた

(3) □

(4) は□

(5) む□

(6) あ□□

(7) お□□

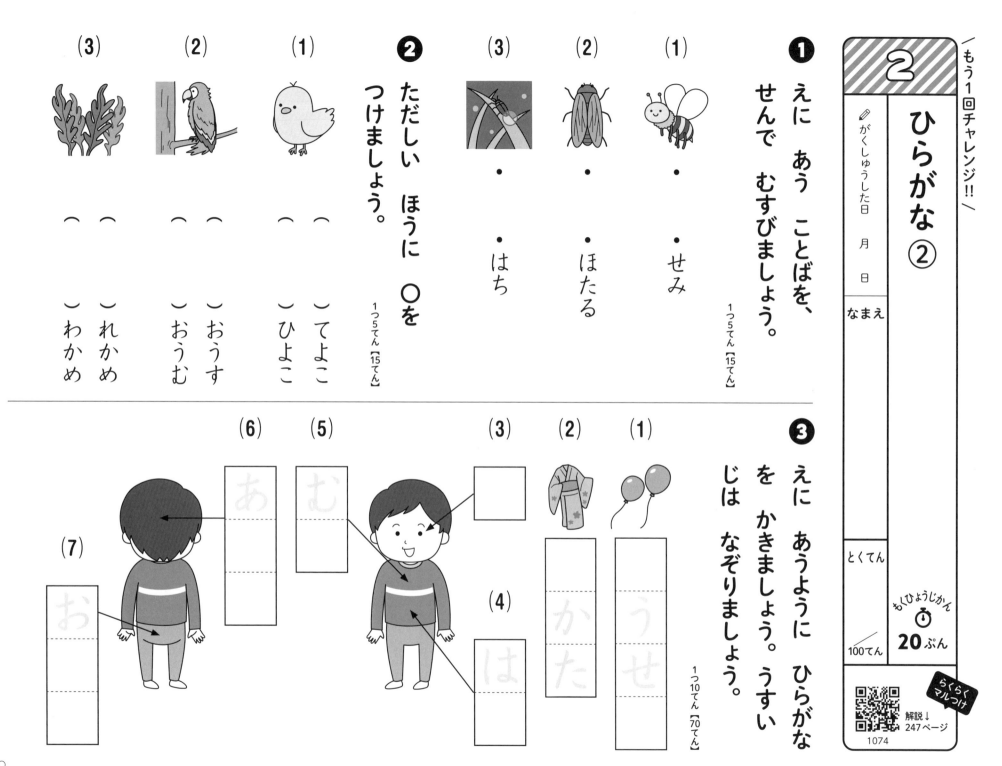

3 ことばぱずる①

がくしゅうした日　月　日

なまえ

とくてん　/100てん

もくひょうじかん 20ぷん

らくらくマルつけ

解説↓ 247ページ

1075

1

えに　あうように　□に　ひらがなを　かいて、しりとりを　しましょう。うすい　じは　なぞりましょう。

1つ10てん【50てん】

(1)

□ る □

(2)

た □ □

(3)

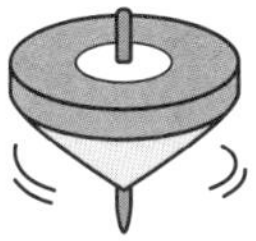

□ □

(4)

ま □ □

(5)

□ □

2

□に　ひらがなを　かいて、ぱずるを　かんせいさせましょう。

1つ10てん【20てん】

(1)

①ひ
②□ す

↓たての　かぎ
①とりの　あかちゃん
→よこの　かぎ
②むらさきいろの　やさい

(2)

③え
④□ く

↓たての　かぎ
③でんしゃが　とまる　ばしょ
→よこの　かぎ
④はなの　なまえ

3

つぎの　ことばの　なかには　べつの　ことばが　かくれて　います。えから　かんがえて　かきましょう。

1つ15てん【30てん】

(1) さいふ

□ □

(2) すいか

□ □

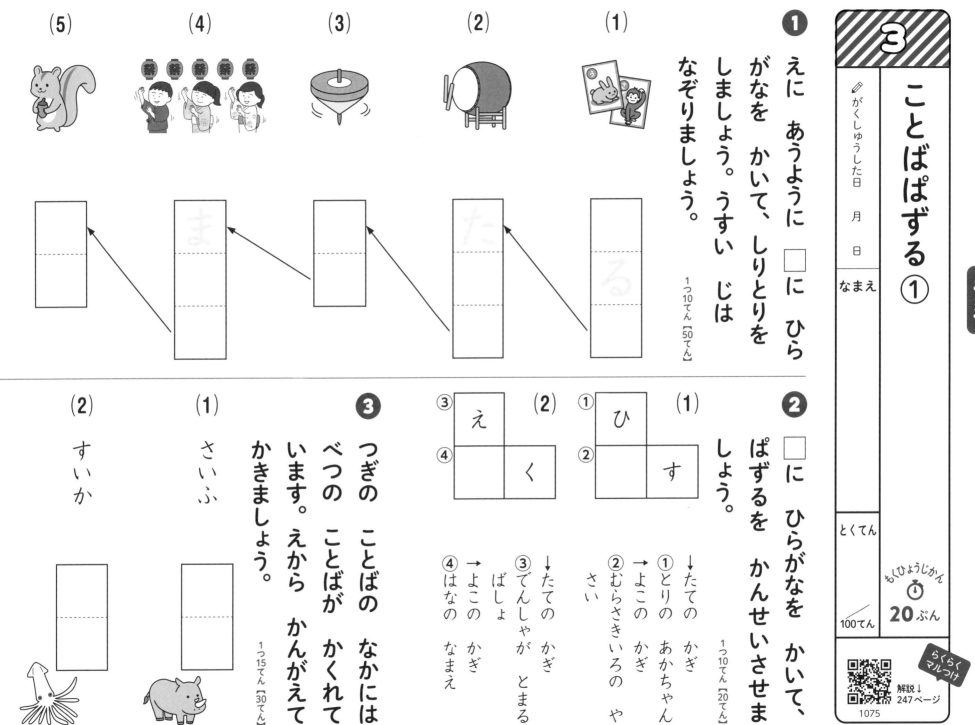

＼もう1回チャレンジ!!／

3 ことばぱずる①

がくしゅうした日　月　日

なまえ

とくてん

100てん

もくひょうじかん 20ぷん

らくらくマルつけ

解説↓ 247ページ

1075

❶ えに　あうように　□に　ひらがなを　かいて、しりとりを　しましょう。うすい　じは　なぞりましょう。

1つ10てん【50てん】

(1)

□る□

(2)

た□□

(3)

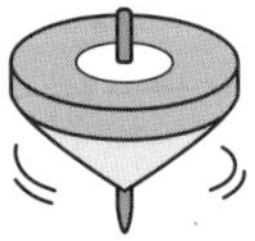

□□

(4)

ま□□

(5)

□□

❷ □に　ひらがなを　かいて、ぱずるを　かんせいさせましょう。

1つ10てん【20てん】

(1)

① ひ

② □ す

↓たての　かぎ
①とりの　あかちゃん

→よこの　かぎ
②むらさきいろの　やさい

(2)

③ え

④ □ く

↓たての　かぎ
③でんしゃが　とまる　ばしょ

→よこの　かぎ
④はなの　なまえ

❸ つぎの　ことばの　なかには　べつの　ことばが　かくれて　います。えから　かんがえて　かきましょう。

1つ15てん【30てん】

(1) さいふ

□□

(2) すいか

□□

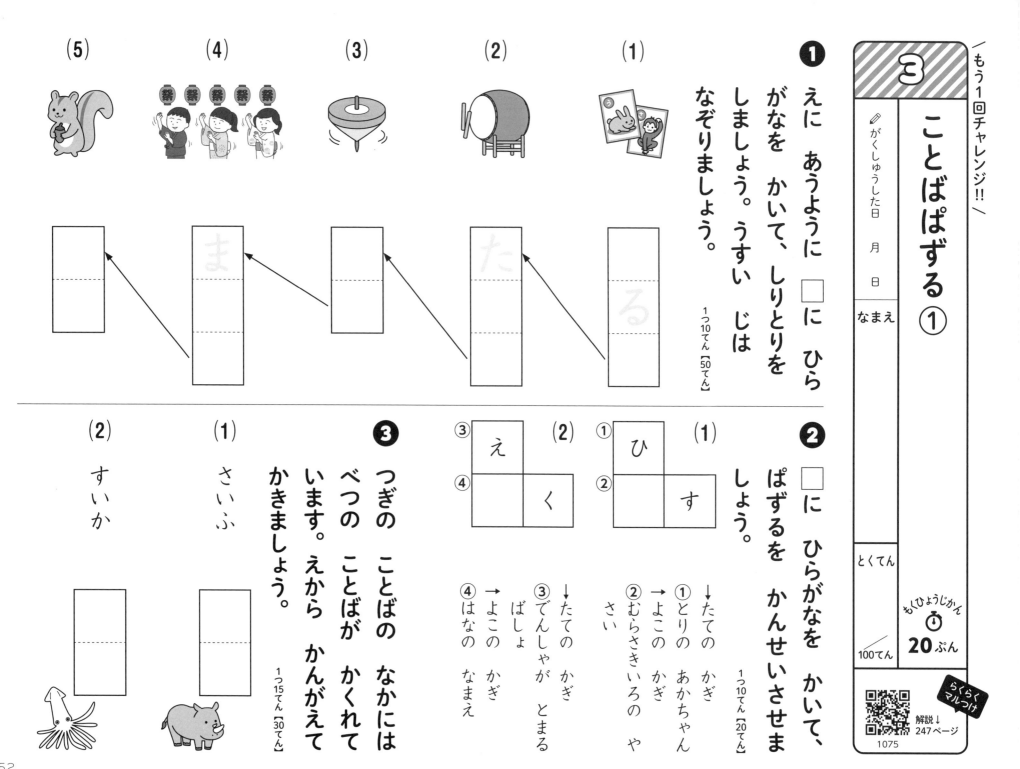

4

ひらがな③

がくしゅうした日　月　日

なまえ

とくてん

/100てん

もくひょうじかん 20ぷん

らくらくマルつけ

解説↓ 247ページ

1076

こくご

❶ えに　あう　ことばを、せんで　むすびましょう。 1つ5てん【15てん】

(1)  ・　　・おんがく

(2)  ・　　・まど

(3)  ・　　・めがね

❷ ただしい　ほうに　○を　つけましょう。 1つ5てん【15てん】

(1) 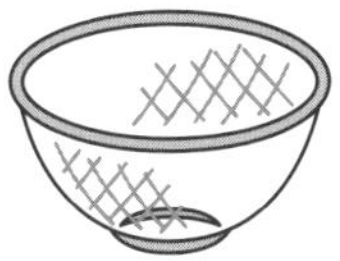
（　）さる
（　）ざる

(2) 
（　）ふた
（　）ぶた

(3) 
（　）かぎ
（　）かき

❸ えに　あうように　ひらがなを　かきましょう。うすい　じは　なぞりましょう。 1つ10てん【70てん】

(1) 
も

(2) 
か

(3) 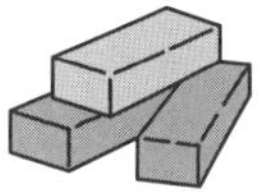
れん

(4) 
えん

(5) 
ん ん

(6) 
わ

(7) 

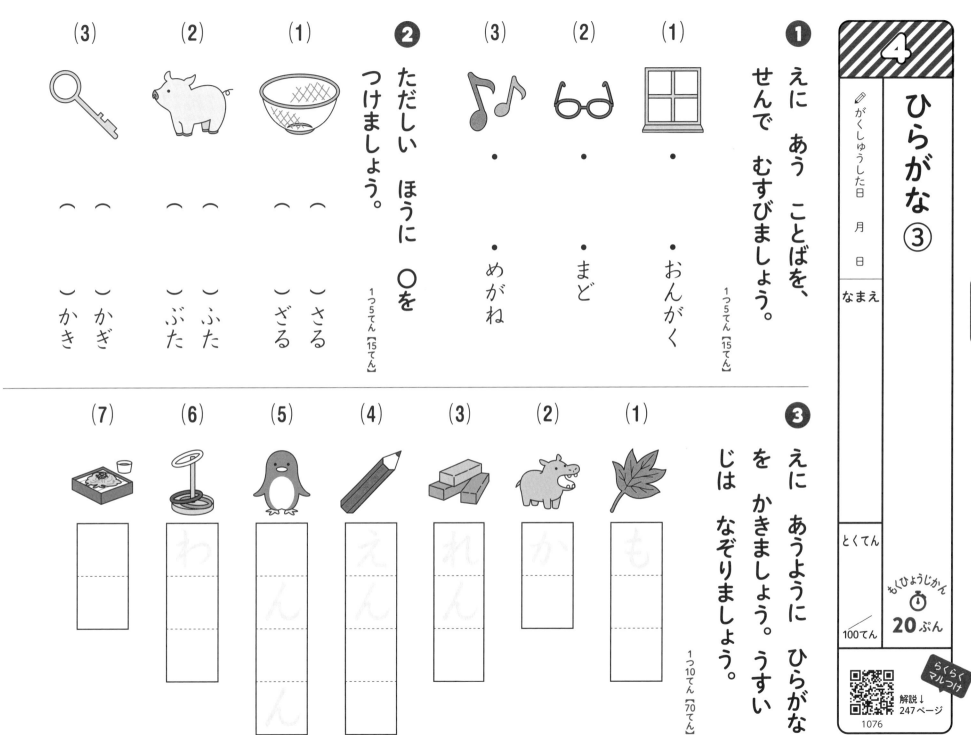

もう1回チャレンジ!!

4 ひらがな③

がくしゅうした日　月　日

なまえ

とくてん　/100てん

もくひょうじかん 20ぷん

らくらくマルつけ

解説↓ 247ページ

1076

❶ えに　あう　ことばを、せんで　むすびましょう。

1つ5てん【15てん】

(1)  ・　　・おんがく

(2)  ・　　・まど

(3)  ・　　・めがね

❷ ただしい　ほうに　○を　つけましょう。

1つ5てん【15てん】

(1) 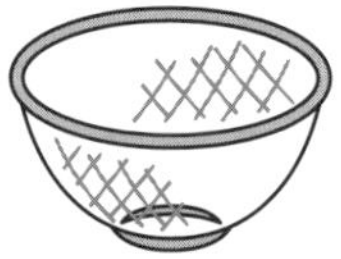
（　）さる
（　）ざる

(2) 
（　）ふた
（　）ぶた

(3) 
（　）かぎ
（　）かき

❸ えに　あうように　ひらがなを　かきましょう。うすい　じは　なぞりましょう。

1つ10てん【70てん】

(1)  も□□

(2)  か□

(3)  れん□

(4) 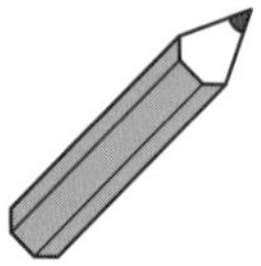 えん□□

(5)  □ん□ん

(6)  わ□□

(7)  □□

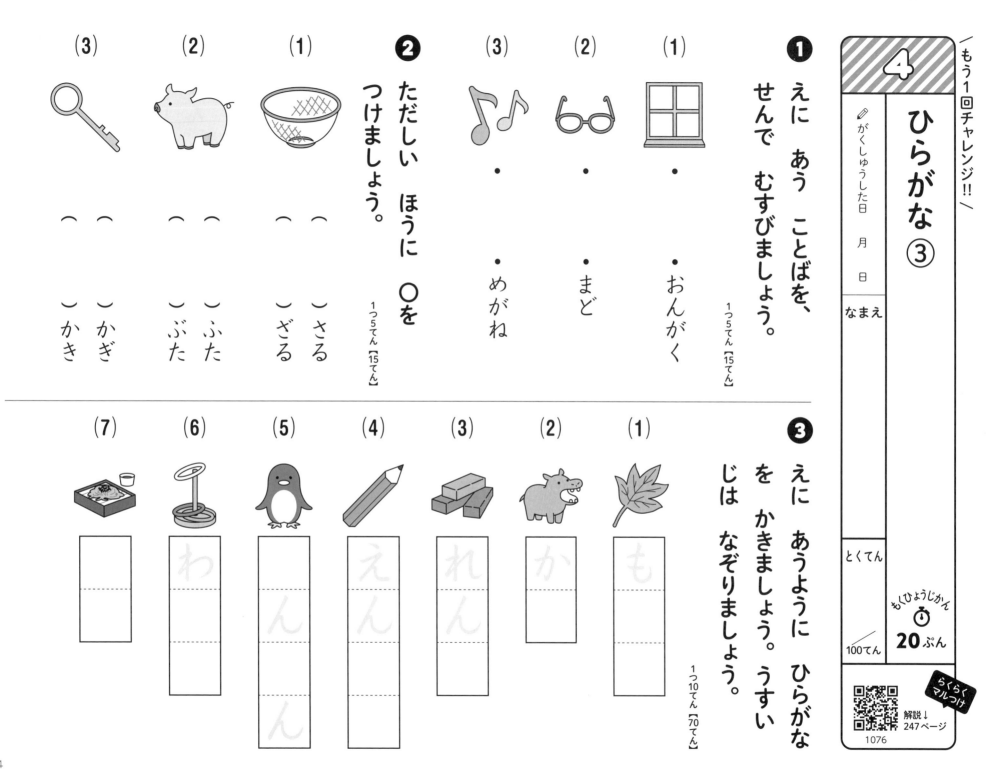

5 ひらがな④

がくしゅうした日　月　日

なまえ

とくてん　/100てん

もくひょうじかん 20ぷん

らくらくマルつけ

解説↓248ページ

1077

こくご

❶ しりとりに なるように □に ひらがなを かきましょう。

1つ5てん【20てん】

(1)

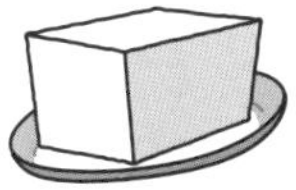

と□ふ

⇩ふくろ□

(2)

は□と

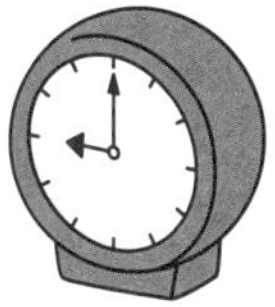

⇩とけ□

❷ ただしい ほうに ○を つけましょう。

1つ10てん【20てん】

(1)

（　）ほおき
（　）ほうき

(2)

（　）おねいさん
（　）おねえさん

❸ えに あうように ひらがなを かきましょう。うすい じは なぞりましょう。

1つ10てん【60てん】

(1)

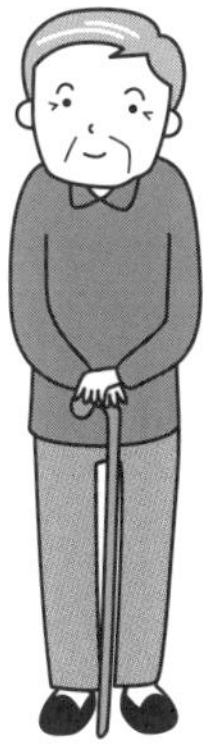

おじ□さ□

(2)

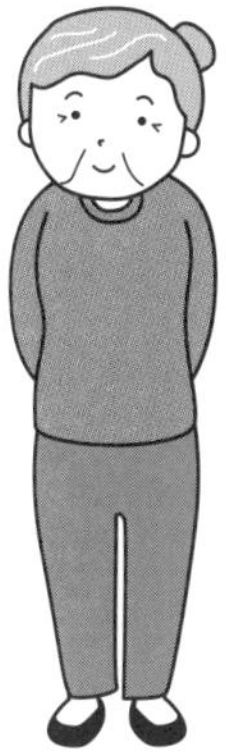

おば□□ん

(3)

やけ□

(4)

た□よ□

(5)

ぼ□□

(6)

こ□□ぎ

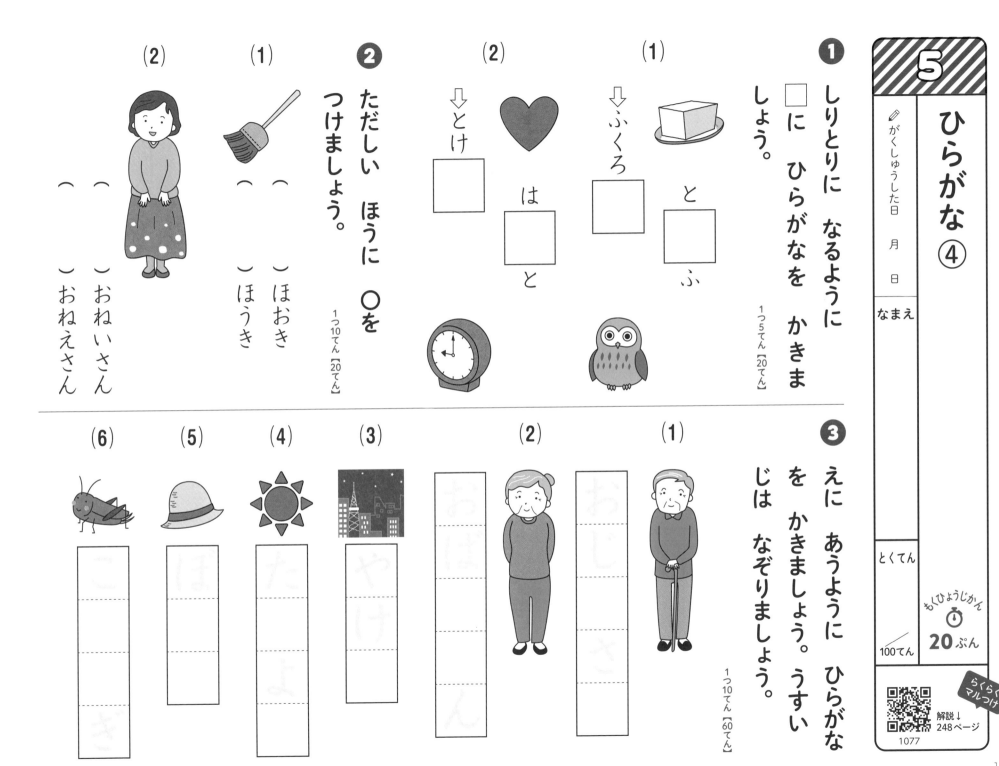

もう1回チャレンジ!!

5 ひらがな④

がくしゅうした日　月　日

なまえ

とくてん

／100てん

もくひょうじかん 20ぷん

らくらくマルつけ

解説↓ 248ページ

1077

❶ しりとりに なるように □に ひらがなを かきましょう。 1つ5てん【20てん】

(1)

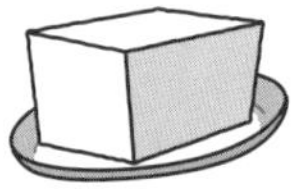

と□ふ

⇩ふくろ□

(2)

は□と

⇩とけ□

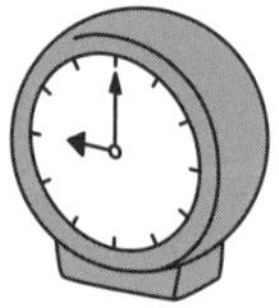

❷ ただしい ほうに ○を つけましょう。 1つ10てん【20てん】

(1)

（　）ほおき

（　）ほうき

(2)

（　）おねいさん

（　）おねえさん

❸ えに あうように ひらがなを かきましょう。うすい じは なぞりましょう。 1つ10てん【60てん】

(1)

おじ□さ□

(2)

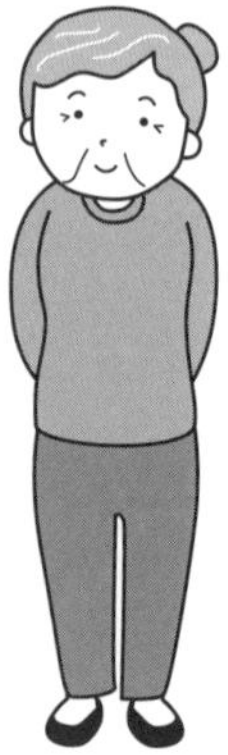

おば□□ん

(3)

やけ□

(4)

た□よ□

(5)

ぼ□□

(6)

こ□□ぎ

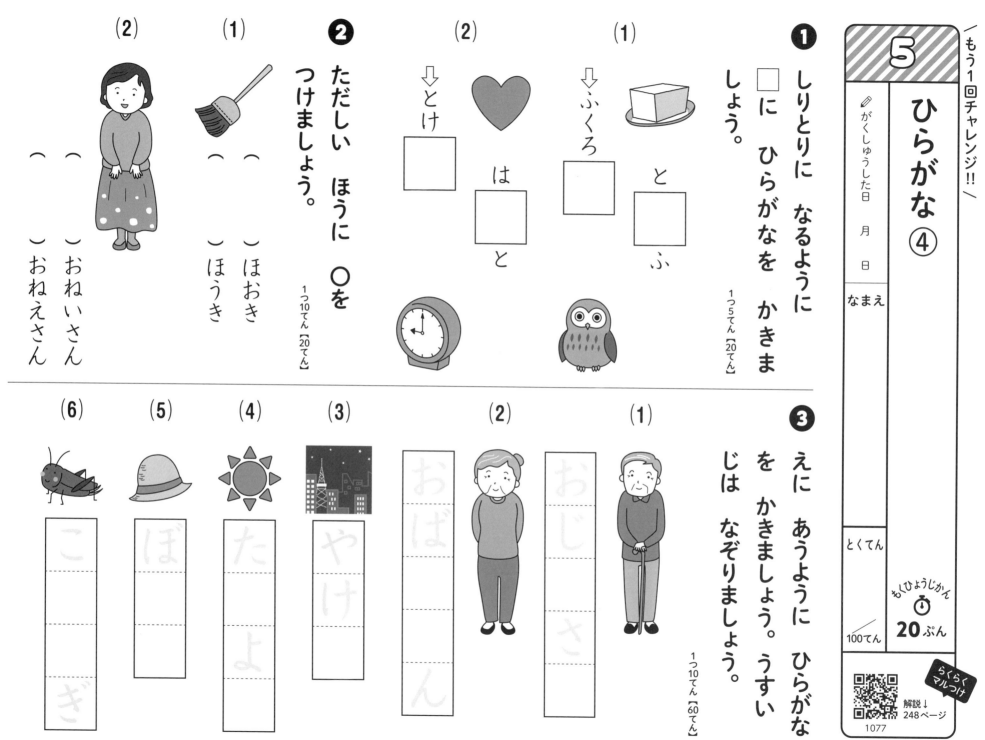

6

ひらがな⑤

がくしゅうした日　月　日

なまえ

とくてん　　/100てん

もくひょうじかん 20ぷん

らくらくマルつけ

解説↓ 248ページ

1078

こくご

1 えに あう ことばを、せんで むすびましょう。 1つ5てん【15てん】

(1)  ・　　・はっぱ

(2)  ・　　・きって

(3)  ・　　・ばった

2 えに あうように なおして かきましょう。 1つ5てん【15てん】

(1) かけつこ 

(2) えにつき 

(3) なつとう 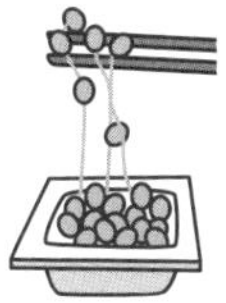

3 えに あうように ひらがなを かきましょう。うすい じは なぞりましょう。 1つ10てん【70てん】

(1)  み　つ

(2)  し

(3)  ら

(4) 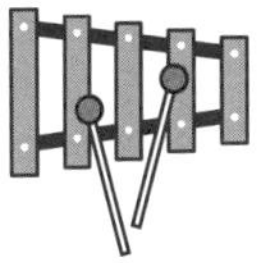 も　き

(5)  け

(6)  く

(7) 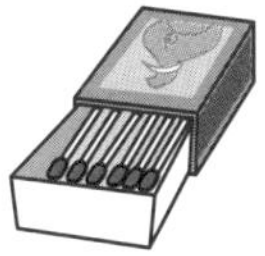 ま

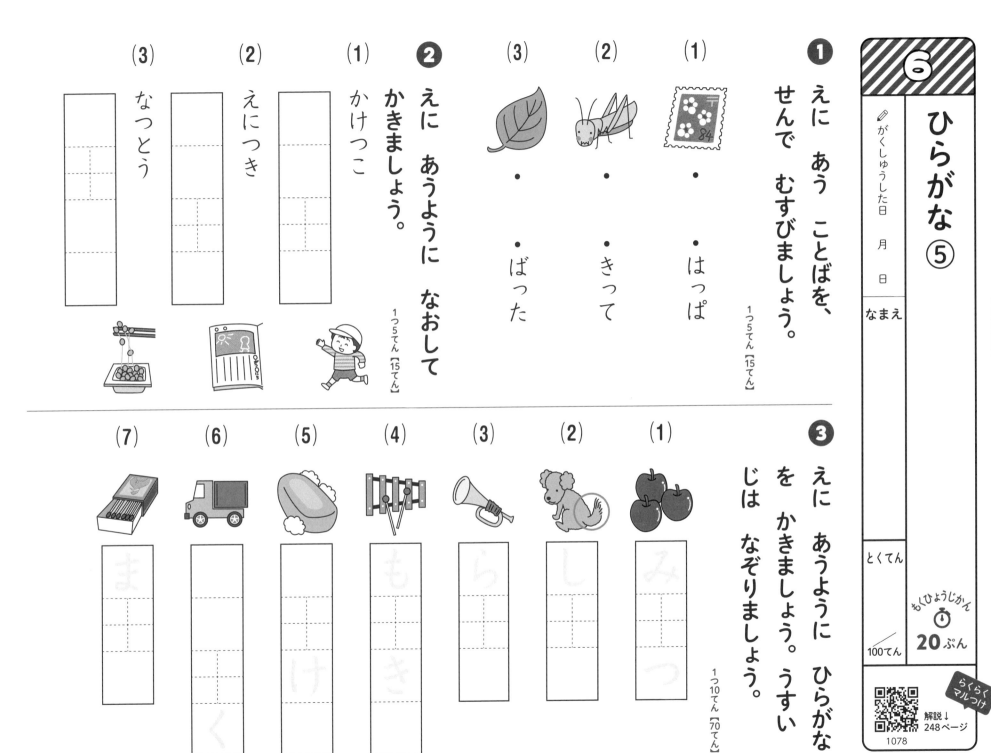

もう1回チャレンジ!!

6 ひらがな⑤

がくしゅうした日　月　日

なまえ

とくてん

/100てん

もくひょうじかん 20ぷん

らくらくマルつけ

解説↓ 248ページ

1078

❶ えに　あう　ことばを、せんで　むすびましょう。

1つ5てん【15てん】

(1) 　・　　・はっぱ

(2) 　・　　・きって

(3) 　・　　・ばった

❷ えに　あうように　なおして　かきましょう。

1つ5てん【15てん】

(1) かけつこ

(2) えにつき

(3) なつとう

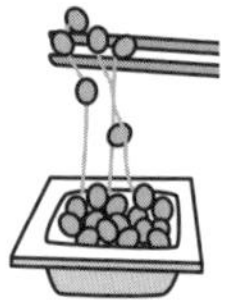

❸ えに　あうように　ひらがなを　かきましょう。うすい　じは　なぞりましょう。

1つ10てん【70てん】

(1) 

み　つ

(2) 

し

(3) 

ら

(4) 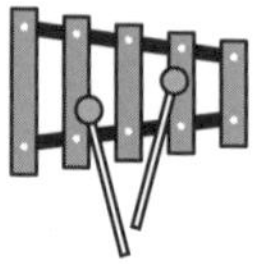

も　き

(5) 

け

(6) 

く

(7) 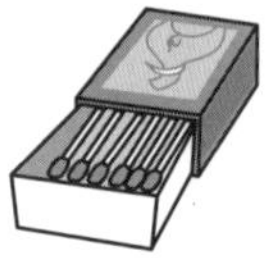

ま

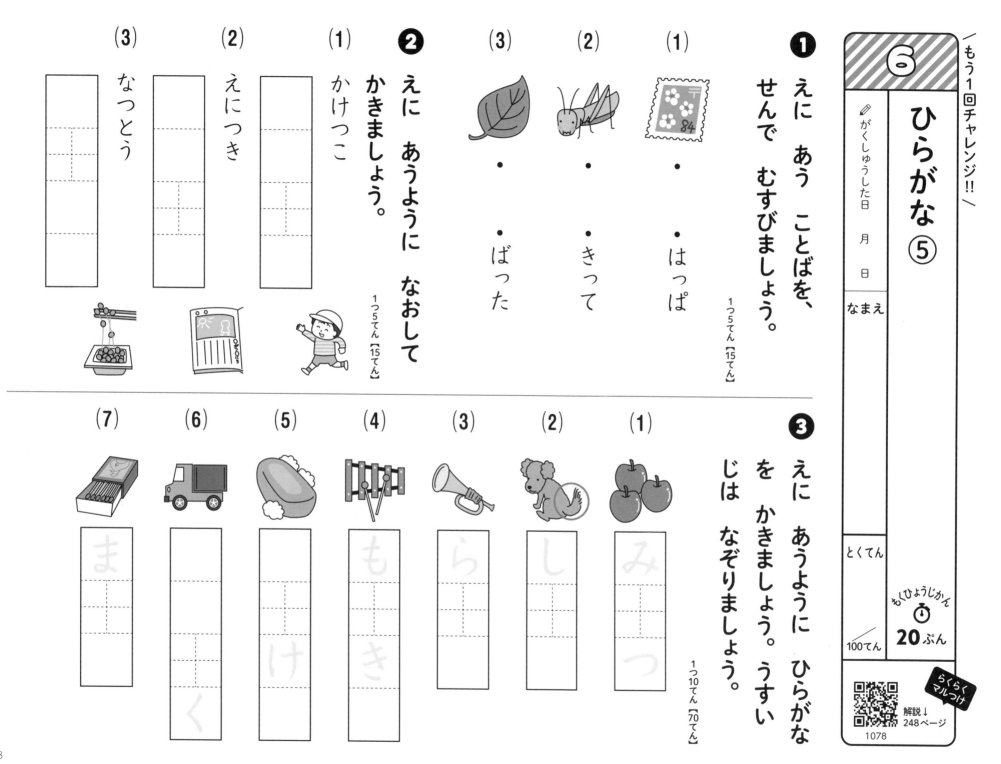

7 ひらがな⑥

がくしゅうした日　月　日

なまえ

とくてん　/100てん

もくひょうじかん 20ぷん

らくらくマルつけ

解説↓ 248ページ

1079

1 えに　あう　ことばを、せんで　むすびましょう。 1つ5てん【15てん】

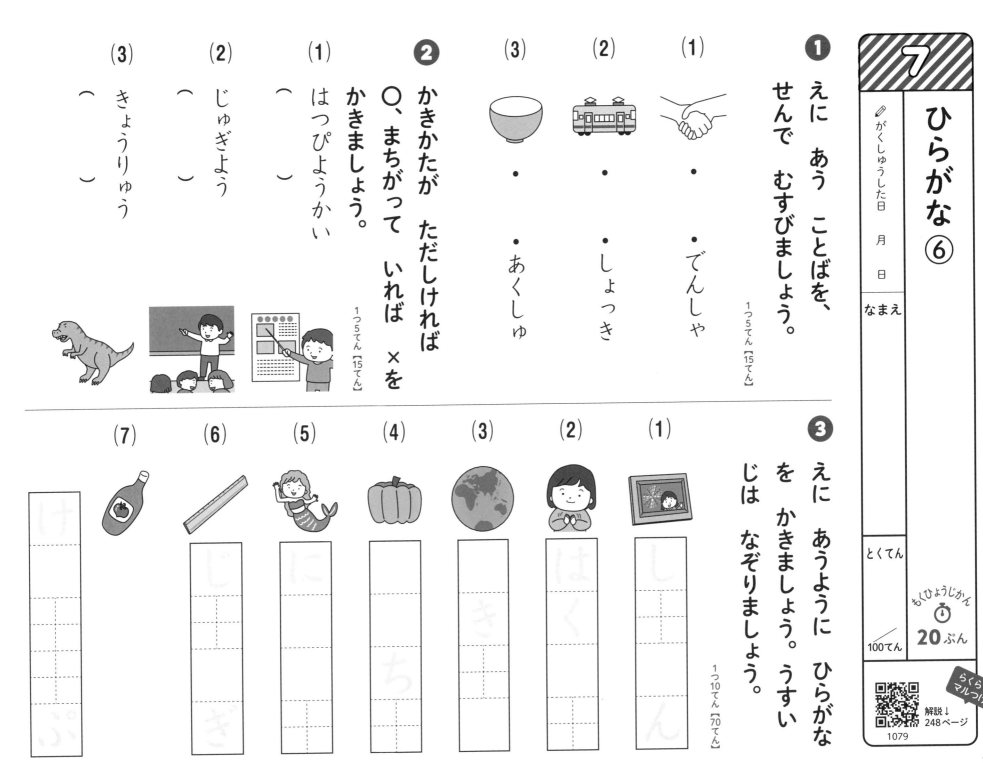

(1)  ・　　・でんしゃ

(2)  ・　　・しょっき

(3)  ・　　・あくしゅ

2 かきかたが　ただしければ　○、まちがって　いれば　×を　かきましょう。 1つ5てん【15てん】

(1) はっぴょうかい　（　　）

(2) じゅぎよう　（　　）

(3) きょうりりゅう　（　　）

3 えに　あうように　ひらがなを　かきましょう。うすい　じは　なぞりましょう。 1つ10てん【70てん】

(1)  し　ん

(2)  は　く

(3)  き

(4)  ち

(5)  に

(6) 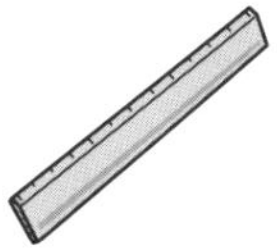 じ　ぎ

(7) 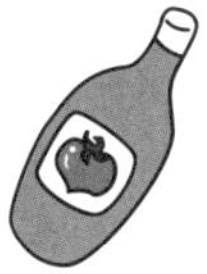 け　ぷ

もう1回チャレンジ!!

7 ひらがな⑥

がくしゅうした日　月　日

なまえ

とくてん　/100てん

もくひょうじかん　20ぷん

解説↓ 248ページ

らくらくマルつけ

1079

❶ えに　あう　ことばを、せんで　むすびましょう。

1つ5てん【15てん】

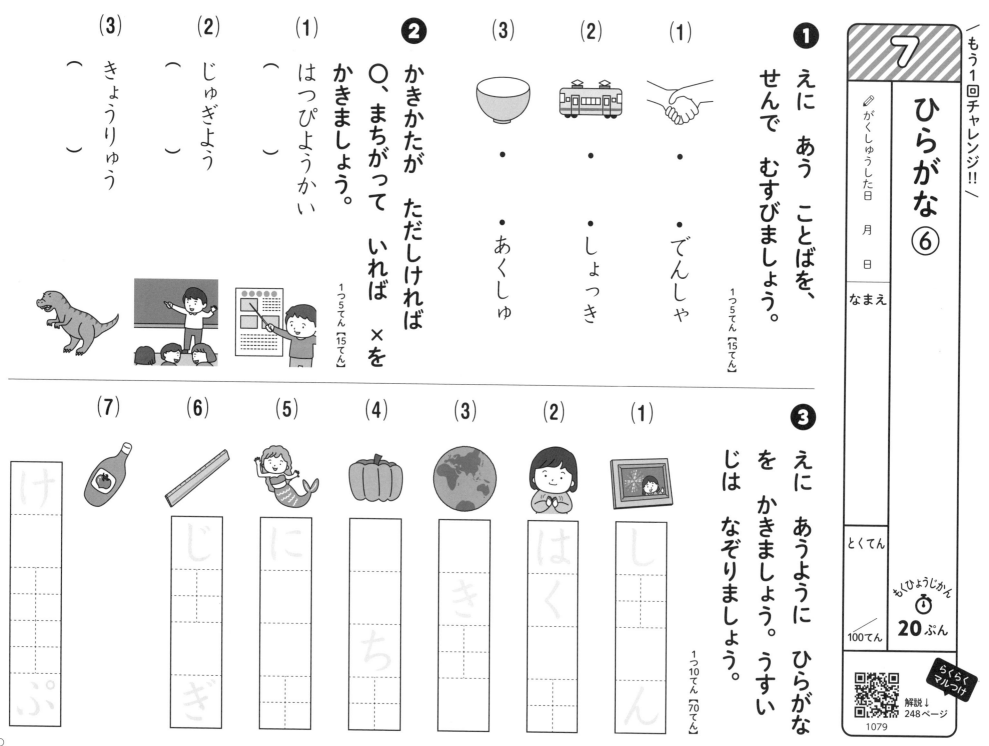

(1)  ・　　・でんしゃ

(2)  ・　　・しょっき

(3)  ・　　・あくしゅ

❷ かきかたが　ただしければ　○、まちがって　いれば　×を　かきましょう。

1つ5てん【15てん】

(1) はつぴようかい（　　） 

(2) じゅぎよう（　　） 

(3) きょうりゅう（　　） 

❸ えに　あうように　ひらがなを　かきましょう。うすい　じは　なぞりましょう。

1つ10てん【70てん】

(1)  し□□ん

(2)  はく□□

(3)  □き□□

(4)  □□ち□

(5)  に□□□

(6) 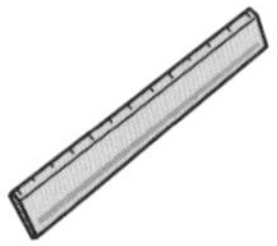 じ□□ぎ

(7) 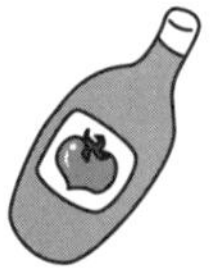 け□□□ぷ

8

は・を・へ

がくしゅうした日　月　日

なまえ

とくてん　／100てん

もくひょうじかん 20ぷん

解説↓ 249ページ

1080

らくらくマルつけ

こくご

1 ただしい　じを　えらび、○で　かこみましょう。　1つ5てん【15てん】

(1) あり｛は／わ｝　ちいさい。

(2) こうえん｛え／へ｝　いく。

(3) は｛を／お｝　みがく。

2 □に　あう　じを　えらび、かきましょう。　1つ5てん【15てん】

(1) さとう□（お／を）　いれる。

(2) □（お／を）うさまが　はなす。

(3) きみ□（は／わ）　ともだちだ。

3 あとの［　］から　ひらがなを　えらび、□に　かきましょう。　1つ10てん【70てん】

(1) がっこう□　いく。

(2) りんご□　たべる。

(3) あに□　はしった。

(4) おばちゃん□、ぼくに
おかし□　くれた。

(5) ははが　ぼく□
むかえに　ここ□　くる。

［は　を　へ］

もう1回チャレンジ!!

8 は・を・へ

がくしゅうした日　月　日

なまえ

とくてん　／100てん

もくひょうじかん 20ぷん

らくらくマルつけ　解説↓ 249ページ　1080

❶ ただしい　じを　えらび、○で　かこみましょう。

1つ5てん【15てん】

(1) あり {は ／ わ} ちいさい。

(2) こうえん {え ／ へ} いく。

(3) は {を ／ お} みがく。

❷ □に　あう　じを　えらび、かきましょう。

1つ5てん【15てん】

(1) さとう □ [お／を] いれる。

(2) □ [お／を] うさまが　はなす。

(3) きみ □ [は／わ] ともだちだ。

❸ あとの [ ] から　ひらがなを　えらび、□に　かきましょう。

1つ10てん【70てん】

(1) がっこう □ いく。

(2) りんご □ たべる。

(3) あに □ はしった。

(4) おばちゃん □、ぼくに　おかし □ くれた。

(5) ははが　ぼく □ むかえに　ここ □ くる。

[は　を　へ]

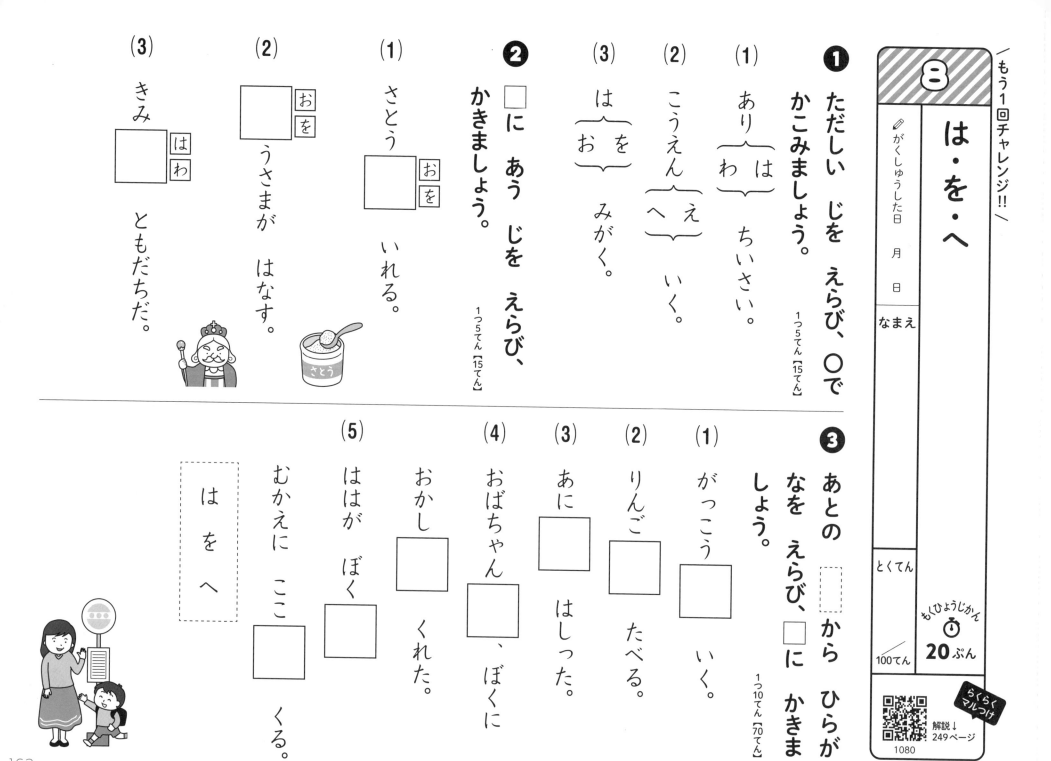

9

しを よもう①

✎がくしゅうした日　　月　　日

なまえ

とくてん

／100てん

もくひょうじかん 20ぷん

らくらくマルつけ

解説↓
249ページ

1081

❶ つぎの しを よんで、もんだいに こたえましょう。

じゃんけんぽん

さわがによしお

こいし あいてに
じゃんけん したら
チョキ《ちょき》
あっちは グー《ぐー》
いつもまけ やれやれ

もみじ あいてに
じゃんけん したら
チョキ
あっちは パー《ぱー》
いつもかち ほいほい

なかま あいてに
じゃんけん したら
チョキ
あいこで チョキ
チョキ・チョキ・チョキ・
チョキ・・・
きりがない

（工藤直子《くどうなおこ》『のはらうたⅠ』より）

(1) こいしと じゃんけん すると どう なりますか。つぎから えらび、きごうで かきましょう。(30てん)

（　　）

㋐ こいしに まける。
㋑ こいしに かつ。
㋒ あいこに なる。

(2) もみじと じゃんけん すると どう なりますか。(30てん)

パーの ［　　　］ が まける。

(3) なかまと じゃんけん すると どう なりますか。(40てん)

［　　　］ が つづいて、じゃんけんが おわらない。

／もう1回チャレンジ!!／

9 しを よもう ①

がくしゅうした日　月　日

なまえ

とくてん　／100てん

もくひょうじかん 20ぷん

らくらくマルつけ

解説↓ 249ページ

1081

1 つぎの しを よんで、もんだいに こたえましょう。

じゃんけんぽん

さわがに よしお

こいし　あいてに
じゃんけん　したら
じゃんけん　チョキ《ちょき》
あっちは　グー《ぐー》
いつもまけ　やれやれ

もみじ　あいてに
じゃんけん　したら
じゃんけん　チョキ
あっちは　パー《ぱー》
いつもかち　ほいほい

なかま　あいてに
じゃんけん　したら
じゃんけん　チョキ
あいこで　チョキ
チョキ・チョキ・チョキ・
チョキ・・・
きりがない

（工藤直子《くどうなおこ》『のはらうたⅠ』より）

(1) こいしと　じゃんけん　すると　どう　なりますか。つぎから　えらび、きごうで　かきましょう。（30てん）

（　　　）

あ　こいしに　まける。

い　こいしに　かつ。

う　あいこに　なる。

(2) もみじと　じゃんけん　すると　どう　なりますか。（30てん）

パーの ［　　　］ が　まける。

(3) なかまと　じゃんけん　すると　どう　なりますか。（40てん）

［　　　］ が　つづいて、じゃんけんが　おわらない。

10

かたかな①

がくしゅうした日　月　日

なまえ

とくてん

/100てん

もくひょうじかん 20ぷん

らくらくマルつけ

解説↓ 249ページ

1082

1 えに　あう　ことばを、せんで　むすびましょう。

1つ5てん【15てん】

(1)  ・　　・タオル

(2)  ・　　・ココア

(3)  ・　　・パン

2 ただしい　ほうに　○を　つけましょう。

1つ5てん【15てん】

(1) 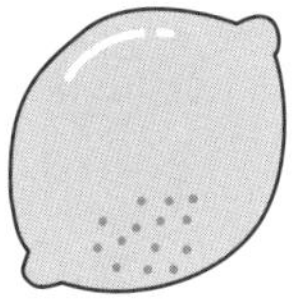
（　）レモン
（　）レモソ

(2) 
（　）アツカ
（　）アシカ

(3) 
（　）コイン
（　）ヨイン

3 えに　あうように　かたかなを　かきましょう。うすい　じは　なぞりましょう。

1つ10てん【70てん】

(1)  ペ

(2)  メ

(3)  テ

(4)  プ

(5)  ピ

(6) 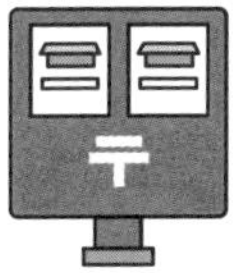 ポ

(7)  サ　ン

こくご

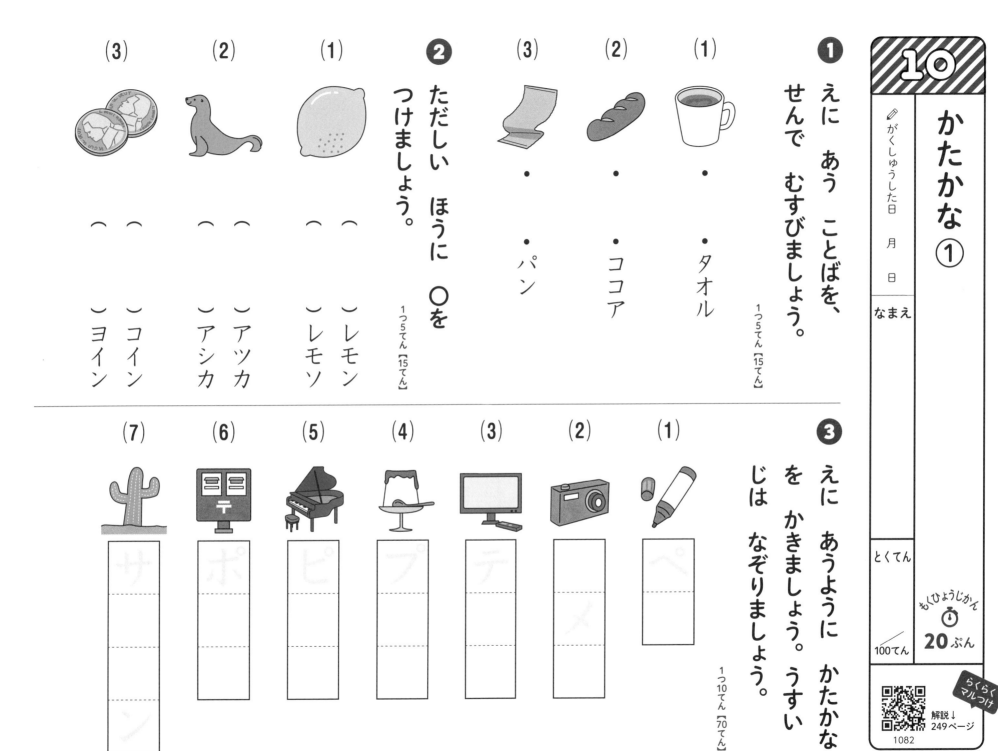

もう1回チャレンジ!!

10 かたかな①

がくしゅうした日　月　日

なまえ

とくてん　/100てん

もくひょうじかん　20ぷん

らくらくマルつけ　解説↓249ページ　1082

❶ えに　あう　ことばを、せんで　むすびましょう。　1つ5てん【15てん】

(1) 　・　・タオル

(2) 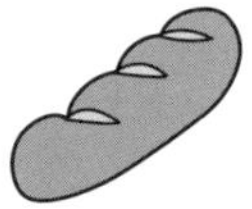　・　・ココア

(3) 　・　・パン

❷ ただしい　ほうに　○を　つけましょう。　1つ5てん【15てん】

(1) 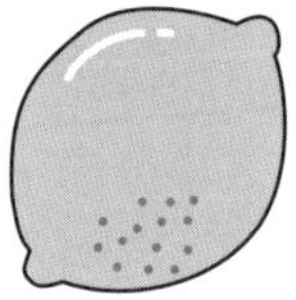　（　）レモン　（　）レモソ

(2) 　（　）アッカ　（　）アシカ

(3) 　（　）コイン　（　）ヨイン

❸ えに　あうように　かたかなを　かきましょう。うすい　じは　なぞりましょう。　1つ10てん【70てん】

(1) 　ペ□

(2) 　□メ□

(3) 　テ□□

(4) 　プ□□

(5) 　ピ□□

(6) 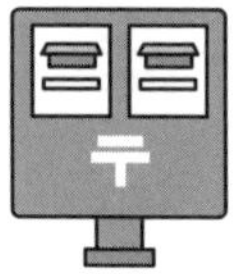　ポ□□

(7) 　サ□□ン

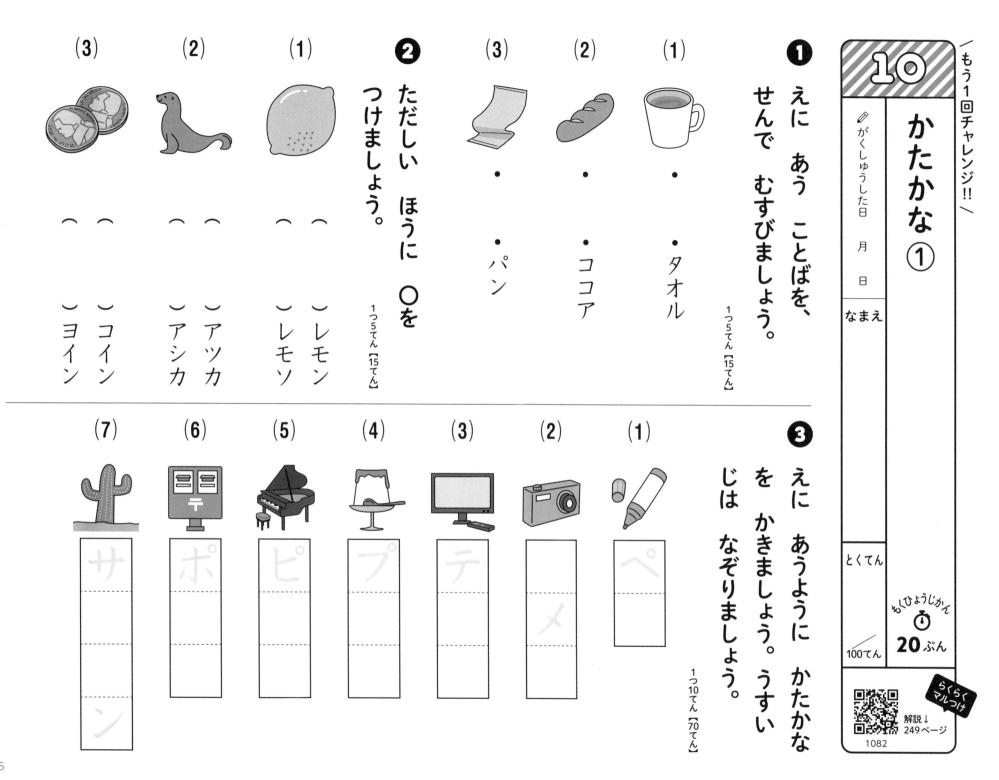

11

かたかな②

がくしゅうした日　月　日

なまえ

とくてん　/100てん

もくひょうじかん　20ぷん

らくらくマルつけ

解説↓
250ページ

1083

こくご

1 えを　みて、かたかなを　ただしく　かきなおしましょう。

1つ5てん【15てん】

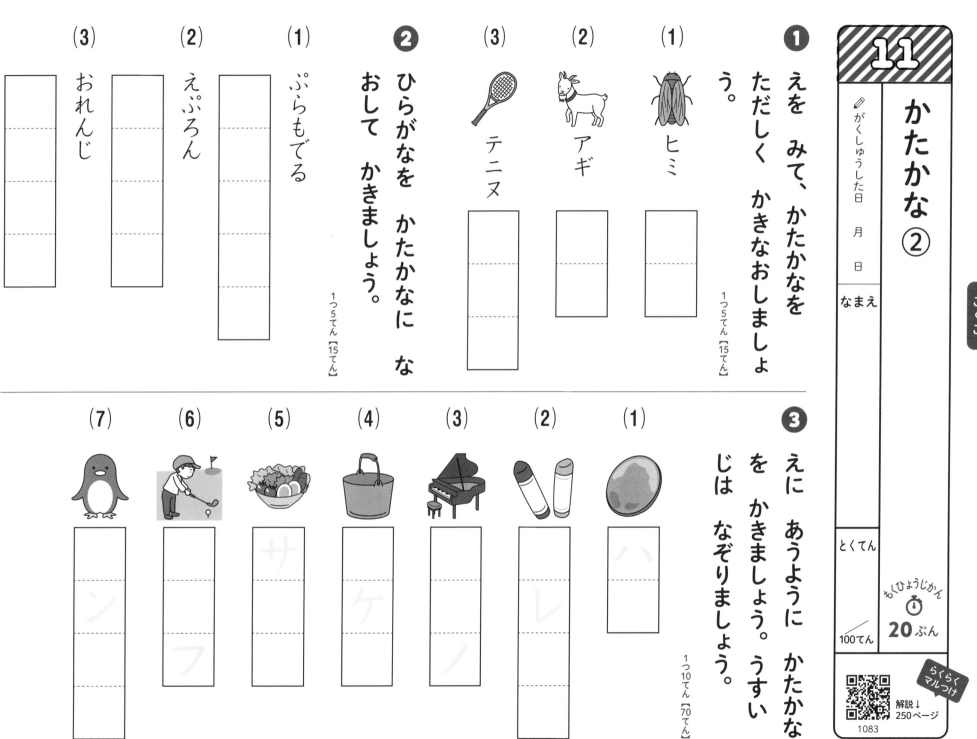

(1) 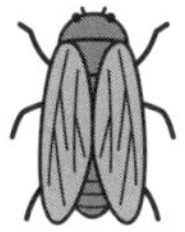
ヒミ

(2) 
アギ

(3) 
テニヌ

2 ひらがなを　かたかなに　なおして　かきましょう。

1つ5てん【15てん】

(1) ぷらもでる

(2) えぷろん

(3) おれんじ

3 えに　あうように　かたかなを　かきましょう。うすい　じは　なぞりましょう。

1つ10てん【70てん】

(1) 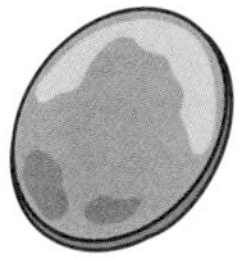
ハ

(2) 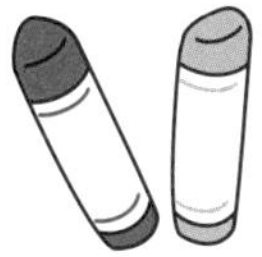
レ

(3) 
ノ

(4) 
ケ

(5) 
サ

(6) 
フ

(7) 
ン

もう1回チャレンジ!!

11 かたかな②

がくしゅうした日　月　日

なまえ

とくてん

100てん

もくひょうじかん 20ぷん

らくらくマルつけ

解説↓ 250ページ

1083

❶ えを　みて、かたかなを　ただしく　かきなおしましょう。

1つ5てん【15てん】

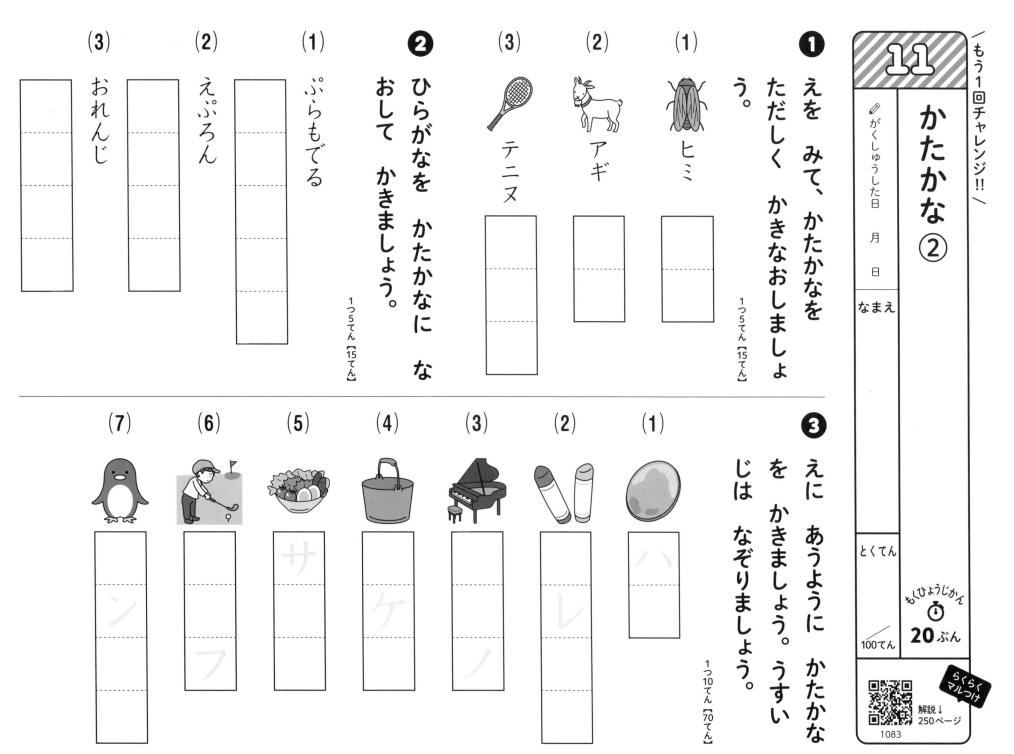

(1) 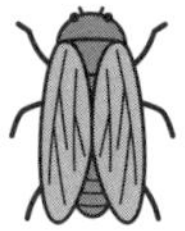 ヒミ

(2)  アギ

(3)  テニヌ

❷ ひらがなを　かたかなに　なおして　かきましょう。

1つ5てん【15てん】

(1) ぷらもでる

(2) えぷろん

(3) おれんじ

❸ えに　あうように　かたかなを　かきましょう。うすい　じは　なぞりましょう。

1つ10てん【70てん】

(1) 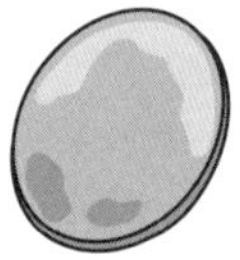 ハ

(2) 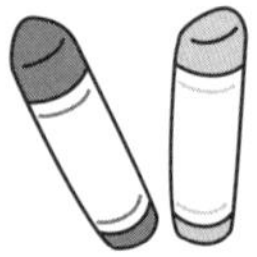 レ

(3)  ノ

(4)  ケ

(5)  サ

(6)  フ

(7)  ン

12

かたかな③

がくしゅうした日　月　日

なまえ

とくてん　／100てん

もくひょうじかん　20ぷん

らくらくマルつけ
解説↓
250ページ

1084

こくご

1 かたかなの　つかいかたが　ただしい　ほうに　○を　つけましょう。

1つ8てん【40てん】

(1)
（　）バッグ
（　）バツグ

(2)
（　）バトカア
（　）パトカー

(3)
（　）マラソン
（　）マランソ

(4)
（　）シーツ
（　）ツーシ

(5)
（　）ニユウス
（　）ニュース

2 えに　あうように　かたかなを　かきましょう。うすい　じは　なぞりましょう。

1つ10てん【60てん】

(1)

□□ダ

(2)

ラ□□

(3)

□□ケ□

(4)
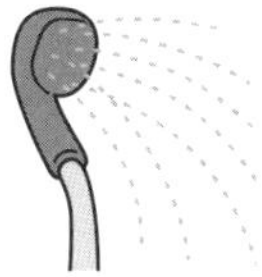
□□□ワ□

(5)

□□フ□

(6)

キ□□□ル

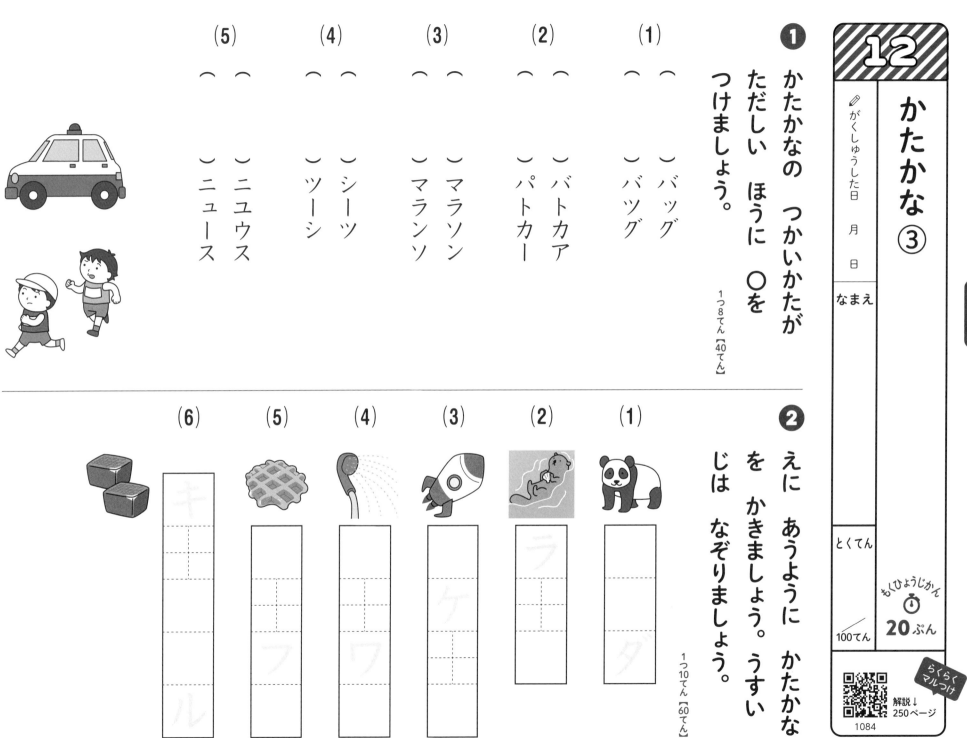

12 かたかな③

がくしゅうした日　月　日

なまえ

とくてん　/100てん

もくひょうじかん　20ぷん

らくらくマルつけ

解説↓250ページ

1084

1 かたかなの　つかいかたが　ただしい　ほうに　○を　つけましょう。　1つ8てん【40てん】

(1) （　）バッグ　（　）バツグ

(2) （　）バトカア　（　）パトカー

(3) （　）マラソン　（　）マランソ

(4) （　）シーツ　（　）ツーシ

(5) （　）ニユウス　（　）ニュース

2 えに　あうように　かたかなを　かきましょう。うすい　じは　なぞりましょう。　1つ10てん【60てん】

(1)  □□ダ

(2)  ラ□□

(3)  □ケ□

(4) 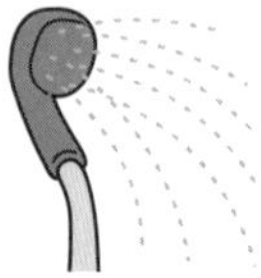 □□ワ

(5)  □□フ

(6)  キ□□□ル

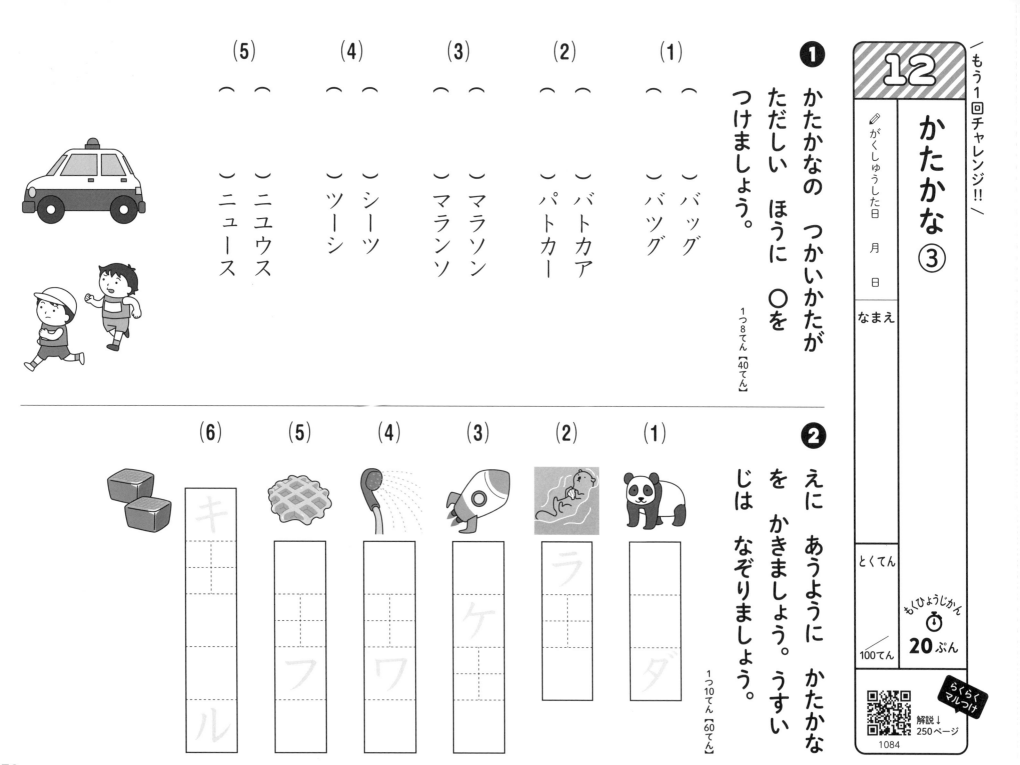

13

ことばパズル《ぱずる》②

がくしゅうした日　月　日

なまえ

とくてん

/100てん

もくひょうじかん 20ぷん

らくらくマルつけ

解説↓ 250ページ

1085

こくご

1 ひらがなが 1つ きえて しまいました。えに あうように、じを ひとつ いれましょう。

1つ10てん【60てん】

(1) うえ□

(2) □くわ

(3) □うし

(4) □くだ

(5) い□ご

(6) く□ま

2 ひょうの なかに、3もじの ことばが 5つ かくれて います。えに あう ことばを ○で かこみましょう。

1つ8てん【40てん】

※たては うえから したへ、よこは ひだりから みぎへ よみます。ななめには よみません。1つの じが 2かい つかわれる ことも あります。

め	ろ	ざ	ず	ま
だ	る	と	う	ふ
か	ら	だ	あ	と
か	い	る	ふ	ん
も	ば	ま	き	ぎ

13 ことばパズル《ぱずる》②

がくしゅうした日　　月　　日

なまえ

とくてん

100てん

もくひょうじかん 20ぷん

らくらくマルつけ

解説↓
250ページ

1085

❶ ひらがなが　1つ　きえて　しまいました。えに　あうように、じを　ひとつ　いれましょう。

1つ10てん【60てん】

(1) うえ□

(2) □くわ

(3) □うし

(4) □くだ

(5) い□ご

(6) く□ま

❷ ひょうの　なかに、3もじの　ことばが　5つ　かくれて　います。えに　あう　ことばを　○で　かこみましょう。

1つ8てん【40てん】

※たては　うえから　したへ、よこは　ひだりから　みぎへ　よみます。ななめには　よみません。1つの　じが　2かい　つかわれる　ことも　あります。

め	ろ	ざ	ず	ま
だ	る	と	う	ふ
か	ら	だ	あ	と
か	い	る	ふ	ん
も	ば	ま	き	ぎ

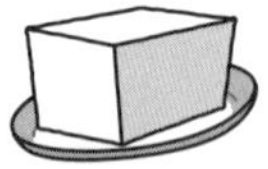

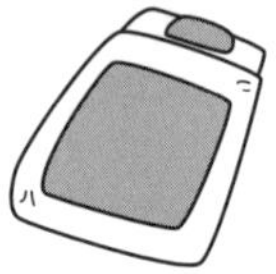

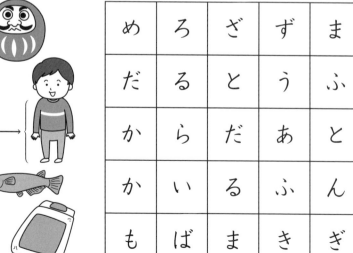

こくご

14 かいわぶんの よみかた

がくしゅうした日　月　日

なまえ

とくてん　/100てん

もくひょうじかん　20ぷん

らくらくマルつけ

解説↓ 250ページ

1086

1 つぎの えまさんと けいさんの かいわぶんを よんで、もんだいに こたえましょう。

すきな あそびは なに。

ぼくは、こままわしが いちばん すきだよ。

わたしも やって みたいな。こままわしが すきなのは どうして。

うまく まわせると うれしいからだよ。

うれしく なるよね。こままわしを はじめたのは いつから。

いちねんせいに、なってからだよ。

---

(1) ふたりは なにに ついて はなして いますか。つぎから えらび、きごうで かきましょう。（25てん）

（　　）

あ すきな きょうか。

い すきな あそび。

う すきな たべもの。

(2) けいさんは なにが いちばん すきですか。（25てん）

[　　　　　]

(3) ふたりが はなした じゅんに すうじを かきましょう。（ぜんぶできて50てん）

（　）どうして すきか。

（　）すきな あそび。

（　）いつ はじめたか。

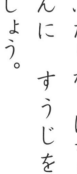

もう1回チャレンジ!!

14 かいわぶんの よみかた

がくしゅうした日　月　日

なまえ

とくてん　/100てん

もくひょうじかん 20ぷん

らくらくマルつけ

解説↓ 250ページ

1086

1 つぎの えまさんと けいさんの かいわぶんを よんで、もんだいに こたえましょう。

えま

すきな あそびは なに。

けい

ぼくは、こままわしが いちばん すきだよ。

えま

わたしも やって みたいな。こままわしが すきなのは どうして。

けい

うまく まわせると うれしいからだよ。

えま

うれしく なるよね。こままわしを はじめたのは いつから。

けい

いちねんせいに、なってからだよ。

---

(1) ふたりは なにに ついて はなして いますか。つぎから えらび、きごうで かきましょう。(25てん)

（　　　）

Ⓐ すきな きょうか。
Ⓘ すきな あそび。
Ⓤ すきな たべもの。

(2) けいさんは なにが いちばん すきですか。(25てん)

[　　　　　]

(3) ふたりが はなした じゅんに すうじを かきましょう。(ぜんぶできて50てん)

（　）どうして すきか。
（　）すきな あそび。
（　）いつ はじめたか。

15 おはなしを よもう①

がくしゅうした日 月 日

なまえ

とくてん /100てん

もくひょうじかん 20ぷん

らくらくマルつけ

解説↓ 251ページ

1087

1 つぎの ぶんしょうを よんで、もんだいに こたえましょう。

むかし むかし、たぬきと たにしが、たびに でました。

「たにしくん、むこうに みえる おみやまで、かけくらべを しようか。」

「ああ、しよう。さきに ついた ほうが、えらいのだよ。」

「そうさ。じゃ、やろう。」

たぬきと たにしは ならびました。

ようい、どん。

たぬきが さきに かけだしました。たにしは、すばやく、たぬきの しっぽに ぶらさがりました。

たぬきは なんにも しりません。えっさ えっささと はしりました。

（大《おお》木《き》雄《ゆう》二《じ》『たぬきと たにし』より）

(1) かけくらべに さそったのは だれですか。（25てん）

[　　　]

(2) かけくらべで たにしは どう しましたか。1つ25てん（50てん）

かけだした たぬきの [　　　] に [　　　] ぶらさがった。

(3) たぬきは どのように はしりましたか。つぎから えらび、きごうで かきましょう。（25てん）（　　）

あ がんばって はしった。

い なまけて はしった。

う やすみながら はしった。

もう1回チャレンジ!!

15

おはなしを　よもう①

がくしゅうした日　月　日

なまえ

とくてん　／100てん

もくひょうじかん　20ぷん

らくらくマルつけ

解説↓　251ページ

1087

❶ つぎの　ぶんしょうを　よんで、もんだいに　こたえましょう。

むかし　むかし、たぬきと　たにしが、たびに　でました。

「たにしくん、むこうに　みえる　おみやまで、かけくらべを　しようか。」

「ああ、しよう。さきに　ついた　ほうが、えらいのだよ。」

「そうさ。じゃ、やろう。」

たぬきと　たにしは　ならびました。

ようい、どん。

たぬきが　さきに　かけだしました。たにしは、すばやく、たぬきの　しっぽに　ぶらさがりました。

たぬきは　なんにも　しりません。えっさ　えっさと　はしりました。

（大木雄二《おおきゆうじ》『たぬきと　たにし』より）

(1) かけくらべに　さそったのは　だれですか。（25てん）

[　　　]

(2) かけくらべで　たにしは　どう　しましたか。1つ25てん（50てん）

かけだした　たぬきの　[　　　]　に　[　　　]　ぶらさがった。

(3) たぬきは　どのように　はしりましたか。つぎから　えらび、きごうで　かきましょう。（25てん）（　　）

あ　がんばって　はしった。

い　なまけて　はしった。

う　やすみながら　はしった。

16 てん・まる・かぎ

がくしゅうした日　月　日

なまえ

とくてん　/100てん

もくひょうじかん 20ぷん

らくらくマルつけ

解説↓ 251ページ

1088

❶ てん「、」と まる「。」を ただしく つかって いる ほうに ○を つけましょう。 1つ10てん【20てん】

(1)
（　）いぬが はしる、
（　）いぬが はしる。

(2)
（　）わたしは、おべんとうを たべた。
（　）わたしは。おべんとうを たべた、

❷ つぎの ぶんの はなして いる ぶぶんに せんを ひきましょう。 1つ10てん【20てん】

(1) わたしは、せんせいに「おはようございます。」と、いいました。

(2) せんせいは、「よい てんきですね。」と、いいました。

❸ □に てん「、」または まる「。」を かきましょう。 1つ10てん【40てん】

(1) じゅぎょうが おわったので□ともだちと いえへ かえった□

(2) きょうは□おじいちゃんが とおくから くるから たのしみだ□

❹ □に かぎ『「』または『」』を かきましょう。 1つ10てん【20てん】

せんせいは□つぎの たいいくの じかんは みずぎが ひつようです。□と、いいました。

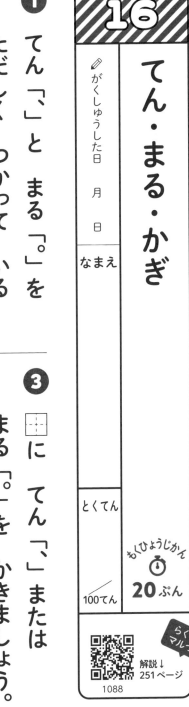

もう1回チャレンジ!!

16 てん・まる・かぎ

がくしゅうした日　月　日

なまえ

とくてん　/100てん

もくひょうじかん 20ぷん

らくらくマルつけ

解説↓ 251ページ

1088

1 てん「、」と まる「。」を ただしく つかって いる ほうに ○を つけましょう。 1つ10てん【20てん】

(1)
（　）いぬが はしる、
（　）いぬが はしる。

(2)
（　）わたしは、おべんとうを たべた。
（　）わたしは。おべんとうを たべた、

2 つぎの ぶんの はなして いる ぶぶんに せんを ひきましょう。 1つ10てん【20てん】

(1) わたしは、せんせいに「おはようございます。」と、いいました。

(2) せんせいは、「よい てんきですね。」と、いいました。

3 □に てん「、」または まる「。」を かきましょう。 1つ10てん【40てん】

(1) じゅぎょうが おわったので□ともだちと いえへ かえった□

(2) きょうは□おじいちゃんが とおくから くるから たのしみだ□

4 □に かぎ『「』または『」』を かきましょう。 1つ10てん【20てん】

せんせいは□つぎの たいいくの じかんは みずぎが ひつようです。□と、いいました。

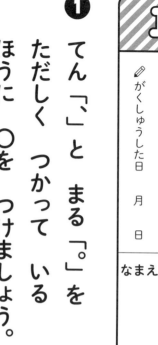

17 かんじ①

がくしゅうした日　月　日

なまえ

とくてん　／100てん

もくひょうじかん 20ぷん

らくらくマルつけ

解説↓251ページ

1089

こくご

❶ （　）に ——せんの よみがなを かきましょう。　1つ5てん【30てん】

(1) （　　）小さい ねこ。

(2) （　　）車に のる。

(3) （　　）文しょうを かく。

(4) （　　）虫を つかまえる。

(5) （　　）川が ながれる。

(6) （　　）竹とんぼを つくる。

❷ □に かんじを かきましょう。　1つ10てん【70てん】

(1) □《みみ》を すます。

(2) □《やす》みじかん

(3) □《ちから》を こめる。

(4) □《て》を ふる。

(5) □《あし》ぶみを する。

(6) □《た》んぼの □《なか》。

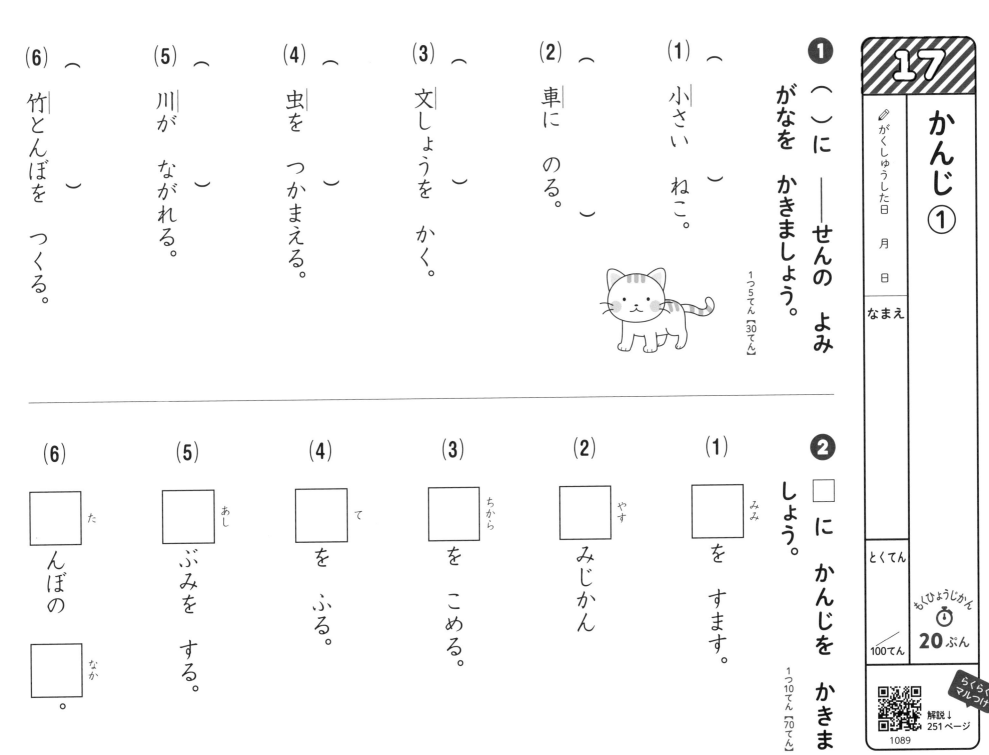

もう1回チャレンジ!!

17

かんじ①

がくしゅうした日　月　日

なまえ

とくてん　／100てん

もくひょうじかん　20ぷん

らくらくマルつけ

解説↓251ページ

1089

1 （　）に ——せんの よみがなを かきましょう。　1つ5てん【30てん】

(1) 小さい ねこ。（　）

(2) 車に のる。（　）

(3) 文しょうを かく。（　）

(4) 虫を つかまえる。（　）

(5) 川が ながれる。（　）

(6) 竹とんぼを つくる。（　）

2 □に かんじを かきましょう。　1つ10てん【70てん】

(1) □《みみ》を すます。

(2) □《やす》みじかん

(3) □《ちから》を こめる。

(4) □《て》を ふる。

(5) □《あし》ぶみを する。

(6) □《た》んぼの □《なか》。

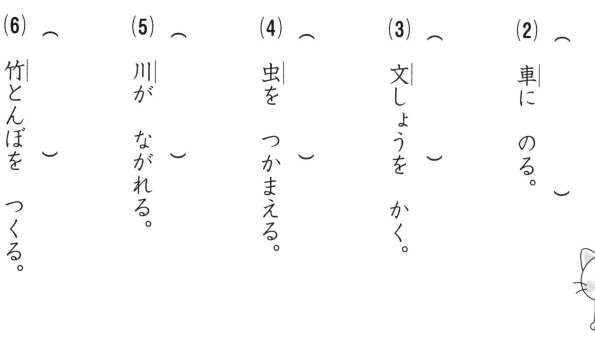

18

かんじ②

がくしゅうした日　月　日

なまえ

とくてん　／100てん

もくひょうじかん　20ぷん

らくらくマルつけ

解説↓ 252ページ

1090

こくご

1 （　）に ――せんの よみがなを かきましょう。

1つ5てん【30てん】

(1) あめが 三つ。（　）

(2) 七つの ほし。（　）

(3) ぼくは 一年生だ。（　）

(4) 十日まえの はなし。（　）

(5) えんぴつが 九本。（　）

(6) 七五三の おいわい。（　）

2 □に かんじを かきましょう。

1つ10てん【70てん】

(1) □《し》□《がつ》生《う》まれ

(2) □《ろく》じに おきる。

(3) □《いし》が □《ふた》つ。

(4) □《せん》□《えん》さつ

(5) □《ひゃく》まで かぞえる。

(6) □《はち》にんで あそぶ。

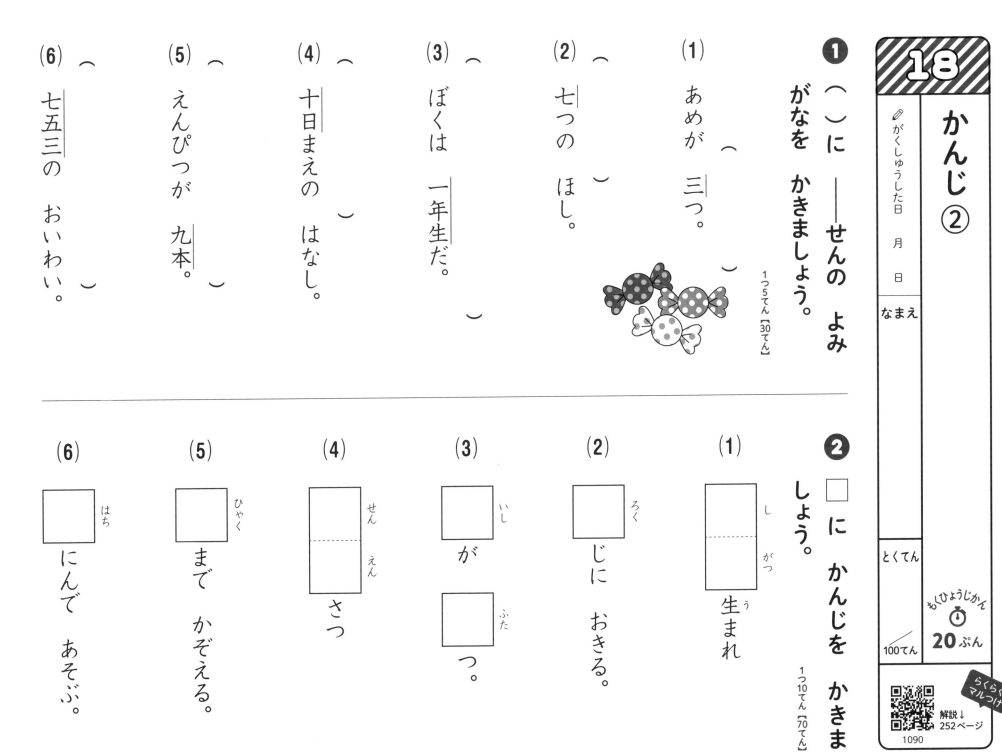

もう1回チャレンジ!!

18 かんじ②

がくしゅうした日　月　日

なまえ

とくてん　/100てん

もくひょうじかん 20ぷん

らくらくマルつけ

解説↓ 252ページ

1090

❶ （　）に ——せんの よみがなを かきましょう。

1つ5てん【30てん】

(1) あめが 三つ。（　　）

(2) 七つの ほし。（　　）

(3) ぼくは 一年生だ。（　　）

(4) 十日まえの はなし。（　　）

(5) えんぴつが 九本。（　　）

(6) 七五三の おいわい。（　　）

❷ □に かんじを かきましょう。

1つ10てん【70てん】

(1) □《し》□《がつ》生《う》まれ

(2) □《ろく》じに おきる。

(3) □《いし》が □《ふた》つ。

(4) □《せん》□《えん》さつ

(5) □《ひゃく》まで かぞえる。

(6) □《はち》にんで あそぶ。

19 いろいろな ことば①

がくしゅうした日　月　日

なまえ

とくてん　/100てん

もくひょうじかん 20ぷん

らくらくマルつけ

解説↓252ページ

1091

1 えと えの ものを かぞえる ときの ことばを せんで むすびましょう。 1つ8てん【24てん】

(1) 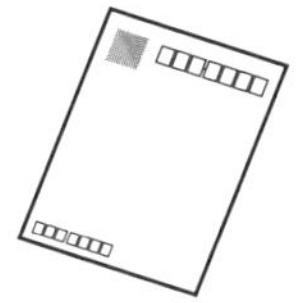 ・　　・ひき

(2)  ・　　・わ

(3)  ・　　・まい

2 ――せんの かんじを ひらがなで かきましょう。 1つ8てん【16てん】

(1) みかんが 四こ。 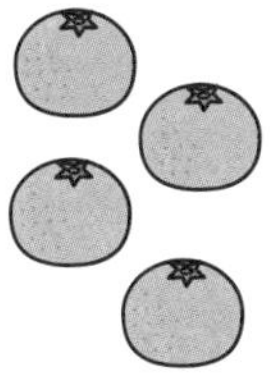 （　　　）こ

(2) みかんが 五つ。 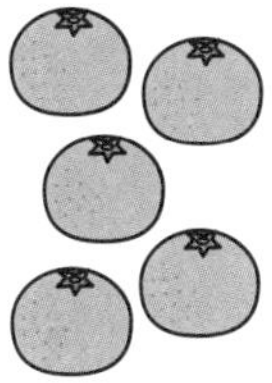 （　　　）つ

3 ――せんの ことばを ひらがなで かきましょう。 1つ10てん【60てん】

(1) 六本の えんぴつ。 （　　　）

(2) 二さつの ほん。 （　　　）

(3) 一つぶの いちご。 （　　　）

(4) 三人の こども。 （　　　）

(5) 五ひきの こいぬ。 （　　　）

(6) 七かいだての ビル《びる》。 （　　　）

／もう1回チャレンジ!!／

19

いろいろな ことば①

がくしゅうした日　月　日

なまえ

とくてん

／100てん

もくひょうじかん 20ぷん

らくらくマルつけ

解説↓ 252ページ

1091

❶ えと えの ものを かぞえる ときの ことばを せんで むすびましょう。 1つ8てん【24てん】

(1)  ・　　・ひき

(2)  ・　　・わ

(3)  ・　　・まい

❷ ――せんの かんじを ひらがなで かきましょう。 1つ8てん【16てん】

(1) みかんが 四こ。

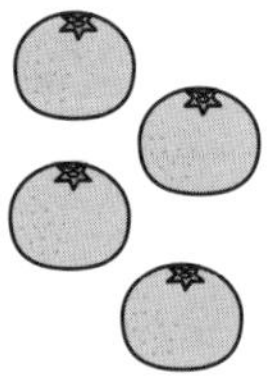

（　　　　）こ

(2) みかんが 五つ。

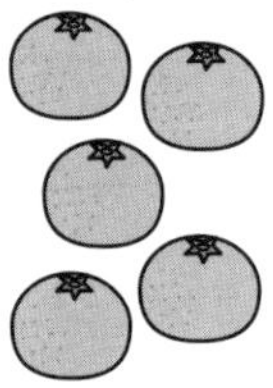

（　　　　）つ

❸ ――せんの ことばを ひらがなで かきましょう。 1つ10てん【60てん】

(1) 六本の えんぴつ。（　　　　）

(2) 二さつの ほん。（　　　　）

(3) 一つぶの いちご。（　　　　）

(4) 三人の こども。（　　　　）

(5) 五ひきの こいぬ。（　　　　）

(6) 七かいだての ビ《び》ル《る》。（　　　　）

20

文《ぶん》の かたち

がくしゅうした日　月　日

なまえ

とくてん　／100てん

もくひょうじかん 20ぷん

らくらくマルつけ

解説↓ 252ページ

1092

❶ ただしい 文《ぶん》に なるように うえと したの ことばを、せんで むすびましょう。 1つ5てん【15てん】

(1) さくらが・　・でる。

(2) つきが・　・さく。

(3) うさぎが・　・はねる。

❷ □から あてはまる ことばを えらび、文を つくりましょう。 1つ5てん【15てん】

(1) [する　ふる]　あめが（　　）。

(2) [ある　いる]　とりが（　　）。

(3) [とぶ　みる]　ひこうきが（　　）。

❸ 「なにが」を あらわす ことばを かきましょう。 1つ10てん【40てん】

(1) くるまが くる。（　　）

(2) うきわが うかぶ。（　　）

(3) ほしが かがやく。（　　）

(4) おとうとが わらう。（　　）

❹ 「どう する」を あらわす ことばを かきましょう。 1つ10てん【30てん】

(1) ゆかが すべる。（　　）

(2) なみだが ながれる。（　　）

(3) かみが ぬれる。（　　）

＼もう1回チャレンジ!!／

20 文《ぶん》の かたち

がくしゅうした日　月　日

なまえ

とくてん

/100てん

もくひょうじかん 20ぷん

らくらくマルつけ

解説↓ 252ページ

1092

❶ ただしい 文《ぶん》に なるように うえと したの ことばを、せんで むすびましょう。 1つ5てん【15てん】

(1) さくらが・　・でる。

(2) つきが・　・さく。

(3) うさぎが・　・はねる。

❷ □から あてはまる ことばを えらび、文を つくりましょう。 1つ5てん【15てん】

(1) [する　ふる]　あめが（　　）。

(2) [ある　いる]　とりが（　　）。

(3) [とぶ　みる]　ひこうきが（　　）。

❸ 「なにが」を あらわす ことばを かきましょう。 1つ10てん【40てん】

(1) くるまが くる。（　　）

(2) うきわが うかぶ。（　　）

(3) ほしが かがやく。（　　）

(4) おとうとが わらう。（　　）

❹ 「どう する」を あらわす ことばを かきましょう。 1つ10てん【30てん】

(1) ゆかが すべる。（　　）

(2) なみだが ながれる。（　　）

(3) かみが ぬれる。（　　）

21

きろく文《ぶん》の　かきかた

がくしゅうした日　　月　　日

なまえ

とくてん　　／100てん

もくひょうじかん　20ぷん

らくらくマルつけ

解説↓253ページ

1093

こくご

1 つぎの　文《ぶん》しょうを　よんで、もんだいに　こたえましょう。

見たもの　大きさ　いろ　目　およぎかた　おもったこと

学校《がっこう》の　すいそうの　メ《め》ダ《だ》カ《か》を　見《み》ました。

わたしの　こゆびくらいの　大《おお》きさです。

からだは、ちゃいろです。おなかの　ところだけ、ぎんいろです。

目《め》は、まんまるで、くろ目が　大きいです。

おを　ひらひら　うごかして　およいで　います。

これから　どの　くらい　大きく　なるのかなあと　おもいました。

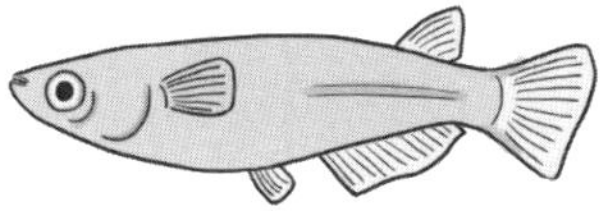

(1) メダカは　どんな　いろですか。　1つ25てん（50てん）

からだは［　　　　］。

おなかは［　　　　］。

(2) メダカは　どの　くらいの　大きさですか。　（25てん）

わたしの［　　　　］くらい。

(3) 目は　どのような　ようすですか。つぎから　えらび、きごうで　かきましょう。　（25てん）（　　）

あ　とびでて　いる。

い　くろ目が　大きい。

う　くろ目が　小《ちい》さい。

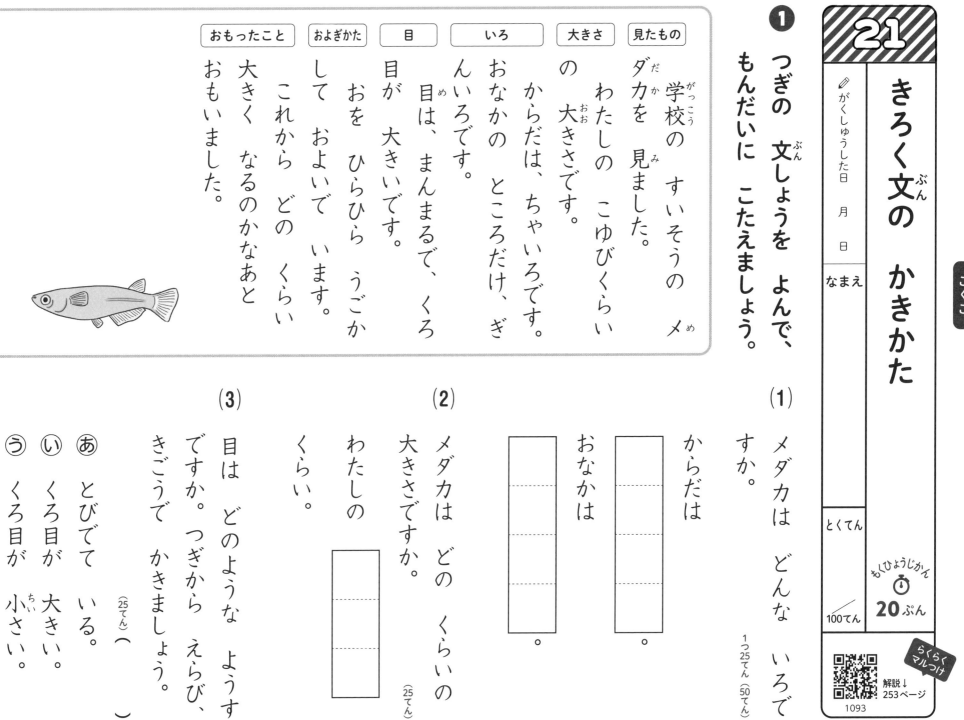

21 きろく文《ぶん》の　かきかた

がくしゅうした日　　月　　日

なまえ

とくてん　　／100てん

もくひょうじかん　20ぷん

らくらくマルつけ

解説↓253ページ

1093

1　つぎの　文《ぶん》しょうを　よんで、もんだいに　こたえましょう。

見たもの	大きさ	いろ	目	およぎかた	おもったこと

学校《がっこう》の　すいそうの　メ《め》ダ《だ》カ《か》を　見《み》ました。
わたしの　こゆびくらいの　大《おお》きさです。
からだは、ちゃいろです。おなかの　ところだけ、ぎんいろです。
目《め》は、まんまるで、くろ目が　大きいです。
おを　ひらひら　うごかして　およいで　います。
これから　どの　くらい　大きく　なるのかなあと　おもいました。

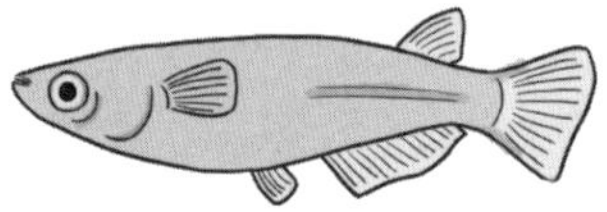

(1)　メダカは　どんな　いろですか。　1つ25てん（50てん）

からだは　□。

おなかは　□。

(2)　メダカは　どの　くらいの　大きさですか。　（25てん）

わたしの　□　くらい。

(3)　目は　どのような　ようすですか。つぎから　えらび、きごうで　かきましょう。　（25てん）（　　）

あ　とびでて　いる。

い　くろ目が　大きい。

う　くろ目が　小《ちい》さい。

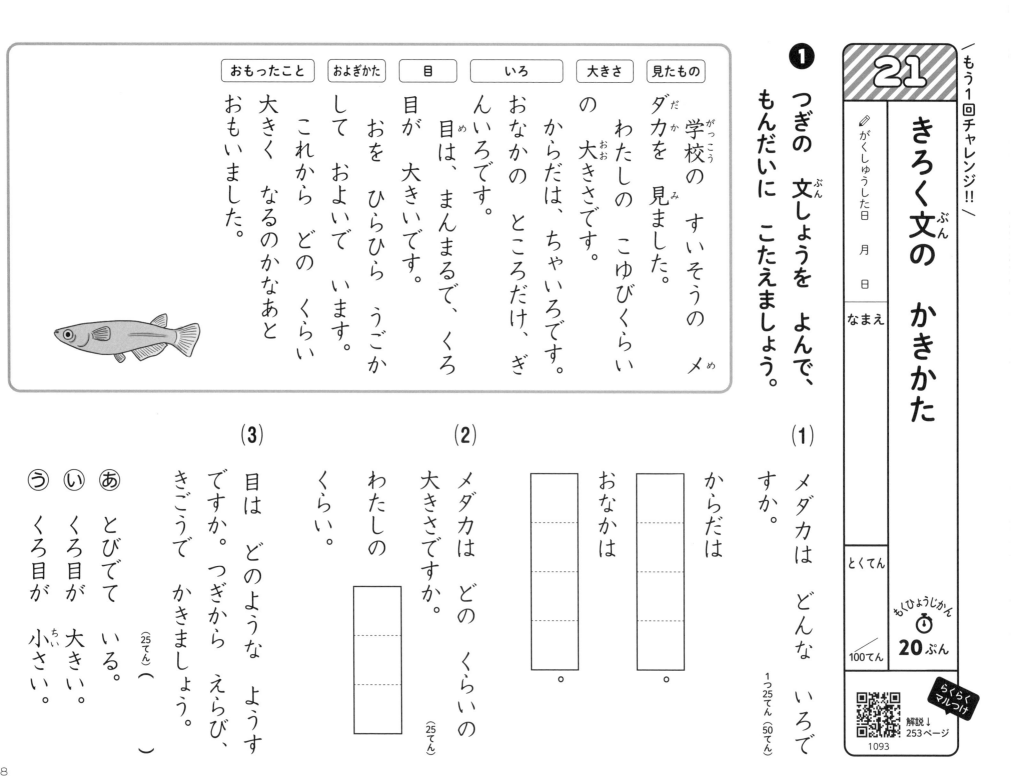

22 にっきの かきかた

✎がくしゅうした日　　月　　日

なまえ

とくてん　　／100てん

もくひょうじかん　20ぷん

らくらくマルつけ　解説↓253ページ

1094

こくご

1 つぎの 文《ぶん》しょうを よんで、もんだいに こたえましょう。

できごと ／ あそんだこと ／ おもったこと

きょう、ひるやすみに
校《こう》ていで けんとくんたち
と あそびました。
なわとびの あと、いろ
おにを しました。
おにが、
「きいろ。」
と いった とき、みんな
が ぼくの ぼうしを さ
わりに きたのが おもし
ろかったです。

(1) いつ どこでの できごとですか。（30てん）

きょうの □□□□□ の 校ていでの できごと。

(2) だれと いっしょに あそびましたか。（30てん）

□□□ くんたち。

(3) みんなの どんな ことが おもしろかったのですか。つぎから えらび、きごうで かきましょう。（40てん）

（　　）

ア ぼくの ぼうしを さわりに きた こと。

イ ぼくの なわとびを 見《み》た こと。

ウ ぼくの うごきを まねした こと。

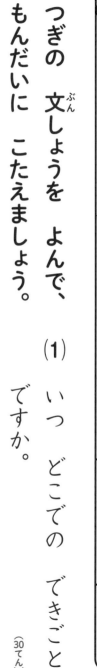

22

にっきの かきかた

がくしゅうした日　月　日

なまえ

とくてん　／100てん

もくひょうじかん　20ぷん

らくらくマルつけ

解説↓ 253ページ

1094

❶ つぎの 文《ぶん》しょうを よんで、もんだいに こたえましょう。

できごと　あそんだこと　おもったこと

きょう、ひるやすみに
校《こう》ていで けんとくんたち
と あそびました。
なわとびの あと、いろ
おにを しました。
おにが、
「きいろ。」
と いった とき、みんな
が ぼくの ぼうしを さ
わりに きたのが おもし
ろかったです。

(1) いつ どこでの できごと ですか。(30てん)

きょうの ［　　　　］ の
校ていでの できごと。

(2) だれと いっしょに あそびましたか。(30てん)

［　　　］ くんたち。

(3) みんなの どんな ことが おもしろかったのですか。つぎから えらび、きごうで かきましょう。(40てん)

（　　）

㋐ ぼくの ぼうしを さわりに きた こと。

㋑ ぼくの なわとびを 見《み》た こと。

㋒ ぼくの うごきを まねした こと。

23 てがみの かきかた

がくしゅうした日　月　日

なまえ

とくてん　／100てん

もくひょうじかん 20ぷん

らくらくマルつけ

解説↓253ページ

1095

こくご

1 つぎの 文《ぶん》しょうを よんで、もんだいに こたえましょう。

あいさつ

かずこおばさん、おげんき気《き》ですか。

しらせたいこと

わたしは、こくごの おんどくが じょうずに できるように なりました。

はじめは つっかえて ばかりだったけれど、いまは、すらすら よめます。

おねがい

こんど おかあさんと いっしょに、おばさんの いえに いった とき、きいて ください。

あかりより

(1) だれから、だれへの てがみですか。 1つ25てん（50てん）

[　　　] さんから [　　　] おばさん への てがみ。

(2) どんな ことを しらせる ための てがみですか。（25てん）

[　　　] が じょうずに できるように なった こと。

(3) てがみで なにを おねがい して いますか。つぎから えらび、きごうで かきましょう。（25てん）

（　　）

あ いえに きて ほしい。

い こんど あそんで ほしい。

う こんど きいて ほしい。

もう1回チャレンジ!!

23

てがみの かきかた

がくしゅうした日　月　日

なまえ

とくてん　/100てん

もくひょうじかん　20ぷん

らくらくマルつけ

解説↓ 253ページ

1095

❶ つぎの 文《ぶん》しょうを よんで、もんだいに こたえましょう。

あいさつ　しらせたいこと　おねがい

かずこおばさん、おげん気《き》ですか。

わたしは、こくごの おんどくが じょうずに できるように なりました。

はじめは つっかえて ばかりだったけれど、いまは、すらすら よめます。

こんど おかあさんと いっしょに、おばさんの いえに いった とき、きいて ください。

あかりより

(1) だれから、だれへの てがみですか。 1つ25てん（50てん）

［　　　］さんから ［　　　］おばさん への てがみ。

(2) どんな ことを しらせる ための てがみですか。（25てん）

［　　　　］が じょうずに できるように なった こと。

(3) てがみで なにを おねがい して いますか。つぎから えらび、きごうで かきましょう。（25てん）

（　　）

あ いえに きて ほしい。

い こんど あそんで ほしい。

う こんど きいて ほしい。

24

しを よもう ②

がくしゅうした日　月　日

なまえ

とくてん

／100てん

もくひょうじかん 20ぷん

らくらくマルつけ

解説↓ 253ページ

1096

こくご

1 **つぎの しを よんで、もんだいに こたえましょう。**

うれしかった

おのでら えつこ

あおむしになって
うれしかった
おひさまが ひかってて
きょうも ごはんは
キャベツ《きゃべつ》
キャベツ
キャベツの ごちそう

ちょうちょうになって
うれしかった
おひさまは もっと ひかってて
きょうも ごはんは
はな
はな
はなのみつの ごちそう

(1) あおむしに とっての ごちそうは なんですか。(25てん)

□□□□

(2) ちょうちょうは なぜ うれしいのですか。1つ25てん(50てん)

□□□□ が もっと ひかって いて、□□ の みつの ごちそうが あるから。

(3) あおむしと ちょうちょうの きもちを つぎから えらび、きごうで かきましょう。(25てん)

（　　）

あ さびしい きもち。

い はずかしい きもち。

う しあわせな きもち。

もう1回チャレンジ!!

24 しを よもう②

がくしゅうした日　月　日

なまえ

とくてん　/100てん

もくひょうじかん 20ぷん

らくらくマルつけ

解説↓253ページ

1096

❶ つぎの しを よんで、もんだいに こたえましょう。

うれしかった

おのでら えつこ

あおむしになって
うれしかった
おひさまが ひかってて
きょうも ごはんは
キャベツ《きゃべつ》
キャベツ
キャベツの ごちそう

ちょうちょうになって
うれしかった
おひさまは もっと ひかってて
きょうも ごはんは
はな
はな
はなの みつの ごちそう

(1) あおむしに とっての ごちそうは なんですか。(25てん)

［　　　　］

(2) ちょうちょうは なぜ うれしいのですか。1つ25てん(50てん)

［　　　　］が もっと ひかって いて、［　　］の みつの ごちそうが あるから。

(3) あおむしと ちょうちょうの きもちを つぎから えらび、きごうで かきましょう。(25てん)

（　　）

㋐ さびしい きもち。

㋑ はずかしい きもち。

㋒ しあわせな きもち。

25

かんじ③

がくしゅうした日　月　日

なまえ

とくてん

／100てん

もくひょうじかん　20ぷん

らくらくマルつけ

解説↓254ページ

1097

こくご

1　（　）に　──せんの　よみがなを　かきましょう。　1つ5てん【30てん】

(1)（　　）学校へ　いく。

(2)（　　）出口を　さがす。

(3)（　　）目立つ　いろ。

(4)（　　）青空が　ひろがる。

(5)（　　）天気よほう

(6)（　　）白い　くも。

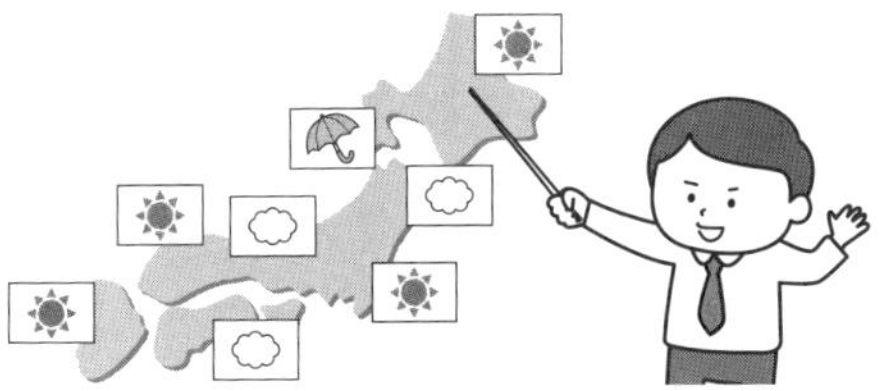

2　□に　かんじを　かきましょう。　1つ10てん【70てん】

(1)　ぼくの　すむ　□《まち》。

(2)　ピアノ《ぴあの》の　□《おと》。

(3)　□《あめ》が　ふる。

(4)　□《かい》がらを　ひろう。

(5)　□《いと》で　ぬう。

(6)　□《あか》い　□《はな》。

もう1回チャレンジ!!

25 かんじ③

がくしゅうした日　月　日

なまえ

とくてん

/100てん

もくひょうじかん 20ぷん

らくらくマルつけ

解説↓ 254ページ

1097

❶ （　）に ——せんの よみがなを かきましょう。

1つ5てん【30てん】

(1) 学校へ いく。（　　）

(2) 出口を さがす。（　　）

(3) 目立つ いろ。（　　）

(4) 青空が ひろがる。（　　）

(5) 天気よほう（　　）

(6) 白い くも。（　　）

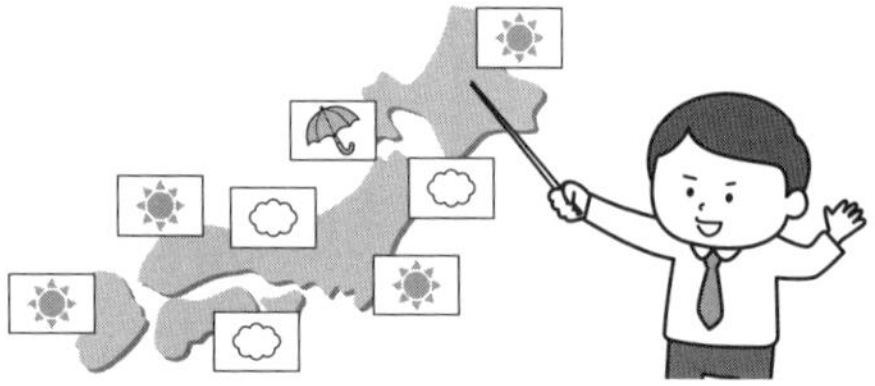

❷ □に かんじを かきましょう。

1つ10てん【70てん】

(1) ぼくの すむ □《まち》。

(2) ピ《ぴ》ア《あ》ノ《の》の □《おと》。

(3) □《あめ》が ふる。

(4) □《かい》がらを ひろう。

(5) □《いと》で ぬう。

(6) □《あか》い □《はな》。

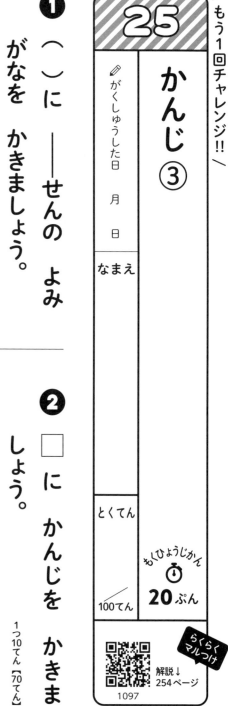

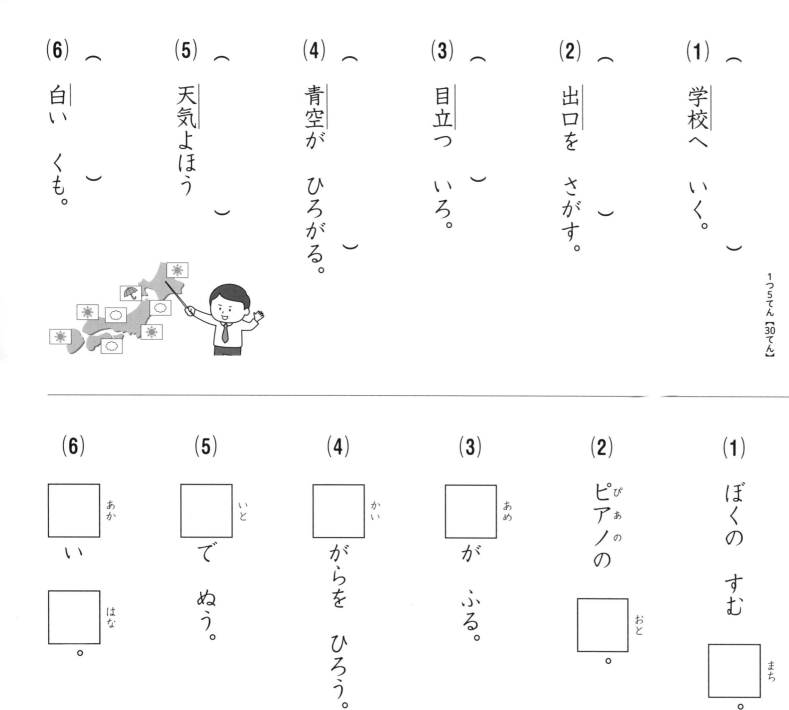

26

かんじ④

がくしゅうした日　月　日

なまえ

とくてん　/100てん

もくひょうじかん　20ぷん

らくらくマルつけ

解説↓254ページ

1098

こくご

❶（　）に ――せんの よみがなを かきましょう。

1つ5てん【30てん】

(1) がいこくの 王さま。（　　）

(2) 大きな もも。（　　）

(3) 正しい こたえ。（　　）

(4) おとなの 人。（　　）

(5) 玉入れを する。（　　）

(6) 林の 中《なか》を あるく。（　　）

❷□に かんじを かきましょう。

1つ10てん【70てん】

(1) □《いぬ》の さんぽ。

(2) しずかな □《もり》。

(3) きれいな □《ゆう》やけ。

(4) □《な》まえを かく。

(5) □《くさ》むしりを する。

(6) あさ □《はや》く □《むら》を でる。

もう1回チャレンジ!!

26 かんじ④

がくしゅうした日　月　日

なまえ

とくてん　／100てん

もくひょうじかん　20ぷん

らくらくマルつけ

解説↓254ページ

1098

1 （　）に ——せんの よみがなを かきましょう。

1つ5てん【30てん】

(1) がいこくの 王さま。（　）

(2) 大きな もも。（　）

(3) 正しい こたえ。（　）

(4) おとなの 人。（　）

(5) 玉入れを する。（　）

(6) 林の 中《なか》を あるく。（　）

2 □に かんじを かきましょう。

1つ10てん【70てん】

(1) □《いぬ》の さんぽ。

(2) しずかな □《もり》。

(3) きれいな □《ゆう》やけ。

(4) □《な》まえを かく。

(5) □《くさ》むしりを する。

(6) あさ □《はや》く □《むら》を でる。

27 かんじ⑤

がくしゅうした日　月　日

なまえ

とくてん　／100てん

もくひょうじかん 20ぷん

らくらくマルつけ

解説↓ 254ページ

1099

1 （ ）に ――せんの よみがなを かきましょう。 1つ10てん【60てん】

(1) 水よう日《び》の あさ。（　　）

(2) 木よう日に いく。（　　）

(3) 月よう日に なる。（　　）

(4) 六月《ろくがつ》（　　） 六日。

(5) 八《はち》月（　　） 八日。

(6) 九《く》月（　　） 九日。

---

2 □に かんじを かきましょう。 1つ10てん【30てん】

(1) □《か》よう日

(2) □《きん》よう日

(3) □《ど》よう日

3 かきじゅんが 正《ただ》しい ほうを あとから えらび、きごうで かきましょう。 1つ5てん【10てん】

(1) 右《みぎ》（　　）

あ ノ→ナ→ナ→右→右

い 一→ナ→ナ→右→右

(2) 左《ひだり》（　　）

あ ノ→ナ→ナ→左→左

い 一→ナ→ナ→左→左

もう1回チャレンジ!!

27 かんじ⑤

がくしゅうした日　月　日

なまえ

とくてん　/100てん

もくひょうじかん　20ぷん

らくらくマルつけ

解説↓254ページ

1099

❶ （　）に ——せんの よみがなを かきましょう。

1つ10てん【60てん】

(1) 水よう日《び》の あさ。（　　）

(2) 木よう日に いく。（　　）

(3) 月よう日に なる。（　　）

(4) 六月《ろくがつ》 六日。（　　）

(5) 八《はち》月 八日。（　　）

(6) 九《く》月 九日。（　　）

❷ □に かんじを かきましょう。

1つ10てん【30てん】

(1) □《か》よう日

(2) □《きん》よう日

(3) □《ど》よう日

❸ かきじゅんが 正《ただ》しい ほうを えらび、あとから きごうで かきましょう。

1つ5てん【10てん】

(1) 右《みぎ》（　　）

㋐ ノ→ナ→右→右→右

㋑ 一→ナ→右→右→右

(2) 左《ひだり》（　　）

㋐ ノ→ナ→左→左→左

㋑ 一→ナ→左→左→左

28 せつめい文《ぶん》を よもう ①

がくしゅうした日　月　日

なまえ

とくてん　／100てん

もくひょうじかん 20ぷん

らくらくマルつけ

解説↓255ページ

1100

1 つぎの 文《ぶん》しょうを よんで、もんだいに こたえましょう。

　これは ラクダ《らくだ》です。

　ラクダは、さばくで くらして います。さばくは、くさが 生《は》えにくく、たべものは すこししか ありません。

　ラクダは なぜ 生《い》きて いけるのでしょう。

　ラクダの せ中《なか》には、大《おお》きな こぶが あります。

　この こぶの 中に たくさんの えいようを ためて います。たべものが 見《み》つからない ときは、それを すこしずつ つかって いのちを つないで いるのです。

　だから、たべられない 日《ひ》が つづくと こぶは だんだん 小《ちい》さく なります。

（書き下ろし）

(1) ラクダの たべものは なんですか。（30てん）

[　　]

(2) たべものは すこししか ありませんが、なぜ ラクダは さばくで 生きて いけるのですか。1つ20てん（40てん）

こぶの 中の [　　] を [　　] いるから。

(3) たべられない 日が つづくと、ラクダの こぶは、どう なりますか。つぎから えらび、きごうで かきましょう。（30てん）（　）

Ⓐ あ 大きく なる。

Ⓑ い 小さく なる。

Ⓒ う かずが ふえる。

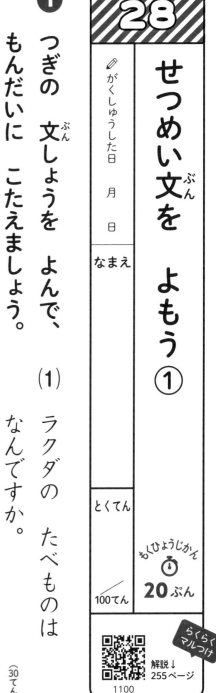

もう1回チャレンジ!!

28

せつめい文《ぶん》を よもう ①

がくしゅうした日　月　日

なまえ

とくてん　／100てん

もくひょうじかん　20ぷん

らくらくマルつけ　解説↓255ページ

1100

❶ つぎの 文《ぶん》しょうを よんで、もんだいに こたえましょう。

　これは ラクダ《らくだ》です。
　ラクダは、さばくで くらして います。さばくは、くさが生《は》えにくく、たべものは すこししか ありません。
　ラクダは なぜ 生《い》きて いけるのでしょう。
　ラクダの せ中《なか》には、大《おお》きな こぶが あります。
　この こぶの中に たくさんの えいようを ためて います。たべものが 見《み》つからない ときは、それを すこしずつ つかって いのちを つないでいるのです。
　だから、たべられない 日《ひ》がつづくと こぶは だんだん小《ちい》さく なります。

（書き下ろし）

(1) ラクダの たべものは なんですか。（30てん）

[ ]

(2) たべものは すこししか ありませんが、なぜ ラクダは さばくで 生きて いけるのですか。（1つ20てん）（40てん）

こぶの 中の [ ] を [ ] いるから。

(3) たべられない 日が つづくと、ラクダの こぶは、どう なりますか。つぎから えらび、きごうで かきましょう。（30てん）（　）

あ 大きく なる。

い 小さく なる。

う かずが ふえる。

29

いろいろな ことば②

✎がくしゅうした日　月　日

なまえ

とくてん

/100てん

もくひょうじかん 20ぷん

らくらくマルつけ

解説↓ 255ページ

1101

こくご

1 なかまの ことばを したから ふたつずつ えらび、せんで むすびましょう。 1つ5てん【30てん】

(1) がっき・

(2) むし・

(3) ようふく・

・トンボ《とんぼ》

・たいこ

・コート《こおと》

・スカート《すかあと》

・ふえ

・バッタ《ばった》

2 なかまでは ない ことばを □から えらび、○で かこみましょう。 1つ10てん【20てん】

(1) おかし

ケーキ《けえき》　だんご　えほん

(2) どうぶつ

うし　ロボット《ろぼっと》　ねずみ

3 まとめて よぶ ことばを あとから えらび、きごうで かきましょう。 1つ10てん【20てん】

(1) □ ― にほん　アメリカ《あめりか》　オーストラリア《おおすとらりあ》

(2) □ ― コスモス《こすもす》　チューリップ《ちゅうりっぷ》　さくら

あ かぐ　い はな

う くに　え しごと

4 まとめて よぶ ことばを かきましょう。 1つ15てん【30てん】

(1) バス《ばす》　でんしゃ　くるま

の

(2) たい　めだか　さんま

さ

もう1回チャレンジ!!

29

いろいろな ことば②

がくしゅうした日　月　日

なまえ

とくてん

100てん

もくひょうじかん 20ぷん

解説↓ 255ページ

らくらくマルつけ

1101

❶ なかまの ことばを したから ふたつずつ えらび、せんで むすびましょう。 1つ5てん【30てん】

(1) がっき・

(2) むし・

(3) ようふく・

・トンボ《とんぼ》
・たいこ
・コート《こおと》
・スカート《すかあと》
・ふえ
・バッタ《ばった》

❷ なかまでは ない ことばを □から えらび、○で かこみましょう。 1つ10てん【20てん】

(1) おかし

ケーキ《けえき》
だんご
えほん

(2) どうぶつ

うし
ロボット《ろぼっと》
ねずみ

❸ まとめて よぶ ことばを あとから えらび、きごうで かきましょう。 1つ10てん【20てん】

(1) □

にほん
アメリカ《あめりか》
オーストラリア《おおすとらりあ》

(2) □

コスモス《こすもす》
チューリップ《ちゅうりっぷ》
さくら

ⓐ かぐ　ⓘ はな
ⓤ くに　ⓔ しごと

❹ まとめて よぶ ことばを かきましょう。 1つ15てん【30てん】

(1) バス《ばす》 でんしゃ くるま

の□□

(2) たい めだか さんま

さ□□

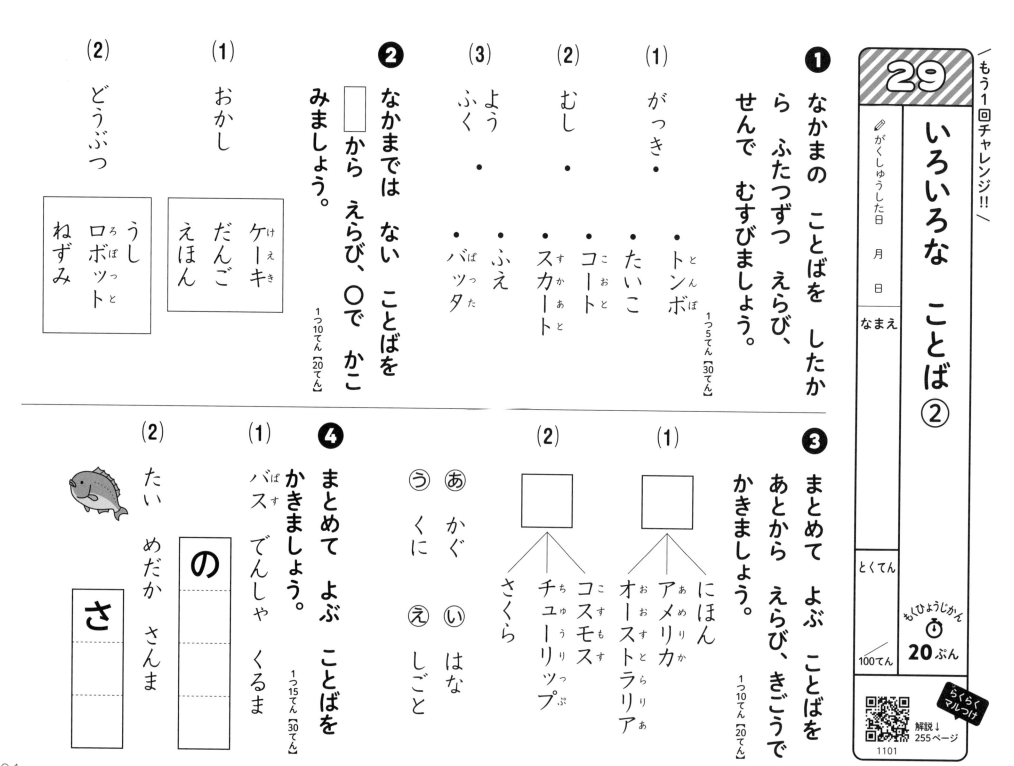

30 おはなしを よもう②

がくしゅうした日　月　日

なまえ

とくてん　／100てん

もくひょうじかん 20ぷん

らくらくマルつけ　解説↓255ページ　1102

❶ つぎの 文《ぶん》しょうを よんで、もんだいに こたえましょう。

ある とき、おしょうは おきゃくから みやげに みずあめを もらった。なめて みると あまいの なんの。

おしょうは よろこんで あむあむあむと なめた。

「こぞうたちに みつかっては たいへんじゃ、どこに かくそうかのう」

そこに たろぼうと じろぼうが

「おしょうさん、へやの そうじに きました」

と しょうじを からりと あけた。

おしょうは あわてて みずあめを かくそうと したがの、こぞうたちは おしょうが なにか なめて いるのを みて しまった。

（日野十成《ひのかずなり》『ぶすの つぼ』より）

(1) おしょうが もらった みやげは なんですか。（25てん）

［　　　　］

(2) こぞうたちが しょうじを あけた とき、おしょうは どんな ようすでしたか。つぎから えらび、きごうで かきましょう。（25てん）

（　　）

㋐ よろこんだ。

㋑ あわてた。

㋒ かなしんだ。

(3) こぞうたちは なにを みたのですか。1つ25てん（50てん）

［　　　　］が なにかを ［　　　　］いる ところ。

30

おはなしを よもう②

がくしゅうした日　月　日

なまえ

とくてん

/100てん

もくひょうじかん 20ぷん

❶ つぎの 文《ぶん》しょうを よんで、もんだいに こたえましょう。

ある とき、おしょうは おきゃくから みやげに みずあめを もらった。なめて みると あまいの なんの。

おしょうは よろこんで あむあむあむと なめた。

「こぞうたちに みつかっては たいへんじゃ、どこに かくそうかのう」

そこに たろぼうと じろぼうが

「おしょうさん、へやの そうじに きました」

と しょうじを からりと あけた。

おしょうは あわてて みずあめを かくそうと したがの、こぞうたちは おしょうが なにか なめて いるのを みて しまった。

（日野《ひの》十成《かずなり》『ぶすの つぼ』より）

(1) おしょうが もらった みやげは なんですか。(25てん)

□□□□

(2) こぞうたちが しょうじを あけた とき、おしょうは どんな ようすでしたか。つぎから えらび、きごうで かきましょう。(25てん)

あ よろこんだ。

い あわてた。

う かなしんだ。

（　　）

(3) こぞうたちは なにを みたのですか。1つ25てん(50てん)

□□□□ が なにかを □□□ いる ところ。

解説↓255ページ

1102

31 いろいろな ことば ③

がくしゅうした日　月　日

なまえ

とくてん　／100てん

もくひょうじかん 20ぷん

らくらくマルつけ

解説↓ 256ページ

1103

1 えに あう ようすを あらわす ことばを、せんで むすびましょう。 1つ10てん【30てん】

(1)  ・　　・ぴかぴか

(2)  ・　　・もこもこ

(3)  ・　　・さらさら

2 つづく ことばと して あう ほうを えらび、○を つけましょう。 1つ10てん【20てん】

(1) きらきら ｛ ひかる。（　） ／ のぼる。（　） ｝

(2) にっこり ｛ ひろう。（　） ／ わらう。（　） ｝

3 えに あう ようすを あらわす ことばを かきましょう。 1つ10てん【20てん】

(1) 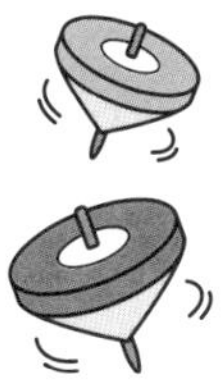 く□く□ まわる。

(2)  ひ□ひ□ まう。

4 あとの □ から うごきを あらわす ことばを えらび、文《ぶん》を つくりましょう。 1つ15てん【30てん】

(1) とびらを ばたんと □。

(2) いるかが すいすい □。

はしる	しめる
かける	およぐ

もう1回チャレンジ!!

31 いろいろな ことば ③

がくしゅうした日　月　日

なまえ

とくてん　/100てん

もくひょうじかん 20ぷん

らくらくマルつけ

解説↓256ページ

1103

1 えに あう ようすを あらわす ことばを、せんで むすびましょう。　1つ10てん【30てん】

(1)  ・　　・ぴかぴか

(2)  ・　　・もこもこ

(3)  ・　　・さらさら

2 つづく ことばと して あう ほうを えらび、○を つけましょう。　1つ10てん【20てん】

(1) きらきら { ひかる。(　　) / のぼる。(　　) }

(2) にっこり { ひろう。(　　) / わらう。(　　) }

3 えに あう ようすを あらわす ことばを かきましょう。　1つ10てん【20てん】

(1) 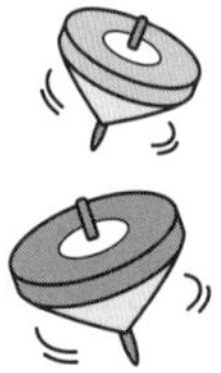 くく□□ まわる。

(2) ひひ□□ まう。

4 あとの □ から うごきを あらわす ことばを えらび、文《ぶん》を つくりましょう。　1つ15てん【30てん】

(1) とびらを ばたんと □□□。

(2) いるかが すいすい □□□。

はしる	しめる
かける	およぐ

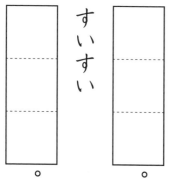

せつめい文《ぶん》を よもう②

がくしゅうした日　　月　　日

なまえ

とくてん　　／100てん

もくひょうじかん　20ぷん

らくらくマルつけ

解説↓ 256ページ

1104

❶ **つぎの 文《ぶん》しょうを よんで、もんだいに こたえましょう。**

センダングサ《せんだんぐさ》の たねは さかなを つきさす もりのように とがった とげが ついて います。

センダングサの たねは この とげで ふくに くっついて とおくまで はこばれて いくのです。

イノコヅチ《いのこづち》の たねには ク《く》リップ《りっぷ》のように まがった ところが あります。

ここが ふくに ひっかかって はこばれて いくのです。

メナモミ《めなもみ》の たねが はいって いる みは のりのように べたべたした えきを だします。この えきで ふくに くっつくのです。

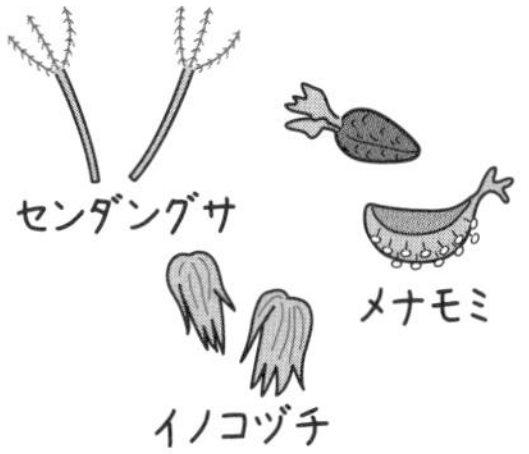

（稲垣栄洋《いながきひでひろ》『たねの さくせん』より）

(1) センダングサの たねには なにが ついて いますか。（30てん）

とがった □。

(2) イノコヅチの たねは、どう する ことで はこばれますか。1つ20てん（40てん）

クリップのように □ ところが □ に ひっかかり はこばれる。

(3) メナモミの たねが はいった みが だす えきは、どんな えきですか。（30てん）

□ した えき。

32

せつめい文《ぶん》を よもう②

がくしゅうした日　月　日

なまえ

とくてん　／100てん

もくひょうじかん 20ぷん

らくらくマルつけ

解説↓256ページ

1104

❶ つぎの 文《ぶん》しょうを よんで、もんだいに こたえましょう。

センダングサ《せんだんぐさ》の たねは さかなを つきさす もりのように とがった とげが ついて います。

センダングサの たねは この とげで ふくに くっついて とおくまで はこばれて いくのです。

イノコヅチ《いのこづち》の たねには クリップ《りっぷ》のように まがった ところが あります。

ここが ふくに ひっかかって はこばれて いくのです。

メナモミ《めなもみ》の たねが はいって いる みは のりのように べたべたした えきを だします。この えきで ふくに くっつくのです。

（稲垣栄洋《いながきひでひろ》『たねの さくせん』より）

(1) センダングサの たねには なにが ついて いますか。

とがった [　　]。

(30てん)

(2) イノコヅチの たねは、どう する ことで はこばれますか。

1つ20てん(40てん)

クリップのように [　　　] ところが [　　] に ひっかかり はこばれる。

(3) メナモミの たねが はいった みが だす えきは、どんな えきですか。

(30てん)

[　　　　] した えき。

33 かん字《じ》パズル《ぱずる》①

がくしゅうした日　月　日

なまえ

とくてん　／100てん

もくひょうじかん 20ぷん

らくらくマルつけ

解説↓ 256ページ

1105

1 つぎの かん字《じ》の 一《いち》ぶに なっている かん字を 下《した》の カード《かあど》から えらび、かきましょう。　1つ10てん【30てん】

(1) 村　□

(2) 字　□

(3) 石　□

カード：土　口　木　月　山　子

2 つぎの かん字に たてか よこの 一（ぼう）を 一《ひと》つ くわえて、正《ただ》しい かん字に なおしましょう。　1つ5てん【10てん】

(1) 大《あま》の川《がわ》が 見《み》える。　□

(2) 日《た》んぼが ひろがる。　□

3 つぎの えの かたちから できた かん字を、せんで むすびましょう。　1つ10てん【40てん】

(1)  →  ・　　・犬《いぬ》

(2)  →  ・　　・耳《みみ》

(3)  →  ・　　・車《くるま》

(4)  →  ・　　・目《め》

4 かん字の たしざんを しましょう。　1つ10てん【20てん】

(1) 立 ＋ 日 ＝ □

(2) 夕 ＋ 口 ＝ □

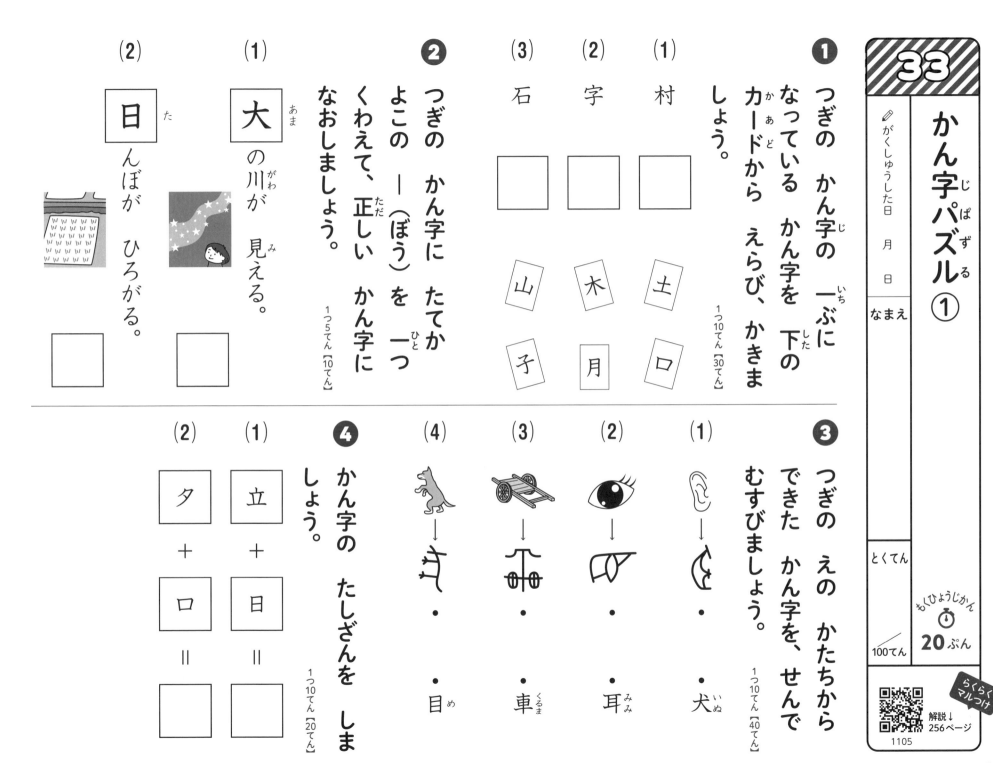

もう1回チャレンジ!!

33

かん字《じ》パズル《ずる》①

がくしゅうした日　月　日

なまえ

とくてん

/100てん

もくひょうじかん 20ぷん

らくらくマルつけ

解説↓256ページ

1105

1 つぎの　かん字《じ》の　一《いち》ぶに　なっている　かん字を　下《した》の　カード《かあど》から　えらび、かきましょう。 1つ10てん【30てん】

(1) 村 □

(2) 字 □

(3) 石 □

カード：土　口　木　月　山　子

2 つぎの　かん字に　たてか　よこの　一(ぼう)を　一《ひと》つ　くわえて、正《ただ》しい　かん字に　なおしましょう。 1つ5てん【10てん】

(1) 大《あま》の川《がわ》が　見《み》える。

□

(2) 日《た》んぼが　ひろがる。

□

3 つぎの　えの　かたちから　できた　かん字を、せんで　むすびましょう。 1つ10てん【40てん】

(1)  ・　・犬《いぬ》

(2) 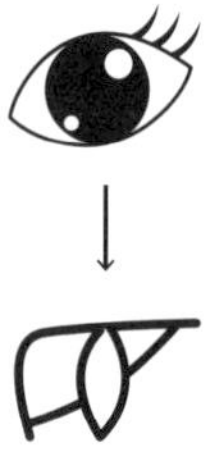 ・　・耳《みみ》

(3) 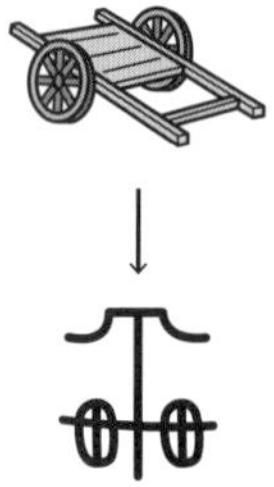 ・　・車《くるま》

(4) 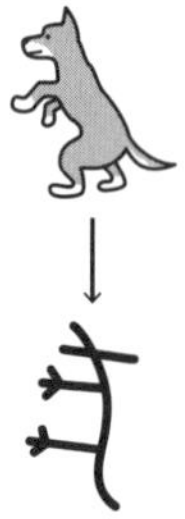 ・　・目《め》

4 かん字の　たしざんを　しましょう。 1つ10てん【20てん】

(1) 立 ＋ 日 ＝ □

(2) 夕 ＋ 口 ＝ □

34 おはなしを よもう③

がくしゅうした日　月　日

なまえ

とくてん　／100てん

もくひょうじかん　20ぷん

らくらくマルつけ

解説↓257ページ

1106

❶ **つぎの 文《ぶん》しょうを よんで、もんだいに こたえましょう。**

すこし あるくと、はしの りょうがわに うみが ひろがった。

うみを みよう と おもって、さく まで かけよった。

「ひゃあ」

と、おもわず こえが でた。うみに すいこまれそう。

さくを ぎゅっと にぎった。

「きを つけるんだぞ。おちたら、はしを わたれないぞ」

おとうさんが ぼくを みて わらった。

ふねが すごい はやさで とおって いった。

しろい なみが ふねと いっしょに はしる、はしる。

おおきく いきを すいこんだ。

（高科正信《たかしなまさのぶ》『はしを わたって しらない まちへ』より）

(1) 「ひゃあ」には、ぼくの どんな 気《き》もちが あらわれて いますか。つぎから えらび、きごうで かきましょう。(25てん)（　　）

㋐ こわい 気もち。

㋑ たのしい 気もち。

㋒ くやしい 気もち。

(2) 「さくを ぎゅっと にぎった」のは なぜですか。(25てん)

［　　　］に おちないように する ため。

(3) ふねが とおった あと、ぼくは なにを しましたか。1つ25てん(50てん)

おおきく ［　　］を ［　　　　　］。

34 おはなしを よもう ③

がくしゅうした日　月　日

なまえ

とくてん　／100てん

もくひょうじかん 20ぷん

らくらくマルつけ

解説↓ 257ページ

1106

❶ つぎの 文《ぶん》しょうを よんで、もんだいに こたえましょう。

すこし あるくと、はしの りょうがわに うみが ひろがった。

うみを みようと おもって、さくまで かけよった。

「ひゃあ」

と、おもわず こえが でた。うみに すいこまれそう。

さくを ぎゅっと にぎった。

「きを つけるんだぞ。おちたら、はしを わたれないぞ」

おとうさんが ぼくを みて わらった。

ふねが すごい はやさで とおって いった。

しろい なみが ふねと いっしょに はしる、はしる。

おおきく いきを すいこんだ。

（高科正信《たかしなまさのぶ》『はしを わたって しらない まちへ』より）

(1) 「ひゃあ」には、ぼくの どんな 気《き》もちが あらわれて いますか。つぎから えらび、きごうで かきましょう。（25てん）（　　）

あ こわい 気もち。

い たのしい 気もち。

う くやしい 気もち。

(2) 「さくを ぎゅっと にぎった」のは なぜですか。（25てん）

[　　] に おちないように する ため。

(3) ふねが とおった あと、ぼくは なにを しましたか。1つ25てん（50てん）

おおきく [　　] を [　　　　]。

かん字《じ》パズル《ぱずる》②

がくしゅうした日　月　日

なまえ

とくてん　／100てん

もくひょうじかん　20ぷん

らくらくマルつけ
解説↓257ページ

1107

1 ばらばらに　なった　ぶぶんを　くみあわせて、かん字《じ》を　つくりましょう。　1つ10てん【40てん】

(1) 木 ＋ 木 ＋ 木 ＝ □

(2) 口 ＋ 一 ＋ 十 ＝ □

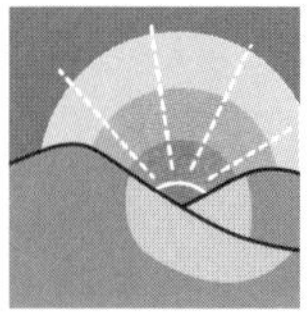

(3) 口 ＋ 十 ＋ 力 ＝ □

(4) 十 ＋ 一 ＋ 一 ＝ □

2 しりとりに　なるように　あ [ ] から　かん字を　えらび、□に　かきましょう。（　）には　その　よみがなを　かきましょう。　1つ5てん【40てん】

(1) 下《した》 → □（　） → 町《まち》 → □（　）

(2) □（　） → 白《しろ》 → □（　） → 車《くるま》

あ：六　玉　林　力

3 □に　かん字を　入《い》れて　二《ふた》つの　ことばを　えに　あわせて　つくりましょう。　1つ10てん【20てん】

(2)

(1)

□	
花	□

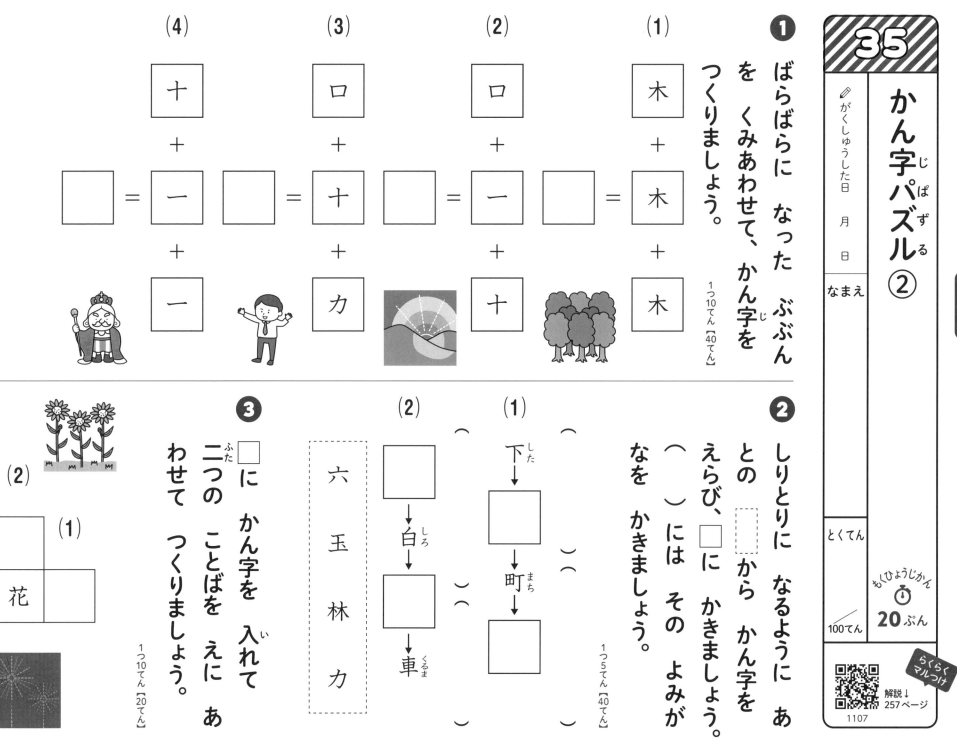

もう1回チャレンジ!!

35 かん字《じ》パズル《ぱずる》②

がくしゅうした日　月　日

なまえ

とくてん

/100てん

もくひょうじかん 20ぷん

らくらくマルつけ

解説↓ 257ページ

1107

❶ ばらばらに　なった　ぶぶんを　くみあわせて、かん字《じ》を　つくりましょう。

1つ10てん【40てん】

(1) 木 ＋ 木 ＋ 木 ＝ □

(2) 口 ＋ 一 ＋ 十 ＝ □

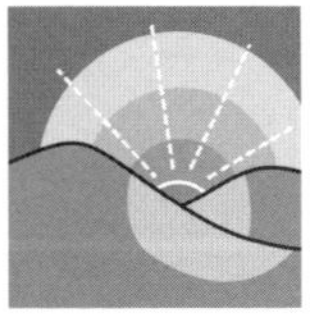

(3) 口 ＋ 十 ＋ 力 ＝ □

(4) 十 ＋ 一 ＋ 一 ＝ □

❷ しりとりに　なるように　あとの ┆　┆ から　かん字を　えらび、□に　かきましょう。（　）には　その　よみがなを　かきましょう。

1つ5てん【40てん】

(1) 下《した》 → □（　） → 町《まち》 → □（　）

(2) □（　） → 白《しろ》 → □（　） → 車《くるま》

六　玉　林　力

❸ □に　かん字を　入《い》れて　二《ふた》つの　ことばを　えに　あわせて　つくりましょう。

1つ10てん【20てん】

(1)

□	
花	□

(2)

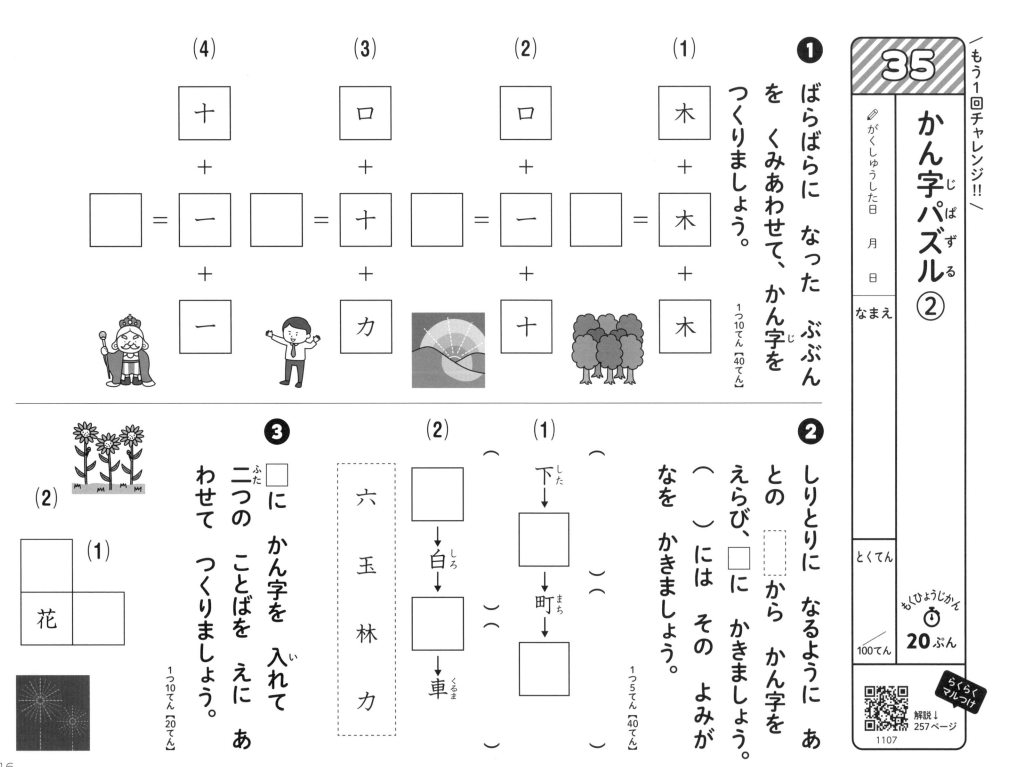

36 せつめい文《ぶん》を よもう ③

がくしゅうした日　月　日

なまえ

とくてん　／100てん

もくひょうじかん 20ぷん

らくらくマルつけ

解説↓ 257ページ

1108

❶ つぎの 文《ぶん》しょうを よんで、もんだいに こたえましょう。

シマリス《しまりす》の 口《くち》には、ほおぶくろと いう ふくろが ついて います。それは、どんぐりが 六《ろっ》こも 入《はい》る 大《おお》きさです。

シマリスが すむ もりには、シマリスを おそう ヘビ《へび》や キツネ《きつね》が すんで います。だから、見《み》つけた どんぐりや くだものなどの えさを、口の 中《なか》に 入《い》れて はこび、あんぜんな ところで たべるのです。

また、さむい ふゆは たべる ものが ありません。だから、たくさんの えさを 口の 中に 入《い》れて、すあなへ はこびます。そして、とうみんちゅ*うに ときどき おきて たべるのです。

＊ふゆの あいだ かつどうを おさえて すごす こと。

（書き下ろし）

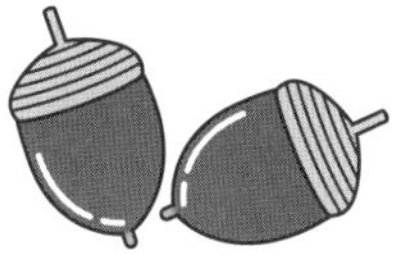

(1) シマリスを おそう 生《い》き ものは なんですか。二《ふた》つ かきましょう。　1つ20てん（40てん）

［　　　］［　　　］

(2) シマリスは はこんだ えさを どこで たべますか。　1つ20てん（40てん）

［　　　　］な ところや、［　　　］。

(3) シマリスは ふゆに なにを しますか。つぎから えらび、きごうで かきましょう。　（20てん）

（　　）

㋐ ときどき たべる。
㋑ たべる ものを さがす。
㋒ すあなを つくる。

／もう1回チャレンジ!!＼

36

せつめい文《ぶん》を よもう③

がくしゅうした日　月　日

なまえ

とくてん　　／100てん

もくひょうじかん　20ぷん

らくらくマルつけ

解説↓
257ページ

1108

❶ つぎの 文《ぶん》しょうを よんで、もんだいに こたえましょう。

シマリス《しまりす》の 口《くち》には、ほおぶくろと いう ふくろが ついて います。それは、どんぐりが 六《ろっ》こも 入《はい》る 大《おお》きさです。

シマリスが すむ もりには、シマリスを おそう ヘビ《へび》や キツネ《きつね》が すんで います。だから、見《み》つけた どんぐりや くだものなどの えさを、口の 中《なか》に 入《い》れて はこび、あんぜんな ところで たべるのです。

また、さむい ふゆは たべる ものが ありません。だから、たくさんの えさを 口の 中に 入《い》れて、すあなへ はこびます。そして、とうみんちゅう*に ときどき おきて たべるのです。

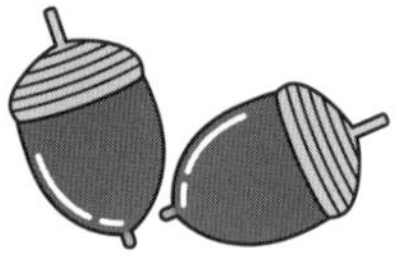

*ふゆの あいだ かつどうを おさえて すごす こと。

（書き下ろし）

(1) シマリスを おそう 生《い》き ものは なんですか。二《ふた》つ かきましょう。　1つ20てん（40てん）

［　　］　［　　］

(2) シマリスは はこんだ えさを どこで たべますか。　1つ20てん（40てん）

［　　　　］な ところや、［　　　］。

(3) シマリスは ふゆに なにを しますか。つぎから えらび、きごうで かきましょう。（20てん）

㋐ ときどき たべる。
㋑ たべる ものを さがす。
㋒ すあなを つくる。

（　　）

37 まとめの テスト《てすと》 ①

✎がくしゅうした日　月　日

なまえ

とくてん　／100てん

もくひょうじかん 20ぷん

らくらくマルつけ
解説↓ 258ページ
1109

❶ （　）に ——せんの よみがなを かきましょう。 1つ5てん【15てん】

(1) 七五三の しゃしん。
（　　　）

(2) 車が はしる。
（　　　）

(3) 木よう日《び》の よる。
（　　　）

❷ □に かん字《じ》を かきましょう。 1つ5てん【15てん】

(1) □《もり》の 生《い》きもの。

(2) □《おと》が きこえる。

(3) □《やす》みの 日《ひ》。

❸ あとの ［　］から ひらがなを えらび、□に かきましょう。 1つ15てん【30てん】

(1) いもうと □ ねた。

(2) こうえん □ いく。

［ は　を　へ ］

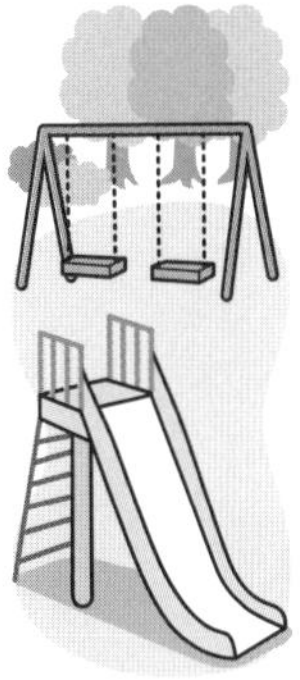

❹ あとの □から あてはまる ことばを えらび、文《ぶん》を つくりましょう。 1つ20てん【40てん】

(1) ［ ある　いる ］
本《ほん》が □。

(2) ［ さく　なく ］
とりが □。

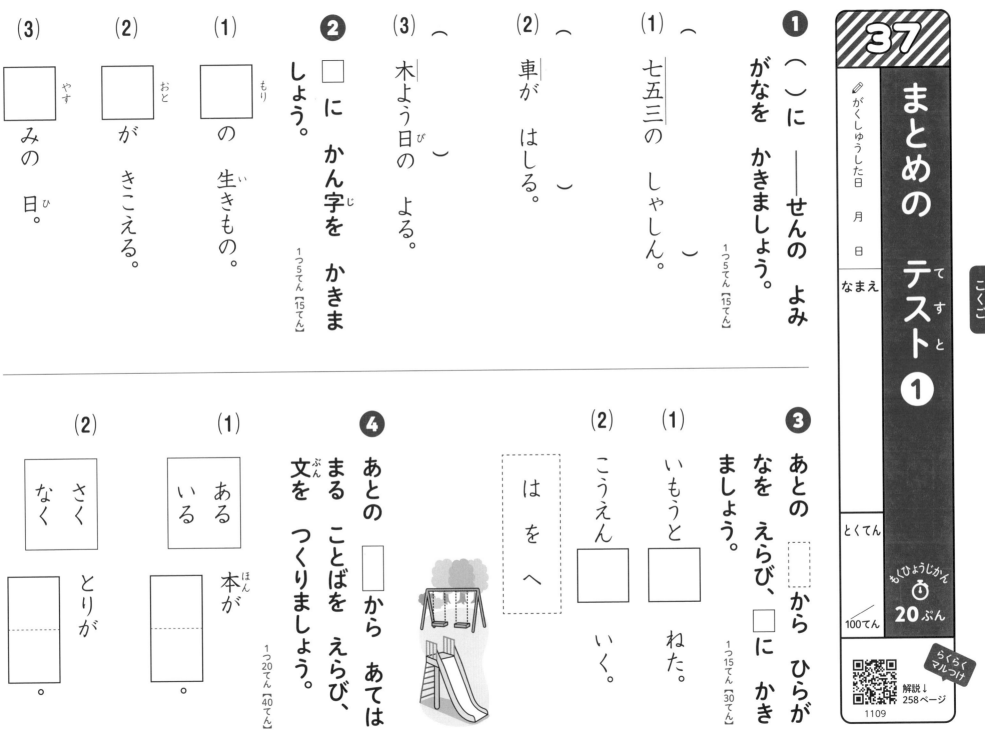

もう1回チャレンジ!!

37 まとめの テスト《てすと》 1

がくしゅうした日　月　日

なまえ

とくてん

100てん

もくひょうじかん 20ぷん

らくらくマルつけ

解説↓258ページ

1109

❶ （　）に ――せんの よみがなを かきましょう。 1つ5てん【15てん】

(1) 七五三の しゃしん。（　　）

(2) 車が はしる。（　　）

(3) 木よう日《び》の よる。（　　）

❷ □に かん字《じ》を かきましょう。 1つ5てん【15てん】

(1) □《もり》の 生《い》きもの。

(2) □《おと》が きこえる。

(3) □《やす》みの 日《ひ》。

❸ あとの [　] から ひらがなを えらび、□に かきましょう。 1つ15てん【30てん】

(1) いもうと□ ねた。

(2) こうえん□ いく。

[は　を　へ]

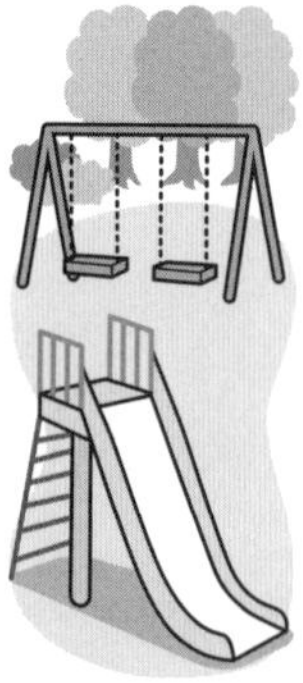

❹ あとの □ から あてはまる ことばを えらび、文《ぶん》を つくりましょう。 1つ20てん【40てん】

(1) [ある　いる] 本《ほん》が □。

(2) [さく　なく] とりが □。

38

まとめの テスト《てすと》 ②

がくしゅうした日　　月　　日

なまえ

とくてん　　／100てん

もくひょうじかん 20ぷん

らくらく マルつけ

解説↓ 258ページ

1110

❶ （　）に ——せんの よみがなを かきましょう。　1つ5てん【15てん】

(1) 赤い りんご。（　　）

(2) 天気が よい。（　　）

(3) しせいを 正す。（　　）

❷ □に かん字《じ》を かきましょう。　1つ5てん【15てん】

(1) □《ひゃく》年《ねん》まえ

(2) □《はち》かい ころぶ。

(3) □《げつ》よう日《び》

❸ まとめて よぶ ことばを かきましょう。　1つ15てん【30てん】

(1) きりん・ぞう・うま　［ど□□□］

(2) あか・あお・みどり　［い□］

❹ あとの □ から うごきを あらわす ことばを えらび、文《ぶん》を つくりましょう。　1つ20てん【40てん】

(1) えいごを すらすら □□□。

(2) こまが くるくる □□□。

あるく　はなす
まわる　ほえる

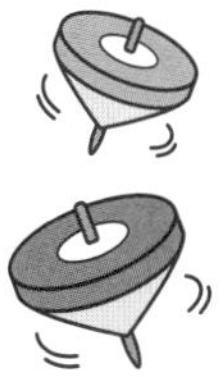

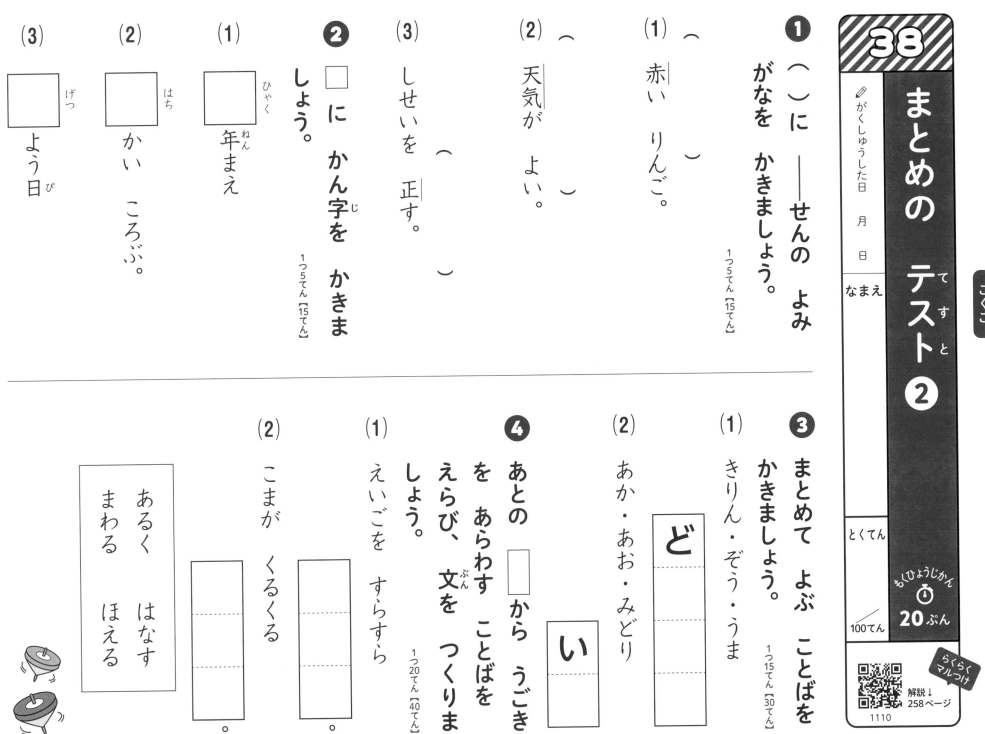

＼もう1回チャレンジ!!／

38 まとめの テスト《てすと》 ②

がくしゅうした日　月　日

なまえ

とくてん

／100てん

もくひょうじかん 20ぷん

らくらくマルつけ

解説↓ 258ページ

1110

❶ （ ）に ――せんの よみがなを かきましょう。 1つ5てん【15てん】

(1) 赤い りんご。（　　）

(2) 天気が よい。（　　）

(3) しせいを 正す。（　　）

❷ □に かん字《じ》を かきましょう。 1つ5てん【15てん】

(1) □《ひゃく》年《ねん》まえ

(2) □《はち》かい ころぶ。

(3) □《げつ》よう日《び》

❸ まとめて よぶ ことばを かきましょう。 1つ15てん【30てん】

(1) きりん・ぞう・うま　ど□□

(2) あか・あお・みどり　い□

❹ あとの □から うごきを あらわす ことばを えらび、文《ぶん》を つくりましょう。 1つ20てん【40てん】

(1) えいごを すらすら □□□。

(2) こまが くるくる □□□。

あるく	はなす
まわる	ほえる

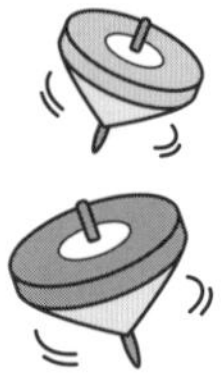

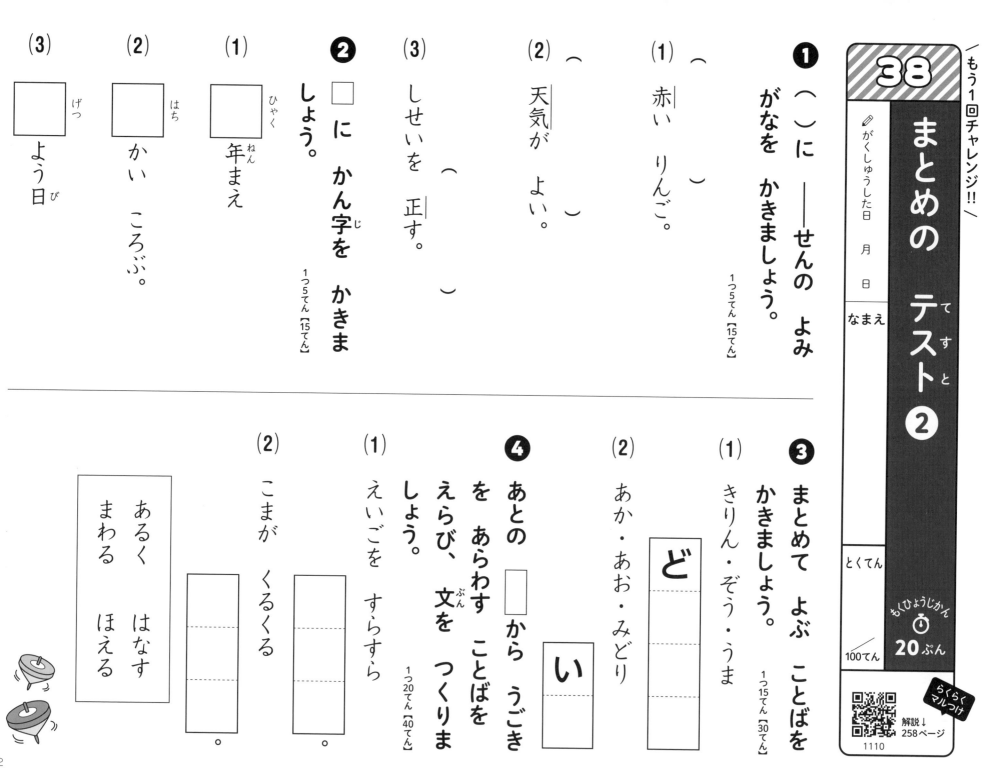

39 まとめの テ《て》ス《す》ト《と》 ③

がくしゅうした日　月　日

なまえ

とくてん　／100てん

もくひょうじかん 20ぷん

らくらくマルつけ

解説↓ 258ページ

1111

1 つぎの 文《ぶん》しょうを よんで、もんだいに こたえましょう。

イカ《いか》は、てきに おそわれた とき、てきから にげる ために すみを はきます。

イカは、どのように すみを つかって にげるのでしょうか。イカの はく すみは、ねばり気《け》が つよい ため、水《みず》に とけずに かたまりの まま、その ばに とどまります。てきは、その すみを もう一《いっ》ぴきの イカだと かんちがいして、つかまえようと します。

　その あいだに イカは、とおくに にげる ことが できるのです。

（書き下ろし）

(1) なにに ついて かかれた 文しょうですか。　1つ25てん（50てん）

［　　］が［　　］を つかって にげる ほうほうに ついて。

(2) イカの すみの せいしつを つぎから えらび、きごうで かきましょう。　（25てん）　（　　）

あ さらさらして いる。

い ねばり気が ある。

う 水に よく とける。

(3) てきは、イカの すみを なにと かんちがいしますか。　（25てん）

［　　　　　］の イカ。

39 まとめの テスト《てすと》 ③

がくしゅうした日　月　日

なまえ

とくてん　／100てん

もくひょうじかん 20ぷん

らくらくマルつけ
解説↓258ページ

1111

❶ つぎの 文《ぶん》しょうを よんで、もんだいに こたえましょう。

　イカ《いか》は、てきに おそわれた とき、てきから にげる ために すみを はきます。

　イカは、どのように すみを つかって にげるのでしょうか。

　イカの はく すみは、ねばり気《け》が つよい ため、水《みず》に とけずに かたまりの まま、その ばに とどまります。

　てきは、その すみを もう 一《いっ》ぴきの イカだと かんちがいして、つかまえようと します。

　その あいだに イカは、とおくに にげる ことが できる のです。

（書き下ろし）

(1) なにに ついて かかれた 文しょうですか。　1つ25てん（50てん）

［　　］が ［　　］を つかって にげる ほうほうに ついて。

(2) イカの すみの せいしつを つぎから えらび、きごうで かきましょう。（25てん）

（　　）

㋐ さらさらして いる。
㋑ ねばり気が ある。
㋒ 水に よく とける。

(3) てきは、イカの すみを なにと かんちがいしますか。（25てん）

［　　　　］の イカ。

40 まとめの テスト《てすと》 ④

✎がくしゅうした日　　月　　日

なまえ

とくてん　　／100てん

もくひょうじかん 20ぷん

らくらくマルつけ

解説↓258ページ

1112

❶ つぎの 文《ぶん》しょうを よんで、もんだいに こたえましょう。

「わたしは バス《ばす》で となりの おばさんの 足《あし》を ふんで しまった。」

あやまらなかった ことが わかったら、うーんと おこられるだろうなあ。

わたしは、もう いちど おばさんを みました。あいかわらず こわそうです。でも……。

「ごめんなさい」

わたしは おもいきって いいました。ちょっとだけ、あたまも さげました。むねは ド《ど》キドキ《きどき》。

(おこられるかな?)

ところが どうでしょう。おばさんの かおは みるみる ほころんで、ステキ《すてき》な えがおに なったのです。

(豊福征子《とよふくせいこ》『ちっちゃなできごと』より)

(1) 「……」に あてはまる ことばを つぎから えらび、きごうで、かきましょう。(25てん)（　　）

あ やめて おこう

い こわい かおだな

う あやまらなきゃ

(2) 「むねは ドキドキ」には、どんな 気《き》もちが あらわれて いますか。1つ25てん(50てん)

［　　　　］に ［　　　　］ない かと ふあんな 気もち。

(3) 「ステキな えがおに なった」のは なぜですか。(25てん)

わたしが すなおに ［　　　　　　］と いって くれて、うれしかったから。

／もう1回チャレンジ!!／

40

まとめの テスト《てすと》 ④

がくしゅうした日　月　日

なまえ

とくてん　／100てん

もくひょうじかん 20ぷん

らくらくマルつけ

解説↓ 258ページ

1112

❶ **つぎの 文《ぶん》しょうを よんで、もんだいに こたえましょう。**

［わたしは バス《ばす》で となりの おばさんの 足《あし》を ふんで しまった。］

あやまらなかった ことが わかったら、うーんと おこられるだろうなあ。

わたしは、もう いちど おばさんを みました。あいかわらず こわそうです。でも……。

「ごめんなさい」

わたしは おもいきって いいました。ちょっとだけ、あたまも さげました。むねは ド《ど》キドキ《きどき》。

(おこられるかな?)

ところが どうでしょう。おばさんの かおは みるみる ほころんで、ステキ《すてき》な えがおに なったのです。

(豊福征子《とよふくせいこ》『ちっちゃなできごと』より)

(1) 「……」に あてはまる ことばを つぎから えらび、きごうで、かきましょう。(25てん)　（　　）

あ やめて おこう

い こわい かおだな

う あやまらなきゃ

(2) 「ドキドキ」には、どんな 気《き》もちが あらわれて いますか。1つ25てん(50てん)

［　　　　］に［　　　　］ない かと ふあんな 気もち。

(3) 「ステキな えがおに なった」のは なぜですか。(25てん)

わたしが すなおに［　　　　　］と いって くれて、うれしかったから。

全科ギガドリル　小学１年
こたえ

わからなかった問題は，🔈ポイントの解説をよく読んで，確認してください。

さんすう

1 かずと　すうじ①　3ページ

❶

(1)

(2)

(3)

(4)

(5)

❷

(1) 1《いち》 1 1

(2) 2《に》 2 2

(3) 3《さん》 3 3

(4) 4《し(よん)》 4 4

(5) 5《ご》 5 5

🔈ポイント

❶ものを●に置き換えます。ものと●を１つ１つ対応させ，過不足なく○に色を塗ります。○は左から塗るようにさせます。

❷ものの数を数字で表し，数字の読み方，書き方を学習します。書き始めの位置と鉛筆の進む方向に沿ってなぞり書きしたあと，自力で書くように段階を追って練習できるように構成しました。正しく読んだり書いたりできるよう，繰り返し練習させましょう。

2 かずと　すうじ②　5ページ

❶ (1) 1　(2) 3

(3) 4　(4) 2

(5) 5

❷

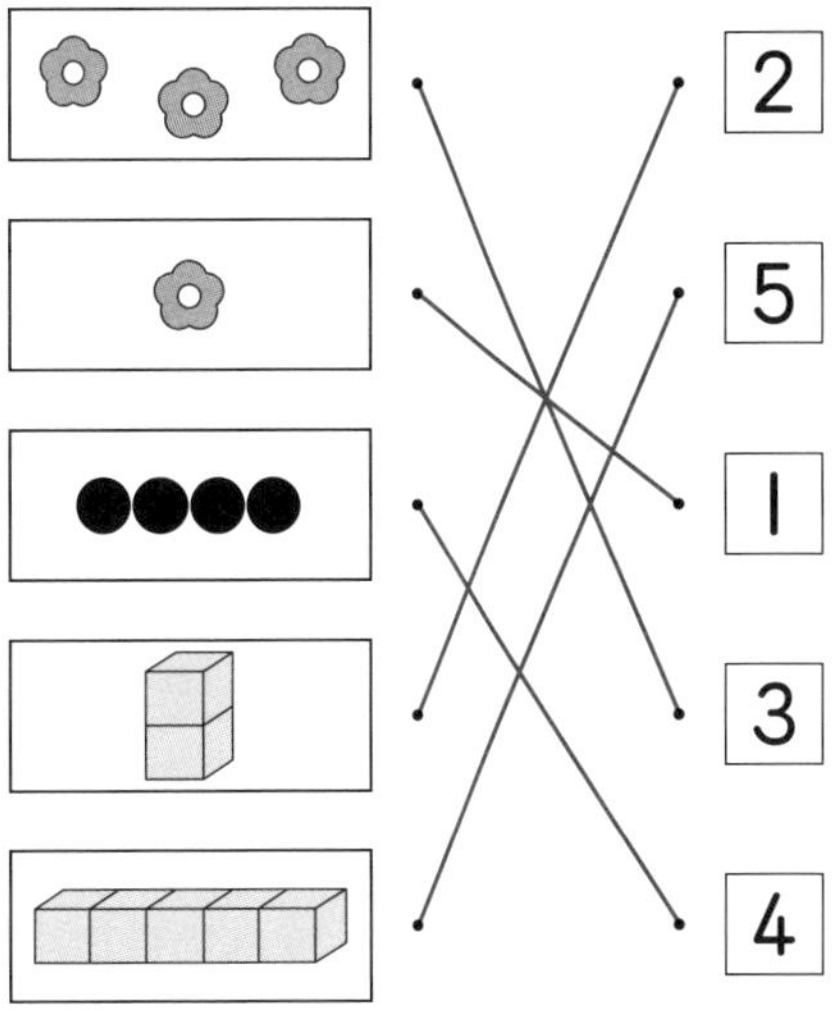

🔈ポイント

❶ものの数を数えて，数を数字で表します。

(3)は，クッキーが順序よく並んでいないので，数え落としや重複に注意します。印をつけながら数えるなどの工夫をするとよいでしょう。また，１～５の数字が正しく書けているか，確認してあげましょう。

❷ものの図と数字を結びます。難しいようでしたら，右のように，まずイラストのものの数を自分で数字で書かせてみると，同じものを線で結びやすくなります。

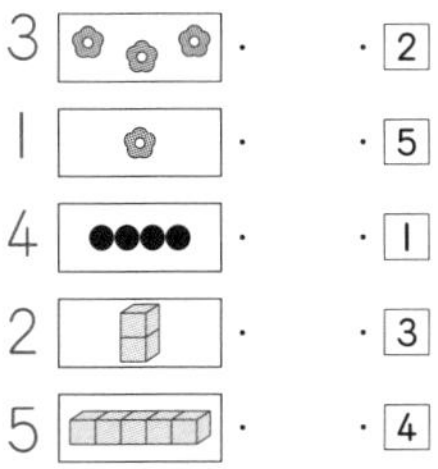

3 かずと　すうじ③　7ページ

❶

(1)

(2)

(3)

(4)

(5)

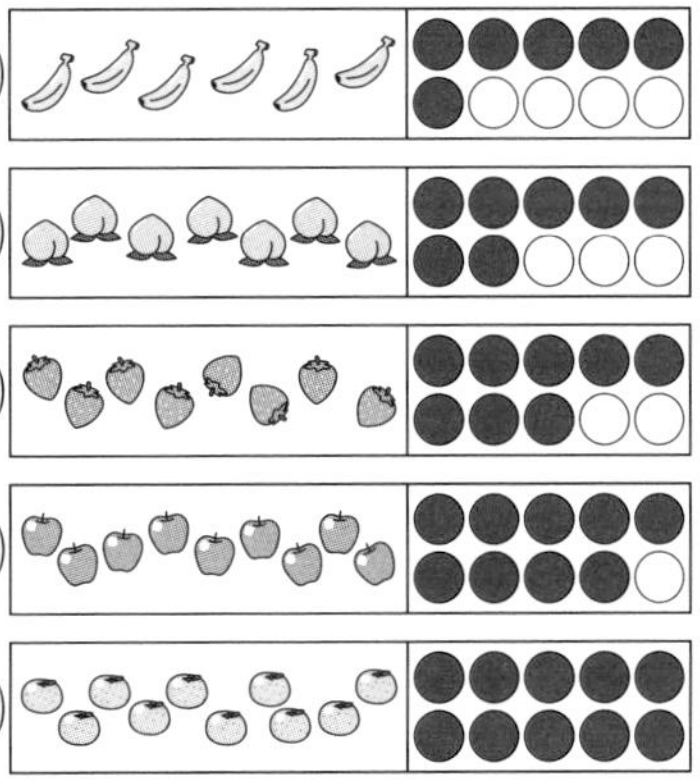

❷

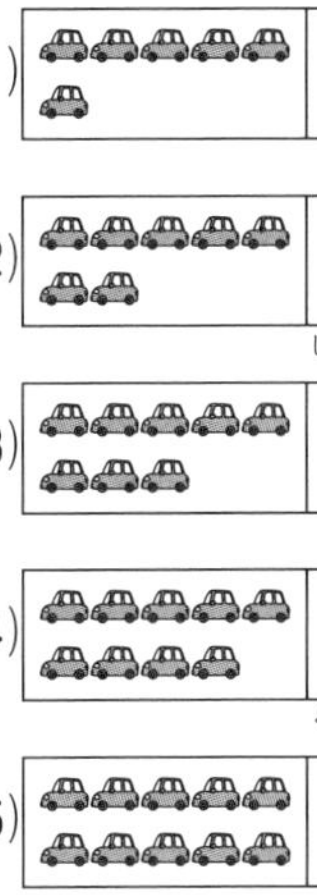

(1) 6《ろく》 6 6

(2) 7《しち(なな)》 7 7

(3) 8《はち》 8 8

(4) 9《く(きゅう)》 9 9

(5) 10《じゅう》 10 10

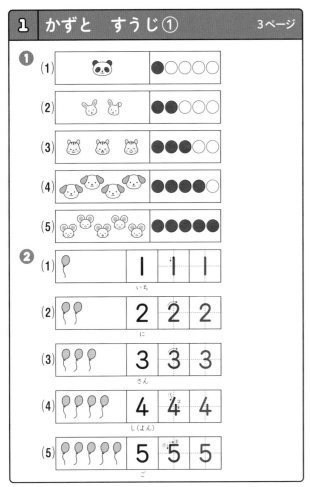

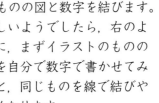

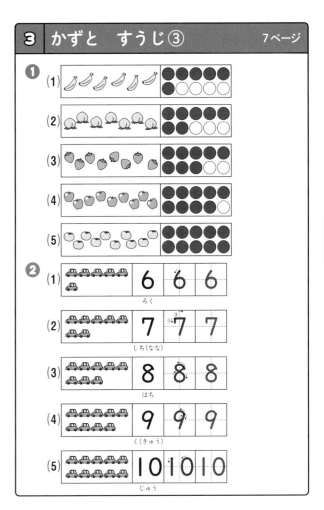

ポイント

❶6～10の数について学びます。1から順に数を数え，○に色を塗りましょう。

❷6～10の数字の練習をします。とくに，6，8，9は，間違えやすいです。書き始めの位置と，進む方向を正しく身につけさせましょう。

4 かずと　すうじ④　9ページ

❶ (1)7　(2)6
(3)9　(4)8
(5)10

❷

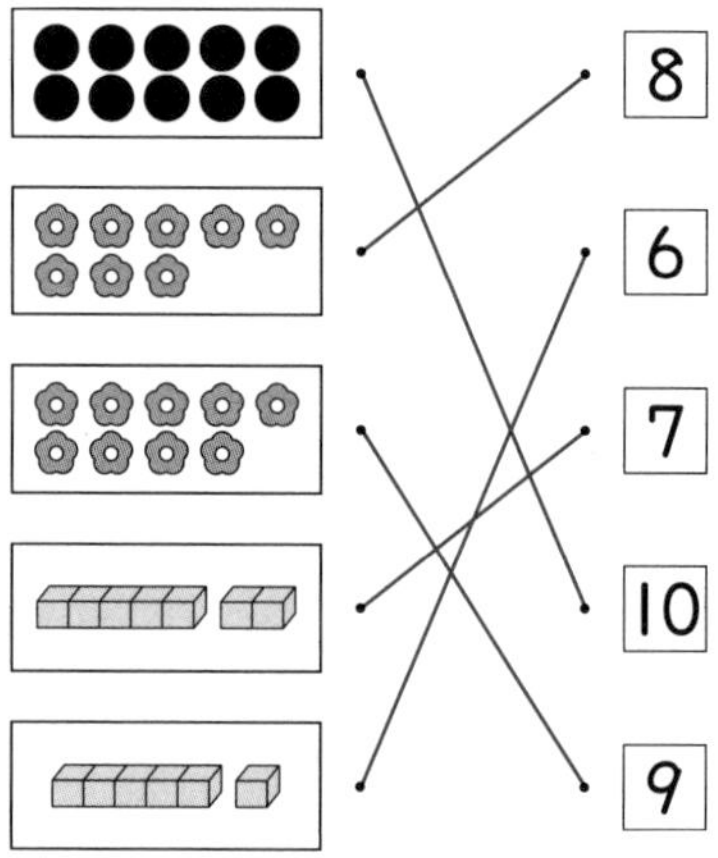

ポイント

❶6～10のものの数を数えて，数字に表します。数え落としや重複して数えることのないように，気をつけます。数字が正しく書けているかも確認してあげましょう。

❷6～10のものの図と数字を結びます。本問では身のまわりのものではなく，おはじきやブロック，●を数えます。今後の学習で扱う教材です。また，❶と比べて，❷のように規則正しく並べると数えやすくなることに気づかせましょう。

5 かずと　すうじ⑤　11ページ

❶

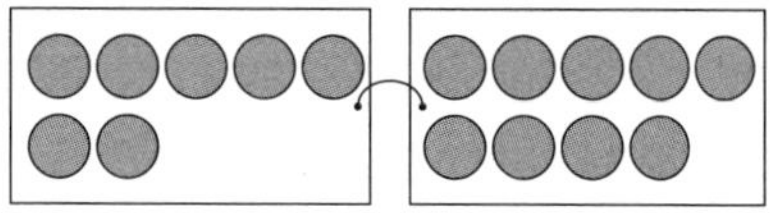

(　　)　(○)

❷ (1) 3　1　(○)(　　)
(2) 2　5　(　　)(○)
(3) 6　8　(　　)(○)
(4) 10　7　(○)(　　)

❸ (1) 1－2－3－4－5－
(2) 3－4－5－6－7－
(3) 10－9－8－7－6－

❹

6　1　0

ポイント

❶ものの多い少ないを比較します。左と右の●を1つ1つ対応させて印をつけていくと，右のほうの●が残ります。残ったほうが多いといえます。

❷数字で，数の大小を比較します。1，2，3，4，5，6，7，8，9，10と数字カードを順に並べさせて，より右にある数のほうが大きいと考えられるようにします。例えば，3は1より右だから3のほうが大きいといえます。

❸数の並び方が理解できているかをみます。難しいようなら，「いち，に，さん，…」と声に出させてみましょう。

❹「1つもない」ことを「0」で表します。

6 なんばんめ①　13ページ

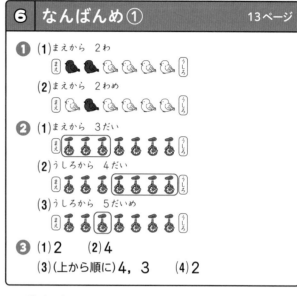

❶ (1)まえから　2わ

(2)まえから　2わめ

❷ (1)まえから　3だい

(2)うしろから　4だい

(3)うしろから　5だいめ

❸ (1)2　(2)4
(3)(上から順に)4，3　(4)2

ポイント

❶「何羽」と「何羽目」の違いを考える問題です。

(1)では，前から2羽の鳥を塗ります。

(2)では，前から2羽目の鳥だけを塗ります。塗るのは1羽だけです。

❷この問題では，「前から」か「後ろから」かの方向にも気をつけて考えます。

❸問題を数多く解いて理解を深めましょう。(3)では，前から数えると4番目ですが，後ろから数えると3番目です。このことから，「どちらから」数えるのか，方向を示す言葉が重要であることに気づかせたいです。

(4)前から5番目の動物はかめです。かめは後ろから2番目です。理解が難しいようでしたら，下のように数字を書いて考えさせましょう。

こたえ

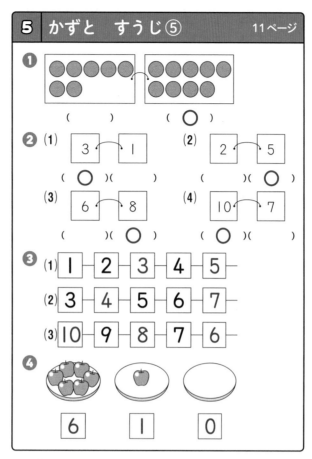

7 なんばんめ② 15ページ

❶ (1) ひだり ★★★☆☆☆☆☆☆☆ みぎ

(2) ひだり ○○○○○○●○○○ みぎ

❷ (1)5
(2)**はると**

❸ (1)2
(2)5
(3)2
(4)**したから　3ばんめ**
（うえから　5ばんめ）

ポイント

❶「左から」か「右から」か，「何個」か「何個目」かに注意させましょう。色を塗るのは(1)は3個，(2)は1個だけです。

❷(1)左から1，2，3，4，5と指でさしながら唱えると，みおさんは「5」にあたるので5番目です。
(2)右から1，2，3，4，5，6と順にさしていくと「6」は，はるとさんにあたります。

❸「上，下」で位置を表します。
(1)上から1，2と順にさしていきます。ミニカーは「2」にあたるので，上から2番目です。
(2)(3)下から数えます。
(4)時計は下から数えると3番目ですが上から数えると5番目です。1つの位置を2通りに表せることに気づいたら，ほめてあげましょう。
「なんばんめ」の単元の学習は，41回「ずを　つかって　かんがえよう①」につながります。

8 なんばんめ③ 17ページ

❶ (1)，(2)

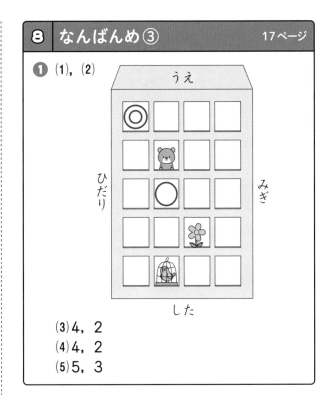

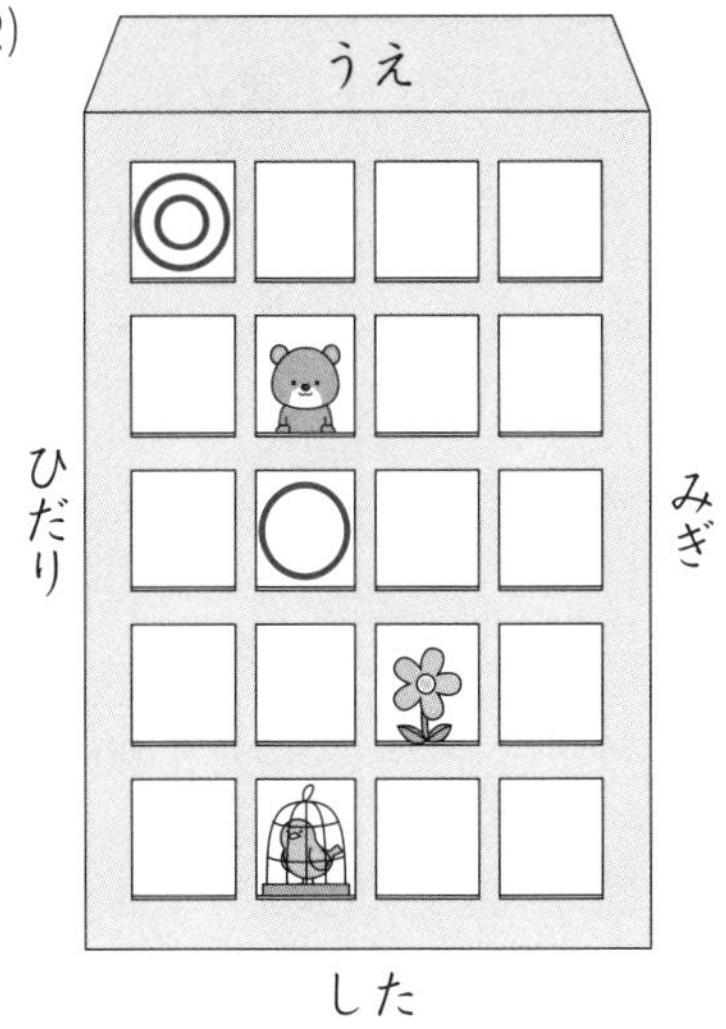

(3)4，2
(4)4，2
(5)5，3

ポイント

❶上，下，左，右を組み合わせて，位置を表します。

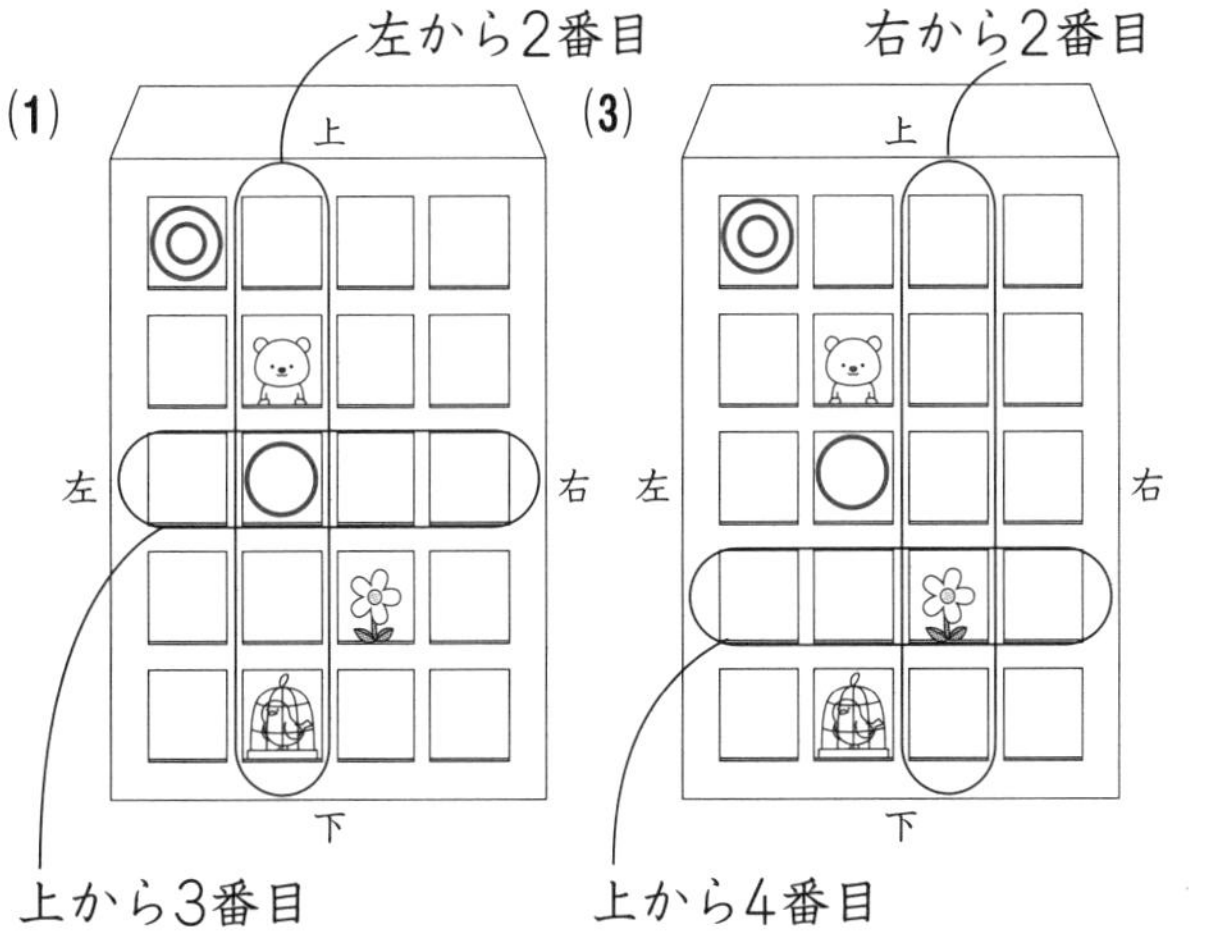

⬭と⬯が重なる部分に着目します。

9 いくつと　いくつ① 19ページ

❶ (1)3　(2)4　(3)2　(4)1　(5)3
❷ (1)6　(2)8　(3)6　(4)7　(5)7

ポイント

❶10までの数の分解です。

(3)

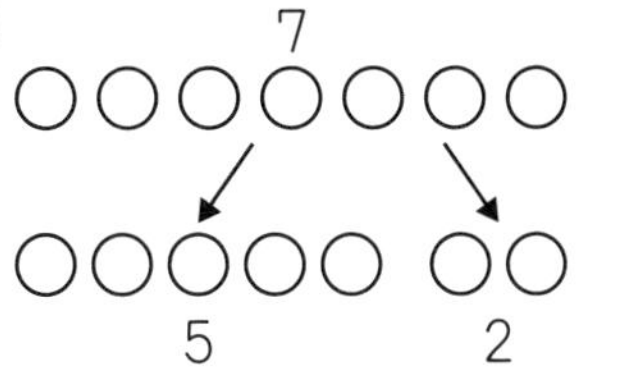

おはじきや○を使って考えられるようになったら，数字だけで答えられるようになるまで練習しましょう。

❷6～8の数の合成です。たし算の基礎となります。数字だけで理解するのが難しい場合は，おはじきや○を使って考えさせましょう。

(1)

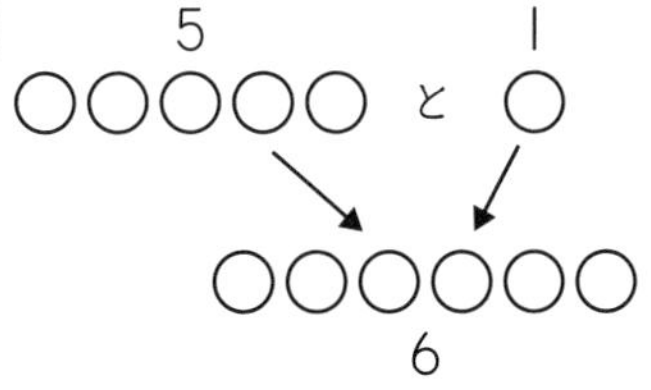

10 いくつと　いくつ② 21ページ

❶ (1)3　(2)6
❷ (1)9　(2)10　(3)3　(4)7
(5)7　(6)8　(7)4

❸

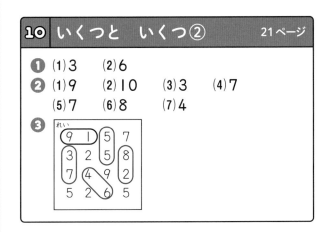

ポイント

❶あといくつで10になるかを考えます。今後学習する繰り上がりのあるたし算，繰り下がりのあるひき算に必要な考え方ですので，すぐに答えられるようにしましょう。

(1)

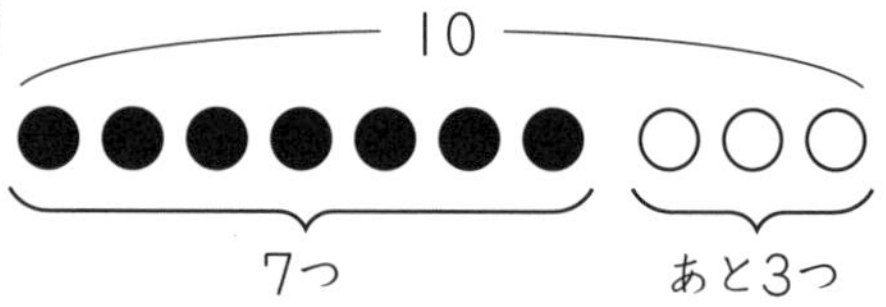

❷9，10の数の分解・合成をします。理解しづらいようなら，○やおはじきを使って練習し，すぐに答えられるようにしましょう。

(5)

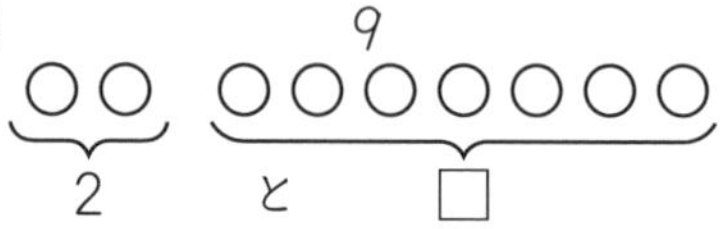

(6)

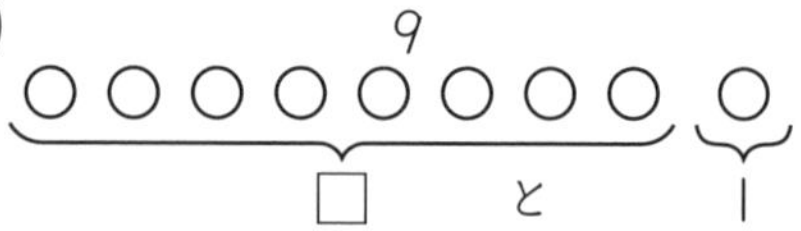

❸2つの数を合わせて10になる組み合わせを見つけます。

11 かたち① 23ページ

❶ (1)い，う(順不同)　(2)あ，う(順不同)

❷

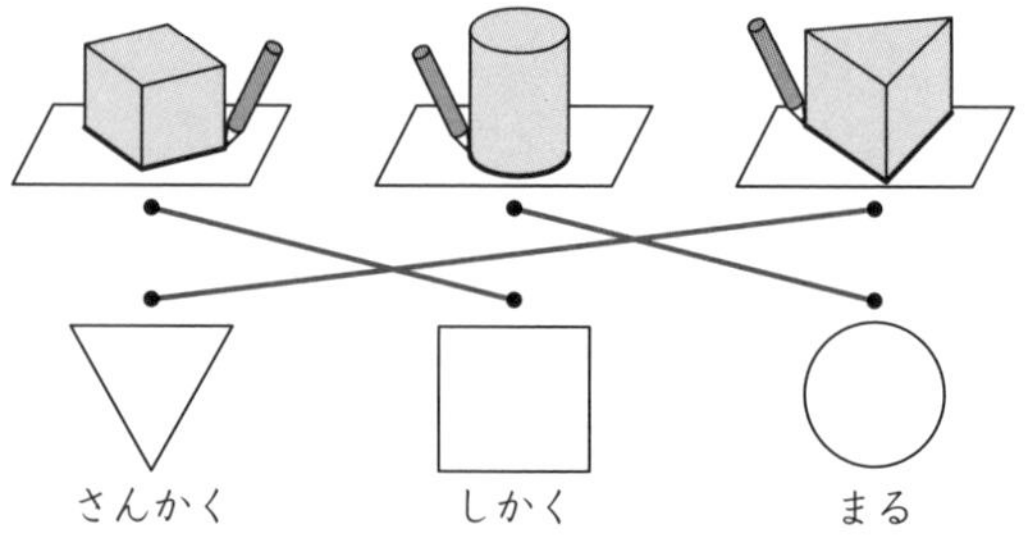

❸ (1)2　(2)1　(3)3

ポイント

❶箱の形，筒の形，ボールの形の特徴をもとに分類します。積みやすい形，転がりやすい形といった特徴に着目させ，理解を深めましょう。

(1)積み重ねることができる形は，平らな面がある立体です。積み木などで確認しましょう。

(2)転がる形は，曲面がある立体です。筒の形にも曲面があることを確認しましょう。

❷積み木を使って形を写しとります。写しとった形は，真上から見た形に一致します。今後学習する立体図形の見方の基礎となります。いろいろな立体図形にふれ，空間認識力を高めておくことが重要です。

❸面の形に注目させ，どの形の立体でできているかを確認しましょう。

12 たしざん① 25ページ

❶ しき…2，3，5　こたえ…5

❷ (1)2　(2)6　(3)4　(4)7
(5)9　(6)8　(7)7　(8)10

❸ しき…5+3=8　こたえ…8

❹ しき…3+6=9　こたえ…9

ポイント

❶「あわせて　いくつ」かを求めるときは，たし算をすることを理解させます。

❷答えが10までのたし算です。式を見て，答えをスラスラ出せるように練習しましょう。

❸「ぜんぶで　いくつ」も，たし算で求めます。式を自分で書けるようにしましょう。

❹「みんなで　いくつ」も，たし算で求めます。3人と6人を合わせて，みんなで9人だから，式は3+6=9となります。

13 たしざん② 27ページ

❶ しき…4，3，7　こたえ…7

❷ (1)4　(2)5　(3)10　(4)8
(5)6　(6)10　(7)6　(8)10

❸ しき…5+4=9　こたえ…9

❹ しき…6+4=10　こたえ…10

ポイント

❶増加の場面です。初めにあった数を「+」の前に，あとから増えた分の数を「+」のあとに書くようにします。4羽に3羽が加わって，7羽になったので，4+3=7と書きます。

❷間違えた場合は，おはじき等を使って確認させましょう。

(6)

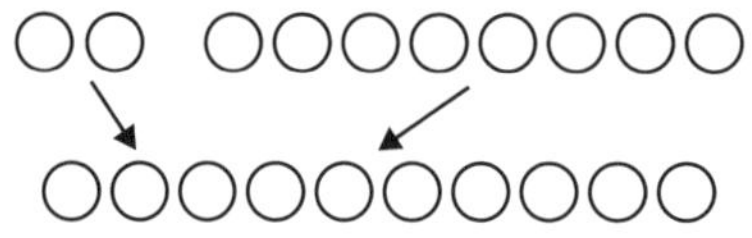

2と8を合わせると10になります。
2+8=10

❸「ぜんぶで　いくつ」は，たし算で求めます。問題文の「5まい」，「4まい」，「ぜんぶで」のキーワードに着目させましょう。

❹増加の場面です。「ぜんぶで　いくつ」は，たし算で求めます。難しいようでしたら，次のように□を穴埋めさせてみてもよいでしょう。

[6]+[4]=[10]

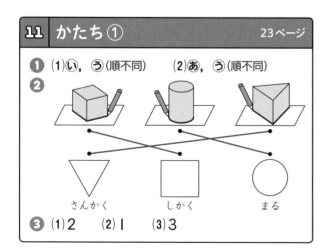

14 たしざん③　29ページ

❶
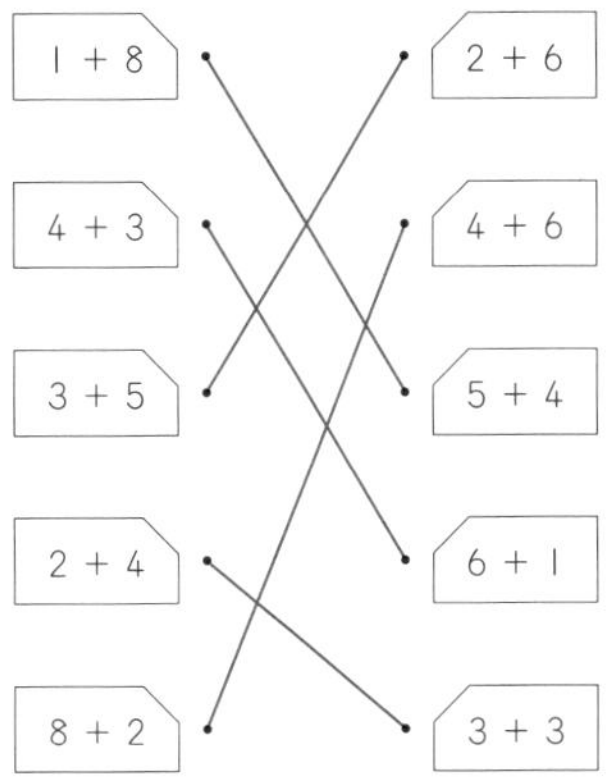

❷ (上から順に)6，4，**例あわせて**

❸ (上段)1，2
(下段)5，4

ポイント

❶たし算の計算をします。カードの近くに答えを書いておくと，同じものを見つけやすくなります。

❷「あわせて」以外にも，「みんなで」や「ぜんぶで」などでも正解です。たし算の式になる場面が理解できているかを見る問題です。本問は穴埋め形式ですが，さらに上を目指して，全て書かせてもよいでしょう。

❸答えの見つけ方がわからない場合は，○などを使って考えさせましょう。

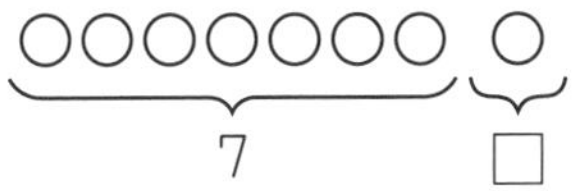

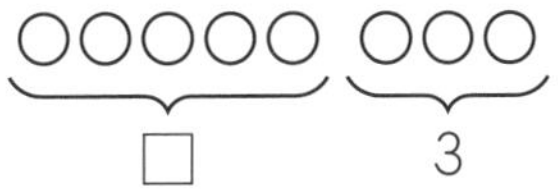

15 ひきざん①　31ページ

❶ しき…7，2，5　こたえ…5

❷ (1)4
(2)3
(3)4
(4)2
(5)6
(6)8

❸ しき…8－2＝6　こたえ…6

❹ しき…9－5＝4　こたえ…4

ポイント

❶残りの数を求めるときは，ひき算の式に表します。「7個から2個取ると，残りは5個」です。「－」の前には，初めにあった数を，「－」のあとには，取り除いた数(ここでは食べた数)を書きます。「＝」のあとには，残りの数を書きます。

❷10までの数のひき算です。式だけを見て，速く正確にできるようにしましょう。

❸「のこりは　いくつ」は，ひき算で求めます。「8こ」，「2こ」，「のこりは」のキーワードに着目させます。手が止まってしまうときは，おはじきなどを使って考えてみるとよいでしょう。

8個から2個取ると，残りは6個です。

❹「残りはいくつか」を求める場面，❶の類題です。

9個から5個取ると，残りは4個になるので，式は，9－5＝4です。

16 ひきざん②　33ページ

❶ しき…6，4，2
こたえ…**いぬ**，2

❷ (1)1　(2)3　(3)7　(4)1
(5)6　(6)1

❸ しき…8－5＝3　こたえ…3

❹ しき…7－2＝5　こたえ…5

ポイント

❶「どちらがいくつ多いか」を求める場面です。犬は6匹，猫は4匹です。6と4では，6のほうが大きく，違いは2なので，6－4＝2となります。4－6＝2と書くのは間違いです。

❷式をよく見て，正しく計算できるように繰り返し練習しましょう。間違えた場合は，おはじきなどを使って確認させましょう。

❸数の違いを求めるときも，ひき算の式に表します。まず，桃の数とメロンの数を数え，桃のほうが多いことを確認させましょう。「－」の前には多いほうの数を，「－」のあとには少ないほうの数を書きます。「＝」のあとには，違いの数を書きます。違いの数がわからないときは，おはじきを並べて比べさせます。

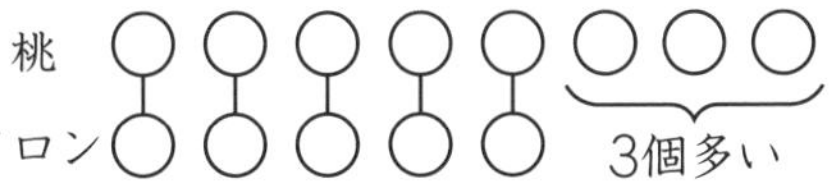

❹❸と同様，「違いの数」を求めるので，ひき算をします。数の多いほうから数の少ないほうをひきます。おはじきで考えさせるときは，下のように並べるとよいでしょう。

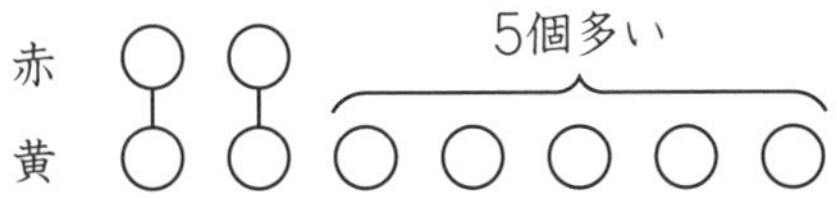

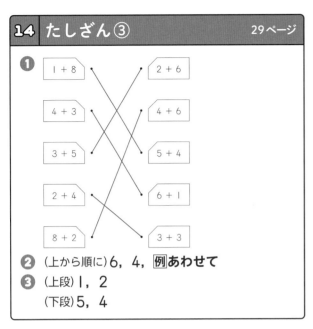

こたえ

17 ひきざん③　35ページ

❶

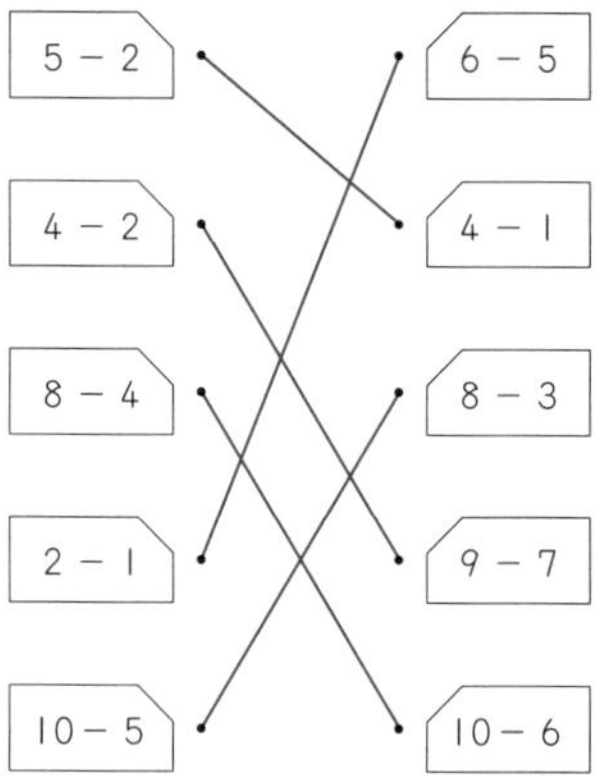

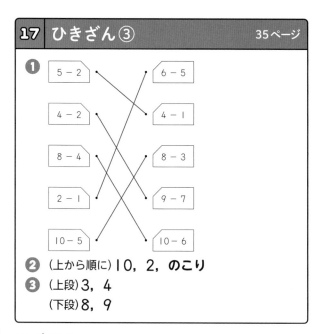

❷ (上から順に)10, 2, **のこり**

❸ (上段)3, 4

(下段)8, 9

ポイント

❶カードの答えを1つ1つ確認し，カードの近くに答えを書いておきましょう。

❷車が減少している場面です。「残りの数」を求める問題をつくればよいことに気づかせます。

❸余裕があれば，答えが3になるひき算の計算式が他にないか聞いてみましょう。他には，4－1，5－2，10－7があります。

18 0の　けいさん　37ページ

❶ しき…0, 2　こたえ…2

❷ しき…3, 3, 0　こたえ…0

❸ (1)3　(2)1　(3)5　(4)0

(5)0　(6)0　(7)1　(8)0

❹ しき…4－0＝4　こたえ…4

ポイント

❶1つもないことを「0」という数で表します。1回目は2匹，2回目は0匹です。合わせて2匹です。

❷鳥が3羽いて，3羽飛んでいくと，1羽も残りません。「1羽も残らない」ことを，「0」を使って「残りは0羽」と表します。

❸0のたし算，ひき算の計算問題です。間違えた場合は，場面を図に表して確認させましょう。

(1)

(5)

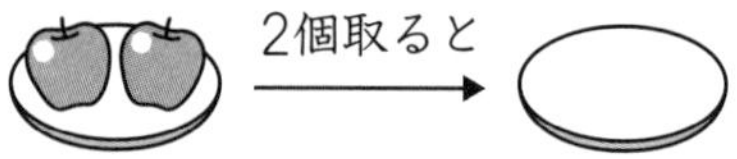

(7)

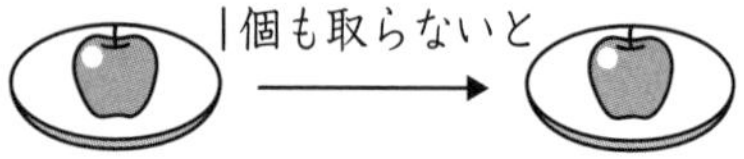

❹「1個も食べない」ので，みかんは減ることなく，4個のままです。

19 かずしらべ　39ページ

❶ (1)

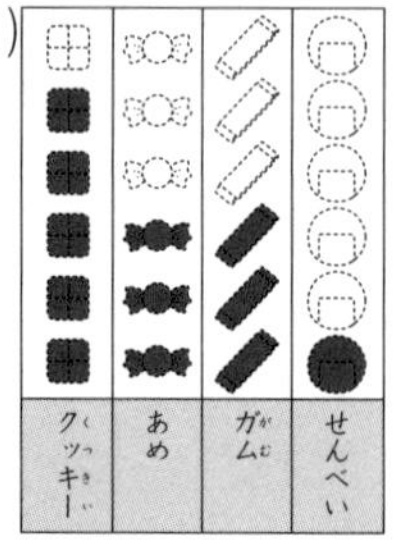

(2)**クッキー**　(3)**せんべい**

(4)3　(5)**あめ**

ポイント

❶(1)おかしの数を種類ごとに数え，その数だけ絵グラフに色を塗ります。クッキーは5個，あめは3個，ガムは3個，せんべいは1個です。下から順に塗ることが大切です。

(2)グラフに表すと，色を塗った部分の高さで数の比較ができます。いちばん数が多いのは，いちばん高く塗られた「クッキー」だと判断します。

(3)逆に，いちばん数が少ないのは，塗られた部分がいちばん低い「せんべい」です。

(5)ガムと同じ高さにあるおかしに注目させましょう。

20 20までの　かず①　41ページ

❶ (1)13　(2)13　(3)15

(4)17　(5)19　(6)20

❷ (1)12　(2)15　(3)16

❸ (1)1　(2)4　(3)10

ポイント

❶20までの数を数え，数字に表します。

(1)数え棒を順序よく「1, 2, …, 10, 11, 12, 13」と数えます。数え落としや重複がないように，印をつけながら数えましょう。

(2)10本の束があるので，「10のまとまりといくつ」で数えます。10と3で13です。(1)と同数ですが，10のまとまりをつくることの利便性を実感できることをねらいとしています。

(6)「10と10で20」です。

❷数をいろいろな数え方で数えます。

(1)初めに10個数えたら○で囲むと数えやすく，ミスも少なくなります。

(2)「5, 10, 15」と5とびで数えます。

(3)「2, 4, 6, 8, 10, 12, 14, 16」のように，2とびで数えられるように練習しておくとよいでしょう。

❸11や14など「十何」の数を，「10といくつで十何」，「十何は10といくつ」と2通りの見方で考えます。数の見方が身についているかを確認しましょう。

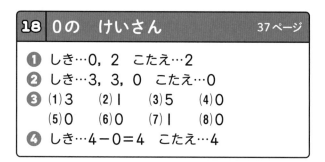

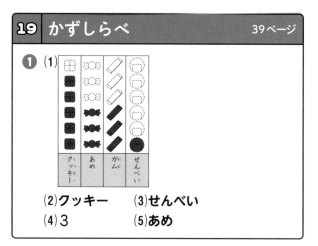

21 20までの　かず② 43ページ

❶ (1) 8　11　(　)(○)　(2) 15　12　(○)(　)

(3) 13　16　(　)(○)　(4) 18　10　(○)(　)

(5) 20　10　(○)(　)　(6) 19　20　(　)(○)

❷ (1) 16－17－18－19－20

(2) 13－12－11－10－9

❸ (1) 18　(2) 20　(3) 19

ポイント

❶20までの数の大小比較の問題です。解けなかったり間違えたりした場合は，紙面上部にある「かずの　せん」を利用して考えさせます。数の線では，右にいくほど数は大きいです。

(1)数の線で，8より11のほうが右にあるから11のほうが大きいです。しだいに数字だけで大小比較ができるようにしましょう。

❷数の並び方の問題です。(1)は，小さい数から大きい数の順に，(2)は大きい数から小さい数の順に並んでいることに気づくことが大切です。

❸「かずの　せん」を利用して考えるとよいでしょう。

(1) 15の目もりから右へ3だけ進むと18です。

(3) 20から左へ1戻ると19です。

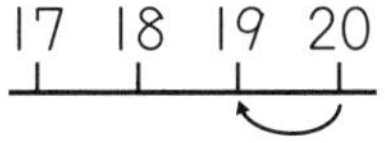

22 20までの　かず③ 45ページ

❶ (1) 13　(2) 10
❷ (1) 12　(2) 10
❸ (1) 15　(2) 13
❹ (1) 18　(2) 14

ポイント

❶20までの数の計算のしかたを理解します。

(1) 10と1けたの数のたし算です。「10といくつで十何」の考え方です。10と3で13です。

(2)十何から，いくつをひいて答えが10になる計算です。10のまとまりはそのままで，ばらのほうからひきます。●の図でイメージをつかませましょう。

❷(1) 10と2で12です。

(2) 16を10と6に分け，ばらの6から6をとると10のまとまりだけになります。

❸●の図で計算のしかたのイメージをつかみます。

(1)(2)ともに，10のまとまりはそのままで，ばらどうしをたしたりひいたりします。

❹間違えた場合はおはじきを使って確認させましょう。

(1)

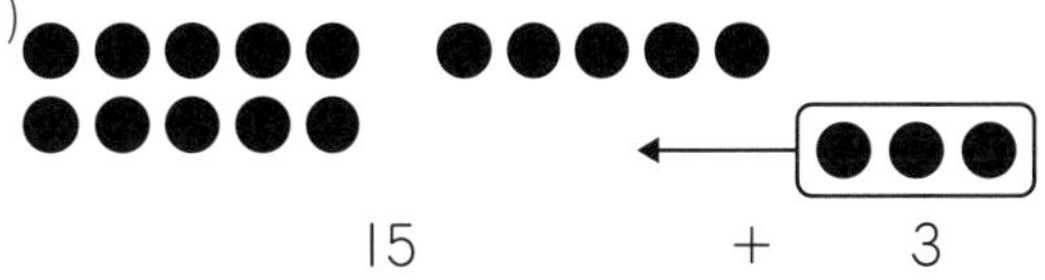

(2)

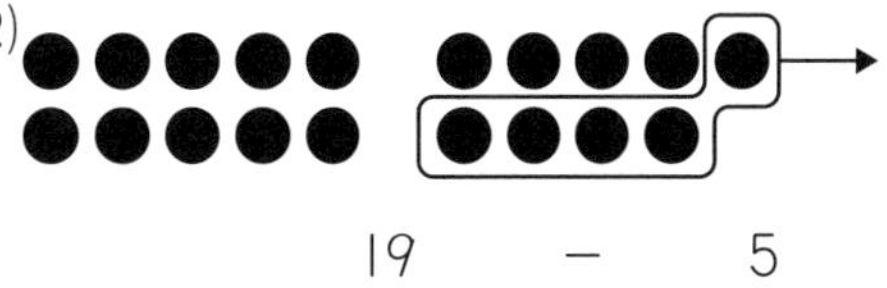

23 なんじ　なんじはん 47ページ

❶ (1) 3じ　(2) 6じ
(3) 1じはん　(4) 10じはん
(5) 5じはん

❷ (1) 9じ

(2) 4じ

(3) 3じはん

(4) 7じはん

(5) 11じはん

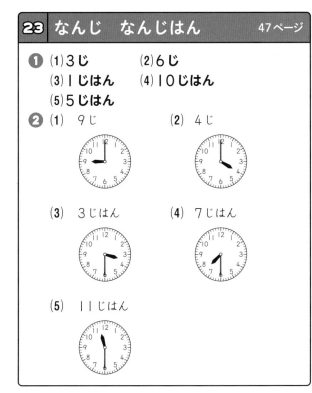

ポイント

❶「何時」と「何時半」の時計を読みます。短針→長針の順で着目させます。長針が12をさしているとちょうど「何時」，6をさしていると，「何時半」です。

(1)短針が3，長針が12をさすので，3時です。

(2)短針が6，長針が12をさすので，6時です。

(3)短針が数字と数字の間をさすときは，数の小さいほうを読みます。短針が1と2の間なので「1」を読み，長針は6をさすので，1時半です。

(4)短針が10と11の間だから「10」，長針は6をさすので，10時半です。

(5)短針が5と6の間だから「5」，長針は6をさすので，5時半です。

❷(1)(2)「何時」のときの長針は12をさします。

(3)(4)(5)「何時半」のときの長針は6をさします。

こたえ

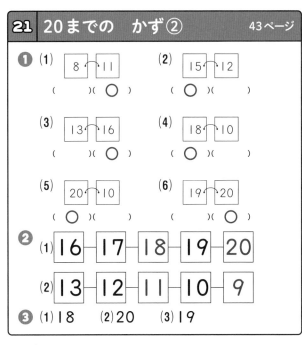

24 ながさくらべ 49ページ

❶ (1)

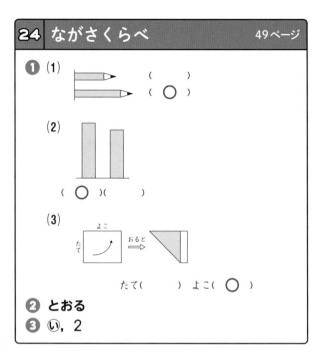

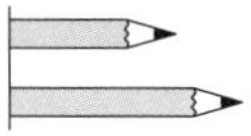

（　　）
（ ○ ）

(2)

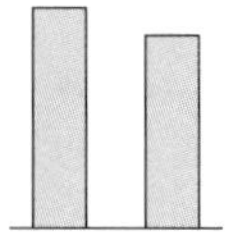

（ ○ ）（　　）

(3)

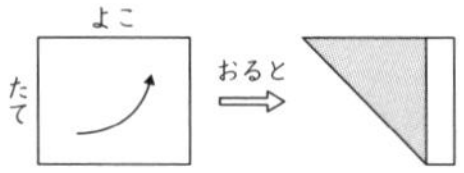

たて（　　） よこ（ ○ ）

❷ **とおる**

❸ い，2

ポイント

❶長さの直接比較をします。

(1)左端をそろえて並べます。右端が出ているほうが長いです。

(2)下をそろえて並べます。上が出ているほうが長いです。

(3)紙の縦と横のどちらの長さが長いかわかりづらい場合，右の図のように折ることで簡単に比べることができます。

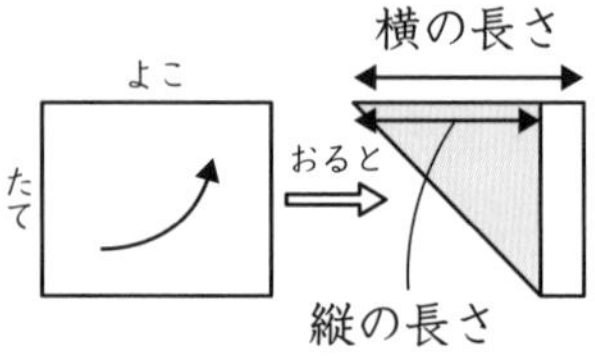

❷長さをテープに写して比較します。テーブルの幅よりドアの幅のほうが長いので，通ります。家の中のもので実体験させると，理解が定着します。

❸ますのいくつ分かで比較します。あは7つ分，いは9つ分です。いのほうが，9－7＝2で2つ分長いです。

25 かさくらべ 51ページ

❶ あ

❷ (1)あ　(2)い

❸ (上から順に)5，7，い，2

ポイント

❶いの容器にいっぱいに入れた水を，あの容器に移すと，あの容器にはまだ空きがあり，水をさらに入れることができます。よって，あのほうが多く入ると判断します。

❷(1)同じ大きさの容器に入っているときは，水面の高さで比較します。あのほうが水面が高いので，あのほうが多いです。

❸同じ大きさのコップ1杯に入る水の量を基準として，コップ何杯分かでかさを比較します。絵からあは5杯分，いは7杯分です。

5と7では7のほうが大きく，その違いは7－5＝2で，2杯分です。このように，基準(本問ではコップ)を決めて比較すると，どちらがどれだけ多いかを数で表すことができます。

26 ひろさくらべ 53ページ

❶ (1)あ　(2)い

❷ い→あ→う

❸ **ひまり**

ポイント

❶重ねることで，広さを比べることができます。

(1)

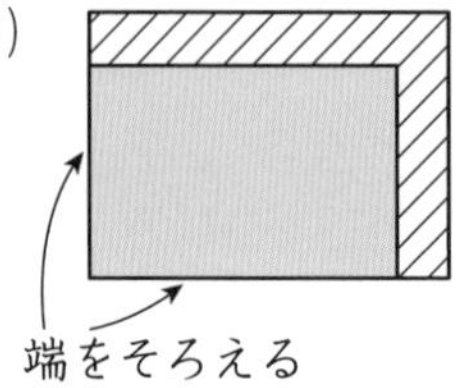

はみ出したほうが広いと判断できます。

❷ます(□)がいくつ分かで広さを比べます。
あは□の9個分，いは10個分，うは8個分です。
数が多いほうが広いです。

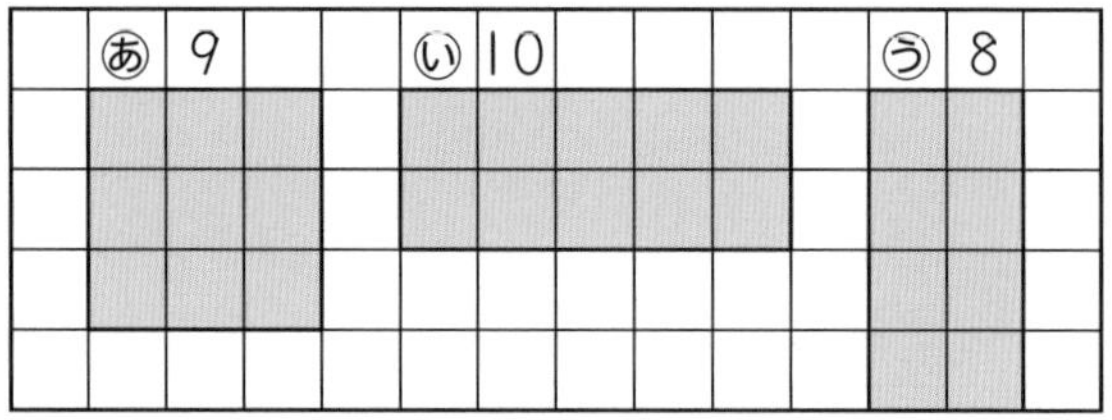

❸場所とりゲームの場面で，とった範囲の形に凹凸があります。このような複雑な形で広さを比較する際はとくに，1つの基準を用いることが有効です。ひまりさんは□を12個分，みなとさんは□を8個分取っています。

27 3つの かずの けいさん① 55ページ

❶ しき…2，1，6　こたえ…6

❷ (1)8　(2)10　(3)14

❸ しき…3，1，2　こたえ…2

❹ (1)4　(2)2　(3)8

ポイント

❶「増加」が2回ある場面について考えます。「増加」の場面はたし算をします。

3＋2＝5，5＋1＝6のように2つの式に書いて求めることもできますが，ここでは，1つの式に表します。3＋2＝5＋1＝6とするのは間違いです。

❷前から順にたします。

(1)5＋1＋2
└①┘
└─②─┘

① 5＋1＝6
② 6＋2＝8
だから，5＋1＋2＝8

(3)9＋1＋4
└①┘
└─②─┘

① 9＋1＝10
② 10＋4＝14
だから，9＋1＋4＝14

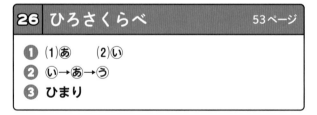

❸「減少」が2回ある場面を1つの式に表します。「減少」の場面はひき算をします。
❹前から順にひきます。

(1)7−2−1　① 7−2=5
　└①┘　　② 5−1=4
　　└②┘　だから，7−2−1=4

(3)14−4−2　① 14−4=10
　└①┘　　② 10−2=8
　　└②┘　だから，14−4−2=8

1つ1つの計算は，これまで学習してきた計算です。間違えた計算は，前の回に戻って復習しましょう。

28 3つの かずの けいさん② 57ページ

❶ (1)6　(2)16　(3)17
❷ しき…10−5+3=8　こたえ…8
❸ (1)6　(2)11　(3)13
❹ しき…6+4−5=5　こたえ…5

ポイント

❶「ひいてからたす」3つの数の計算です。前から順に計算します。

(1)7−2+1　① 7−2=5
　└①┘　　② 5+1=6
　　└②┘　だから，7−2+1=6

❷初めに10個あって，5個取ったので5個減り，次に3個積んだので3個増えています。減少はひき算で，増加はたし算です。1つの式に表します。
❸「たしてからひく」3つの数の計算です。前から順に計算します。

(1)3+5−2　① 3+5=8
　└①┘　　② 8−2=6
　　└②┘　だから，3+5−2=6

❹問題文を読んで，増加か減少か，場面を把握します。初めに6枚あって，次に4枚増えて，その次に5枚減少しています。理解しづらい場合は実際にカードを使って再現するとよいでしょう。

29 たしざん④ 59ページ

❶ (上から順に)1，5，15，15
❷ (1)16　(2)14
　(3)13　(4)11
❸ しき…9+3=12　こたえ…12
❹ しき…8+4=12　こたえ…12

ポイント

❶繰り上がりのある1けたのたし算のしかたをまとめています。「10のまとまりをつくる」ことがポイントです。数字だけで理解しづらいようでしたら，おはじきを使って，その動きを見せましょう。

①
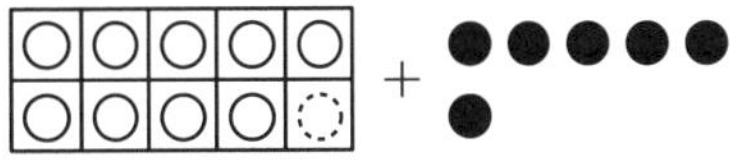
9はあと1で10。

②
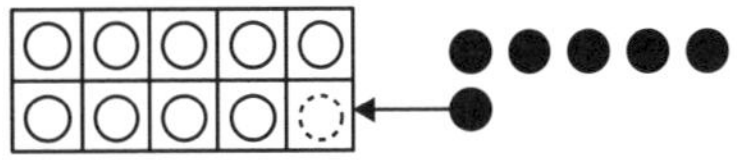
6を1と5に分ける。1を動かす。

③
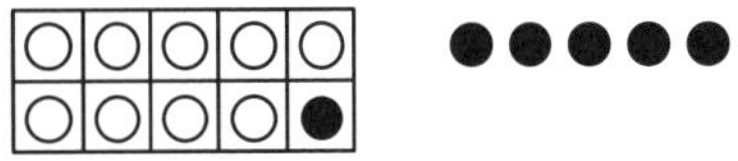
9と1で10。10と5で15。

❷計算の練習をします。すぐに答えが出るまで練習しましょう。
(1)9はあと1で10だから，7を1と6に分けます。10と6で16です。
❸「あわせて　なんこ」だから，たし算をします。
❹増加の場面だから，たし算をします。

30 たしざん⑤ 61ページ

❶ (上から順に)2，4，14，14
❷ (1)12　(2)11
　(3)11　(4)12
❸ しき…6+9=15　こたえ…15
❹ しき…5+8=13　こたえ…13

ポイント

❶繰り上がりのある1けたのたし算のしかたです。前の回では，たす数を分解しましたが，今回はたされる数を分解する練習をします。おはじきを使って考えるときは，以下のようにします。

①
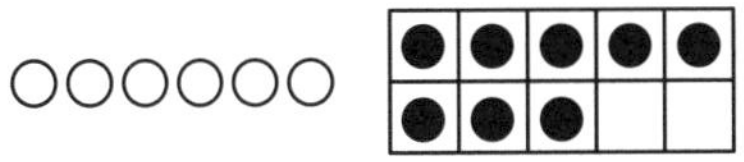
8はあと2で10。

②
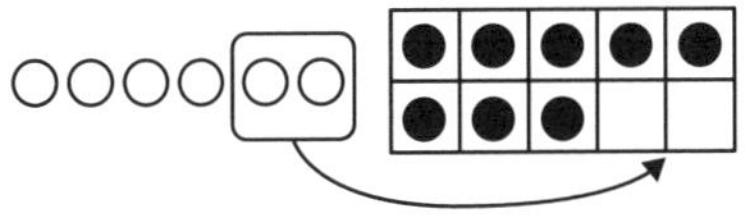
6を2と4に分ける。
2を動かす。

③
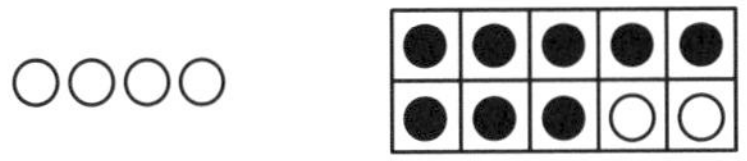
8と2で10。10と4で14。

❷たされる数を分解するしかたで説明します。
(3)9はあと1で10だから，2を1と1に分けます。10と1で11。
(4)7はあと3で10だから，5を3と2に分けます。10と2で12。
❸「あわせて　なんこ」だから，たし算をします。
❹増加の場面だから，たし算をします。

31 たしざん⑥ 63ページ

❶ ⑴12　⑵12　⑶13　⑷11
⑸14　⑹11　⑺13　⑻18
❷ ㋒
❸ しき…9＋8＝17　こたえ…17
❹ しき…5＋7＝12　こたえ…12

ポイント

❶繰り上がりのあるたし算の計算問題です。たす数を分解する方法，たされる数を分解する方法，どちらで計算しても構いません。
⑴9はあと1で10。3を1と2に分けます。9と1で10。10と2で12。
⑶8はあと2で10。5を2と3に分けます。8と2で10。10と3で13。
⑷7はあと3で10。4を3と1に分けます。7と3で10。10と1で11。
⑹5はあと5で10。6を5と1に分けます。5と5で10。10と1で11。
❷㋐6＋8＝14，㋑9＋5＝14，㋒8＋7＝15です。全てのカードの答えを正しく計算できているかも確認しましょう。
❸8羽飛んできたから，増加の場面なので，たし算の式に表します。初めにいた9羽の9を「＋」の前に，あとから増えた8羽の8を「＋」のあとに書きます。
❹「あわせて」なので，たし算の式に表します。計算は，たす数を分解するか，たされる数を分解するか，自分の計算しやすい方法で行いましょう。

32 ひきざん④ 65ページ

❶ (上から順に)4，1，5，5
❷ ⑴3
⑵2
⑶7
⑷5
❸ しき…13－9＝4　こたえ…4
❹ しき…12－8＝4　こたえ…4

ポイント

❶繰り下がりのあるひき算のしかたをまとめています。「ひかれる数を10といくつに分ける」ことがポイントです。数字だけで理解しづらいようでしたら，おはじきを使って，その動きを見せましょう。

① ○○○○○○○○○○
○○○○
14を10と4に分ける。

② 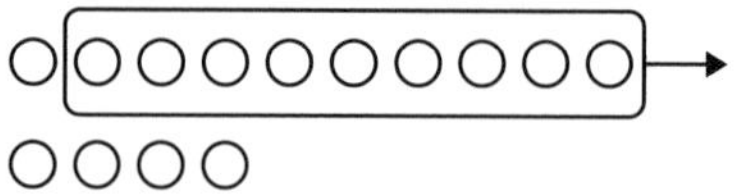
10から9をひく。

③1と4で5。14－9＝5
❷計算の練習をします。すぐに答えが出せるように練習しましょう。
⑴12を10と2に分けます。10から9をひいて1。1と2で3。
⑶15を10と5に分けます。10から8をひいて2。2と5で7。
⑷12を10と2に分けます。10から7をひいて3。3と2で5。
❸残りの数を求めるので，ひき算の式に表します。
❹違いの数を求めるので，ひき算の式に表します。大きい数から小さい数をひきます。

33 ひきざん⑤ 67ページ

❶ (上から順に)3，10，7，7
❷ ⑴8　⑵9
⑶9　⑷8
❸ しき…15－6＝9　こたえ…9
❹ しき…16－7＝9　こたえ…9

ポイント

❶繰り下がりのあるひき算のしかたです。前の回では，先に10のまとまりからひきましたが，今回は，ばらのほうからひく方法を学習します。手が止まってしまったら，以下のようにおはじきを動かして，考えてみましょう。
①11は10と1。
4は1と3。

② 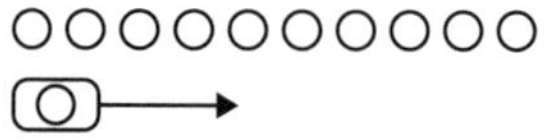
まず，ばらの1をひく。

③ 
さらに，10のまとまりから3をひく。
11－4＝7

❷ ❶を参考に計算のしかたを考えます。
⑶12は10と2。3を2と1に分ける。12からばらの2をひいて10。さらに10から1をひいて9。

⑷14は10と4。6を4と2に分ける。14からばらの4をひいて10。さらに10から2をひいて8。
❸残りの数を求めるので，ひき算の式に表します。
❹全部の鉛筆から，削っている鉛筆を除いた残りが，削っていない鉛筆です。

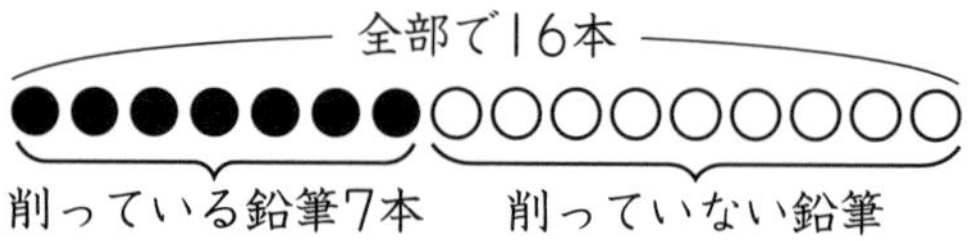

34 ひきざん⑥ 69ページ

❶ (1)9　(2)5　(3)4　(4)4
(5)7　(6)9　(7)6　(8)8
❷ ⓤ
❸ しき…15−7=8　こたえ…8
❹ しき…13−6=7　こたえ…7

ポイント

❶繰り下がりのあるひき算の計算問題です。即答できるようになるまで練習しましょう。
(1)18を10と8に分けます。10から9をひいて1。1と8で9。
(2)11を10と1に分けます。10から6をひいて4。4と1で5。
(5)16を10と6に分けます。10から9をひいて1。1と6で7。
(6)14を10と4に分けます。10から5をひいて5。5と4で9。
(7)13を10と3に分けます。10から7をひいて3。3と3で6。
❷それぞれのカードの答えは，ⓐ14−8=6，ⓘ15−6=9，ⓤ17−9=8です。余裕があれば，他に答えが8になるひき算の式を見つけさせると，さらに実力がつきます。
❸残りの数を求めるので，ひき算の式に表します。計算したあと，答えの見直しの習慣をつけておくとよいでしょう。
❹全部の猫から，めすの猫を除いた残りが，おすの猫です。だから，ひき算の式に表します。

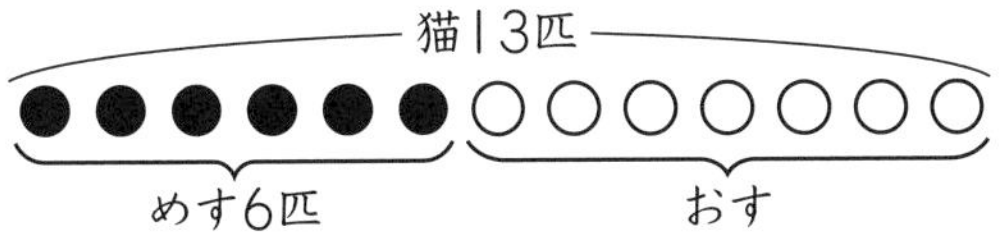

35 大きい　かず① 71ページ

❶ (1)45　(2)60
❷ (1)79　(2)36　(3)8　(4)100
❸ (1)29　(2)63　(3)100　(4)89

ポイント

❶100までの数を数えて数字に表します。10のまとまりがいくつとばらがいくつあるかに着目します。
(1)10のまとまりが4つ，ばらが5つだから，十の位に4を，一の位に5を書きます。
(2)10のまとまりが6つ，ばらはありません。十の位に6を，一の位に0を書きます。
❷100までの数のしくみに関する問題です。
(1)「十の位」，「一の位」の用語を理解しましょう。
(2)数字だけで理解できない場合は，❶のような具体物を見せて，理解を助けましょう。
(3)「80は10が8つ」と「10が8つで80」のどちらの見方もできるようにしましょう。
(4)「10のまとまりが10個」は次の❸の表を使って，確認することができます。

1	2	3	4	5	6	7	8	9	10	10
11	12	13	14	15	16	17	18	19	20	10
21	22	23	24	25	26	27	28	29	30	10
31	32	33	34	35	36	37	38	39	40	10
41	42	43	44	45	46	47	48	49	50	10
51	52	53	54	55	56	57	58	59	60	10
61	62	63	64	65	66	67	68	69	70	10
71	72	73	74	75	76	77	78	79	80	10
81	82	83	84	85	86	87	88	89	90	10
91	92	93	94	95	96	97	98	99	100	10

❸表を使って考えます。

1	2	3	4	5	6	7	8	9	10
11	12	13							20
21	22	23	(1)	25	26	27	28	29	30
31	32	33	34	35	36	37	38	39	40
41	42	43	44	45	46	47	48	49	50
51	52								60
61	62	63	64	65	66	67	68	(2)	70
71	72	73	74	75	76	77	78		
81	82	83	84	85	86	87	88	89	90 (4)
91	92	93	94	95	96	97	98	99	100

(3)

(1)25から4だけ進んだ数は29です。
(2)68から5だけ戻った数は63です。
(3)99から1だけ進んだ数は100です。
(4)90から1だけ戻った数は89です。

36 大きい　かず② 73ページ

❶ (1) 50　46
(　○　)(　　)
(2) 88　87
(　○　)(　　)

❷ (1) 28−29−30−31−32
(2) 60−70−80−90−100
(3) 52−51−50−49−48
(4) 100−99−98−97−96

❸ (1) 36　37　38　39　40
(2) 20　30　40　50　60

❹ やまと

ポイント

❶2けたの数の大小を比較します。十の位→一の位の順で比べます。
(1)十の位の数「5」と「4」に着目します。
(2)十の位の数がどちらも「8」なので，一の位の数で比べます。
❷数の並び方を考えます。
(1)1ずつ大きくなっています。
(2)10ずつ大きくなっています。
(3)(4)1ずつ小さくなっています。
間違えたら，前の回の❸の表で確認させましょう。
❸数の線で考えます。数の線は，右にいくほど数は大きく，等間隔に並んでいます。
(2)1目もりは10です。
❹「56」と「60」と「59」の数の大小を考えます。十の位の数に着目します。

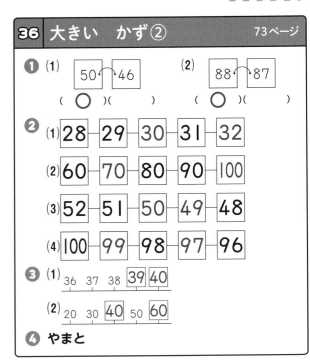

37 大きい　かず③　75ページ

❶ (1) 112
(2) 120
(3) 103

❷ (1) 99－100－101－102－103
(2) 107－108－109－110－111

❸ あ105　い112
う115　え119

ポイント

❶120までの3けたの数を数え，数字に表します。
(1) 10のまとまりが10個で100。100と10と2で112です。
(2) 100の束が1つ，10の束が2つで20。100と20で120です。
(3) 100の束が1つ，ばらが3。100と3で103です。十の位の0を忘れずに書きます。
3けたの数に慣れないようでしたら，□□□のように，解答欄を位ごとに区切って書かせましょう。
❷数の並び方の問題です。間違えたら数の表で確認させたり，自分で数の表を作成させたりするとよいでしょう。
❸3けたの数を，数の線で読みます。目もりは1ずつ打っています。理解しづらいようでしたら，1つ1つの目もりに順に数字を書かせてみましょう。正解している場合は，どのように考えたか言葉で表現させてみましょう。「100と110のちょうど真ん中」や「110から2つ目だから」，「120の1つ前」等の考え方ができていれば，大いにほめてあげましょう。

38 大きい　かずの　けいさん①　77ページ

❶ (1) 70　(2) 30
❷ (1) 80　(2) 70　(3) 100
(4) 10　(5) 30　(6) 50
❸ しき…20＋30＝50　こたえ…50
❹ しき…80－30＝50　こたえ…50

ポイント

❶「何十たす何十」，「何十ひく何十」の計算です。「10のまとまり」で考えます。
(1) 10のまとまりが7個になるので，70です。
(2) 10のまとまりが3個になるので，30です。
❷式だけで計算しましょう。
(3) 10のまとまりが8と2で10個になります。10のまとまりが10個で100です。80＋20＝100
(6) 100は10のまとまりが10個です。100－50は10のまとまりが10－5で5個になります。だから，100－50＝50
❸大きい数になっても，合わせた数はたし算で求めます。
❹残りの数を求めるので，ひき算をします。

39 大きい　かずの　けいさん②　79ページ

❶ (1) 36　(2) 22
❷ (1) 23　(2) 48　(3) 79
(4) 30　(5) 55　(6) 84
❸ しき…21＋5＝26　こたえ…26
❹ しき…28－4＝24　こたえ…24

ポイント

❶「何十何たすいくつ」「何十何ひくいくつ」の計算です。10のまとまりはそのままで，ばらどうしを計算します。
❷式だけで計算します。
(2) 45を40と5に分けます。40のまとまりはそのままで，5と3をたして8。40と8で48です。
(6) 88を80と8に分けます。80のまとまりはそのままで，ばらの8から4をひいて4。80と4で84。
❸増加の場面です。たし算をします。
❹減少の場面です。初めに乗っていた人数28から降りた人数4をひきます。

40 なんじなんぷん　81ページ

❶ (1) 8じ5ふん　(2) 6じ20ぷん
(3) 1じ45ふん　(4) 10じ11ぷん
(5) 4じ56ぷん

❷ (1) 7じ10ぷん　(2) 5じ30ぷん

(3) 11じ25ふん　(4) 2じ38ぷん

❸ い

ポイント

❶1分刻みで時計を読みます。短針で「何時」を，長針で「何分」を読みます。正確に速く読めるように練習しましょう。
(2) 短針が数字の6と7の間にあるので小さいほうの「6」を読みます。長針は数字の4を示していますが長針の目もりは，右の図の外側の数字「20」を読みとります。よって，「6時20分」です。

❷(4)38分の長針の位置は数字の「7」の位置から3目もり進んだ位置です。
❸アナログ時計とデジタル時計を読みます。3時35分を表示しているのは㋑です。

41 ずを つかって かんがえよう① 83ページ

❶ しき…4, 3, 7　こたえ…7
❷ しき…10, 6, 4　こたえ…4
❸ (1)左○○○○○○○○●右《みぎ》　(2)9
❹ (1)左 ○○○○○○● 右　(2)6

ポイント
❶りつさんをふくむ4人と，後ろの3人を合わせると，全体の人数が求められます。
❷全体の人数からみおさんまでの人数を除くと，みおさんの後ろの人数になります。
❸(1)左から8個の○は，うたさん以外の人を表すので色を塗りません。9個目の○がうたさんです。
❹(1)左から7個目の○に色を塗ります。
(2)左から6個の○が左にいる人を表します。

42 ずを つかって かんがえよう② 85ページ

❶ しき…4＋3＝7　こたえ…7
❷ ず…
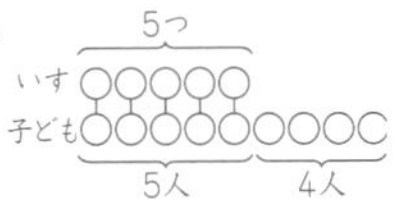

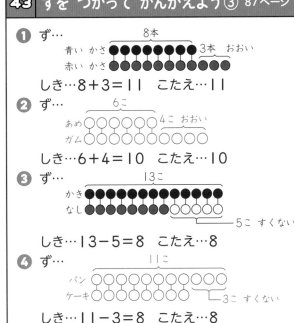

しき…5＋4＝9　こたえ…9
❸ しき…9－7＝2　こたえ…2
❹ ず…
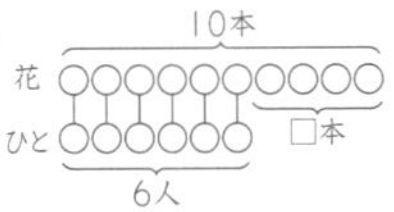

しき…10－6＝4　こたえ…4

ポイント
❶人がかぶっている帽子4つと残っている3つを合わせると，全部の帽子の数になります。
❷いすに座っている子どもと，立っている子どもの人数を合わせた人数を求めます。
❸9個のあめのうち，配られたのは子どもの数と同じ7個です。
❹10本の花のうち，配られたのは人の数と同じ6本です。

43 ずを つかって かんがえよう③ 87ページ

❶ ず…
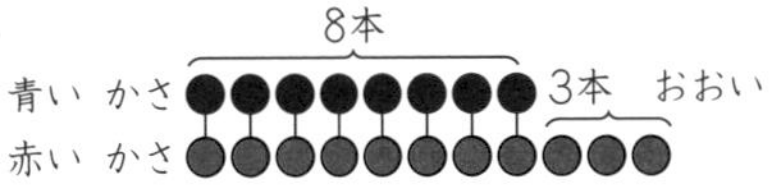

しき…8＋3＝11　こたえ…11
❷ ず…
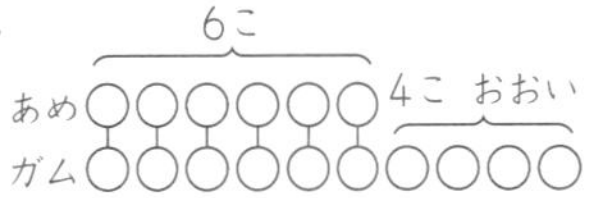

しき…6＋4＝10　こたえ…10
❸ ず…
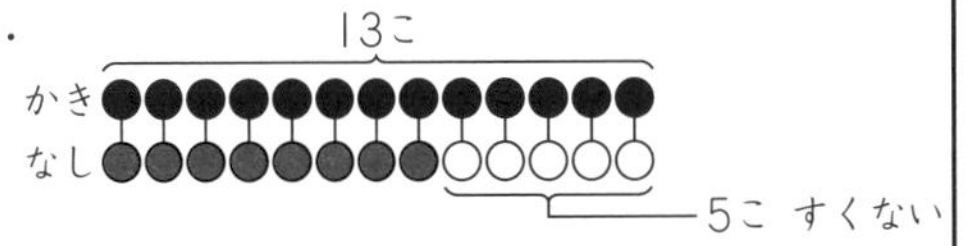

しき…13－5＝8　こたえ…8
❹ ず…
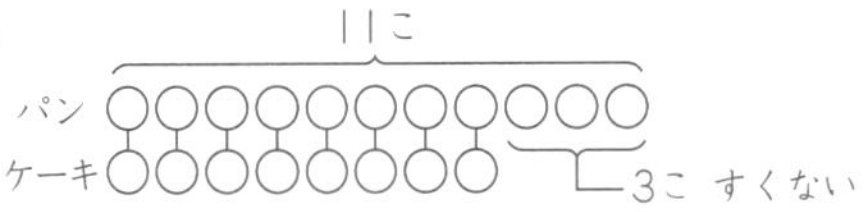

しき…11－3＝8　こたえ…8

ポイント
❶多いほうの数を求めます。赤い傘の数は，8より3だけ大きい数になることを確認しましょう。
❷多いほうの数を求めます。6より4だけ大きい数になることを確認しましょう。
❸少ないほうの数を求めます。13より5だけ小さい数になることを確認しましょう。
❹少ないほうの数を求めます。11より3だけ小さい数になることを確認しましょう。

44 かたち② 89ページ

❶ (1)6　(2)8
❷ 10
❸ あ
❹
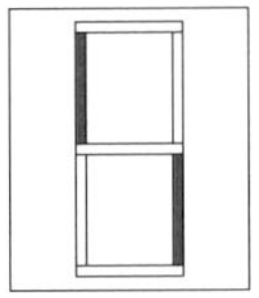

ポイント
❶図に区切りの線をかきこんで数えましょう。
(1)
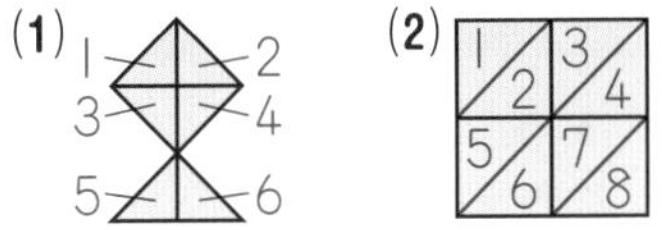

❸
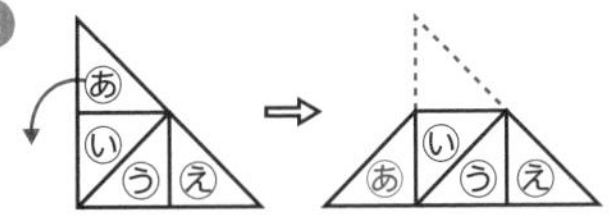

45 まとめの　テスト① 91ページ

❶ (1)6　(2)10
❷ (1)　(2)
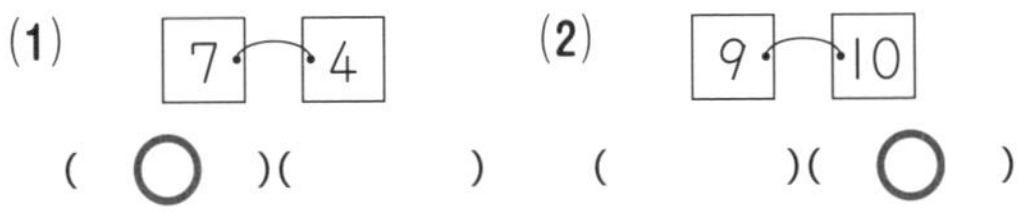

❸ 2－3－4－5－6
❹ (1)左

右《みぎ》
(2)左

右
❺ (1)2　(2)9　(3)1

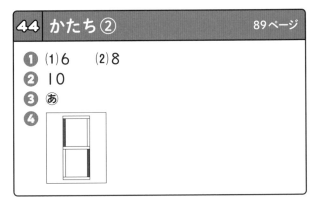

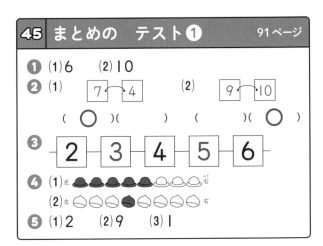

ポイント

❶ものの数を数えて，数を数字で表します。数え落としや重複に注意します。印をつけながら数えましょう。
❷数字で，数の大小を比較します。間違えたときは，1，2，3，4，…と数字カードを順に並べ，右にいくほど数が大きくなることを確認しましょう。
❸数の並び方を確認します。間違えたときは，「いち，に，さん，…」と声に出して確認しましょう。
❹「何個」と「何個目」の違いを確認しましょう。
❺数の分解と合成の問題です。間違えたときは，「いくつと　いくつ」の単元をもう一度復習しましょう。

46 まとめの　テスト❷ 93ページ

❶ (1)5　(2)10　(3)6　(4)3
❷ しき…3+5=8　こたえ…8
❸ しき…8−6=2　こたえ…2
❹ (1)12　(2)20
❺ (1) 13→9　(○)( )　(2) 20→17　(○)( )
❻ (1)15　(2)10　(3)18　(4)12

ポイント

❶10までのたし算とひき算です。計算ミスをしないよう，繰り返し練習しましょう。
❷「あわせて」なので，たし算の式に表します。
❸「ちがいは」なので，ひき算の式に表します。
❹(1)10の束が1つと，ばらが2枚なので，10と2で12となります。
(2)10の束が2つあるので，20です。
❺20までの数の大小を比較します。間違えたときは，43ページにある「かずの　せん」を利用して考えましょう。数の線では，右にいくほど数が大きくなることを確認しましょう。
❻20までの数の計算のしかたを確認します。
(1)10と1けたの数のたし算です。10と5で15です。
(2)十何から，いくつをひいて答えが10になるひき算です。10のまとまりはそのままで，ばらの8から8をひきます。
(3)10のまとまりはそのままで，ばらの1と7をたして8，10と8で18となります。
(4)10のまとまりはそのままで，ばらの6から4をひいて2，10と2で12となります。

47 まとめの　テスト❸ 95ページ

❶ ㋑→㋒→㋐
❷ (1)15　(2)9　(3)16
　(4)12　(5)6　(6)9
❸ しき…12+5−3=14　こたえ…14
❹ しき…9+7=16　こたえ…16
❺ しき…13−8=5　こたえ…5

ポイント

❶ますがいくつ分かを数えて，長さを比較します。㋐は6つ分，㋑は9つ分，㋒は7つ分です。
❷(1)(2)3つの数の計算です。前から順に計算していきましょう。
(3)(4)繰り上がりのあるたし算です。10のまとまりをつくって計算しましょう。
(5)(6)繰り下がりのあるひき算です。ひかれる数を10といくつに分けて計算しましょう。
❸3つの数の計算になる文章問題です。問題文をよく読んで，場面をイメージしながら式をつくりましょう。
❹「あわせて」なので，たし算です。繰り上がりのあるたし算なので，10のまとまりをつくって計算しましょう。
❺「のこりは」なので，ひき算です。繰り下がりのあるひき算なので，ひかれる数を10といくつに分けて計算しましょう。

48 まとめの　テスト❹ 97ページ

❶ 37
❷ (1)54　(2)100
❸ 85　106
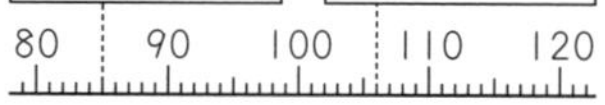

❹ (1)4じ8ぷん　(2)8じ46ぷん
❺ ず…いぬ○○○○○○○○
　ねこ○○○○○○○○○○○○
　しき…8+4=12　こたえ…12

ポイント

❶10の束が3つ，ばらが7つなので37です。
❷100までの数の表し方を確認しましょう。
❸数の並びを確認する問題です。数の線は，右にいくほど数が大きくなり，等間隔に並んでいます。
❹長針は「分」，短針は「時」を表します。1分刻みで時計を読むことができるよう，繰り返し練習しましょう。
❺多いほうの数を求めます。8より4だけ大きい数になることを確認しましょう。

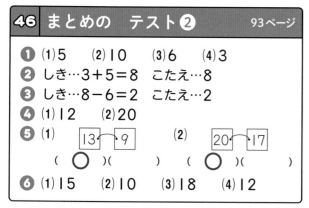

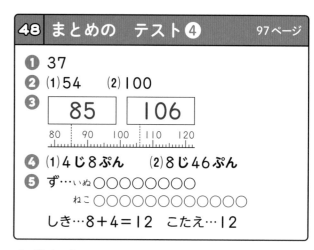

せいかつ

1 たのしい がっこうせいかつ 99ページ

❶ (1)

(2)

(3)

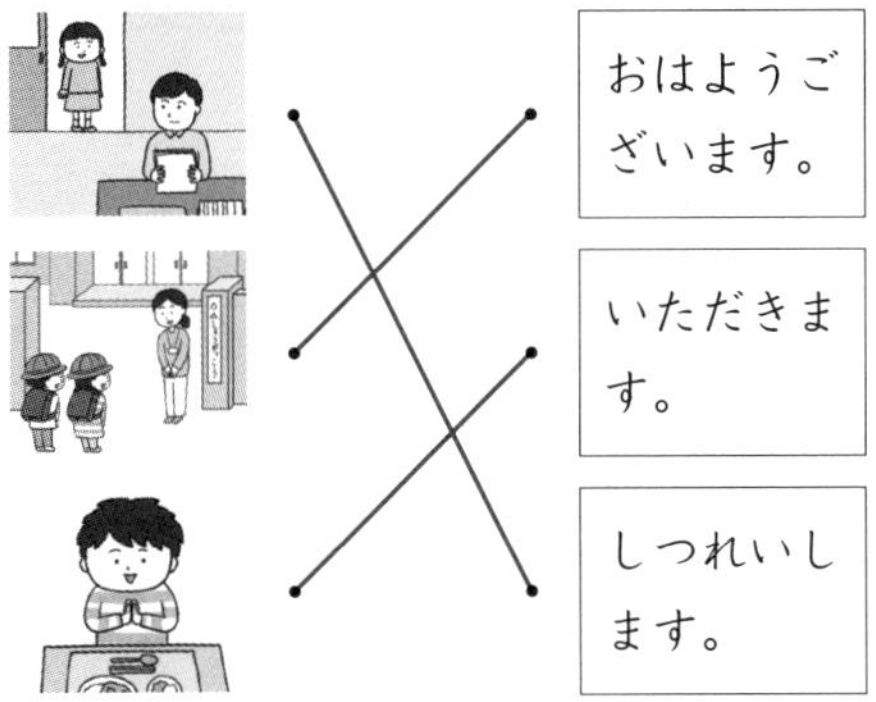

❷ (1)い　(2)あ

❸ (1)い　(2)あ

ポイント

❶(1)職員室には先生がたくさんいます。入る前に「失礼します」と挨拶するように教えてください。

(2)友達どうしでは「おはよう」と挨拶しますが，先生など，目上の人には「おはようございます」と，ことば遣いに気をつけるよう教えてください。

(3)食事の前には，生きものの生命をいただくことや，作ってくれた人に感謝するため，手を合わせて「いただきます」の挨拶をします。

❷(1)廊下を走ると，転んだり人とぶつかったりすることがあり，とても危険です。

(2)話をしている人のほうを見て，静かに最後まで話を聞くようにします。質問があれば，話が終わったあとに聞くとよいです。

❸自分がしてほしいことから考えるとよいです。

(1)感謝の気持ちを表すことばを考えます。

(2)「自分が喜んでいるとき，友達がどう言ってくれたらうれしい？」と，質問してみるとよいです。

2 がっこうを たんけんしよう 101ページ

❶ (1)い　(2)あ　(3)え　(4)う

❷ (1)い　(2)う　(3)あ

ポイント

❶(1)音楽室は，歌を歌ったり楽器を演奏したりするための部屋です。

(2)学校図書館は，本を読んだり借りたりすることができます。また，調べ学習にも使えます。

(3)職員室は，先生のための部屋です。用事があるとき以外は入りません。

(4)校庭では，思い切り体を動かしたり，自分の学級以外の友達とかかわったりすることができます。

❷(1)給食調理員は，学校の給食室で調理をしています。給食センターで調理をする地域もあります。

(2)学校用務員は，学校の環境や設備を維持する仕事をしています。

(3)けがをしたり気分が悪くなったりしたときは，保健室に行くように教えてください。

3 こうていを たんけんしよう 103ページ

❶ (お子様の体験をもとに答えられていたら正解)

❷

ポイント

❶○がつかないものがあってもよいです。校庭にいる生きものや咲いている花を見つけられるとよいです。ほかに，どこでどんな様子を見つけたか，聞いてみてください。また，見られる植物や生きものが季節によってちがうことを意識することも大切です。

❷校庭には，場所ごとに目的をもったものがあります。どこに何があってどう使うのか，どんなルールがあるのかをよく確認しておくとよいです。

4 つうがくろを あるこう 105ページ

❶ (1)う　(2)あ　(3)い

❷ (1)×　(2)○　(3)×　(4)○

ポイント

❶(1)歩行者用の信号機です。青信号が点滅したら，横断を始めないように注意してください。また，さまざまな道路標識にも気づけるとよいです。

(2)カーブミラーです。曲がり角の手前では必ず立ち止まって，先を確認させてください。見づらい場合は，カーブミラーを使うとよいです。

(3)外で身の危険を感じたときは，「こども110番」のプレートがある家や施設に入るように教えます。通学路のどこにあるか，確認するとよいです。

❷(1)工事現場や立ち入り禁止の場所には，絶対に入ってはいけません。

(2)横断歩道は，信号を確かめたうえで，車などが止まったことを確認してから渡ります。

(3)「いかのおすし（いかない，のらない，おおごえをだす，すぐにげる，しらせる）」を徹底させてください。近づいたり話を聞いたりせず，すぐに逃げます。

(4)地域の安全を守る活動をしている人にはきちんと挨拶をします。

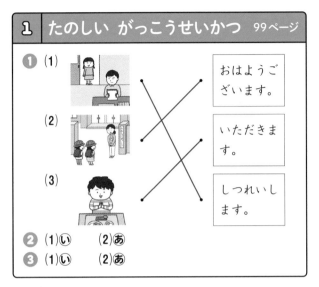

5 どんな はなが あるかな 107ページ

❶ (1)い　(2)あ
(3)え　(4)う

❷
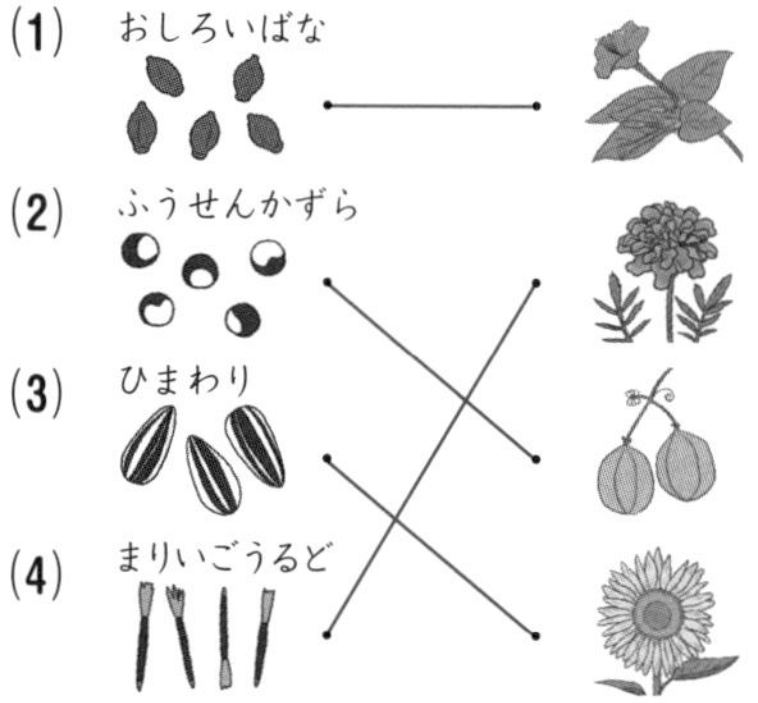

ポイント

❶(1)ホウセンカは，夏ごろに花を咲かせます。果実は弾けて種を遠くに飛ばす性質をもっています。
(2)コスモスはキク科の植物です。種類によってちがいますが，開花時期は夏から秋ごろです。
(3)アサガオは，朝に花を咲かせます。暗くなってから一定時間後に咲くようです。花の色は，ピンク色や紫色，青色などさまざまです。
(4)オクラの花は，午前中にはしぼんでしまうため，観察は朝に行います。
❷花に特徴があるように，種にもそれぞれ特徴があります。模様や形，大きさなどをよく観察させてください。
(1)オシロイバナの種は，黒や濃い茶色で，端に出っ張った部分があります。
(2)フウセンカズラの種には，白いハートのような模様があります。
(3)ヒマワリの種は，黒色もありますが，しま模様が特徴的です。
(4)マリーゴールドの種は細長い形をしています。

6 はなを そだてて みよう① 109ページ

❶ あ
❷ (1)○　(2)×　(3)○

ポイント

❶アサガオの種をまくときは，指で種の3つ分ほどの深さの穴を開け，種を1つずつ入れます。上から土をかけて軽くならし，水をたっぷりやります。
❷(1)植物を育てるときには，毎日様子を見て，観察記録をつけるようにします。
(2)植物は，日当たりや風通しがよい所で育てるとよいです。
(3)土の表面が乾いてしまわないように，水やりをします。水をやりすぎると，種や根を腐らせる原因になるので，注意が必要です。

7 はなを そだてて みよう② 111ページ

❶ (1)い　(2)あ
❷ 4，3，2
❸ い

ポイント

❶(1)生育がよくなるように間引きをします。間引く際は，元気のある芽を残すようにします。
(2)つるが伸びてきたときは支柱を立てて，からまったり地面をはったりしないようにします。
❷種から芽，子葉が出たあとに葉が出て，茎が伸びます。やがて，葉の数が増えていきます。しばらくすると，つぼみが膨らんで花が咲きます。毎日観察することで，生長の過程を理解できます。
❸アサガオは，外皮が乾燥し，実が茶色になったら種をとります。日の当たらないところでしっかり乾燥させ，通気性のよい場所で保存します。

8 なつを たのしもう① 113ページ

❶ (○をつけるところ) あ，い，う，か
❷ (1)あ　(2)(上から順に) お，え
(3)い　(4)う

ポイント

❶季節感を養うために，季節ごとの遊びや旬の食べもの，年中行事に触れさせるとよいです。
❷(1)(2)熱中症対策として，必ず帽子をかぶり，水筒を持ち，こまめに水分をとるようにします。
(3)雷の音が聞こえてくるなど，雷雲が近づいてくる兆候があるときは，すぐに建物の中に入ります。
(4)遊んだあとは，手洗いやうがいをしてください。

9 なつを たのしもう② 115ページ

❶
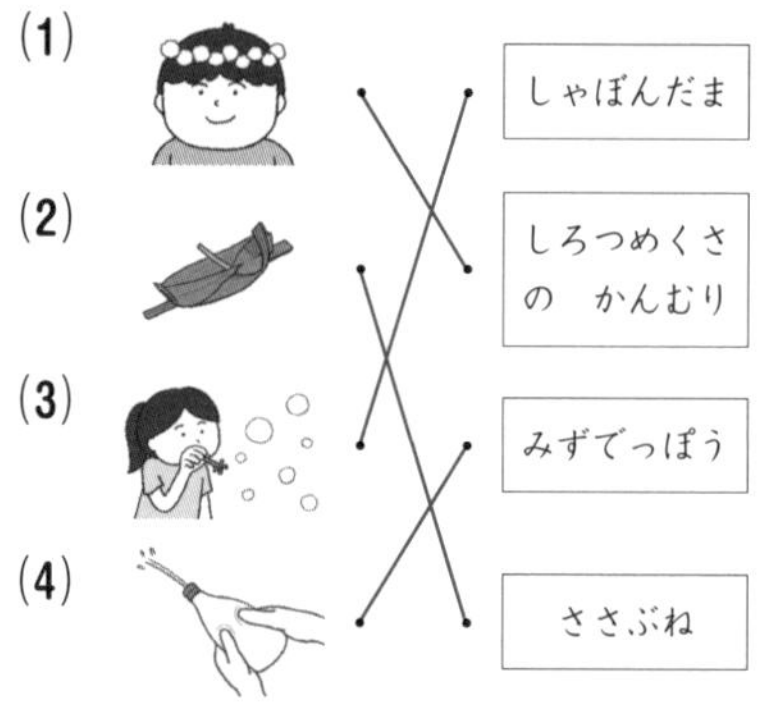

❷

❸ 例 みずでっぽう

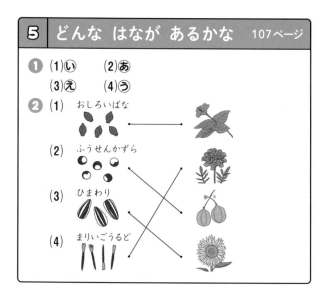

ポイント

❶(1)草花を使った遊びを通して，季節によって見られる草花が変化することに気づけるとよいです。
(2)ささぶねは水に浮かべて遊びます。水辺で遊ぶときには，大人も一緒に行くようにしてください。
(3)ストローを使ってしゃぼん玉遊びをするときは，誤飲しないように注意が必要です。吸い込んだり，ストローを上に向けて液が逆流したりすると危険です。事前に遊び方をしっかり教えてください。
(4)水鉄砲として，マヨネーズやケチャップの容器などが使えます。
❷泥だんごやトンネルづくりは，砂を使った遊びです。砂で遊んだあとには，必ず手を洗います。
❸夏にできる遊びであれば正解です。なかなか答えを書けない場合は，「夏休みにした外遊びの中で一番楽しかったのは何？」などと問いかけ，思い出させてあげるとよいです。

10 なつの いきものや くさばな 117ページ

❶ あ，う，お，か（順不同）
❷
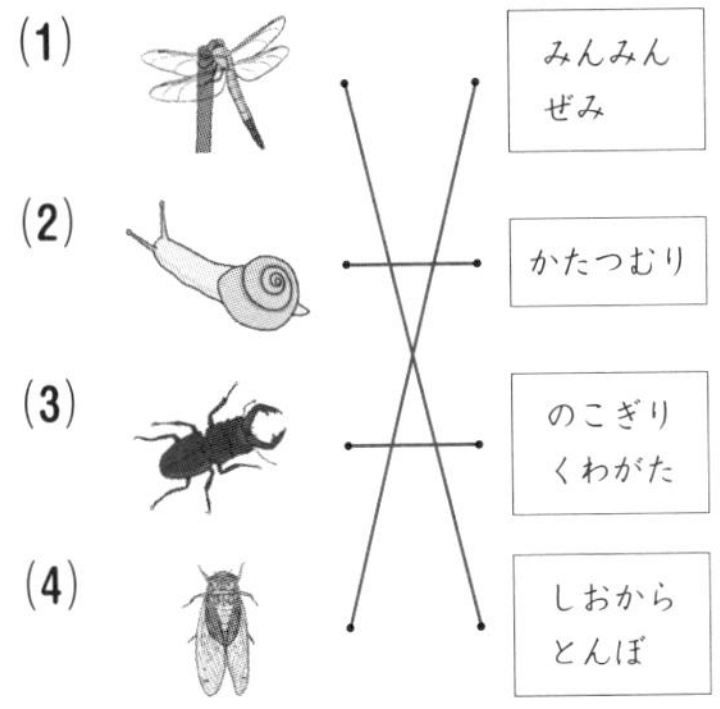

ポイント

❶チューリップ，アブラナは春ごろに咲く花です。アジサイは初夏の梅雨時期に咲きます。夏に咲く花はほかに，ツユクサ，ヤマユリなどがあります。
❷(1)夏に見られるトンボはほかに，オニヤンマなどがあります。
(2)カタツムリは昆虫ではなく，巻き貝の仲間です。
(3)夏に見られるクワガタムシはほかに，コクワガタやミヤマクワガタなどがあります。
(4)セミは種類によって鳴き方がちがいます。ミンミンゼミは「ミーンミンミン…」と鳴きます。

11 いきものを かって みよう① 119ページ

❶ (1)う　(2)あ　(3)い　(4)え
❷ (1)あ
(2)①○　②×

ポイント

❶(1)ショウリョウバッタは，草や葉に身を隠していることが多いです。両足をつかむと体全体を上下に大きく動かします。その様子が，米をついているように見えるとされ，コメツキバッタともよばれています。
(2)ダンゴムシは，石や落ち葉の下にいることが多いです。触ると体を丸める習性があります。
(3)カブトムシは，コナラやクヌギなど，樹液の出る木にいることが多いです。
(4)メダカは，流れの緩やかな川のほか，池や田んぼの水路などにも生息しています。
❷(1)生きものを飼うときは，生きものには生命があることに気づかせ，その生きものの生息地に近い環境をつくることが大切です。オンブバッタは，シソやキャベツ，ヨモギをえさとしてあたえるとよく食べます。コオロギは，キュウリやナスのほか，煮干しやかつおぶしも食べます。
(2)①土は，ときどき霧吹きでぬらしておきます。
②えさは，長い間放置しておくとカビが生えることもあります。毎日交換してください。

12 いきものを かって みよう② 121ページ

❶ (1)え　(2)い
(3)あ　(4)う
❷ 例うさぎ
❸ (1)い　(2)あ　(3)え　(4)う

ポイント

❶正解できなかった場合は，絵を見ながら，それぞれにどんな特徴があるか，尋ねてみてください。
(1)種類にもよりますが，ウサギは耳が長いのが特徴です。
(2)ハムスターはネズミの仲間ですが，一般的なネズミよりもしっぽが短いのが特徴です。
(3)ニワトリは，頭のとさかやあごにある「肉ぜん」とよばれる器官が特徴です。
(4)インコはペットとして飼われることの多い鳥です。種類によってはことばを話すこともあります。
❷今までどんな生きものを飼ったことがあるか，振り返らせてください。飼ったことがない場合は，これから飼ってみたい生きものを尋ねてみてください。
❸(1)生きものに触れる前とあとには，必ず手を洗い，清潔に保つようにします。
(2)様子がおかしかったり困ったことが出てきたりした場合は，獣医師の先生に相談してください。
(3)小さな生きものにも生命があります。世話をしたり触れたりするとき，心臓の音や体温を感じることで，生命の尊さを学ぶことができます。
(4)生きものを飼うときは，こまめに掃除をし，いつもきれいにしておくことが大切です。学校で飼う場合は，休みの日の世話について，事前に確かめておく必要があります。

13 あきを　たのしもう　123ページ

❶ (1)う　(2)あ
(3)え　(4)い

❷ (1)

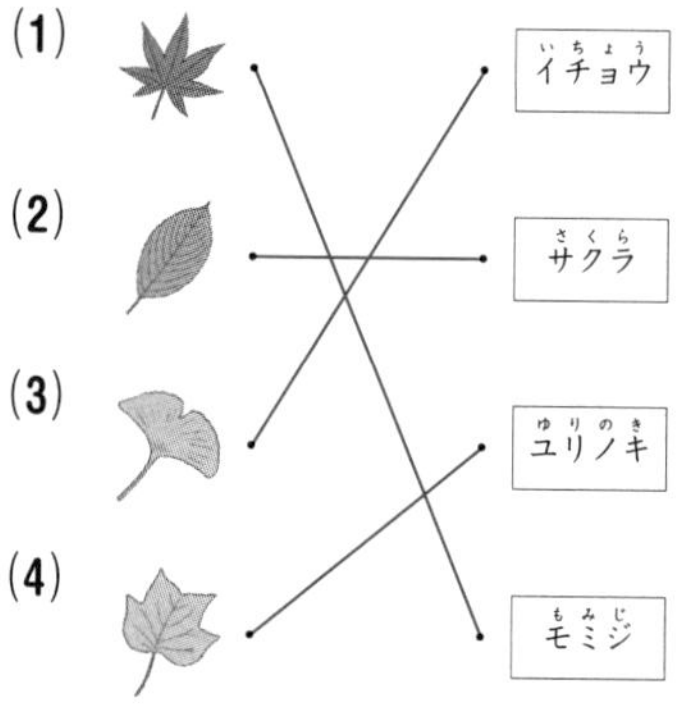

ポイント

❶(1)キンモクセイは秋に咲く花で，強い香りが特徴の1つです。
(2)ススキはイネ科の植物で，尾花《おばな》ともよばれます（秋の七草の1つ）。
(3)(4)秋になると鳴く虫です。ほかに，キリギリスやマツムシなども，秋に鳴き声を聞くことができます。虫によって鳴き方が異なるので，どんなちがいがあるか，耳を澄ましてみてください。
❷(1)モミジは深い切れ込みが入った特徴的な形をしています。
(2)春に花弁（花びら）が散ったあとは，葉にも注目してみてください。桜餅で使われていることを思い出すこともあるでしょう。
(3)イチョウの葉は秋になると黄色に色づきます。紅葉する葉にもいろいろな色があることを教えてください。
(4)ユリノキは，葉の形が半纏《はんてん》や相撲《すもう》に使われる軍配に似ていることから，ハンテンボク，グンバイボクなどとよばれることもあります。

14 おちばや 木のみで あそぼう　125ページ

❶ (1)う　(2)え
(3)あ　(4)い

❷ (1)あ　(2)う

ポイント

❶(1)落ち葉の冠です。どんぐりなどの木の実を使うのも楽しいです。
(2)ひもで松ぼっくりと紙コップを結びつけて遊びます。
(3)紙やプラスチックのコップを使ってつくったマラカスです。どんぐりの量や種類によってどんな音のちがいが出るのか，楽しんでみてください。
(4)オナモミのほか，センダングサやヌスビトハギなども，くっつく実です。
❷(1)落ち葉や木の実の，色や形などの特徴を生かしたものを，自由につくらせてみてください。
(2)絵と選択肢をよく照らし合わせて，同じ形のものはどれか，探してみるとよいです。

15 どうぐを　つかおう　127ページ

❶ (1)い，え（順不同）
(2)あ　(3)う

❷ (1)い　(2)い

ポイント

❶(1)のりや接着剤を使うときは，下に新聞紙などを敷いて，机が汚れないようにします。
(2)はさみを持って動き回ったり，人に刃を向けたりしないように，気をつけます。
(3)きりを使うときは，穴を開けるものが動かないように固定します。安全に気をつけて，正しく使うように教えてください。
❷(1)はさみを使うときは，小学1年生の段階では刃の奥のほうを使って，ゆっくりと少しずつ切ります。
(2)汚れたときは，すぐに拭きとってください。のりなどがついたままだと，切れにくくなります。

16 げん気に　すごそう①　129ページ

❶（お子様の体験をもとに答えられていたら正解）

❷ (1)

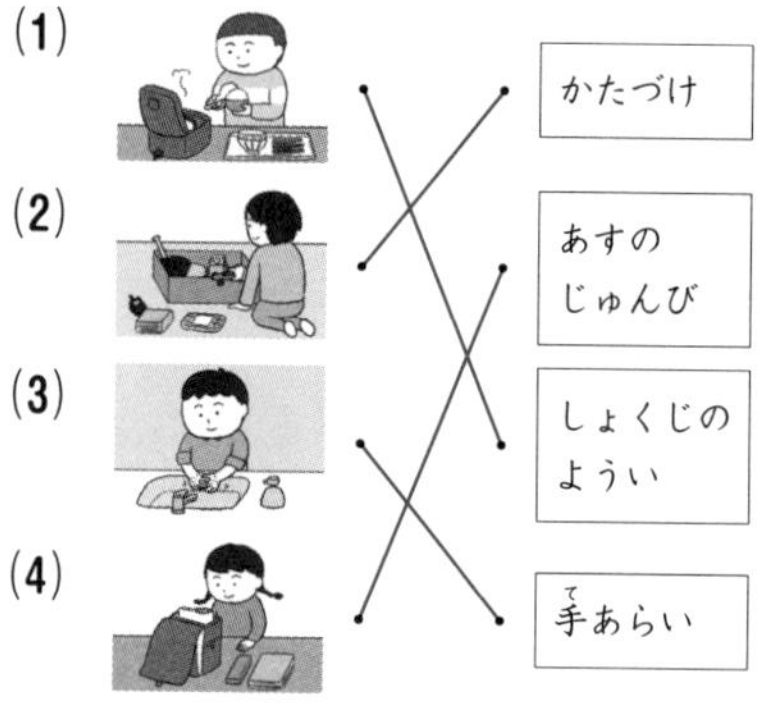

ポイント

❶毎日していることに○がついていれば，正解です。早寝早起きは，子供の成長にとってとても大切です。睡眠不足や睡眠障害が続くと，さまざまな病気を引き起こすことがあります。また，生活のリズムを整え，脳を活性化させるためにも，朝食は不可欠です。朝食をとることができる時刻までには起きられるように，習慣づけてください。
❷(1)家族の人数分の箸や皿を並べるなど，簡単な仕事から任せてみてください。
(2)自分が使ったものは，自分で片づける習慣をつけさせてください。
(3)手には病気の原因となる菌やウイルスがついていることもあるので，清潔に保つことが大切です。
(4)翌日，どの教科の授業があるのか，そのためには何が必要か，連絡帳や時間割表を見ながら，自分で確かめて準備をするとよいです。

こたえ

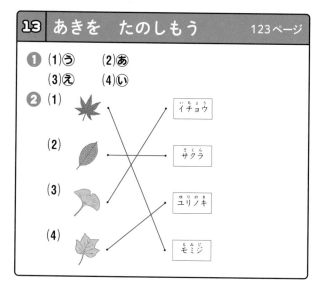

17 げん気に　すごそう② 131ページ

❶ あ→え→い
❷ (1)あ
(2)う
(3)い
❸ (1)×　(2)○

ポイント

❶1日の生活を振り返ります。絵が何をしているところなのかを見て，「これとこれはどちらが先？」のように，1つずつ比較するとわかりやすいです。

❷(1)(2)外から帰ったときや食事の前には，手を洗う習慣をつけさせてください。石けんを使って，指や爪の間，手首までしっかり洗うことが大切です。

(3)生きものに触れる前後にも，必ず手を洗うように教えてください。

❸(1)バランスのよい食事を心がけることは，子供の成長にはとても大切です。

(2)よくかんで食べることは，肥満予防，虫歯や歯周病の予防の効果があると言われています。さらに，血流がよくなることで脳に酸素と栄養が送られ，考える力や記憶力がアップするとも言われています。

18 ふゆを　たのしもう① 133ページ

❶ (○をつけるところ) あ，え，お
❷ (1)い
(2)あ
(3)う
❸ う

ポイント

❶地域にもよりますが，冬には，春から秋に見られないものを見ることができます。つららは，建物の軒先などから，したたった水滴が凍ったものです。雪や氷を見ることができない地域でも，寒い日に吐く息が白く見えることがあります。

❷(1)(2)冬の年中行事やイベントを連想するものは，たくさんあります。ほかにどんなものを知っているか，尋ねてみてください。

(3)病気や災害を追い払うために，節分には豆まきをします。七夕やひな祭りなど，日本の年中行事をできるだけ経験させてあげてください。

❸サクラは花が散ったあと，どのように姿が変わっていくのか，1年を通して観察してみるとよいです。

19 ふゆを　たのしもう② 135ページ

❶ (1)う，お，か (順不同)
(2)い
(3)あ，え (順不同)
❷ (1)い　(2)え
(3)う　(4)あ

ポイント

❶(1)雪を使った遊びはほかに，そり遊び，かまくらづくりなどがあります。

(2)薄い氷の上に乗ることは大変危険です。氷の厚さが十分でない池に注意します。

(3)風車《かざぐるま》がよく回るように，いろいろくふうをしてみるとよいです。たこあげは，広い場所の電線から離れた所で行います。

❷(1)あやとりは，1本のひもを輪にして，いろいろな形をつくる遊びです。はしごやほうきなどのように一人でつくるものや，二人で交互にひもをとり合って遊ぶものがあります。

(2)こまには，ひごごまやベーゴマなどいろいろな種類があります。

(3)お手玉は，端切《はぎ》れと小豆《あずき》を使ってつくることができます。歌を歌いながら遊んでみてください。

(4)郷土のかるたのほか，知育かるたのような学習に役立つものなど，さまざまな種類があります。

20 もうすぐ　2年生 137ページ

❶ (1)あ　(2)え
(3)う　(4)い
❷ あ，い (順不同)
❸ 例こくご

ポイント

❶(1)満開のサクラの木に注目し，お花見の様子を描いた絵だということに気づければよいです。

(2)盆踊りは，お盆の時期に先祖の霊を供養するための行事です。

(3)秋になると，公園などで木の実や松ぼっくりを見つけることができます。

(4)そり遊びは，雪の斜面を滑る遊びです。雪が降らない地域でも，芝の斜面を滑るそり遊びができるところもあります。

❷小学校がどんなところか，新しい1年生の中には，期待だけでなく不安に思っている子もいます。学校や校庭を案内したり，一緒に遊んだりしてあげるとよいです。泣いている子を見かけたら，優しく声をかけてあげるように教えてください。

❸好きな勉強であれば，何を書いていても正解です。その勉強のどんなところが好きなのかを聞いたり，勉強をがんばっていることを褒めたりしてあげてください。

21 まとめの　テスト❶　139ページ

❶ (1)（○で囲むところ）**いってきます。**
(2)（○で囲むところ）**おかえりなさい。**
❷ (1)㋒　(2)㋑　(3)㋐
❸ (1)**お**　(2)**は**　(3)**し**　(4)**も**

ポイント
❶(1)(2)「こんにちは」のように，同じ挨拶を返すものもあれば，「いってらっしゃい」「いってきます」のように，ちがう挨拶を返す場合もあります。
❷(1)図工室には危険な道具もあるので，勝手に触れないように教えてください。
(2)体育館は，運動のほか，全校集会など，大勢が集まる行事にも使われます。
(3)音楽室にはどんな楽器があったか，尋ねてみてください。
❸避難をするときの注意は，「おさない」「はしらない」「しゃべらない」「もどらない」の頭文字をとって，「おはしも」と覚えさせてください。上の学年になると，「低学年優先」のことばも加わって，「おはしもて」と覚えることがあります。
(1)(2)慌てず落ち着いて行動することが大切です。
(3)話をしていると注意散漫になり，危険です。
(4)忘れものをしても，決して戻らないように注意してください。

22 まとめの　テスト❷　141ページ

❶ ㋑，㋓（順不同）
❷ (1)×　(2)○
❸ (1)**おし花**　(2)**たたきぞめ**

ポイント
❶㋐はヒマワリ，㋒はゲンゲ（レンゲソウ）です。身近に咲いている花は，名前を言えるようにしてあげてください。知らない花を見たときは，すぐに調べる習慣をつけておくとよいです。
❷(1)オクラの花の色は，黄色がかった白色のものが多いです。
(2)マリーゴールドの種は細長い形で，黒い部分に子葉（発芽してから最初に出る葉）が入っています。
❸(1)押し花をするときは，本でしっかりおもしをして，乾燥させることがポイントです。
(2)自分で育てた花は，たたき染めをして色や形を残しておくのもよいです。

23 まとめの　テスト❸　143ページ

❶ (1)～(4)

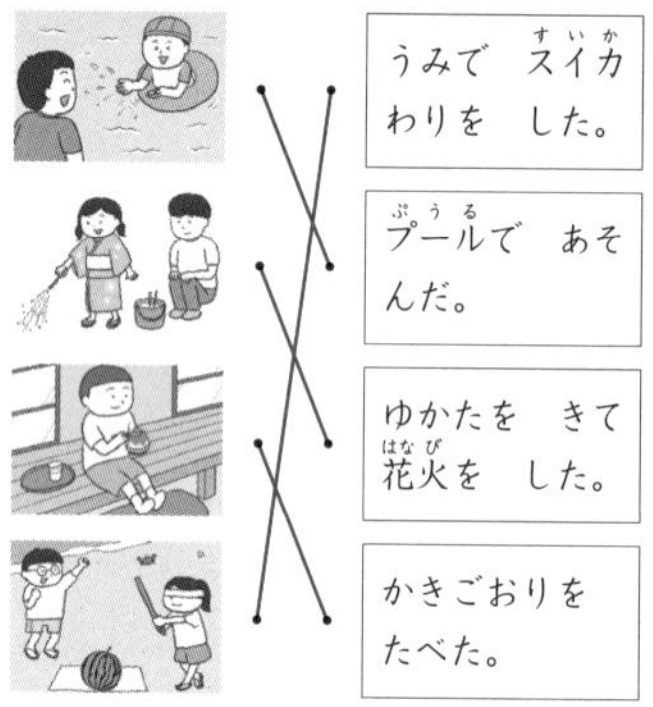

❷ ㋒
❸ ㋒

ポイント
❶(1)プールには，必ず大人がついていくようにし，定期的に休憩させるようにしてください。
(2)花火をするときは，水を入れたバケツを用意します。火がついた花火を人に向けたり振り回したりせず，安全に楽しむようにしてください。
(3)(4)暑い日には水分をたくさんとらせ，熱中症対策をして遊ばせてください。スイカのような水分の多いものを食べることも効果的です。
❷㋒はスズメバチです。見かけても絶対に近寄らないように教えてください。ほかにも，チャドクガの幼虫やセアカゴケグモ，ヒアリにも注意が必要です。㋐はトノサマバッタ，㋑はアゲハです。
❸動物には優しく接することが大事です。ウサギやモルモットを抱くときは，座ってひざの上に乗せるとよいです。

24 まとめの　テスト❹　145ページ

❶ (1)㋐　(2)㋫
(3)㋐　(4)㋫
❷ ㋑
❸ （お子様の体験をもとに答えられていたら正解）

ポイント
❶(1)秋にはクリのほかにも，果物やキノコ，サツマイモなど，たくさんの旬の食べものがあります。
(2)雪かきの絵です。雪が降らない地域で，お子様が知らない場合は，教えてあげてください。
(3)月見は，旧暦の8月15日（十五夜）に，ススキや団子を供えて月を鑑賞する行事です。
(4)餅つきは，正月を迎えるための年末行事です。
❷接着剤は粘着力が強いので，指につけないように注意してください。道具を使ったあとは，道具箱などの決まった所にしまうとよいです。
❸しているお手伝いに○がついていれば正解です。家の仕事に関心をもち，進んでお手伝いをするように，できることを増やしていくとよいです。上手にできたらしっかり褒めてあげてください。

こくご

1 ひらがな①　147ページ

❶ (3)　(2)　(1)

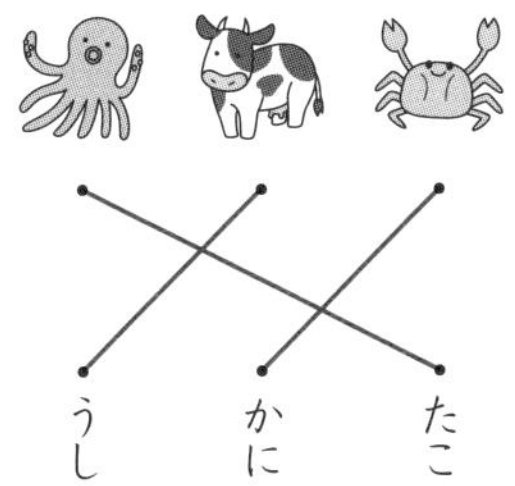

❷ (○をつけるところ)

(1)**きつね**　(2)**つくし**　(3)**さかな**

❸ (——線部はなぞり書き)

(1)きのこ　(2)すいか　(3)くち

(4)て　(5)あし　(6)かた

(7)せなか

ポイント

❶(2)「う」と「つ」は形が似ているので，区別するようにしましょう。

❷(1)「ぬ」と「ね」の形と音のちがいを確認します。

(2)「つ」と「ち」の形と音のちがいを確認します。

❸(1)「き」は「さ」と形が似ているので，横線の数に注意して区別するようにしましょう。

(2)「す」は結びの部分を右側にしないように注意します。

(4)「て」は，しっかり折り返すように書きます。

(5)(7)「あ」「な」は全体のバランスに注意して書きましょう。

2 ひらがな②　149ページ

❶ (3)　(2)　(1)

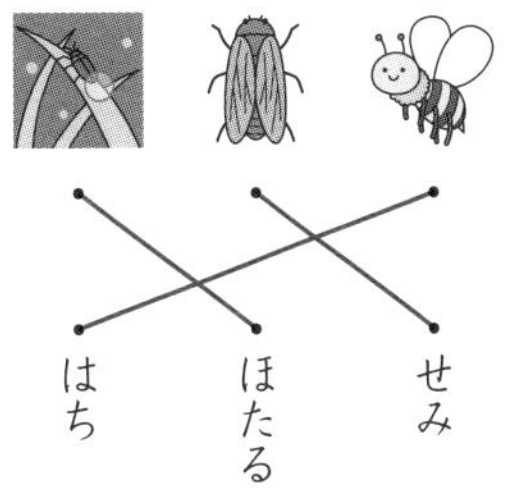

❷ (○をつけるところ)

(1)**ひよこ**　(2)**おうむ**　(3)**わかめ**

❸ (——線部はなぞり書き)

(1)ふうせん　(2)ゆかた　(3)め

(4)はら　(5)むね　(6)あたま

(7)おしり

ポイント

❶(3)「ほ」と「は」，「る」と「ろ」は形が似ているので注意が必要です。

❷(1)「ひ」と「て」の形と音のちがいを確認します。

(2)「む」と「す」の形と音のちがいを確認します。

❸(2)「ゆ」の形は曲がりかたや払いに注意が必要です。

(4)「ら」は「ち」や「ろ」などと形が似ているので注意が必要です。

3 ことばぱずる①　151ページ

❶ (——線部はなぞり書き)

(1)かるた　(2)たいこ　(3)こま

(4)まつり　(5)りす

❷ (1)な　(2)き

❸ (1)さい　(2)いか

ポイント

❶薄い字や前後のことばをヒントに考えましょう。(1)〜(5)まで順番に解くのではなく，わかるところからあてはめるのも，問題を解く鍵となります。

❷□にすでに書かれた字と「たての　かぎ」「よこの　かぎ」をヒントにして考えましょう。(1)①ひな，②なす，です。(2)③えき，④きく，です。

❸難しい場合は，三文字のうちの一文字をかくして読み，別のことばになるかどうか，確かめてみるとよいでしょう。

4 ひらがな③　153ページ

❶ (3)　(2)　(1)

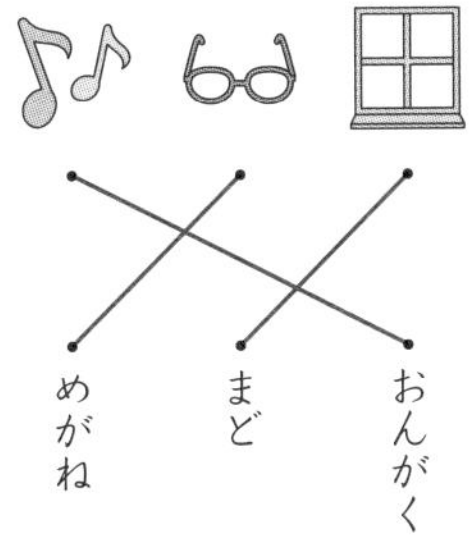

❷ (○をつけるところ)

(1)**ざる**　(2)**ぶた**　(3)**かぎ**

❸ (——線部はなぞり書き)

(1)もみじ　(2)かば　(3)れんが

(4)えんぴつ　(5)ぺんぎん　(6)わなげ

(7)そば

ポイント

❶濁点「゛」がつく文字の読み方に注意します。また，撥音「ん」の，やや鼻にかかるような音の読み方にも注意します。

❷濁点をつけることで，表すことばの意味が変わることを確認します。

❸(1)「じ」を「ぢ」にしないように注意が必要です。

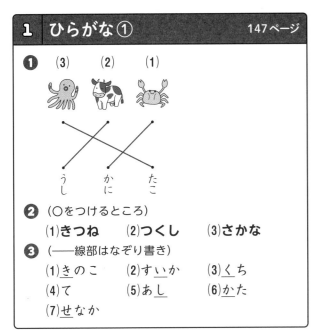

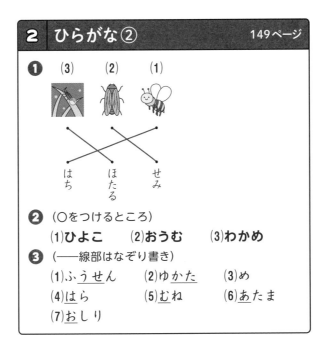

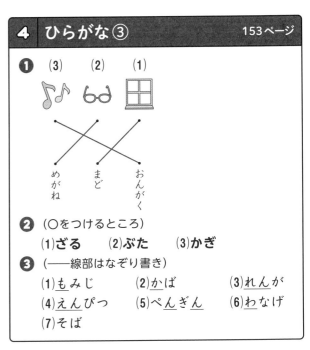

5 ひらがな④ 155ページ

❶ (右から順に) (1)う，う　(2)あ，い

❷ (○をつけるところ)

(1)**ほうき**　(2)**おねえさん**

❸ (――線部はなぞり書き)

(1)おじいさん　(2)おばあさん

(3)やけい　(4)たいよう

(5)ぼうし　(6)こおろぎ

ポイント

❶(1)「とうふ」を「とおふ」，「ふくろう」を「ふくろお」と書かないように注意します。

(2)「とけい」を「とけえ」と書かないように注意します。「エ」音のあとにのばす音がつくとき，「え」と書くのは「(お) ねえさん」と，呼びかけの「ねえ」「へえ」「ええ」のみです。ほかはすべて「い」になります。

❷(1)「オ」音のあとにのばす音がつくときは，普通「う」と書きます。ただ，いくつか「お」と書くことばもあるので注意しましょう。となえて覚える方法として，「とおくの　おおきな　こおりの　うえを　おおくの　おおかみ　とおずつ　とおる」などがあります。(ほかにも「こおろぎ」「ほおずき」などのことばもあります。) 耳で聞こえる音と文字とのちがいに注意しましょう。

(2)「おねえさん」のほか，「おにいさん」「おかあさん」「おとうさん」などの書き方も確認しましょう。

❸(4)「たいよお」と書かないように注意しましょう。

(5)「ぼおし」と書かないように注意しましょう。

(6)「こうろぎ」と書かないように注意しましょう。

6 ひらがな⑤ 157ページ

❶ (3)　(2)　(1)

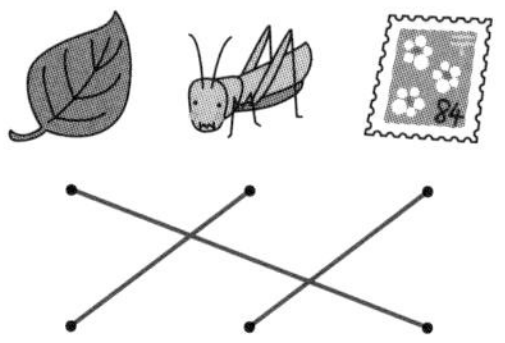

ばった　きって　はっぱ

❷ (1)かけっこ　(2)えにっき　(3)なっとう

❸ (――線部はなぞり書き)

(1)みっつ　(2)しっぽ　(3)らっぱ

(4)もっきん　(5)せっけん

(6)とらっく　(7)まっち

ポイント

❶小さい「っ」がつくときの読み方に注意させましょう。はっきりとした発音ではなく，前にある文字の音が少し詰まったような発音になります。

❷小さい「っ」はマスの右上に書きます。

❸どのことばも小さい「っ」が入ることを確認します。

7 ひらがな⑥ 159ページ

❶ (3)　(2)　(1)

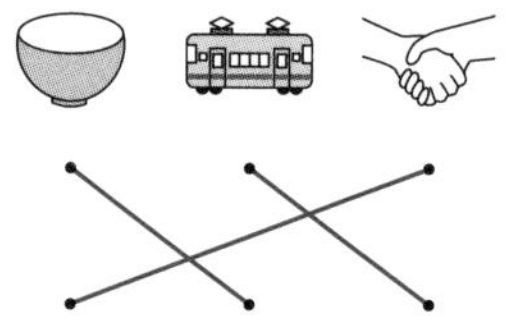

あくしゅ　しょっき　でんしゃ

❷ (1)×　(2)×　(3)○

❸ (――線部はなぞり書き)

(1)しゃしん　(2)はくしゅ

(3)ちきゅう　(4)かぼちゃ

(5)にんぎょ　(6)じょうぎ

(7)けちゃっぷ

ポイント

❶(1)「し」と「ゅ」を別々に読まずに「しゅ」と読むことを確認します。

(3)拗音の「ょ」のあとに促音の「っ」が続いています。読み方に注意しましょう。

❷１文字１文字ゆっくり丁寧に読みながら，小さく書く文字はないか確かめましょう。

(1)「はつぴようかい」は「つ」と「よ」が小さくなっていません。

(2)「じゅぎよう」は「よ」が小さくなっていません。

❸(3)(6)小さい「ゅ」「ょ」とのばす音「う」を続けて書くことばです。

(7)小さい「ゃ」と「っ」を続けて書くことばです。

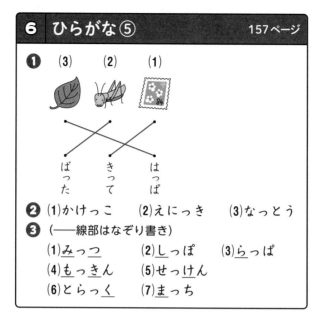

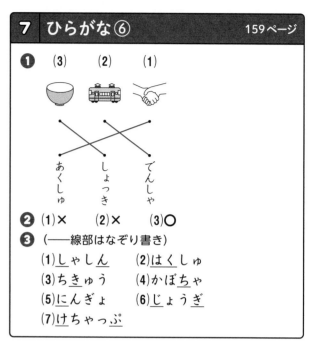

8 は・を・へ　161ページ

❶ （○で囲むところ）
(1)**は**　(2)**へ**　(3)**を**

❷ (1)を　(2)お　(3)は

❸ (1)へ　(2)を　(3)は
(4)（右から順に）は，を
(5)（右から順に）を，へ

ポイント

❶(1)「わたしは」のように，主語につく場合には「は」を使います。
(2)動作の方向を表すことばにつく場合には「へ」を使います。
❷(1)動作や作用の対象を表すことばにつく場合には「を」を使います。
(2)語頭にある「お」は「を」と書きません。
❸主語についているか，動作の対象となることばについているか，動作の方向を指すことばについているか，役割を考えて「は・を・へ」を選ぶとよいでしょう。また，文字を書き入れたあとに，一度声に出して読んで確認してみましょう。

9 しを　よもう①　163ページ

❶ (1)あ
(2)**もみじ**
(3)**あいこ**

ポイント

❶(1)さわがにになったような気分で詩に描かれた様子を想像してみましょう。最初の5行のまとまりに着目しましょう。「こいし　あいてに／じゃんけん」した場合のことが書かれています。こいしは丸いので，いつも「グー」になります。作者の「さわがによしお」は手の形がはさみなので「チョキ」しか出せず，「グー」のこいしに負けることになります。「あっち」とは「こいし」のことであることに注意しましょう。
(2)二つ目の5行のまとまりに「もみじ　あいてに／じゃんけん」したことが書かれています。もみじの葉が手を開いた状態の「パー」の形であることを押さえます。「いつもかち」とあり，作者はチョキ，「あっち」である「もみじ」が「パー」で，作者の「さわがによしお」の勝ち，つまりもみじが負けです。
(3)三つ目の7行のまとまりは，「なかま　あいてに／じゃんけん」をする場合について書かれています。「なかま」とは，同じ形のなかまということから，さわがにどうしが同じチョキを出し合っていることがわかります。だから，「あいこ」が続き，じゃんけんが終わりません。「きりがない」といういい方に着目しましょう。

10 かたかな①　165ページ

❶ (3)　(2)　(1)

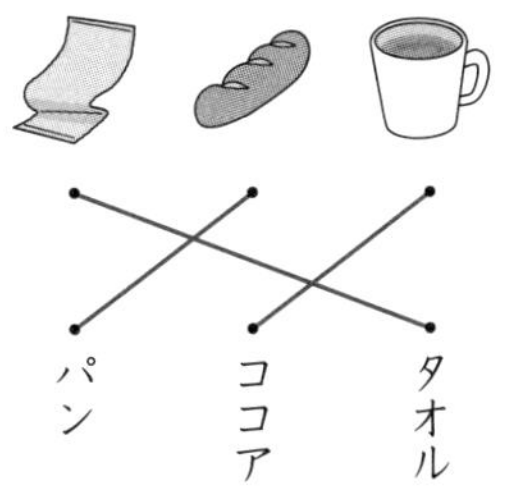

❷ （○をつけるところ）
(1)**レモン**　(2)**アシカ**　(3)**コイン**

❸ （――線部はなぞり書き）
(1)ペン　(2)カメラ　(3)テレビ
(4)プリン　(5)ピアノ　(6)ポスト
(7)サボテン

ポイント

❶それぞれの文字の形と書き順を確認し，ひらがなとのちがいを意識させましょう。
❷(1)「ン」の二画目は下から右斜め上に向けて書きます。一方，「ソ」の二画目は上から左下に向けて書きます。確認してしっかり覚えましょう。
❸(2)カタカナの「カ」は，ひらがなの「か」とよく似ている形です。三画目がないことに注意しましょう。
(4)「リ」の一画目はひらがなとはちがい，はねずに止めます。
(5)「ア」は「マ」と形がよく似ているので注意が必要です。「ア」の二画目は左下へ払い，「マ」の二画目は右下に向かって書き，最後は止めることを確認しておきましょう。

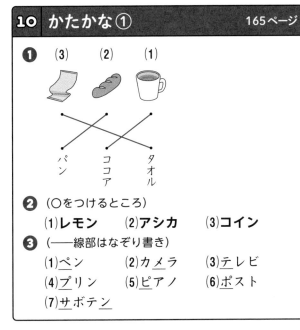

11 かたかな② 167ページ

❶ (1)セミ　(2)ヤギ　(3)テニス

❷ (1)プラモデル　(2)エプロン
(3)オレンジ

❸ (――線部はなぞり書き)
(1)ハム　(2)クレヨン　(3)ピアノ
(4)バケツ　(5)サラダ　(6)ゴルフ
(7)ペンギン

ポイント

❶(1)「ヒ」と「セ」の形のちがいに気をつけます。
(2)「ア」と「ヤ」の形のちがいに気をつけます。
(3)「ス」は「ヌ」と形がよく似ています。
❷(1)「モ」は「も」と形と書き順が異なります。
(1)(2)「プ」はひらがなと同様に「フ」に「°」をつけます。
❸(2)「ク」は「ケ」と形が似ているので注意が必要です。また，「ヨ」は「コ」と形がよく似ています。ともに画数にも注意しましょう。
(4)「ツ」の一画目と二画目は上から下へ向けて書きます。また，三画目は右上から左下に向けて書きます。「シ」になっていないことを確認しましょう。

12 かたかな③ 169ページ

❶ (○をつけるところ)
(1)**バッグ**　(2)**パトカー**
(3)**マラソン**　(4)**シーツ**
(5)**ニュース**

❷ (――線部はなぞり書き)
(1)パンダ　(2)ラッコ　(3)ロケット
(4)シャワー　(5)ワッフル
(6)キャラメル

ポイント

❶(1)「バッグ」は，「ッ」を小さく書きます。
(2)「パ」と「バ」を見分けます。また，カタカナの長音は「ア」ではなく「ー」です。
(3)「ソ」と「ン」の形のちがいに気をつけます。
(4)「ツ」と「シ」の形のちがいに気をつけます。
(5)「ニュ」は「ュ」を小さく書くことを確認します。また，長音は「ウ」ではなく「ー」です。
❷(1)「゛」と「°」を区別しているか，「ン」が「ソ」になっていないかに注意しましょう。
(2)(3)(5)「ツ」は小さく，マスの右上に書きます。
(4)「ヤ」をマスの右上に小さい字で書けているか，注意しましょう。

13 ことばパズル② 171ページ

❶ (1)き　(2)ち　(3)ぼ
(4)ら　(5)ち　(6)る

❷

め	ろ	ざ	ず	ま
だ	る	と	う	ふ
か	ら	だ	あ	と
か	い	る	ふ	ん
も	ば	ま	き	ぎ

ポイント

❶文字を組み合わせることでことばとなり，意味が生まれることを理解します。
❷表には25文字のひらがながあります。ここから3文字のことばを5つ探します。絵を見てそのことばを声に出してみて，あてはまる文字が表のどこにあるのか見つけます。2回使う文字もあるので，囲みが重なる字も見落とさないようにしましょう。

14 かいわぶんの　よみかた 173ページ

❶ (1)い
(2)**こままわし**
(3) (右から順に) **2，1，3**

ポイント

❶会話文は，誰の発言なのか，どのように話をつないでいるのかをつかむことが大切です。
(1)会話の冒頭でえまさんが，「すきな　あそびは　なに。」とけいさんに質問しています。二人が好きな遊びについて話していることを読み取らせましょう。
(2)お子さんに，「けいさんは何が好きって言ってる？」などと声をかけ，けいさんの発言に着目させましょう。えまさんの質問にけいさんは，「ぼくは，こままわしが　いちばん　すきだよ。」と答えています。
(3)えまさんの質問に着目します。えまさんは，何が好き？→何で好き？→やり始めたのはいつ？の順に質問しています。したがって，1すきな　あそび。→2どうして　すきか。→3いつ　はじめたか。の順が正解です。

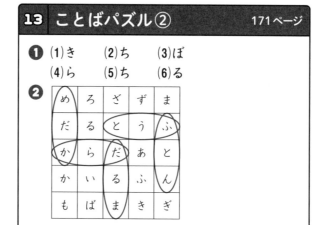

15 おはなしを　よもう①　175ページ

❶ (1)**たぬき**
(2)**しっぽ，すばやく**
(3)あ

ポイント

❶(1)お話を読むときは，まず登場人物が誰なのかを捉えましょう。次に，どんな場面を描いているのかを捉えます。冒頭に「たぬきと　たにしが、たびに　でました」と書かれています。登場人物は「たぬき」と「たにし」であることを押さえます。会話文の中に，「……かけくらべを　しようか」とあることから，「たぬき」と「たにし」が，どちらが走るのが速いか競い合う場面であることが読み取れます。会話文は，誰の発言なのかにも気をつけるようにします。

(2)並んでかけくらべを始めたはずの二人でしたが，たぬきが先にかけだすと，たにしは，かけださずに「すばやく、たぬきの　しっぽに　ぶらさがりました」とあります。

(3)最終段落に着目しましょう。「たぬきは　なんにも　しりません。えっさ　えっさと　はしりました」とあります。たにしがしっぽにぶらさがっていることに気づかず，たにしに勝つためにがんばって走っている様子がわかります。「えっさ　えっさ」は，調子をつけて懸命に走る様子を表すことばです。

16 てん・まる・かぎ　177ページ

❶ (○をつけるところ)
(1)**いぬが　はしる。**
(2)**わたしは、おべんとうを　たべた。**

❷ (線を引くところ)
(1)**おはようございます。**
(2)**よい　てんきですね。**

❸ (1) (右から順に)
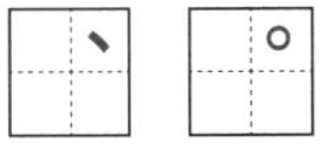
(2) (右から順に)
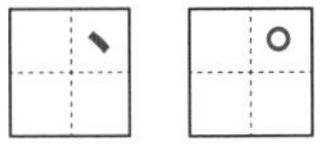

❹ (右から順に)
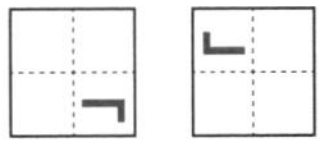

ポイント

❶(1)文の終わりには句点「。」を打ちます。

(2)文中では読点「、」を打ち，文の終わりに句点「。」を打ちます。

❷会話部分にかぎ「」を使うことを確認させましょう。また，誰が話したことばかということも確認しましょう。

❸文中の意味の区切れるところや主語のあとに読点「、」を打つことが多いです。文の終わりには句点「。」を打ちます。

❹会話文の始めと終わりで，かぎの向きがちがうことを確認しましょう。また，会話の始まりはマス目内の右下に，会話の終わりにはマス目内の左上に入れます。

17 かんじ①　179ページ

❶ (1)**ちい**　(2)**くるま**　(3)**ぶん**
(4)**むし**　(5)**かわ**　(6)**たけ**

❷ (1)耳　(2)休　(3)力　(4)手
(5)足　(6)田，中

ポイント

❶(1)発音は「チー」ですが，「い」を添えて表記します。

(3)「ふ」に濁点をつけ，「ん」を添えて表記できているかを確認します。

(6)「け」は鏡文字になりやすい文字です。正しく書けているか，注意します。

❷(1)五画目の横線は斜めに突き出します。①斜め，②突き出す，の二点に注意します。

(3)「刀」にならないよう，上部を突き出しているか注意します。

(4)四画目は，ややまるみをつけて，最後にはねます。

(5)(6)「口」の部分を一画で続けて書かないよう注意します。

こたえ

18 かんじ② 181ページ

❶ (1)みっ　(2)なな　(3)いちねんせい
(4)とおか　(5)きゅうほん
(6)しちごさん

❷ (1)四月　(2)六　(3)石，二
(4)千円　(5)百　(6)八

ポイント

❶(1)「三つ」は「みっつ」と詰まって読むことが多いですが，「みつ」と読むこともあります。「三《み》つ子」「三《み》つ指」など，古いことばで多く使われます。
(4)「十」は「とう」ではなく，「とお」と表記します。また，「と」と読むこともあります。「十人十色」を「じゅうにんといろ」と読みます。
❷(1)「四」の三画目は左下に払い，四画目は右に曲げて書きます。
(2)「六」の四画目（「丶」）は最後に止めます。
(3)「石」が「右」になっていないかよく見て○をつけてください。「石」は横画から，「右」は左払いから書き始めます。
(4)「千」の一画目は左下に向かって斜めに払います。「干」のように横画にすると，ちがう漢字になってしまうので注意します。

19 いろいろな　ことば① 183ページ

❶ (3)　(2)　(1)

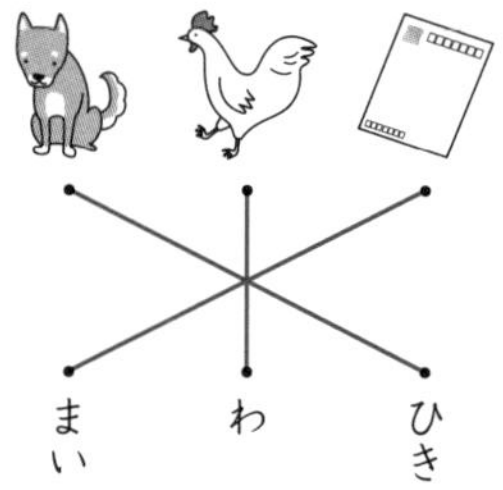

❷ (1)よん　(2)いつ

❸ (1)ろっぽん　(2)にさつ　(3)ひとつぶ
(4)さんにん　(5)ごひき　(6)ななかい

ポイント

❶数えるものによって，数えるときのことば（助数詞）がちがってくることを理解します。「ひき，わ，まい」それぞれで，一から十まで数えてみるとよいです。「ひき」は，数によって「びき・ぴき」のように濁点・半濁点がつくことがあります。
(1)「まい」は，紙や板など，薄い平面的なものを数えるときに使います。
(2)鳥を数えるときは「わ」を使います。また，うさぎを数えるときも「わ」を使うことがあります。
(3)「ひき」は，動物や魚，昆虫など多くの種類の生きものを数えるときに使います。
❷「〜こ」と「〜つ」は，日常的によく使う助数詞で，正確な助数詞を必要としない場合や，適切な助数詞を知らないときの代用などで使われることもあります。漢数字の読み方に注意しましょう。
❸(1)「本」は，数によって「ほん・ぼん・ぽん」とちがう音になります。

20 文の　かたち 185ページ

❶ (3)　(2)　(1)

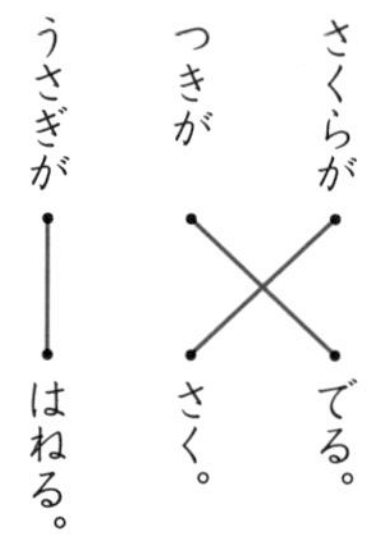

❷ (1)ふる　(2)いる　(3)とぶ

❸ (1)くるまが　(2)うきわが
(3)ほしが　(4)おとうとが

❹ (1)すべる　(2)ながれる　(3)ぬれる

ポイント

❶文とは，始まりから「。」（句点）までのひと続きのことばであることを確認します。「何が」にあたる主語と，「どうする」にあたる述語を理解します。
(3)上のことばは「うさぎが」なので，うさぎが「どうする」のかを考え，ふさわしいことばを選びましょう。
❷(2)「ある」も「いる」も，ともに存在を表すことばですが，主語が人や動物など生きものの場合はおもに「いる」を使い，植物やものの場合はおもに「ある」を使います。「ある」を使う場合と「いる」を使う場合を，例を挙げて考えてみるとよいでしょう。
❸「なにが」の部分を考えます。動作主（主語）を見つける問題です。
❹(1)「どうする」にあたる動作を表すことばを探しましょう。ここでは「すべる」です。

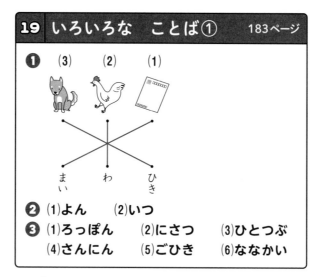

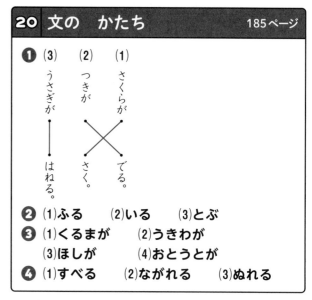

21 きろく文の　かきかた　187ページ

❶ (1)（右から順に）**ちゃいろ，ぎんいろ**
(2)**こゆび**　(3)(い)

🔈 **ポイント**

❶記録文を書くときは，見たものごとの事実と感想や意見などを整理して書くことが大切です。
(1) いろ と書かれた部分に着目します。からだの色と，おなかの色にはちがいがあります。
(2) 大きさ と書かれた部分に着目します。「わたしの　こゆびくらい」と書かれています。身近なものにたとえると，読む人に伝わりやすくなります。
(3) 目 と書かれた部分に「くろ目が　大きい」とあります。

22 にっきの　かきかた　189ページ

❶ (1)**ひるやすみ**
(2)**けんと**
(3)(あ)

🔈 **ポイント**

❶日記は，日々のできごとやそれに対する思いや考えを書く文章です。
(1)(2) できごと の部分に着目し，「いつ」「どこで」「だれと」を読み取りましょう。冒頭に「きょう，ひるやすみに」とあります。「きょう」ではなく「ひるやすみ」を書き抜かせることに注意します。
(2)「だれと」は，「けんとくんたちと」です。
(3) おもったこと の部分に着目します。文章の最後に「おもしろかったです」とあるので，何が「おもしろかった」のかを探します。おにが「きいろ。」と言ったとき，みんながぼくの帽子を触りにきたことだとわかるので，(あ)が正解です。

23 てがみの　かきかた　191ページ

❶ (1)（右から順に）**あかり，かずこ**
(2)**おんどく**
(3)(う)

🔈 **ポイント**

❶手紙は，特定の相手に向けて自分の思いを届けたり，情報を伝えたりする目的で書く文章です。
(1)手紙文の最後に「あかりより」とあるので，「あかり」さんから，手紙の冒頭に「かずこおばさん，おげん気ですか」とあるので「かずこ」おばさんへの手紙だとわかります。手紙には，相手の名前と自分の名前を書き，自分の名前は最後に書きます。
(2) しらせたいこと の部分に「おんどくが　じょうずに……」とあります。手紙を書くときには，何を知らせたいのかをはっきりさせてから書き始めることが大切です。
(3) おねがい の部分から，あかりさんがおばさんに，何をお願いしているのかを読み取ります。手紙の最後に「きいて　ください」とあり，手紙の内容から，今度，音読を実際に聞いてほしいのだとわかります。

24 しを　よもう②　193ページ

❶ (1)**キャベツ**
(2)**おひさま，はな**
(3)(う)

🔈 **ポイント**

❶(1)「ごちそう」というと，豪華な食事を想像しますが，あおむしにとっては，「キャベツ」が「ごちそう」です。
(2)あおむしからちょうちょうに成長すると，「おひさまは　もっと　ひかってて」とあるように，あおむしだったころよりさらに景色が輝いて見えていることがわかります。辺りには花が咲き，「はなの　みつの　ごちそう」があることを喜んでいる様子がわかります。
(3)この詩は，二つのまとまりで構成されていて，それぞれのまとまりで「あおむし」と「ちょうちょう」の様子が描かれています。詩の題名に「うれしかった」とあるように，あおむしがキャベツ畑で大きくなり，ちょうちょうに成長していく喜びを感じることができます。あおむしやちょうちょうになった気分で，畑のキャベツや花が目の前に広がっている様子を想像してみるとよいでしょう。

25 かんじ③ 195ページ

❶ (1)**がっこう** (2)**でぐち** (3)**めだ**
(4)**あおぞら** (5)**てんき** (6)**しろ**

❷ (1)町 (2)音 (3)雨 (4)貝
(5)糸 (6)赤，花

ポイント

❶(1)「がくこう」ではなく，「がっこう」と音が詰まることに注意します。詰まる音の「っ」は小さく書くことにも気をつけます。

(2)(3)(4)「でくち」「めた（つ）」「あおそら」ではなく，「でぐち」「めだ（つ）」「あおぞら」と濁って読むことに注意します。このように，二つの語が結びついて一つの語になるときに後ろの語が濁ることを「連濁《れんだく》」といいます。

❷(1)「町」の「丁」は，「田」より少し下に縦長に書くと，字形がきれいにまとまります。最後がきちんとはねているかも見て○をつけてください。

(3)「雨」の点の向きに注意します。

(4)「貝」の最後の「丶」は，払いではなく止めます。

(5)「幺」の「く」は一画で，「ム」の部分は二画で書きます。

(6)「花」の最終画「し」は，右に曲げて最後に上にはねます。

26 かんじ④ 197ページ

❶ (1)**おう** (2)**おお** (3)**ただ**
(4)**ひと** (5)**たまい** (6)**はやし**

❷ (1)犬 (2)森 (3)夕 (4)名
(5)草 (6)早，村

ポイント

❶(1)発音は「オー」ですが「う」を添えて表記することに注意します。

(2)オ列の長音（のばす音）は，(1)のように「う」を添えて表記するのが原則ですが，「大きい」は「おお（きい）」と表します。同様に表記するものを，リズムにのせてまとめて覚えるとよいです。

(例)「とおくの　おおきな　こおりの　うえを　おおくの　おおかみ　とおずつ　とおる」

(4)(5)「人」と「入」，「玉」と(1)の「王」を正しく読み分けているか，注意します。

❷(1)右上の点の位置に注意します。❶(2)「大」とのちがいを意識して書く練習をします。

(3)(4)「夕」の部分が共通しています。

(5)(6)「早」の部分が共通しています。「十」の横画を長めに書くと字形が整います。縦画が「日」の部分まで突き出さないように注意します。

27 かんじ⑤ 199ページ

❶ (1)**すい** (2)**もく**
(3)**げつ** (4)**むいか**
(5)**ようか** (6)**ここのか**

❷ (1)火 (2)金 (3)土

❸ (1)あ (2)い

ポイント

❶(4)「六日」は普通，「むいか」と読みます。また「十六日」の場合は，「じゅうろくにち」と読みます。

(5)(6)「六日」同様，「ようか」「ここのか」という読み方を覚えます。「十九日」は，「じゅうきゅうにち」ではなく，「じゅうくにち」と読むことも押さえます。

❷(1)「火」は左右の点を二つ書いてから「人」を書きます。

(2)「金」の縦画を上の横画より突き出していないか注意します。

(3)「土」は，下の横画を長く書きます。

❸(1)(2)横画と左払いの長さを比べると「右」は，左払いが短く，「左」は，横画が短いです。短いほうを先に書くように覚えるとよいです。

28 せつめい文を　よもう① 201ページ

❶ (1)**くさ**
(2)（右から順に）**えいよう，つかって**
(3)ⓘ

ポイント

❶(1)説明文では，まず何について書かれた文章かを捉えます。冒頭に「これは　ラクダです。」と書かれていて，三段落では「ラクダは　なぜ　生きて　いけるのでしょう。」と問題を提起していることを押さえます。
ラクダはさばくで暮らしていますが，「さばくは、くさが　生えにくく、たべものは　すこししか　ありません」とあります。このことから，ラクダのおもな食べものである「くさ」がたくさん食べられる環境ではないことがわかります。
(2)「なぜ　生きて　いけるのでしょう」という問いに対する答えを探します。問いの文の次の段落から書かれているラクダの「こぶ」の説明を読み取ります。「こぶの　中に　たくさんの　えいようを　ため」て，「すこしずつ　つかって」生きていることが書かれています。
(3)最後の段落に着目します。「こぶは　だんだん　小さく　なります」と書かれています。つまり，食べられない日が続くと，食べる代わりにためた栄養を使って生きていくため，こぶの中身が減っていき，こぶが小さくなっていくのです。

29 いろいろな　ことば② 203ページ

❶
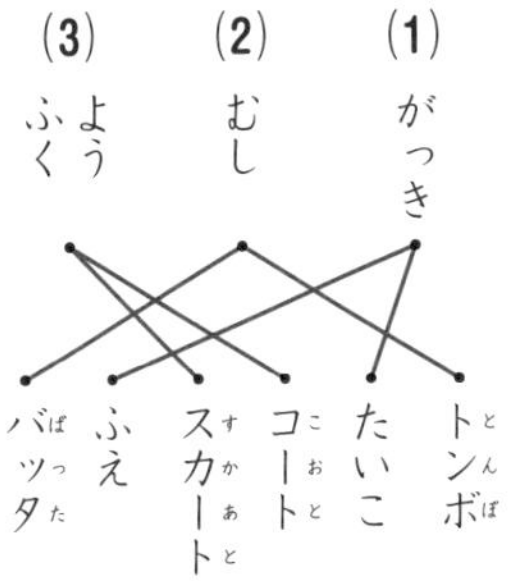

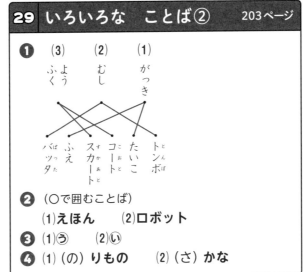

❷（○で囲むことば）
(1)**えほん**　(2)**ロボット**
❸ (1)ⓤ　(2)ⓘ
❹ (1)**（の）りもの**　(2)**（さ）かな**

ポイント

❶「なかまの　ことば」とは，ことばを意味の関係によって分類したものです。その関係を意味範囲のちがいによって，上位語と下位語に分けて表すことができます。
(1)上位語の「がっき」は音楽を演奏するときに用いる道具で，それにふくまれるものが，「たいこ」「ふえ」などの下位語です。
❷上位語にふくまれない意味のものを選びましょう。
❸(1)「にほん」「アメリカ」「オーストラリア」は何を表す名前なのかを考えます。世界地図や地球儀を用いて，世界にはたくさんの国があることをこの機会に伝えるとよいでしょう。
(2)コスモスはキク科の1年草，チューリップはユリ科の球根植物，さくらはバラ科の落葉広葉樹で，それぞれちがいはありますが，「はな」という上位語でまとめることができます。
❹(1)ほかの「のりもの」には，船や飛行機，ヘリコプターなどもあります。飛ぶ乗りものや，タイヤのある乗りものなどに仲間分けすることができます。

30 おはなしを　よもう② 205ページ

❶ (1)**みずあめ**
(2)ⓘ
(3)**おしょう，なめて**

ポイント

❶(1)お話を読むときは，どのような場面なのかを捉えることが重要です。また，登場人物がどのような行動をとるのかにも注目して読みましょう。
まず，このお話の最初の一文に注目します。「おしょうは　おきゃくから　みやげに　みずあめを　もらった」とあります。客にもらった甘くておいしいみずあめを，和尚《おしょう》が独りでなめている場面から始まることを捉えましょう。
(2)和尚がみずあめを隠そうと考えているとき，突然障子が開きます。思わぬ事態に，和尚は「あわて」たのです。
(3)最後の一文に注目します。和尚はみずあめを隠そうとしましたが，小僧たちは和尚が何かをなめていたのを見てしまいました。
※この続きを紹介します。
つぼの存在を知られてしまった和尚は考え，「このつぼに入っているものは毒（本当はみずあめ）だから，決して口にしないように」と小僧たちに忠告して出かけていきます。つぼの中身が気になる小僧たちは，ついに味見をしてしまいました。そして，あまりのおいしさにつぼが空っぽになるまでなめつくしてしまいます。そして，和尚が帰ってきたとき，小僧たちは泣き出して謝ります。部屋の掃除中に床の間の掛け軸を破ってしまい，そのおわびに毒をなめて死のうと思って全部なめたが死ねなかった，という落ちで終わるお話です。

こたえ

31 いろいろな　ことば③　207ページ

❶ (3)　(2)　(1)

❷ (〇をつけるところ)
(1)**ひかる。**　(2)**わらう。**

❸ (1)（**く**）**る**（**く**）**る**　(2)（**ひ**）**ら**（**ひ**）**ら**

❹ (1)**しめる**　(2)**およぐ**

ポイント

❶(2)歯を磨いて輝くようにきれいになった様子を「ぴかぴか」と表現することができます。

❷(1)「きらきら」は光る様子を表現することばです。ものが光り輝く場合に用います。

(2)「にっこり」は，笑顔を表現することばです。うれしい気持ちなどを表現します。

❸(1)回転する様子は「くるくる」と表現します。小さなものや軽いものが回る様子を表します。

(2)「ひらひら」は薄く軽いものが空中で小刻みに動く様子を表すことばです。ここではちょうちょうが優雅に舞う様子が表現されています。

❹(1)「ばたんと」という表現が加わり，強く扉を閉めている様子が表れています。

(2)いるかは海の中を進むので，陸上を足で進む意味の「かける」や「はしる」はふさわしくありません。

32 せつめい文を　よもう②　209ページ

❶ (1)**とげ**
(2)**まがった，ふく**
(3)**べたべた**

ポイント

❶(1)この文章は，三種類の植物の種の特徴について説明している文章です。三種類に共通していることや，異なることを意識しながら読みましょう。共通していることは，三種類の種すべてが，人間の服に付着し，遠くまで運ばれるしくみをもっている点です。第一・第二段落ではセンダングサの種について述べられています。第一段落では，「……もりのように　とがった　とげ」がついていると書かれています。このとげが服にくっつくことで，種は遠くへ運ばれます。

(2)第三・第四段落はイノコヅチの種について述べています。イノコヅチは，「クリップのように　まがった　ところ」が「ふく」にひっかかることで種が運ばれます。

(3)第五段落はメナモミの種について述べています。この種はこれまでとは少し異なった特徴をもっていることを押さえます。センダングサとイノコヅチの種は，種の形に特徴があり，服につきやすくなっています。一方，メナモミの種は，のりのように，ものにくっつきやすくするための液を出すという特徴があります。そのため，手ざわりは「べたべた」しているのです。

33 かん字パズル①　211ページ

❶ (1)木　(2)子　(3)口
❷ (1)天　(2)田
❸ (4)　(3)　(2)　(1)

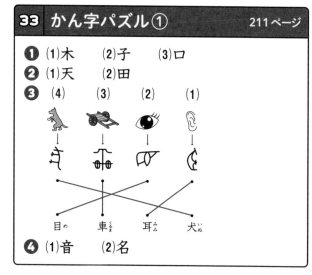

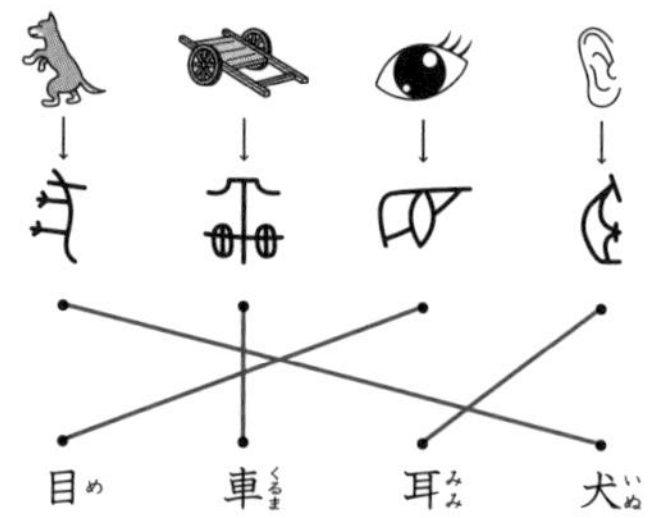

❹ (1)音　(2)名

ポイント

❶(1)「村」と「木」の部分が同じです。

(2)「字」と「子」の部分が同じです。

(3)「石」と「口」の部分が同じです。

❷(1)「天」は「大」のいちばん上に横棒を書きます。

(2)「田」は「日」の横幅全体を広げたうえで，縦棒を中央に加えます。

❸ものの形をそのまま絵のように書き表した文字で，象形文字といいます。

❹(1)「立」と「日」を縦に組み合わせると「音」の漢字になります。「昱」と書いて「あき(らか)・イク」と読む漢字もありますが常用漢字にふくまれないため，ここでは除外とします。

(2)「夕」と「口」を組み合わせると「名」の漢字になります。

34 おはなしを　よもう③　213ページ

❶ (1)あ
(2)**うみ**
(3)**いき，すいこんだ**

ポイント

❶(1)お話を読むときは，登場人物の気持ちを捉えることも大切です。気持ちは「うれしい」「かなしい」「びっくりする」など，直接的な表現で書かれることもありますが，登場人物の言動から読み取れるものもあります。それぞれの言動にはどのような気持ちが表れているのかを考えながら読みましょう。「ひゃあ」は，びっくりしたりこわがったりするときに出ることばです。「ひゃあ」のあとの「おもわず」にも注目します。「おもわず」とは，「うっかり」「無意識に」という意味です。「ぼく」は海を見ようと柵までかけよったものの，そのあまりにも果てしなく広がる海に吸い込まれそうな感覚を覚え，急にこわくなり，「おもわず」「ひゃあ」という声を上げてしまったのです。
(2)この直前にある「うみに　すいこまれそう」や，直後のお父さんのことば「(うみに) おちたら、はしを　わたれないぞ」に注目します。「ぼく」は海に吸い込まれて落ちないように，柵をしっかりにぎったのです。
(3)「ぼく」と「お父さん」は，これから橋を渡って知らない町へ行きます。「おおきく　いきを　すいこ」む行為から，「ぼく」の橋を渡る覚悟が読み取れます。

35 かん字パズル②　215ページ

❶ (1)森　(2)早　(3)男　(4)王
❷ (1)**玉(たま)，力(ちから)**
(2)**林(はやし)，六(ろく)**
❸ (1)火　(2)草

ポイント

❶(1)「森」は，たくさんの「木」が生えた場所を意味します。「森」の中の三つの「木」は，それぞれ少しずつ形がちがいます。バランスに注意して書きましょう。
(2)「口」の中に「一」を入れ，その下に「十」を組み合わせると「早」という漢字になります。
(3)「口」の中に「十」を入れ，その下に「力」を組み合わせると，「男」という漢字になります。
❷まずはそれぞれの漢字の読み方を書いてから考えるとよいでしょう。
(1)「下(した)」で始まっているので，次の□には「た」から始まる読みの漢字が入ります。次の「町」は「ま」から始まっていることを確かめます。最後の□は「ち」から始まる読み方の漢字を選んで答えます。
(2)最初の□には，「白(しろ)」の最初の文字が「し」であることから「し」で終わる読み方の漢字が入ります。
❸「花」と組み合わせてできる熟語です。(1)は「花」が初めにあり，(2)は「花」があとにあります。絵をもとにあてはまる漢字を考えましょう。熟語になることで読みが濁音になることもあるので，読み方にも注意しましょう。

36 せつめい文を　よもう③　217ページ

❶ (1)**ヘビ，キツネ**
(2)**あんぜん，すあな**
(3)あ

ポイント

❶(1)この文章は，シマリスのほおぶくろを使った生活の知恵について説明した文章です。説明の手順や，段落(まとまり)を捉える練習をしましょう。第一段落は，ほおぶくろの基本的な説明です。ほおぶくろは，食べものを一度にたくさん入れることのできる大きさであることが書かれています。第二段落は，ほおぶくろの具体的な使い方として，ほかの生きものからおそわれず，安全に食べるための使い方を説明しています。ここから，シマリスをおそう生きものを捉えます。
(2)第二段落と第三段落にあることば「だから」に着目します。「だから」の前が原因となり，「だから」のあとでその結果が述べられています。結果となる行動が述べられている文の中から，問題文中にある「どこで」に対応することばを探します。
(3)第三段落に着目します。冬の間は食べものがありません。だから，冬になる前にえさを巣穴に運んで集め，冬眠中にときどき起きて食べているのです。

37 まとめの　テスト❶　219ページ

❶ (1)**しちごさん**　(2)**くるま**　(3)**もく**
❷ (1)森　(2)音　(3)休
❸ (1)**は**　(2)**へ**
❹ (1)**ある**　(2)**なく**

ポイント

❶(1)「七五三」は,「七」を「なな」ではなく「しち」と読みます。
(2)「車」は,「しゃ」という音読みもあります。
❷(2)上下の「立」と「日」の大きさのバランスに気をつけましょう。
❸(1)この「は」は,主語につく「は」です。
(2)「いく」という動作の方向を表す「へ」です。
❹(1)植物やものの場合は,おもに「ある」を使います。

38 まとめの　テスト❷　221ページ

❶ (1)**あか**　(2)**てんき**　(3)**ただ**
❷ (1)百　(2)八　(3)月
❸ (1)(ど)**うぶつ**　(2)(い)**ろ**
❹ (1)**はなす**　(2)**まわる**

ポイント

❶(3)「正」の訓読みは「ただ(す)」のほかに,「ただ(しい)」「まさ」があります。
❷(1)「百」の一画目は,下の「白」よりもやや長く書きます。
❸(1)いのちをもった生きものを表す,「ど」から始まることばを考えましょう。
❹(1)「すらすら」は,なめらかに進む様子を表します。
(2)「くるくる」は,軽いものが続いて回る様子を表します。

39 まとめの　テスト❸　223ページ

❶ (1)**イカ,すみ**
(2)㋑
(3)**もう一ぴき**

ポイント

❶(1)話題を捉える問題です。文末が「〜でしょうか。」など,問いかける形になっている文に着目すると,この文章がこれから何について述べようとしているのかがわかります。この文章中にある問いかけの文は,「イカは、どのように　すみを　つかって　にげるのでしょうか。」です。ここから,この文章が「イカがすみを使って逃げる方法」を説明しようとしていることが見えてきます。
(2)第三段落の「イカの　はく　すみは……」の文に注目します。イカの吐く墨は「ねばり気が　つよい」とあるので,㋑が正解です。㋐の「さらさらしている」は,「ねばり気が　つよい」とは反対の性質となるので誤りです。㋒の「水に　よく　とける」は,文中に「水に　とけずに」とあるので誤りです。
(3)第四段落の「てきは、その　すみを　もう　一ぴきの　イカだと　かんちがいして……」の文に注目します。「その　すみ」とは,「イカの　はく　すみ」のことを指します。敵は,イカが吐いた墨を別のイカだと勘ちがいし,追いかけます。その間に,イカは悠々と敵から逃げることができるのです。

40 まとめの　テスト❹　225ページ

❶ (1)㋒
(2)(右から順に)**おばさん,おこられ**
(3)**ごめんなさい**

ポイント

❶(1)場面の様子や登場人物の行動から読み取れる気持ちを捉えましょう。このお話は,バスの中で「わたし」が「おばさん」の足を踏んでしまったところから始まります。「……」は沈黙を表すほか,ことばにふくみをもたせるときにも使われます。登場人物のことばにならない思いや意思が含まれていることが多いことに注意します。「……」の直後に「ごめんなさい」と謝っていることに注目すると,「……」にはこわいけれど「あやまらなきゃ」という「わたし」の心の揺れが表されていることがわかります。
(2)「ドキドキ」は,心臓の音が速くなる様子を表しています。ここで「ドキドキ」している理由を考えると,おばさんに謝ったものの許してもらえるか不安で,緊張していたからだとわかります。
(3)「おばさん」の表情から,気持ちの変化を捉えます。謝る前は「こわそう」だったおばさんの顔ですが,謝った直後には「みるみる　ほころんで、ステキな　えがお」になりました。足を踏まれておこっていたかもしれない「おばさん」ですが,「わたし」が「ごめんなさい」と素直に謝ったことに感心し,喜んでくれたのです。